소학

이기석 譯解

홍신문화사

■ 머리말

　조선 말기, 서양 문물이 밀려들어 오기 전까지는 우리의 모든 학문이 한문으로 되어 있었으며, 따라서 교육도 한문 중심의 교육이었다. 사람이 태어나서 6, 7세가 되면 경제적으로 여유 있는 집안에서는 학문과 덕행(德行)이 있는 인사(人士)를 초빙하여 이른바 독선생(獨先生)을 앉히고 가르쳤으며, 그렇지 못한 집안에서는 마을의 서당에 모여서 배우게 했다. 그리고 그 교재는 대략 〈천자문(千字文)〉·〈동몽선습(童夢先習)〉·〈계몽편(啓蒙篇)〉·〈소학(小學)〉, 또는 〈통감(通鑑)〉의 순으로 되어 있었으니, 이 책은 우리의 조상들이 혀가 닳도록 외우고 강론(講論)하던 글이다.
　또 그 내용은 어버이와 자식, 임금과 신하, 남편과 아내, 어른과 어린이, 벗과 벗 사이의 윤리를 밝히고, 옛사람의 교훈이 되는 말과 미쁜 행실들을 수록하여 인간의 길을 제시하고 있는 것으로, 우리의 마음을 닦고 행실을 바르게 하여 삶을 복되게 하는 데 없어서는 안 될 글이다.
　우리 나라의 문물 제도는 거의 모두가 중국에서 흘러 들어왔으므로, 이 글에서도 우리 조상들의 생활 모습을 엿볼 수가 있다. 명륜편(明倫篇)에 보이는 아들과 며느리가 부모, 시부모님께 아침저녁으로 문안을 드리는 예절이 우리 조상들이 하던 것과 꼭 같은 것만으로도 이를 입증하고도 남음이 있다. 이 글을 번역함에 있어, 원문을 알기 쉬운 현대문으로 번역하고 주석(註釋)과 해설을 덧붙여서 누구나 알 수 있게 했다. 한문을 이해하는 데 도움됨이 많다고 할 수 있을 것이다.

  근래 고도로 발달한 물질 문명이 사람의 마음을 흐리게 하여 우리 고유의 도덕 질서가 무너지고 미풍 양속(美風良俗)이 사라져가고 있음은 실로 뜻 있는 사람을 한숨짓게 만든다. 여러분은 우리 조상의 입김이 서려 있는 이 책, 그리고 우리 행동의 지침서가 되는 이 책을 애독하고, 그 속에 담겨 있는 참뜻을 완미(玩味)하여 오늘의 시대를 건전하게 사는 지혜를 얻기를 바라는 마음 간절하다.

강남초사(江南草舍)에서

李 基 奭 씀

소학이란 어떤 책인가?

〈대학(大學)〉 서문(序文)에 보면 "사람이 태어나서 여덟 살이 되면 소학(小學)에 들어가 쇄소(灑掃)·응대(應對)·진퇴(進退)의 절도(節度)와 예(禮)·악(樂)·사(射)·서(書)·수(數)의 글을 배웠다."는 말이 있다. 이것으로 보아서 하(夏)·은(殷)·주(周) 삼대(三代)에는 소학이라는 학교가 있어서 연소자(年少者)에 대한 정규 교육이 실시되었던 것으로 보인다. 송대(宋代)에 와서 주희(朱熹)가 소학의 교육이 행해지지 않음을 개탄하여 옛날의 소학에서 실시하던 교육 내용으로 된 글들을 모으고, 또 그 글과 관련되는 옛 성현들의 말과 행실을 수록하여 이 책을 만들었다. 책 이름을 〈소학〉이라고 한 것도 학교 이름인 소학을 그대로 응용한 것이다.

　이 책은 내편(內篇)과 외편(外篇)으로 크게 나뉘어지고 다시 내편을 입교(立敎)·명륜(明倫)·경신(敬身)·계고(稽古)의 네 편으로, 외편을 가언(嘉言)·선행(善行)의 두 편으로 분류했다. 입교는 사람을 가르치는 법을 세운다는 뜻이니, 입교편에서는 태교(胎敎)에서부터 시작하여 가정 교육 등을 논했다. 교육 방침이 정해진 뒤에야 교육이 정상적으로 이루어질 수 있다는 관점에서 이 편을 첫머리에 두었다. 명륜편에서는 어버이와 자식, 임금과 신하, 남편과 아내, 어른과 어린이, 벗과 벗 사이의 도리를 밝혔다. 이것이 이른바 오륜(五倫)으로서, 인간 도덕의 기본이 되는 윤리이다. 경신(敬身)은 몸가짐을 공경히 한다는 뜻이니, 유가(儒家)에서는 항상 두려워하고 경계하는 마음으로써 몸가짐을 삼가는 거경(居敬)을 수양의 공부로 삼았다.

경신편에서는 마음가짐·몸가짐에서부터 위의(威儀)·의복·음식의 법도 등을 논했다. 계고편은 한(漢)나라 이전 고대 중국의 성현들의 언행(言行)을 상고하여 입교·명륜·경신의 실지를 입증한 것이다. 가언편과 선행편은 한대(漢代) 이후 송대(宋代)에 이르는 사이에 있었던 어진 사람들의 교훈이 되는 말과 미쁜 행실을 수록한 것이다. 계고·가언·선행편은 성질에 있어서 같은 것이지만, 계고편을 입교·명륜·경신과 함께 내편으로 한 것은 한대 이전 성현의 언행을 더욱 중시한 것으로 보인다.

이 책이 우리 나라로 들어온 연대는 분명치 않으나, 저자인 주희가 남송(南宋) 사람으로서 고려의 중말기(中末期)에 해당하고, 또 고려 말기에 주자학(朱子學)이 대두된 것으로 미루어서 고려 말기가 아닌가 싶다.

머리말에서 이미 말했듯이 과거 우리 나라의 선비치고 〈소학〉을 읽지 않은 사람은 없을 정도였으니, 〈소학〉의 인간(印刊) 또는 필사(筆寫) 작업도 부단히 계속되어 왔다. 숙종 20년(1694)에 이덕성(李德成)이 왕명을 받들어서 쓴 〈어제소학서(御製小學序)〉가 지금도 남아 있는 것으로 보아, 나라에서도 끊임없이 간행되었음을 알 수 있다.

그리고 〈소학〉에 관계되는 서적으로는 한글로 주해(註解)한 〈소학언해(小學諺解)〉가 있다. 중종 때 최숙생(崔淑生)이 편찬한 것이 있다고 하나 지금은 전하지 않고, 선조 때 간행한 것과 명조가 친히 번

역하여 간행한 두 가지가 있을 뿐이다. 또 영조 임금의 〈어제소학지남(御製小學指南)〉과 정약용(丁若鏞)이 지은 〈소학지언(小學枝言)〉 등이 있다. 이것 외에도 많은 관계 저서가 있는 것으로 생각되나 밝혀 내지 못함을 애석하게 여기는 바이다.

머리말 _ 4
소학이란 어떤 책인가 _ 7
소학서제(小學書題) _ 13
소학제사(小學題辭) _ 14

내편(內篇)

제1편 입교(立敎)   18

제2편 명륜(明倫)   36
  1. 부자지친(父子之親) • 제1장~제39장   37
  2. 군신지의(君臣之義) • 제40장~제59장   69
  3. 부부지별(夫婦之別) • 제60장~제68장   80
  4. 장유지서(長幼之序) • 제69장~제88장   90
  5. 붕우지교(朋友之交) • 제89장~제99장   103
  6. 통론(通論) • 제100장~제108장   109

제3편 경신(敬身)   120
  1. 심술지요(心術之要) • 제1장~제12장   121
  2. 위의지칙(威儀之則) • 제13장~제33장   130
  3. 의복지제(衣服之制) • 제34장~제40장   144
  4. 음식지절(飮食之節) • 제41장~제46장   148

차 례

제4편 계고(稽古)　　　　　　　　154

　1. 입교(立敎)・제1장~제4장　　155

　2. 명륜(明倫)・제5장~제35장　　159

　3. 경신(敬身)・제36장~제44장　187

　4. 통론(通論)・제45장~제47장　194

외편(外篇)

제5편 가언(嘉言)　　　　　　　　202

　1. 광입교(廣立敎)・제1장~제14장　　203

　2. 광명륜(廣明倫)・제15장~제55장　223

　3. 광경신(廣敬身)・제56장~제91장　263

제6편 선행(善行)　　　　　　　　296

　1. 실입교(實立敎)・제1장~제8장　　296

　2. 실명륜(實明倫)・제9장~제53장　307

　3. 실경신(實敬身)・제54장~제81장　361

소학서제(小學書題)

　옛날에 소학(小學)에서는 사람들에게 물뿌려 소제하는 일, 남의 말에 응대하는 법, 몸가짐의 절도(節度)와 어버이를 사랑하고 어른을 공경하며, 스승을 높이고 벗을 친하는 도리를 가르쳤다. 이것은 모두 몸을 닦고 집안을 정제하며, 나라를 다스려서 세상을 화평하게 하는 일의 근본이 되는 것이다.

　그리고 반드시 그들로 하여금 어릴 때 배우고 익히게 하는 것은, 그 익힘이 지혜와 함께 성장하고, 교화(敎化)가 마음에 젖어서 선악(善惡)의 생각이 서로 충돌하게 하여, 사심(私心)을 극복하기 어려운 것과 같은 근심을 없애고자 한 것이다. 이제 비록 그 옛날에 교재로 쓰던 글의 전부를 볼 수는 없으나, 전기(傳記) 속에 섞여 나오는 것이 아직도 많이 있다. 그렇건만 글 읽는 자가 왕왕 옛날과 지금이 그때의 사정에 맞지 않다고 하여 이를 실천에 옮기지 않는다. 그들이 옛날이나 지금이나 다름이 없는 것은 마땅히 처음부터 실천하지 않으면 안 된다는 것을 알지 못하기 때문이다.

　이제 그 글의 약간을 찾아 모아서 이 책을 만들었다. 어린이들에게 주어서 그 배우고 익히는 데 도움이 되고자 하는 것이니, 풍속과 교화에 만분의 일이라도 보탬이 있기를 바란다.

　순희(淳熙) 정미년 3월 초하룻날 아침에 회암(晦菴)이 쓴다.

　－순희는 송(宋)나라 효종(孝宗)의 연호이고, 회암은 주자(朱子)의 호(號)임.

소학제사(小學題辭)

　봄이 되면 만물이 소생하고, 여름이 되면 발육하고, 가을이 되면 성숙하며, 겨울이 되면 거두어서 깊이 간직하는 것은 하늘의 불변의 법칙이고, 어질고(仁), 옳고(義), 예절 바르고(禮), 슬기로운 것(智)은 인간의 본성이다.
　사람의 본성은 선하지 않음이 없어서 그 아름다운 인(仁)·의(義)·예(禮)·지(智)의 네 가지 성품의 실마리는 외물(外物)에 접하여 느낌이 있음에 따라 나타나곤 한다.
　어버이를 사랑하고 형을 공경하며, 임금에게 충성하고 어른에게 공손히 하는 것을 사람의 도리라고 하는데, 이는 본성에 따를 뿐, 억지로 행하는 것은 아니다. 오직 성인만이 본성을 보존하며 저 무한한 하늘의 법칙과 하나가 되어서, 털끝만큼도 보태지 않아도 모든 행동이 지극히 선하다.
　그러나 뭇사람들은 몽매하여 마음이 물욕(物欲)에 가려져서 그 본성을 무너뜨리고 이를 포기하는 일에 마음 편히 여긴다. 성인이 이를 애닯게 여겨 학교를 세우고 스승을 가려 가르쳐서 그 뿌리를 북돋우고 그 가지를 뻗어나게 했다.
　〈소학〉의 가르침은 물뿌려 소제하고, 남의 말에 응대함이 예절에 맞으며, 들어와서는 부모에게 효도하고, 나가서는 어른을 공경하여, 행동이 조금이라도 도리에 어긋남이 없게 하는 데 있다. 이런 일들을 실천하고도 남은 힘이 있을 때는 시를 외우고 글을 읽고 노래하고 춤추며 정서를 도야(陶冶)하여 생각이 바른 도리에서 벗어남이 없게 한다.

　사물의 이치를 깊이 연구하며 뜻을 정성되게 하고 마음을 바르게 하여 몸을 수양하는 것은 학문의 위대한 점이다. 하늘에서 받은 성품이 찬란하게 빛을 발하여 마음속이나 겉으로 나타나는 행동에 차이가 없게 되어서 덕(德)을 쌓음이 높은 것이고, 사업을 이룸이 광대(廣大)해야만 비로소 본래의 선으로 돌아가게 되는 것이다. 전일에 포기한 것이 인·의·예·지의 본성에 부족함이 있어서 그러한 것이 아니고, 지금 선의 본연의 상태로 돌아간 것도 본성에 남음이 있어서 그러한 것은 아니다. 선의 본성은 본래 부족함도 지나침도 없는 것이다. 오직 물욕이 이를 가렸을 뿐이다.

　옛 시대가 멀어지고 성인(聖人)이 없은 지 오래인지라, 경전(經典)이 잔결(殘缺)되고, 가르침이 해이해져 어릴 때의 수양이 바르지 못하니 자랄수록 더욱 경박해진다. 시골에 선량한 풍속이 없고, 세상에 어진 인재가 드물게 되어, 사람들은 이욕(利欲)에 얽혀서 서로 다투고 이단(異端)의 말이 세상을 어지럽히게 되었다.

　그러나 다행히도 사람의 본성은 이 하늘이 다할 때까지 없어지는 것이 아니기에, 내 예전에 들은 것들을 모아서 후학(後學)들을 깨우치고자 한다. 아! 어린이들아, 삼가 이 글을 배우라. 내 나이 늙어서 혼미(昏迷)한 말을 한다고 하지 말라. 이것은 곧 성인의 가르치심이니라.

　－위의 글은 주자(朱子)가 〈소학(小學)〉을 편찬하고, 그 권두언(卷頭言)으로 써놓은 것임.

1
내편(內篇)

〈소학(小學)〉은 내편(內篇)과 외편(外篇)으로 되어 있다. 내편은 다시 입교(立敎)·명륜(明倫)·경신(敬身)·계고(稽古)의 네 편, 외편은 가언(嘉言)·선행(善行)의 두 편으로 나뉘어졌다. 내편의 입교편에서는 교육 방법을, 명륜편에서는 부자(父子)·군신(君臣)·부부·장유(長幼)·붕우(朋友) 등 오륜(五倫)의 도리를, 경신편에서는 마음가짐, 위의(威儀), 의복의 제도, 음식의 예절 등을 밝혔으며, 계고편에서는 고사(故事)를 인용하여 위의 여러 편의 가르침을 실증했다.

제1편　입교(立敎)

> 이 편에서는 옛날의 교육에 대하여 기술하고 있으며, 모두 13장으로 되어 있다.

　　자사자(子思子)가 말하기를, "하늘이 사람에게 명령한 것을 성(性), 성에 따르는 것을 도(道), 도를 닦는 것을 가르침[敎]이라고 한다." 하였다. 하늘의 밝은 명령을 법칙으로 하고, 성인(聖人)의 법도에 따라 이 편을 지어서, 스승된 자로 하여금 가르칠 바를 알게 하고, 제자된 자로 하여금 배울 바를 알게 한다.

子思子曰 天命之謂性이요 率性之謂道요 修道之謂敎라 하시니 則天明하며 遵聖法하여 述此篇하여 俾爲師者로 知所以敎하며 而弟子로 知所以學하노라

| 풀이 | 자사의 말은 〈중용(中庸)〉의 첫머리에 나온다. 하늘은 음양 오행(陰陽五行)의 기(氣)로써 만물을 화생(化生)하고 거기에다 이(理)를 부여한다. 사람이 타고나는 이(理)를 성(性)이라 하며, 성과 이는 같은 것이므로 "성은 곧 이다[性卽理]."는 말이 나온 것이다. 성은 지극히 선한 것으로서 모든 사물에 대응하는 도리가 갖추어져 있다. 성을 좇아서 행한다면 곧 인간의 길을 가는 것이다. 그러나 사람은 자질을 각기 달리하기 때문에 총명한 자는 성을 좇

자사자(子思子) : 이름은 급(伋), 공자의 손자. 자사는 그 자(字)이며, 뒤의 자(子)는 선대의 유학자에 대한 경칭.
천명(天命) : 하늘의 명령. 하늘이 사람에게 부여(賦與)했음을 뜻함.
성(性) : 본성. 사람이 태어날 때 부여받은 마음의 원리(原理). 유가(儒家)에서는 지극히 선한 것으로 보아서 맹자의 성선설(性善說)이

아서 인간의 길을 가겠지만, 어리석은 자는 인간이 가야 할 길을 알지 못한다.

여기에 성인(聖人)이 나와서 인간이면 반드시 행하고 지켜나가야 할 도리를 밝혀 놓았으니, 이것이 가르침이다. 주자(朱子)는 이 글에서 자사의 말을 인용하여 가르침의 유래를 밝혔으며, 스승된 자와 배우는 자에게 바른 방향을 제시해 주는 것이 입교편을 기술(記述)하는 이유임을 설명했다.

제1장

〈열녀전(烈女傳)〉에 말하기를, "옛날에는 부인이 아이를 배면, 잠잘 때 몸을 기울게 하지 않으며, 앉을 때 한쪽이 치우치게 하지 않으며, 설 때 한쪽 발에만 의지하지 않았다. 맛이 정상이 아닌 것을 먹지 않으며, 벤 곳이 반듯하지 않으면 먹지 않으며, 자리가 반듯하지 않으면 앉지 않았다. 눈으로는 사익(邪惡)한 빛을 보지 않으며, 귀로는 음란한 소리를 듣지 않으며, 밤에는 소경을 시켜 시를 외우고 바른 일을 이야기하게 했다." 하였다.

이와 같이 하여 아들을 낳으면 형용(形容)이 단정하고 재주가 남보다 뛰어났다고 한다.

| 풀이 | 여기서는 임신(妊娠)한 부인이 몸가짐을 바르게 가져서 뱃속의 아이를 가르치는 일을 말하고 있다. 이것을 일컬어 태교(胎敎)라고 한다. 이와 같이 하면 태어나는

있음.
솔성(奉性) : 본성대로 좇는 것. 본성에 따라서 행하는 것.
도(道) : 사람의 길. 사람이 마땅히 행할 도리를 말하는 것.
수도(修道) : 사람이면 누구나 모두 행해야 할 도리를 밝히는 것.
칙천명(則天明) : 천명은 하늘의 밝은 명령이니, 인간에게 부여한 성(性)을 말함. 즉 성을 법칙으로 하는 것.

1// 烈女傳에 曰 古者에 婦人이 妊子에 寢不側하며 坐不邊하며 立不蹕하며 不食邪味하며 割不正이어든 不食하며 席不正이어든 不坐하며 目不視邪色하며 耳不聽淫聲하고 夜則令瞽로 誦詩하며 道正事하더니라 如此則生子에 形容이 端正하며 才過人矣리라

열녀전(烈女傳) : 전한(前漢)의 유학자(儒學者)인 유향(劉向)이 편찬한 책.
필(蹕) : 피(跛)와 같음. 절름발이 모양으로 한쪽 발을 들고, 한쪽 발만을 땅에 붙이고 서는 것.
고(瞽) : 소경.

아이의 용모가 단정하고 재주가 뛰어나게 된다는 생각에서 과거에는 극히 중요시했다.

송시(誦詩) : 시를 외우는 것.
도(道) : 여기서는 말하는 것.

제2장 ①

〈내칙(內則)〉에 말하기를, "아들을 낳으면 여러 어머니나 그밖에도 할 수 있는 자 중에서 반드시 너그럽고 인자하고 온화하고 공경하며 신중하고 말이 적은 사람을 가려서 아이의 스승이 되게 한다.

아이가 능히 밥을 먹게 되면 오른손으로 먹도록 가르치며, 능히 말을 하게 되면 사내아이는 빨리 대답하고 계집아이는 느리게 대답하게 하며, 사내아이의 띠는 가죽으로 하고, 계집아이의 띠는 실로 한다.

여섯 살이 되면 숫자와 방위(方位)의 이름을 가르친다.

일곱 살이 되면 사내아이와 계집아이가 자리를 같이하지 않게 하며, 음식도 함께 먹지 않게 한다.

여덟 살이 되면 들어가고 나갈 때와 모임의 자리에 나아갈 때, 그리고 음식을 먹을 때는 반드시 어른보다 나중에 하게 하여 비로소 사양하는 도리를 가르친다.

아홉 살이 되면 날짜 세는 것을 가르친다.

열 살이 되면 바깥 스승에게 나아가 배우고 바깥 방에서 거처하고 잠자며 글씨와 셈을 배우게 한다. 명주 저고리와 바지를 입히지 않으며, 예절은 초보적인 것에 따르게 하며, 아침저녁으로 어린이로서의 예의를 배우게 하되 간략하고 알기 쉬운 것을 청(請)하여 익히게 한다.

2// 內則에 曰 凡生子에 擇於諸母와 與可者하되 必求其寬裕慈惠溫良恭敬愼而寡言者하여 使爲子師니라 子能食食어든 敎以右手하며 能言이어든 男唯女兪하며 男鞶革이요 女鞶絲니라 六年이어든 敎之數與方名이니라 七年이어든 男女不同席하며 不共食이니라 八年이어든 出入門戶와 及卽席飮食에 必後長者하여 始敎之讓이니라 九年이어든 敎之數日이니라 十年이어든 出就外傅하여 居宿於外하며 學書計하며 衣不帛襦袴하며 禮帥初하며 朝夕에 學幼儀하되 請肄簡諒이니라 十有三年이어든 學樂誦詩하며 舞勺하고 成童이어든 舞象하며 學射御니라 二十而冠하여 始學禮하며 可以衣裘帛하며 舞大夏하며 惇行孝悌하며 博學不敎하며 內而不出이니라 三十而有室하여 始理男事하며

博學無方하며 孫友視
志니라 四十에 始仕하
여 方物出謀發慮하여
道合則服從하고 不可
則去니라 五十에 命爲
大夫하여 服官政하고
七十에 致事니라

내칙(內則):〈예기(禮記)〉의 편명(篇名).
제모(諸母): 서모(庶母)들을 말함. 과거 중국에서는 일부다처(一夫多妻)를 인정했기 때문에 한 남자가 많은 첩을 거느렸음.
여(與): 와, 과의 뜻이 됨.
가자(可者): 일을 할 수 있는 사람. 여기서는 서모(庶母)가 아니라도 스승이 될 만한 사람임.
관유(寬裕): 너그러운 것.
과언(寡言): 말이 적은 것.
교이우수(敎以右手): 오른손으로 먹을 수 있게 가르침.
유(唯): 빠르게 대답하는 것.
유(兪): 느리게 대답하는 것.
수(數): 숫자.
방명(方名): 방위(方位) 이름.
즉석(卽席): 모임의 자리에 나아감.
수일(數日): 날짜를 세는 것.
외부(外傅): 학업을 전수하는 남자 스승.

열세 살이 되면 악(樂)을 배우고 시를 외우며 작(勺)으로 춤추게 한다. 성동(成童)이 되면 상(象)으로 춤추고, 활쏘기와 말타기를 배우게 한다.

스무 살이 되면 관례(冠禮)하고 비로소 예(禮)를 배우며, 갖옷과 명주옷을 입을 수 있으며, 대하(大夏)를 춤추며, 효제(孝悌)를 돈독히 행하며, 널리 배울 뿐 남을 가르치지 않으며, 덕(德)을 속에 쌓을 뿐 겉으로 드러내지 않는다.

서른 살이 되면 아내를 맞이하여 비로소 한 남자로서의 일을 처리하며, 널리 배워서 일정함이 없으며, 벗과 화순(和順)하게 사귀어서 그 뜻을 본다.

마흔 살이 되면 비로소 벼슬하며, 사물에 대응하여 계책(計策)을 내며, 임금과 도(道)가 맞으면 복종하고 옳지 않으면 벼슬을 버리고 떠나간다.

쉰 살이 되면 대부(大夫)에 임명되어 관부(官府)의 정사(政事)를 맡아보며, 일흔 살이 되면 벼슬을 그만두고 물러난다.

| 풀이 | 앞의 〈열녀전〉에서는 태교(胎敎)를 말했지만, 내칙편에서는 자식이 태어난 뒤의 교육 방법을 논했다.

자식이 태어나면 여러 서모(庶母)와 그밖의 부녀자 중에서 부덕(婦德)이 있는 자를 가려서 보모(保母)로 삼아 이를 보육(保育)하고 선도(善導)하게 했으며, 그와 같은 교육은 아홉 살 때까지 계속되었다. 여섯 살이 되면 지능이 어느 정도 발달되었다고 보아서 1, 2, 3, 4의 숫자와 동, 서,

남, 북 등 방위를 가르쳤다. 일곱 살이 되면 남녀가 한자리에 앉지 못하게 하고 함께 먹지 못하게 했다. "남녀가 일곱 살이면 자리를 같이하지 않는다〔男女七歲不同席〕."는 말은 실로 여기에서 유래한다. 우리 나라에서도 과거에 남녀 유별(男女有別)이 엄격히 지켜졌다. 가까운 친척이 아니고는 남녀가 서로 볼 수 없었으며, 여자는 집 안에서만 살고 밖에 나가는 것이 제한되었다. 밖에 나갈 때는 반드시 쓰개로 얼굴을 가렸으며 길 위에서 남녀가 마주쳤을 때는 다같이 몸을 돌려서 피했다. 풍기(風紀)의 문란을 사전에 방지하여 인간의 생활을 정화시키자는 의도에서 만들어진 예법이라고 하지만 실로 여권(女權)을 유린(蹂躪)하고 사회의 발전을 크게 저해하는 요인이 되었던 것이다. 오늘의 시대에서 볼 때 참으로 격세지감(隔世之感)이 없지 않다.

　문을 나가고 들어갈 때 어린이가 어른의 뒤에 서고, 모임이 있을 때 어른이 윗자리에 앉고 어린이가 아랫자리에 앉으며, 음식을 먹을 때 어른이 먼저 먹고 어린이가 뒤에 먹는 것은 어린이가 어른에게 사양함으로써 어른과 어린이의 질서를 바르게 하는 것이다.

　예(禮)는 기거 동작(起居動作)에서부터 시작하여 일상 생활 내지 사회 생활의 도덕적인 규범이 된다. 악(樂)은 바른 감정을 함양하여 인간을 바른길로 이끌고 생활을 미화(美化)한다. 과거에는 예와 악이 교육의 근간(根幹)을 이루어서, 어릴 때부터 점진적으로 끊임없는 교육을 실시하여

서계(書計) : 글씨와 셈.
유고(襦袴) : 유는 저고리. 고는 바지.
예솔초(禮帥初) : 예는 예의 동작, 초는 초보적인 것. 즉 예의 동작을 그 초보적인 것에 좇아 배우는 것.
간량(簡諒) : 간은 간단한 것, 양은 알기 쉬운 것. 즉 간단하고 알기 쉬운 것.
무작(舞勺) : 작은 작(酌)과 통하며〈시경(詩經)〉주송(周頌)의 작(酌)이라는 시를 말함. 작을 노래하여 절주(節奏)로 삼아서 춤추는 것. 이 춤을 문무(文舞)라고 함.
성동(成童) : 15세 이상.
무상(舞象) : 상은〈시경〉주송의 무(武)라는 시를 말하니, 무를 노래하여 절주로 삼아서 춤추는 것. 이 춤을 무무(武舞)라고 하며 춤출 때는 창·방패 등 병기(兵器)를 손에 잡음.
관(冠) : 남자 나이 20세가 되면 관례(冠禮)를 행하고 머리에 관을 써서 성인이 되었음.
학례(學禮) : 여기서는 오례(五禮)를 배우는 것. 오례는 길례(吉禮)·흉례(凶禮)·가례(嘉禮)·군례(軍禮)·빈례(賓禮) 등 다섯 가지 예의. 그 전까지는 어린이로서의 예의를 배움.
대하(大夏) : 하(夏)나라 우왕(禹王)의 악(樂)이니 문무(文武)를 겸비한 악(樂).
효제(孝悌) : 효는 효도하는 것, 제는 웃어른에게 공손

박학불교(博學不敎): 널리 배울 뿐, 남을 가르치지 않는 것. 내 배운 바가 아직도 정밀하지 못함을 두려워하여 감히 남의 스승이 되지 못하는 것.

손우시지(孫友視志): 손은 손(遜)과 통하여 겸손의 뜻이 됨. 즉 겸손한 태도로 벗을 사귀어서 그 뜻을 살리는 것. 벗에게 선이 있으면 그것을 본떠서 나의 선으로 한다는 것.

대부(大夫): 높은 벼슬자리.

관정(官政): 나라의 중요한 정무(政務).

치사(致事): 나이 늙어서 직무상의 일을 임금에게로 돌려보내고 벼슬에서 물러나는 것.

2// 女子十年이어든 不

그 성취를 기대했던 것이다.

 남자 나이 스무 살이 되면 관례(冠禮)를 행하고 성인이 되었다. 우리 나라에서는 현재도 스무 살을 성인 연령으로 규정짓고 있다. 다만 과거에는 세는 나이이고 지금은 만 나이가 되는 차이가 있을 뿐이다.

 서른 살이 되어서 아내를 맞이하는 것은 오늘의 실정과도 공통점이 있다. 우리 나라에서도 일찍부터 서른 살이 남자의 결혼 적령으로 되어 왔지만 고려 말기의 몽고족의 침입, 조선조 중기의 여진족의 침입 등으로 한때는 조혼(早婚)의 풍습이 유행되기도 했다.

 마흔 살이 되어서 비로소 벼슬하는 것은 학식과 경험을 쌓아서 상당한 실력을 갖춘 뒤에라야 국사에 종사할 수 있음을 뜻한다. 이 글에서는 비록 그것을 이상(理想)으로 하고 있지만, 실지는 2, 30세에 벌써 벼슬길에 올랐다. 대부(大夫)는 높은 지위인데, 쉰 살이 되어야 비로소 대부에 임명되어서 나라의 중요한 정무(政務)에 참여할 수 있었다. 일흔 살이 되면 벼슬을 그만두고 물러나야 한다. 몸이 노쇠(老衰)하여 막중한 국사(國事)를 감당하기 어렵기 때문이다.

 이 글에서는, 아홉 살까지는 남녀의 공통된 교육을 논했고, 열 살 이후는 남자에게만 국한(局限)했다.

제2장 ②

 계집아이는 열 살이 되면 규문(閨門) 밖에 나가지 않는다. 보모(保母)가 유순한 말씨와 태도 그리고 남의 말을 잘 듣고 순종하는 일을 가르친다. 삼베를 짜며, 누에를 쳐서 실을 뽑으며, 명주를 짜고, 실띠를 짜는 등 여자가 하는 일을 배워서 의복을 제공하게 한다. 제사에 참관(參觀)하여 술, 초(醋), 대나무 제기(祭器), 나무 제기, 김치와 젓갈 같은 것을 올려서 어른을 거들어 제물(祭物) 올리는 일을 돕게 한다.

열다섯 살이면 비녀를 꽂고, 스무 살이 되면 시집을 가는데, 유고가 있으면 스물세 살에 시집간다. 예절을 갖추어서 맞이하여 가면 아내가 되고 그대로 가면 첩이 된다.

| 풀이 | 과거에 여자는 유순한 말씨와 유순한 태도로 웃어른의 말을 성의 있게 듣고 순종하는 것을 미덕으로 삼았다. 남녀의 구별이 엄격하여 일곱 살만 되면 남녀가 한자리에 앉지 않고 함께 먹지 않았으며, 열 살만 되면 생활하는 장소가 규문(閨門) 안, 즉 내정(內庭)에 한정되어서 바깥 출입이 제한되었다. 누에치고 길쌈하면서 가족의 옷을 만들어 제공하고, 제사 음식을 장만하여 제전(祭奠)을 돕는 일을 의무로 했다. 여자 스승은 이런 일들을 가르치고 지도했던 것이다.

필자(筆者)의 어렸을 적에도 시골에서는 아직도 목화나 삼에서 실을 뽑아 무명을 짜고 또 삼베를 짰다. 충남 지방에서는 몇 해 전까지도 모시를 짰다. 그리고 세탁·재봉 등 가족의 옷 장만으로 여자들은 밤에도 잠을 자지 못했

出하며 姆敎婉娩聽從하며 執麻枲하며 治絲繭하며 織紝組紃하여 學女事하여 以共衣服하며 觀於祭祀하여 納酒漿籩豆菹醢하여 禮相助奠이니라 十有五年而笄하고 二十而嫁니 有故어든 二十三年而嫁이니라 聘則爲妻요 奔則爲妾이니라

불출(不出) : 규문(閨門) 밖에 나가지 않는 것.
모(姆) : 여교사(女教師). 보모(保母)로 볼 수 있음.
완만청종(婉娩聽從) : 완은 말이 유순한 것, 만은 태도가 유순한 것, 청은 남의 말을 성의 있게 듣는 것, 종은 순종하는 것.
집마시(執麻枲) : 마는 삼, 시는 수삼. 즉 삼을 손질하는 것. 삼베를 짜는 것임.
공(共) : 공(供)과 통하여 제공(提供)하는 것.
납(納) : 드리는 것.
변두(籩豆) : 변은 대로 만든 제기(祭器), 두는 나무로 만든 제기. 옛 풍속이 아직도 남아 있어서 향교(鄕校)·서원(書院) 등에서는 제향(祭享)에 변두를 사용하고 있음.
저(菹) : 김치.
해(醢) : 젓갈붙이.
예상조전(禮相助奠) : 상은

돕는 것, 전은 제물(祭物)을 올리는 것이니, 즉 예절로 어른을 거들어서 제물 올리는 일을 돕는 것.

다. 또 손님 접대, 제사 받드는 일로 여념이 없었다. 오늘날 우리가 비록 과학문명의 혜택으로 편리한 생활을 누리고 있지만, 안일에 도취되거나 사치, 허영에 흐르지 말고, 조상들의 근면 성실한 정신을 살려서 건전한 생활을 영위해야 할 것이다.

여자 나이 열다섯이면 머리에 비녀를 꽂았으며, 스무 살이 되면 시집을 갔다. 여자의 성인 연령은 남자보다도 앞당겼던 것이다. 다만 부모의 상고(喪故)가 있으면 스물 세 살에 시집을 갔는데, 이것은 3년 동안의 복상 기간(服喪期間)을 고려한 것이다. 그리고 신랑이 예의를 갖추어 신부집으로 와서 맞이하여 가면 아내가 되고, 그대로 신랑집으로 가서 보이면 첩이 되었다. 오늘날은 민주 제도 아래 일부일처가 원칙으로 되어 있지만 지난날에는 일부다처가 인정되어서 우족[右族 : 적자손(嫡子孫)]·좌족[左族 : 서자손(庶子族)]의 명칭이 생기고, 좌족에 대한 천대가 심하여 많은 물의를 일으켰었다.

제3장

〈곡례(曲禮)〉에 말하기를, "어린아이에게는 항상 속이지 않는 것을 보여주어야 하며, 설 때는 반드시 방향을 바르게 하며, 귀를 기울여서 듣지 않게 해야 한다." 하였다.

3// 曲禮에 曰 幼子를 常視毋誑하며 立必正方하며 不傾聽이니라

곡례(曲禮) : 〈예기〉의 편명.
유자(幼子) : 어린 아들. 어

| 풀이 | 세 살 적 버릇이 여든까지 간다는 말이 있듯이, 어릴 때의 교육이 그 사람의 일생에 지대한 영향을 미친

다. 여기서는 지도에 대한 몇 가지 문제가 거론되고 있다. 첫째 어린이에게 속이지 않는 것을 보여주라는 것이다. 어른이 어린이를 속인다든지, 어른 상호간에 속인다면 어린이는 속이는 것을 당연한 것으로 인식하여 속이는 버릇이 생기게 되니, 이 얼마나 두려운 일인가. 맹자가 어릴 적에 이웃집에서 돼지 잡는 것을 보고 그 어머니에게 무엇에 쓰려는 것이냐고 물었더니, 그 어머니는 장난삼아 너를 주려는 것이라고 했다. 그러나 어머니는 장난삼아 한 말을 곧 뉘우치고 그 돼지 잡은 집을 찾아가 고기를 사다가 맹자를 먹였다. 맹자의 어머니는 어진 어머니로 이름이 길이 세상에 전해진다. 설 때 방향을 바르게 하는 것은 몸가짐을 단정히 하려는 것이고, 귀를 귀울여 듣지 못하게 하는 것은 높은 품격을 기르려는 것이다.

린아이.
무광(毋誑) : 속이지 않는 것.
경청(傾聽) : 귀를 기울여서 듣는 것.

제4장

〈학기(學記)〉에 말하기를, "옛날의 교육은 집에 숙(塾)이 있고, 당(黨)에는 상(庠)이 있고, 주(州)에는 서(序)가 있으며, 나라에는 학(學)이 있었다." 하였다.

4// 學記에 曰 古之教者家有塾하며 黨有庠하며 術有序하며 國有學이니라

| 풀이 | 이 글에서는 고대 중국(古代中國)의 학교 제도를 논하고 있다. 마을에는 숙(塾)이 있어서 마을 사람들을 가르치고, 당(黨)에는 상(庠)이 있어서 숙에서 추천되어 온 사람들을 가르쳤다. 주(州)에는 서(序)가 있어서 상에서 추천되어 온 사람을 가르쳤으며, 국도(國都)에는 대학(大學)

학기(學記) : 〈예기〉의 편명.
가유숙(家有塾) : 25가구가 모여 사는 여(閭)에는 입구마다 문이 있고 문 곁에 숙(塾)이라는 학교가 있었음.
당유상(黨有庠) : 500가구가 모여서 당을 이루는데

당에는 상이라는 학교가 있었음.
술유서(術有序) : 술은 주(州)와 통함. 2500가구가 모여서 주가 되고 주의 학교를 서라고 했음.
국유학(國有學) : 천자(天子) · 제후(諸侯)의 나라에는 국도(國都)에 대학(大學)이 있었음.

이 있어서 천자(天子) · 제후(諸侯)의 원자(元子 : 맏아들) · 종자(宗子 : 원자 이외의 아들들), 대부(大夫) · 사(士)의 자제를 비롯하여 서(序)에서 추천되어 온 사람들을 가르쳤다. 이렇게 해서 사람들은 모두 교육을 받았으며, 대학에서 성적이 우수한 사람들은 관리로 등용되어 국사(國事)에 종사했다.

우리 나라에 있어서는 삼국시대에 이미 중국의 학제(學制)를 모방하여 고구려에서는 지방에 경당(扃堂), 서울에 대학이 있었고, 신라는 신문왕(神文王) 때 국학(國學)을 세웠으며, 백제는 오경 박사(五經博士)가 있었다.

제5장

맹자가 말하기를, "사람에게는 도(道)가 있다. 배불리 먹고, 따뜻하게 입고, 편안히 살면서 교육이 없으면 그것은 금수(禽獸)에 가깝다. 성인이 이것을 근심하여 설(契)을 사도(司徒)에 임명하여 인륜(人倫)을 가르치게 하니, 아버지와 아들은 친애함이 있고, 임금과 신하는 의리가 있고, 남편과 아내는 분별이 있고, 어른과 어린이는 차례가 있고, 벗 사이에는 믿음이 있는 것이다." 하였다.

5// 孟子曰 人之有道也에 飽食暖衣하여 逸居而無敎면 則近於禽獸일세 聖人이 有憂之하사 使契로 爲司徒하사 敎以人倫하시니 父子有親하며 君臣有義하며 夫婦有別하며 長幼有序하며 朋友有信이니라

맹자(孟子) : 이름은 가(軻), 자(字)는 자여(子輿), 전국시대(戰國時代) 추(鄒)나라 사람. 공자 다음가는 성인(聖人)이라 하여 아성(亞聖)으로 불리워짐. 〈맹

| 풀이 | 사람에게는 본성에 바탕을 둔 바른 도리, 즉 도덕이 있기 때문에 다른 동물과 구별된다. 만약 배불리 먹고, 따뜻하게 입고, 편안하게 살기만 한다면 금수(禽獸)와 무엇이 다를 것이 있으랴. 여기에서 교육의 필요성을 느

끼게 되고 따라서 교육이 일어났다. 고대 중국의 교육은 도덕적인 면에 치중하여 인간의 윤리 질서를 밝히는 일에 힘썼다.

부모와 자식은 한몸과 같아서 가장 친밀한 관계에 있으니 그 사랑은 극히 자연적인 것이다. 임금과 신하의 관계는 오늘의 민주 사회에서는 그 명분을 찾아볼 수 없다. 그러나 이것을 상하(上下), 주종(主從)의 관계에 결부시킬 수가 있다. 남편은 남편으로서의 할 일을 다하고 아내는 아내로서의 할 일을 다하여 서로 침범하지 않는다는 뜻에서 부부는 분별이 있다는 말이 나왔다.

앞의 글에 나이 여덟 살이 되면 문을 나가고 들어갈 때와 모임의 자리에 나아갈 때와 음식을 먹을 때, 어른보다도 나중에 하는 것을 가르친다고 했는데, 이것이 바로 어른과 어린이의 차례가 있는 것이다. 어린이는 반드시 어른을 공경하고 어른에게 겸손해야 한다. 또 벗 사이에는 반드시 신의(信義)가 있어야 한다.

위의 다섯 가지를 합해서 오륜(五倫)이라고 하며, 윤리 도덕의 바탕을 이룬다. 오륜이 밝아지는 곳에 원만한 인간 관계가 이루어져서 화목한 가정, 건전한 사회가 건설된다. 정신과 물질이 조화를 이루는 곳에서 참다운 인간 생활을 영위할 수 있다.

제6장

순(舜)이 설(契)에게 명하기를, "백성이 친목하지 않으

자〉 7편을 남겼음.
유도(有道) : 도는 도리를 말함. 사람의 본성에는 만사 만물(萬事萬物)에 대응하는 바른 도리를 갖추고 있다고 함.
성인(聖人) : 여기서는 이상적인 군주로 알려지는 고대 중국의 요(堯) 임금을 말함.
설(契) : 요(堯)의 신하. 현명한 인물로 알려짐.
사도(司徒) : 교육을 맡아 보는 벼슬아치.

6// 舜이 命契曰 百姓이

不親하며 五品이 不遜일세 汝作司徒니 敬敷五敎하되 在寬하라 命夔曰 命汝典樂하나니 敎冑子하되 直而溫하며 寬而栗하며 剛而無虐하며 簡而無傲니 詩는 言志요 歌는 永言이요 聲은 依永이요 律은 和聲이니 八音克諧하여 無相奪倫이라야 神人以和하리라

순(舜) : 요(堯)와 함께 고대 중국의 이상적인 군주. 우(虞)나라 임금.
전악(典樂) : 음악을 맡은 벼슬.
주자(冑子) : 맏아들. 여기서는 천자(天子) 이하 경(卿)·대부에 이르기까지 그들의 맏아들을 가리킴.
율(栗) : 씩씩한 것.
간(簡) : 큰 것. 자질구레하시 않음.
영언(永言) : 말의 발음을 길게 끌어 하는 것.
성(聲) : 궁·상·각·치·우의 오성(五聲).
의영(依永) : 오성은 말을 길게 끌어 하는 데서 생긴다는 뜻.
극해(克諧) : 조화가 잘됨.
무상탈륜(無相奪倫) : 서로 차례를 빼앗지 않는 것.

7// 周禮에 大司徒以鄕

며, 오품(五品)이 화순(和順)하지 않다. 너를 사도(司徒)에 임명하니, 오륜(五倫)의 가르침을 펴되 관대하게 하라." 하였다.

기(夔)에게 명하기를, "너를 전악(典樂)에 임명한다. 주자(冑子)를 가르치되, 곧으면서도 온화하며, 너그러우면서도 씩씩하며, 굳세면서도 사납지 않으며, 크면서도 거만함이 없는 성격이 되게 하라. 시는 뜻을 말로 표현하는 것이고, 노래는 가락을 붙여서 길게 말하는 것이며, 소리는 말을 길게 하는 데서 생기는 것이고, 율(律)은 소리가 협화(協和)한 것이다. 팔음(八音)이 잘 조화되어 서로 조화를 잃는 일이 없으면 신(神)과 사람이 모두 화순하게 될 것이다." 하였다.

| 풀이 | 순은 설을 사도(司徒)에 임명하고 오륜의 도리를 백성에게 가르치게 했다.

기(夔)를 전악에 임명하고 5성, 6율, 8음이 조화를 이루는 바른 음악 지도를 통하여 천자 이하 경·대부에 이르기까지 그 적자(嫡子 : 맏아들)들을 교양 높은 유위(有爲)한 인물로 길러내도록 명했다.

바른 음악은 사람의 정서를 순화하며 인격 도야(陶冶)에 크게 영향을 미친다.

제7장

〈주례(周禮)〉에 "대사도(大司徒)가 향(鄕)의 세 가지 일로

만백성을 가르쳤으며 그 중에서 우수한 자를 뽑아서 향음주례(鄕飮酒禮)의 빈(賓)으로 대우하고, 어진 선비로 나라에 천거했다.

첫째, 6덕(德)이니 지(知)·인(仁)·성(聖)·의(義)·충(忠)·화(和)이다.

둘째, 6행(行)이니 효(孝)·우(友)·목(睦)·인(婣)·임(任)·휼(恤)이다.

셋째, 6예(藝)이니 예(禮)·악(樂)·사(射)·어(御)·서(書)·수(數)이다.

향(鄕)의 여덟 가지 형벌로 만백성을 바로잡았으니, 첫째는 불효(不孝)에 대한 형벌, 둘째는 친족끼리 화목하지 못한 행위에 대한 형벌, 셋째는 타성(他姓) 친척끼리 친목하지 않는 행위에 대한 형벌, 넷째는 어른에게 공손하지 못한 행위에 대한 형벌, 다섯째는 벗에게 신의(信義)가 없는 행위에 대한 형벌, 여섯째는 가난한 자를 구휼(救恤)하지 않는 행위에 대한 형벌, 일곱째는 말〔言〕을 조작한 행위에 대한 형벌, 여덟째는 백성을 혹란(惑亂)시킨 행위에 대한 형벌이다." 하였다.

| 풀이 | 주(周)나라 때는 대사도가 6덕·6행·6예의 세 가지 일을 가지고 천하 사람을 교화(敎化)시키되, 그 방법으로는 향대부(鄕大夫)가 이 세 가지 일에 우수한 사람을 뽑아서 3년마다 한 번 열리는 향음주례에 손님 자격으로 우대하고 또 나라에 추천했다. 이렇게 해서 사람들을 바

三物로 敎萬民而賓興之하니 一日六德이니 知仁聖義忠和요 二日六行이니 孝友睦婣任恤이요 三日六藝니 禮樂射御書數니라 以鄕八刑으로 糾萬民하니 一日不孝之刑이요 二日不睦之刑이요 三日不婣之刑이요 四日不弟之刑이요 五日不任之刑이요 六日不恤之刑이요 七日造言之刑이요 八日亂民之刑이니라

주례(周禮) : 주공(周公)이 지은 책으로서 주나라의 제도를 기록했음.
대사도(大司徒) : 교육을 맡은 장관(長官).
향(鄕) : 1만 2500가구를 향이라고 했음.
삼물(三物) : 물은 일이니, 세 가지 일인 6덕·6행·6예를 말함.
빈흥(賓興) : 빈은 빈객(賓客), 흥은 천거하는 것. 즉 향대부(鄕大夫)가 향삼물에 우수한 자를 뽑아서 향음주례(鄕飮酒禮)라는 모임에 빈객으로 대우하고, 어진 인물로 나라에 추천하는 것.
규(糾) : 규찰(糾察). 바로잡는 것.
난민(亂民) : 백성을 현혹시

켜서 마음을 어지럽히는 것.

른 길로 이끌고 또 인재(人材)를 길렀다.

또 여덟 가지 형벌을 만들어서 사람들의 탈선을 방지하고 그릇된 행동을 단속했다.

제8장

8// 王制에 曰 樂正이 崇四術立四敎하여 順先王詩書禮樂하여 以造士하되 春秋에 敎以禮樂하고 冬夏에 敎以詩書니라

〈왕제(王制)〉에 말하기를, "악정(樂正)이 네 가지 도(道)를 숭상하고 네 가지 가르침을 베풀어서 선왕(先王)이 마련한 시·서(書)·예(禮)·악(樂)의 교도 방법(敎導方法)에 따라 선비를 양성했다. 봄과 가을에는 예와 악을 가르치고, 겨울과 여름에는 시와 서를 가르친다." 하였다.

왕제(王制): 〈예기〉의 편명.
악정(樂正): 국학(國學)의 교육을 맡은 관원.
사술(四術): 술은 도(道)와 같으니, 네 가지 도. 즉 시·서·예·악이 덕(德)에 들어가는 길임을 뜻함.
사교(四敎): 시·서·예·악의 가르침.
조사(造士): 선비를 양성하는 것.

| 풀이 | 이 글로 보아서 주(周)나라 때의 교육이 〈시경(詩經)〉·〈서경(書經)〉·〈예경(禮經)〉·〈악경(樂經)〉 등 네 가지 경서(經書)를 근본으로 했음을 알 수 있다. 이 네 가지 경서는 인간의 도리로 인정되면서부터 주나라 이후에는 줄곧 중요시되어 왔다. 〈시경〉·〈서경〉·〈주역〉·〈예기〉·〈춘추〉·〈악경〉을 합쳐서 육경(六經)이라고 하는데, 〈악경〉만은 진시황의 분서(焚書: 천하의 책을 거두어서 불태움.)가 있은 이후로 다시 세상에 나타나지 않았다. 〈예기〉에 악기가 있는데, 이것이 〈악경〉과 관련이 있는지는 알 수 없다.

제9장

9// 弟子職에 曰 先生

〈제자직(弟子職)〉에 말하기를, "스승이 가르치면 제자는

이것을 본받으며, 온화하고 공손한 태도로써 마음을 겸허하게 가지고 배운 것을 극진히 해야 한다.

선한 것을 보면 그것에 좇고, 의로운 일을 들으면 그것을 실천해야 한다. 온화하고 유순하며 부모에게 효도하고 어른을 공경해야 하며, 제 능력을 믿고 교만한 마음을 가지는 일이 없어야 한다.

뜻은 거짓됨과 사특함이 없어야 하며, 행실은 반드시 바르고 곧아야 하며, 노는 곳과 거처가 일정하며 반드시 유덕(有德)한 이를 선택해야 한다.

얼굴빛을 바르게 하면 마음도 경건하게 되는 것이니, 아침 일찍 일어나서 밤에 잠잘 때까지 옷과 띠를 반드시 정제(整齊)해야 한다.

아침에 더 배우고 저녁에 익혀서 조심하고 삼가야 한다. 한결같이 이렇게 하여 게을리하지 않는 것, 이것을 일컬어 배우는 법이라고 한다." 하였다.

| 풀이 | 배우는 자는 스승의 가르침을 겸허한 자세로 받아들이고, 배운 것은 이를 깊이 연구해서 완전하게 이해하도록 해야 한다. 남의 선을 보면 따르고, 의로운 일을 들으면 이를 실천에 옮겨서 날로 내 몸을 닦아야 한다. 내 능력을 믿고 교만한 생각을 가지는 것은 금물이다. 뜻은 성실하고 행실은 바르며 반드시 유덕한 사람을 좇아 놀아야 한다. "먹을 가까이하는 자는 검게 되기 마련이다[近墨者墨]."는 말이 있다. 사람을 사귀는 것은 반드시 가려서

施教어시든 弟子是則하여 溫恭自虛하여 所受是極이니라 見善從之하며 聞義則服하며 溫柔孝弟하여 毋驕恃力이니라 志毋虛邪하며 行必正直하며 游居有常하되 必就有德이니라 顔色整齊하면 中心必式하나니 夙興夜寐하여 衣帶必飭이니라 朝益暮習하여 小心翼翼이니 一此不懈是謂學則이니라

제자직(弟子職) : 〈관중(管仲)〉의 편명(篇名).
시칙(是則) : 이것을 본받음.
자허(自虛) : 스스로 마음을 겸허하게 가지는 것.
소수(所受) : 배운 것.
시극(是極) : 극진하게 함. 깊이 연구하여 도리를 아는 것.
복(服) : 복행(服行)과 같으니, 실천하는 것.
무교시력(毋驕恃力) : 시력은 능력을 믿는 것이니, 제 능력을 믿고 교만한 마음을 가져서는 안 된다는 뜻임.
필취유덕(必就有德) 반드시 덕이 있는 이를 좇아서 놀아야 한다는 말.
식(式) : 공경하는 것.
칙(飭) : 정제함. 바르게 함.

익익(翼翼) : 조심하는 모양.
학칙(學則) : 배우는 법.

10// 孔子曰 弟子入則孝하고 出則弟하며 謹而信하며 汎愛衆하되 而親仁이니 行有餘力이어든 則以學文이니라

제자(弟子) : 여기서는 자제로 보는 것이 타당함.
여력(餘力) : 남는 힘. 여가(餘暇).

11// 興於詩하며 立於

사귀어야 한다. 얼굴빛은 바르게 가져야 하며, 의관(衣冠)은 항상 정제해야 한다. 이렇게 해서 늘 두려워하고 조심하는 마음으로 배움에 힘써야 한다. 이런 것들은 배우는 자가 반드시 지켜야 할 법칙이다.

제10장

 공자가 말하기를, "자제(子弟)된 자는 집에 들어가면 부모에게 효도하고 밖에 나가면 어른에게 공손하며, 근신하고 믿음이 있으며, 널리 뭇사람을 사랑하되 특히 어진 사람을 친애(親愛)한다. 이런 일들을 실천하고도 남는 힘이 있으면 곧 글을 배워야 한다." 하였다.

| 풀이 | 이 글에서는 착한 행실을 하고 나서 남는 힘이 있으면 글을 배우라는 것이다. 바른 인간성을 토대로 그 위에다 지식을 쌓아야 한다는 논리가 된다. 인간성이 있는 사람이 학문을 해야만 그 학문이 바른 학문이 될 수가 있고 따라서 세상에 기여할 수 있다. 만일 인간성이 없는 사람이 지식을 쌓는다면 도리어 세상에 해독(害毒)을 끼친다. 이러한 예들은 전기(傳記)를 통해서 또는 현실 속에서 얼마든지 실례를 찾아볼 수 있다. 우리는 지식을 추구하기에 앞서 인간 도야(人間陶冶)에 힘써야겠다.

제11장

 시(詩)로 일으키고, 예절로 배우며, 음악으로 이루어야

한다.

禮하며 成於樂이니라

| 풀이 | 시는 〈시경〉의 시를 말한다. 이 시들은 인간의 바른 감정에 바탕을 두어서 정도(正道)를 함양하고, 사악(邪惡)을 배척했으며, 알기 쉽고 흥미를 느끼게 된다. 시를 외우노라면 자연히 선을 좋아하고 악을 미워하는 마음을 일으키게 된다. 예(禮)는 공경하는 마음을 근본으로 절도(節度)가 있고 질서가 있으니 이것을 수련하면 마음이 안정되고 굳세어서 외물(外物)에 동요되지 않는다. 악(樂)은 정서를 순화시켜서 바른 성정(性情)을 함양하게 되고 높은 인격을 성취하게 된다. 이상은 과거에 있어 인격 도야의 교육으로서 중시되었다.

제12장

〈악기(樂記)〉에 말하기를, "예(禮)와 악(樂)은 잠시도 몸에서 떼놓을 수 없는 것이다." 하였다.

12// 樂記에 曰 禮樂은 不可斯須去身이니라

| 풀이 | 예라는 것은 인간의 일용 상행(日用常行)의 도리이니, 잠시도 예를 떠나서는 살 수 없다. 예를 떠난다면 곧 인간의 길에서 벗어나게 된다. 또 인간이 살아가노라면 외물(外物)의 유혹을 받아서 마음이 흐트러지기 쉬우니, 바른 정서의 함양을 필요로 한다. 그렇기 때문에 사람은 잠시도 예와 악을 떠나서는 살 수 없는 것이다.

악기(樂記) : 〈예기〉의 편명.
사수(斯須) : 잠깐 동안.
거신(去身) : 몸에서 떼놓는 것.

제13장

13// 子夏曰 賢賢하되 易色하며 事父母하되 能竭其力하며 事君하되 能致其身하며 與朋友交하되 言而有信이면 雖曰未學이나 吾必謂之學矣로리라

자하(子夏)가 말하기를, "어진 사람을 좋아하되 여색(女色)을 좋아하는 마음과 바꿀 수 있으며, 부모를 섬기되 능히 그 힘을 다할 수 있으며, 임금을 섬기되 능히 그 몸을 바칠 수 있으며, 벗과 사귀되 말에 믿음이 있다면 비록 배우지 않았다 해도 나는 반드시 배웠다고 말할 것이다." 하였다.

자하(子夏): 성은 복(卜), 이름은 상(商), 공자의 제자.
현현(賢賢): 어진 이를 어질게 여기는 것, 즉 어진 이를 좋아하는 것.
역색(易色): 여색(女色)을 좋아하는 마음과 바꾸는 것.
치기신(致其身): 그 몸을 바치는 것.

| 풀이 | 유가(儒家)에서는 윤리 도덕(倫理道德)을 밝히는 것을 교육의 지상 목표, 학문의 요체(要諦)로 삼고 있다. 어진 이를 존경하는 것, 힘을 다하여 부모를 섬기는 것, 목숨을 바쳐서 임금을 섬기는 것, 벗과 사귀어서 믿음이 있는 것, 이 네 가지는 윤리 도덕의 가장 큰 것에 속한다. 유교적인 입장에서 볼 때, 이 네 가지를 실천할 수 있다면 그것은 배운 사람 중에서도 착실하게 배운 사람으로 인정되어야 한다. 사실, 배운 사람 중에는 인간의 도리에 배치(背馳)되는 사람이 얼마든지 있다. 오늘의 시대에도 이 네 가지 도덕은 반드시 존중되어야 한다. 다만 목숨을 바쳐서 임금을 섬긴다는 말은 목숨을 바쳐서 나라를 사랑한다는 말로 바꾸어 해석해야만 할 것이다.

제2편 명륜(明倫)

이 편에서는 인륜(人倫)을 밝힘을 기술(記述)했다. 부자(父子)·군신(君臣)·부부·장유(長幼)·붕우(朋友)·통론(通論)의 여섯 가지로 구분했으며, 모두 108장이다.

맹자가 말하기를, "상(庠)·서(序)·학(學)·교(校)를 설치하여 가르침은 모두 인륜(人倫)을 밝히기 위한 것이다." 하였다.

성경을 상고하고 현전(賢傳)을 평론(評論)하여 이 편(篇)을 짓고 어린 선비를 가르친다.

| 풀이 | 고대(古代)의 학교 교육이 인간의 윤리를 밝히는 데 있음을 들어서 명륜전(明倫傳)을 저술하는 경위(經緯)와 취지를 설명했다.

여기에 나오는 상서학교는, 〈소학〉 원본의 집설(集說)에는 주자의 말을 인용하여 "상은 노인을 기르는 것을 주안으로 하고, 서는 활쏘기를 익히는 것을 주안으로 하고, 교는 백성을 가르치는 것을 주안으로 하여 모두 지방 학교이며, 학은 국학(國學)이다." 하였으니, 학은 국학이고 다른 것은 지방 학교이다.

孟子曰 設爲庠序學校하여 以敎之는 皆所以明人倫也라 하시니 稽聖經하며 訂賢傳하여 述此篇하여 以訓蒙士하노라

인륜(人倫): 인간의 윤리 질서. 오륜(五倫)이 그 기본이 됨.
성경(聖經): 성인(聖人)의 글. 경서(經書).
현전(賢傳): 현인(賢人)의 글.
몽사(蒙士): 어린 선비.

1. 부자지친(父子之親)

제1장

1// 內則에 曰 子事父母하되 鷄初鳴이어든 咸盥漱하며 櫛縰笄總하며 拂髦冠緌纓하며 端韠紳하며 搢笏하며 左右佩用하며 偪屨著綦니라 婦事舅姑하되 如事父母하여 鷄初鳴이어든 咸盥漱하며 櫛縰笄總하며 衣紳하며 左右佩用하며 衿纓綦屨니라 以適父母舅姑之所하되 及所하여 下氣怡聲하여 問衣燠寒하며 疾痛苛癢에 而敬抑搔之하며 出入則或先或後하여 而敬扶持之니라 進盥할새 少者는 奉槃하고 長者는 奉水하여 請沃盥하고 盥卒授巾이니라 問所欲而敬進之하되 柔色以溫之하여 父母舅姑必嘗之而後에 退니라 男女未冠笄者鷄初鳴이어든 咸盥漱하며 櫛縰하며 拂髦하며 總角하며 衿纓하여 皆佩容臭하고 昧爽而朝하여 問何食飮矣오 하여 若已食則退하고 若未食則佐長者視具니라

〈내칙(內則)〉에 말하기를, "아들이 부모를 섬길 때는 닭이 처음 울면 모두 세수하고, 양치질하고, 머리를 빗고, 검은 비단으로 머리털을 싸매고, 비녀 꽂고, 비단으로 머리를 묶어서 상투를 장식하고, 다팔머리 위의 먼지를 털고, 관(冠)을 쓰고 관 끈을 드리우고, 현단복(玄端服)을 입고, 슬갑(膝甲)을 착용하고, 큰 띠를 띠고, 홀 꽂고, 왼쪽과 오른쪽에 쓸 물건들을 차고, 행전 치고, 신 신고, 신끈을 맨다.

며느리가 시부모를 섬기는 것도 부모를 섬기는 것같이 하여, 닭이 처음 울면 모두 세수하고, 양치질하고, 머리 빗고, 검은 비단으로 머리를 싸서 쪽찌고, 비녀 꽂고, 비단으로 머리를 묶어 쪽을 장식하고, 옷 입고, 큰 띠 띠고, 왼쪽과 오른쪽에 쓸 물건들을 차고, 향(香)이 든 주머니를 차고, 신 신고, 신끈을 맨다.

이와 같이 하고서 부모와 시부모가 계신 곳으로 아침 문안을 드리러 간다. 그곳에 이르면 숨소리를 낮추고 말소리를 부드럽게 하면서 입으신 옷이 덥고 찬 정도를 묻는다. 만일 아파하시거나 가려워하시면 조심하여 짚어보며 긁어드린다. 출입하시게 되면 앞에 서기도 하고 뒤에 서기도 하며 삼가 부축해 드린다.

세숫물을 드릴 때는 어린 자는 대야를 받들고 나이 많

은 자는 물을 받들어서 부어 씻으시기를 청한다. 씻기를 마치면 수건을 드린다.

잡숫고 싶은 것을 물어서 공손히 드리되 얼굴빛을 부드럽게 하면서 뜻을 즐겁게 하여 부모나 시부모가 반드시 맛보신 뒤에야 물러나온다.

남녀로서 아직 관 쓰지 않고 비녀 꽂지 않은 자는 닭이 처음 울면 모두 세수하고, 양치질하고, 머리 빗고, 검은 비단으로 머리를 싸매고, 다팔머리 위의 먼지를 털고, 머리털을 묶어서 뿔 모양을 만들고, 향낭(香囊)을 매고, 향기 나는 물건을 찬다. 먼동이 틀 때 아침 문안을 드린다. "무엇을 잡수셨습니까?" 하고 여쭈어서 이미 잡수셨으면 물러나오고, 아직 잡숫지 않았으면 어른들을 도와서 잡수실 음식 준비를 보살필 것이다." 하였다.

| 풀이 | 옛날에는 아들·며느리·딸들이 아침저녁으로 부모에게 문안을 드렸는데 이것을 일러 혼정 신성(昏定晨省)이라고 했다. 이 글에는 아들·며느리가 아침 일찍 일어나 양치질하고, 세수하고, 의관(衣冠)을 정제하고서 부모·시부모가 계신 처소에 나아가 문안하는 예절과 아직 결혼을 하지 않은 아들과 딸이 부모에게 문안드리는 예절이 나와 있다.

우리 나라에서도 최근까지 이같은 예절을 지켰다. 아침이면 아들·며느리·딸들이 일찍 일어나 부모님이 계신 처소에 나아가 절하여 문안드리고, 세숫물을 올리고 방

관(盥) : 세수하는 것.
수(漱) : 양치질하는 것.
즐(櫛) : 머리를 빗는 것.
사(繼) : 검은 비단으로 머리털을 싸매는 것.
계(笄) : 비녀 꽂는 것.
총(總) : 비단으로 머리털을 묶어서 상투 짜는 것.
불모(拂髦) : 다팔머리 위의 먼지를 터는 것.
필(韠) : 슬갑(膝甲). 무릎을 가리는 것.
패용(佩用) : 쓸 물건들을 몸에 차는 것.
벽(偪) : 행전.
착기(著綦) : 끈을 매는 것.
구고(舅姑) : 구는 시아버지, 고는 시어머니.
금영(衿纓) : 향(香)이 들어 있는 주머니.
기구(綦屨) : 신끈을 매는 것.
문의욱한(問衣燠寒) : 입고 있는 옷의 덥고 찬 것을 물음.
가양(苛癢) : 가려운 것.
억소지(抑搔之) : 아픈 곳은 안마하고 가려운 곳은 긁음.
부지(扶持) : 붙들어주는 것. 부축하는 것임.
진관(進盥) : 세숫물을 드리는 것.
옥관(沃盥) : 물을 부어서 세수함.
소욕(所欲) : 여기서는 먹고자 하는 것.
온지(溫之) : 여기서는 뜻을 받듦.
미관계자(未冠笄者) : 아직 관을 쓰지 않은 남자나 비

녀를 꽂지 않은 여자.
총각(總角): 머리털을 좌우로 나누어 묶어서 뿔난 것처럼 만드는 것.
용취(容臭): 향내나는 물건을 차는 것.
매상(昧爽): 먼동이 틀 무렵.
좌(佐): 돕는 것.
시구(視具): 여기서는 음식 올리는 일을 보살피는 것.

소제를 한 뒤 진짓상을 올렸으며 식사를 마치신 뒤에야 물러나왔다. 지금은 이같은 예절이 모두 없어졌지만 아직도 완고한 집에서는 며느리가 새로 들어오면 사흘 동안 시부모께 문안드리게 한다. 시대가 달라져서 그와 같은 예절을 그대로 지킬 수는 없다고 하지만 아침저녁으로 부모의 안부를 살피는 것 등을 행하는 것이 인정(人情)이요, 도리라고 본다.

제2장

2// 凡內外鷄初鳴이어든 咸盥漱하며 衣服하고 斂枕簟하며 灑掃室堂及庭하여 布席하고 各從其事니라

모든 안과 밖의 사람들은 닭이 처음 울면 모두 양치질하고, 세수하고, 옷 입고, 베개와 잠자리를 걷는다. 방과 마루와 뜰을 소제하고 자리를 펴놓는다. 그리고 나서 각기 자기 일에 종사(從事)한다.

내외(內外): 안과 밖의 모든 사람. 즉 온 집안 식구.
염(斂): 거두는 것.
침점(枕簟): 베개와 잠자리.

| 풀이 | 이 글에서는 첫닭이 울면 일어나서 자기가 맡은 일에 종사힐 때까지의 힐 일들을 사례로 논하고 있다.

제3장

3// 父母舅姑將坐어시든 奉席請何鄕하며 將衽이어시든 長者는 奉席請何趾하고 少者는 執牀與坐하며 御者는 擧几하고 斂席與簟하며 縣衾篋枕하고 斂簟而襡之니라 父母舅姑之衣衾簟枕几는 不傳하며

부모나 시부모가 장차 일어나 앉으려고 하시면 깔고 앉을 자리를 받들어 들고 "어느 쪽을 향하여 자리를 깔까요?" 하고 묻는다. 장차 누우려고 하시면 나이 많은 자는 깔고 누울 자리를 받들어 들고 "발은 어느 쪽에 두실건가요?" 하고 물으며, 나이 적은 자는 침상을 받들고 옆에 뫼시어 앉는다. 일어나시면 모시는 자는 안석을 들고 자리

와 대자리를 거둔다. 이불을 묶어서 달고, 베개는 상자에 넣으며, 대자리는 걷어서 싸서 둔다.

부모나 시부모의 옷과 이불과 대자리와 베개와 안석은 일정한 곳에 두어서 함부로 옮기지 않으며, 지팡이와 신은 소중하게 간수하여 감히 몸에 가까이하지 않는다. 대(敦)·모(牟)·치(卮)·이(匜) 등의 그릇은 부모가 먹다 남은 음식을 먹을 때가 아니면 감히 쓰지 못하며, 부모가 늘 잡수시는 음식은 먹다 남은 것이 아니면 감히 먹지 못한다.

| 풀이 | 이 글에서는 부모의 기거(起居)를 편안하게 해 드릴 것과 부모의 물건을 소중히 다룰 것을 강조했다.

제4장

부모나 시부모가 계신 곳에 있어서, 명령하시는 일이 있으면 빨리 응(應)하고 나서 공손히 대답하는 말씀을 드린다. 앞으로 나아가고 뒤로 물러서며, 이리저리로 돌아가는 동작을 삼가고 조심하며, 마루에 오르고 내리며, 방에 들어가고 나갈 때는 몸을 굽히고 펴는 것을 법도에 맞도록 해야 한다. 감히 구역질·트림·재채기·기침을 하지 못하며, 하품하고, 기지개 켜고, 한쪽 발로 비스듬히 서서 다른 물체에 몸을 의지하거나 곁눈질하여 보지 못하며, 감히 가래침 뱉고, 콧물 흘리지 못한다.

추워도 감히 옷을 껴입지 못하고, 가려워도 감히 긁지 못하며, 공경히 할 일이 있지 않으면 감히 상의를 벗어 팔

杖屨를 祗敬之하여 勿敢近하며 敦牟卮匜를 非餕이어든 莫敢用하며 與恒飮食을 非餕이어든 莫之敢飮食이니라

장좌(將坐) : 여기서는 아침에 일어날 때를 말함.
청하향(請何鄕) : "어느 쪽을 향하게 할까요?" 하고 묻는 것.
청하지(請何趾) : 지는 발. 즉 "발이 어느 쪽을 향하게 할까요?" 하고 묻는 것.
부전(不傳) : 옮기지 않음.
지경지(祗敬之) : 공경하는 것.

4// 在父母舅姑之所하여 有命之어시든 應唯敬對하며 進退周旋에 愼齊하며 升降出入에 揖遊하며 不敢噦噫嚏咳欠伸跛倚睇視하며 不敢唾洟니라 寒不敢襲하며 癢不敢搔하며 不有敬事어든 不敢袒裼하며 不涉不撅하며 褻衣衾을 不見裏니라 父母唾洟를 不見하며 冠帶垢어든 和灰請漱하며 衣裳垢어든 和灰請澣하며 衣裳綻裂이어든 紉箴請補綴이니라 少事長하며 賤事貴에 共帥時니라

신제(愼齊) : 삼가고 조심하는 것.
얼(噦) : 구역질.
희(噫) : 트림.
체(嚔) : 재채기하는 것.
해(咳) : 기침.
흠(欠) : 하품.
신(伸) : 기지개 켜는 것.
피의(跛倚) : 한쪽 발로 비스듬히 서서 몸을 다른 물체에 의지하는 것.
타이(唾洟) : 침 뱉고 코 푸는 것.
습(襲) : 옷을 껴입는 것.
경사(敬事) : 활쏘기 같은 덕성을 함양하는 일.
설의(褻衣) : 속옷.
인잠(紉箴) : 바늘에 실을 꿰는 것.

5// 曲禮에 曰 凡爲人子之禮는 冬溫而夏淸하며 昏定而晨省하며 出必告하며 反必面하며 所遊를 必有常하며 所習을 必有業하며 恒言에 不稱老니라

온(溫) : 따뜻하게 해 드리는 것.
청(淸) : 서늘하게 해 드리는 것.
정(定) : 여기서는 밤에 주무실 자리를 펴 드리는 것.

을 드러내지 못하며, 물을 건널 때가 아니면 옷을 걷어올리지 못하며, 속옷과 이불은 안을 드러내 보이지 않는다.

부모의 가래침과 콧물을 남에게 보이지 않으며, 관(冠)과 띠에 때가 묻었으면 잿물을 타서 씻기를 청하고, 옷에 때가 묻었으면 잿물을 타서 빨기를 청하고, 옷이 터졌거나 찢어졌으면 바늘에 실을 꿰어 깁기를 청한다.

연소(年少)한 사람이 연장자(年長者)를 섬기는 것이나 신분이 천한 사람이 존귀한 사람을 섬기는 것은 모두 이 예절에 따라야 한다.

| 풀이 | 이 글에서는 부모·시부모를 섬기는 일상적인 예절에 대해서 논하고 있다.

제5장

〈곡례〉에 말하기를, "대체로 사람의 자식된 자의 예법은 겨울에는 따뜻하게 해 드리고 여름에는 서늘하게 해 드리며, 밤이면 자리를 펴 드리고 새벽이면 안부를 살펴야 한다. 밖에 나가면 반드시 여쭙고, 돌아오면 반드시 뵈야 한다. 노는 곳이 반드시 일정한 곳이 있어야 하고, 익히는 것이 반드시 일정한 업(業)이 있어야 하며, 평상시의 말에 자신을 늙었다고 말하지 않아야 한다." 하였다.

| 풀이 | 이 글에서는 사람의 자식된 자의 일상적인 예절을 논했다. 과거에 우리 나라 선비의 집에서는 거의 모두

이같은 예절을 지켰다. 필자가 어렸을 적에 고향에서 본 일이다. 서씨(徐氏) 성을 가진 학자 한 분이 있었는데, 그 자제들이 모두 여기에 나오는 예절을 그대로 지켰다. 이른 아침에 60세가 넘은 큰아들이 들어가 절하고 나서 이부자리를 걷고 타구(唾具)를 비우니, 아버지가 민망히 여겨서 아들이 들어오기 전에 일어나 방안을 모두 치우고 기다리고 있었다. 세상이 많이 달라지기도 했지만 지금은 이같은 구경을 할 수 없다.

성(省) : 안부를 살피는 것.
고(告) : 외출을 알리는 것.
면(面) : 부모의 얼굴빛을 살피는 것임.
상(常) : 일정한 곳.
필유업(必有業) : 반드시 일정한 일 또는 업(業)이 있어야 한다는 말.
항언(恒言) : 평상시의 말.
불칭로(不稱老) : 자신이 늙었다고 말하지 않는 것.

제6장

〈예기〉에 말하기를, "효자로서 부모를 깊이 사랑하는 마음이 있는 자는 반드시 화기(和氣)가 있고, 화기가 있는 자는 반드시 즐거워하는 빛이 있으며, 즐거워하는 빛이 있는 자는 반드시 유순한 모습이 있다. 효자가 부모를 모시는 것은 마치 옥(玉)을 잡은 듯, 가득 찬 그릇을 잡은 듯 두려워하고 조심하여 이기지 못할 것같이 하며, 떨어뜨려서 잃을 것같이 해야 한다. 위의(威儀)를 엄숙하게 하고 몸가짐을 의젓하게 하여 남들이 보고 두려워하게 만드는 것은 어버이를 섬기는 도리가 아니다." 하였다.

6// 禮記에 曰 孝子之有深愛者는 必有和氣하고 有和氣者는 必有愉色하고 有愉色者는 必有婉容이니 孝子는 如執玉하며 如奉盈하여 洞洞屬屬然하여 如弗勝하며 如將失之니 嚴威儼恪이 非所以事親也니라

유색(愉色) : 즐거워하는 빛.
완용(婉容) : 유순한 모습.
동동촉촉(洞洞屬屬) : 두려워하고 조심하는 것. 동동을 정성스러운 것으로 보기도 함.
여불승(如弗勝) : 이기지 못할 것처럼 함. 감당해 내지 못할 것처럼 조심함.
여장실지(女將失之) : 금방

| 풀이 | 효자는 온화한 기운, 즐거워하는 얼굴빛, 유순한 모습이 있어야 한다. 부모님 섬기기를 마치 손에 귀중한 옥을 잡은 듯이, 가득 찬 그릇을 받들듯이 두려워하고 조심하며 성경(誠敬)을 다해야 한다. 엄숙한 위의, 의젓한 몸

7// 曲禮에 曰 凡爲人
子者居不主奧하며 坐
不中席하며 行不中道
하며 立不中門하며 食
饗에 不爲槪하며 祭祀
에 不爲尸하며 聽於無
聲하며 視於無形하며
不登高하며 不臨深하
며 不苟訾하며 不苟笑
니라

사향(食饗) : 사는 음식을 대접하는 것, 향은 손님 대접이나 제사 같은 것을 말함.
개(槪) : 한도(限度).
시(尸) : 옛날에는 제사지낼 때 신(神) 대신으로 앉히던 아이를 시동(尸童)이라고 했음.
청어무성(聽於無聲) : 부모가 말하기 전에 추측하여 아는 것.
시어무형(視於無形) : 부모의 의사(意思)가 얼굴빛에 나타나기 전에 추측하여 아는 것.
불구자(不苟訾) : 구차하게 남을 비방하지 않는 것. 예를 들어서 남의 뜻에 영합(迎合)하기 위하여 억지로 그 사람이 싫어하는 사람을 헐뜯는 것은 비굴한 행동임.

이라도 떨어뜨려서 잃어버리지나 않을까 겁내는 것.

가짐은 사람의 자식된 자가 가질 태도가 아니다.

제7장

〈곡례〉에 말하기를, "사람의 자식된 자는 방 아랫목에 거처하지 않으며, 한가운데 자리에 앉지 않으며, 길 한복판으로 다니지 않으며, 문 한가운데 서지 않는다. 음식과 연향(宴饗)에 분량을 제한하지 않으며, 제사에 시(尸)가 되지 않는다. 소리가 없어도 듣고 표현이 없어도 본다. 높은 곳에 오르지 않으며, 깊은 곳에 가지 않으며, 구차하게 남을 비방하지 않으며, 구차하게 웃지 않는다." 하였다.

| 풀이 | 과거에는 아무리 나이가 많아도 부모가 살아 계시면 어른 행세를 못했다. 그렇기 때문에 감히 방의 아랫목에 거처하지 못하고, 한가운데 자리에 앉지 못하고, 길 한복판을 다니지 못하고, 문 한가운데 서지 못했다. 부모를 위하여 손님 접대를 한다든지 제사지낼 때 음식의 한도를 정하지 않았다. 부모의 뜻에 어긋날까 두렵기 때문이었다.

부모가 계신 사람은 신(神) 대신 제상 앞에 앉는 시(尸)가 되지 않았다. 시는 남쪽을 향하여 앉고 제관(祭官)은 북쪽을 향하여 절하게 되니 부모의 절을 받을 경우가 있기 때문이었다. 부모가 말로 의사 표시를 하고, 형용으로 의사 표시를 하기 전에 미리 그 뜻을 짐작하여 뜻에 따라야 한다.

높은 곳에 오르지 않고 깊은 곳에 가지 않는 것은 부모가 계신 것을 생각하여 몸을 아끼는 것이다. 구차하게 남을 비방하거나 웃지 않는 것은 몸가짐을 바르게 하여 부모를 욕되게 하지 않으려는 것이다. 부모가 계신 몸은 항상 두려워하고 경계하는 마음으로 행동을 삼가야 한다.

불구소(不苟笑) : 구차하게 웃지 않는 것. 남의 비위를 맞추기 위하여 억지로 웃는 것은 구차한 웃음이 됨.

제8장

공자가 말하기를, "부모가 계시면 먼 곳에 가 있지 않으며, 가 있게 되면 반드시 일정한 곳이 있어야 한다." 하였다.

8// 孔子曰 父母在어시든 不遠遊하며 遊必有方이니라

재(在) : 살아 있는 것.
원유(遠遊) : 먼 곳에 가 있는 것.
방(方) : 여기서는 일정한 곳.

| 풀이 | 지금은 교통이 발달되어서 아침에 서울을 떠나 부산에 가서 볼 일을 보고 저녁에 돌아올 수 있고, 항공기를 이용한다면 이 세상 어느 곳도 하루면 당도할 수 있다. 그러나 옛날에는 서울에서 부산을 왕복하려면 빨라야 20일이 걸렸으며, 우편물 같은 것은 상대방이 받는 날짜를 기약할 수 없는 형편이었다. 늙은 부모가 계신 사람이 먼 곳에 가 있으면, 아침저녁으로 문안드리지 못하는 것은 고사하고 항상 마음이 불안하다. 그리고 또 집에 계신 부모님에게 근심을 끼치게 된다. 그렇기 때문에 먼 곳에 가서 객지 생활하는 것을 삼갔던 것이다. 어찌할 수 없어서 객지에 나가 있을 경우에는 이리저리 자리를 옮기지 못하고 일정한 곳에 있어야 한다. 그래야만 무슨 일이 있을 경우 연락을 받을 수 있기 때문이다. 이런 일은 오늘의 시대에는 해당되지 않는다고 보겠다.

9// 曲禮에 曰 父母存이시어든 不許友以死니라

10// 禮記에 曰 父母在어시든 不敢有其身하며 不敢私其財니 示民有上下也니라 父母在어시든 饋獻을 不及車馬니 示民不敢專也니라

상하(上下) : 윗사람과 아랫사람 사이의 질서. 아랫사람이 윗사람의 통제를 받는 것.
궤헌(饋獻) : 대등한 사람에게 물건을 주는 것을 궤, 아랫사람이 윗사람에게 바치는 것을 헌이라고 함.

제9장

〈곡례〉에 말하기를, "부모가 계시면 목숨을 바치는 일을 벗에게 허락하지 않는다." 하였다.

| 풀이 | 부모가 살아 계시면 부모를 봉양해야 할 자식된 도리가 있으니, 몸을 소중히 간직해야 한다. 목숨을 바치는 일을 남에게 허락한다면 부모에게 근심을 끼칠 뿐만 아니라 만일 목숨을 잃게 되면 큰 불효가 된다.

제10장

〈예기〉에 말하기를, "부모가 계시면 감히 제 몸을 제 것으로 하지 못하며, 감히 재물을 사사로이 가지지 못한다. 그것은 백성에게 상하(上下)의 질서 있음을 보이는 것이다. 부모가 계시면 수레나 말 같은 것을 남에게 주지 못한다. 이것은 백성에게 전제(專制)하지 못함을 보이는 것이다." 하였다.

| 풀이 | 과거에는 부모가 살아 계시면 부모 중심으로 가정이 성립되기 때문에 몸이 부모에게 매여서 부모의 명령에 따라야만 하니, 비록 제 몸이라고 하더라도 감히 제 마음대로 하지 못했다. 비록 돈을 벌어들이더라도 부모에게 드리고, 감히 제가 갖지 못했다. 그리고 수레나 말 같은 큰 물건을 남에게 줄 때는 반드시 부모에게 여쭈어 허락을 받아야만 했다. 이것이 한 집안의 질서이고 또 자식이

부모를 섬기는 도리이다.

　사정이 달라지고 제도가 달라진 오늘의 시대에는 옳다고 볼 수 없지만 부모에게 여쭙고 부모의 의견을 될 수 있으면 받들어서 일을 처리하는 것은 오늘날도 마땅히 그와 같이 해야 될 줄로 믿는다.

제11장

　〈내칙(內則)〉에 말하기를, "아들과 며느리로서 효도하고 공경하는 자는 부모와 시부모의 명령을 거역하지 않고 게을리하지 않는다. 만약 음식을 주시거든 비록 즐기지 않는 것이라도 반드시 조금 먹고 다음 명령을 기다리며, 옷을 주시거든 비록 좋아하지 않는 것이라도 반드시 그것을 입고 다음 명령을 기다려야 한다. 일을 시키고 나서 다른 사람으로 대신케 하시거든 내가 비록 원하지 않더라도 우선 그 사람에게 일을 넘겨주어서 시키고 뒤에 돌려받는다." 하였다.

| 풀이 | 효자 효부는 부모나 시부모의 명령을 존중하여 따를 뿐, 거역하거나 게을리하지 않는다. 부모가 음식을 주시면 비록 즐기지 않는 것이라도 조금 먹고서 고쳐 명령을 내려주시기를 기다려야 한다. 옷을 주시면 비록 입고 싶지 않는 것이라도 역시 그 옷을 입고서 고쳐 명령을 내려주시기를 기다린다. 부모가 일을 시키고 나서 애처롭게 여겨 다른 사람을 대신 시킬 때는 비록 그 사람에게 시키

11// 內則에 曰 子婦孝者敬者는 父母舅姑之命을 勿逆勿怠니라 若飮食之어시든 雖不嗜나 必嘗而待하며 加之衣服이어시든 雖不欲이나 必服而待니라 加之事오 人代之어시든 己雖不欲이나 姑與之하여 而姑使之라가 而後復之니라

자부(子婦) : 여기서는 아들과 며느리. 단지 며느리를 일컫는 말이 되기도 함.
역(逆) : 거역함.
음사지(飮食之) : 음식을 먹게 하는 것. 음식을 주는 것.
대(待) : 부모가 자기의 즐겨하지 않는 것을 보고 다시 명령을 내리기를 기다리는 것.
필복이대(必服而待) : 여기의 복은 입는 것.
가지사(加之事) : 부모가 자기에게 일을 시키는 것.

고여지(姑與之) : 고는 우선, 잠시. 여는 주는 것. 즉 부모가 대신 시키는 사람에게 우선 일을 넘겨주는 것.

12// 子婦는 無私貨하며 無私蓄하며 無私器니 不敢私假하며 不敢私與니라 婦或賜之飮食衣服布帛佩帨茝蘭이어든 則受而獻諸舅姑니 舅姑受之則喜하여 如新受賜하고 若反賜之則辭하되 不得命이어든 如更受賜하여 藏以待乏이니라 婦若有私親兄弟하여 將與之어든 則必復請其故하여 賜而後與니라

사가(私假) : 부모 모르게 물건을 빌려 주는 것.
사여(私與) : 부모의 의사를 듣지 않고 제 마음대로 남에게 물건을 주는 것.
패세(佩帨) : 허리에 차는 수건.
반사(反賜) : 도로 주는 것.
장이대핍(藏以待乏) : 간직하여 두고 시부모가 필요하게 되기를 기다림.
부청기고(復請其故) : 전에 간직하여 둔 물건을 다시 청하는 것.

기를 원치 않더라도 잠시 넘겨주어서 일을 시키고 과연 제대로 하지 못하거든 되돌려 받는다. 이와 같이 하는 것은 모두 부모나 시부모의 뜻을 공경하고 순종하는 도리이다.

제12장

아들과 며느리는 사사로이 가지는 재물이 없으며, 사사로이 저축하는 것이 없으며, 사사로이 가지는 기물(器物)이 없다. 감히 사사로이 남에게 빌려 주거나 주지도 않는다.

누가 며느리에게 음식이나 의복·포백(布帛)·패세(佩帨)·채란(茝蘭) 같은 것을 주면, 며느리는 이것을 받아서 시부모에게 드린다. 시부모가 받으면 기뻐하기를 마치 새로 주시는 물건을 받는 것같이 한다. 만약 도로 주시면 사양하되, 사양해도 허락을 얻지 못하면 마치 다시 주시는 물건을 받는 것같이 하여, 간직해 두고 시부모가 필요로 할 때를 기다린다.

며느리에게 만약 친정 형제가 있어서 주고자 하면 반드시 전에 간직해 두었던 물건을 다시 청하여 시부모의 허락을 받은 뒤에 주어야 한다.

| 풀이 | 부모가 살아 계시면 부모 중심으로 집안의 통솔이 이루어지기 때문에 모든 재물은 모두 부모에게 귀속되고, 행동은 반드시 부모의 의사에 따라야 한다. 이 글에서는 특히 며느리의 절제(節制) 있는 행동을 논했다.

제13장

〈곡례〉에 말하기를, "아버지가 부르시면 느린 대답을 하지 않으며, 스승이 부르셔도 느린 대답을 하지 않고 빨리 대답하고서 일어난다." 하였다.

| 풀이 | 아버지가 부르시면 빨리 달려가야 한다. 느리게 대답하고 지체하는 것은 부모의 명령을 존중하며 부모를 공경하는 태도가 아니다. 스승이 불러도 감히 느리게 대답하지 못하고, 빨리 '가겠습니다.' 하고 일어나야 한다. 옛말에 임금과 부모와 스승은 같다고 했다.

제14장

〈사상견례(士相見禮)〉에 말하기를, "대체로 대인(大人)과 말할 때는 처음에 얼굴을 보고, 다음에는 가슴을 보고, 끝에 가서 다시 얼굴을 보며 처음부터 끝까지 자신의 바른 몸가짐을 고치지 말아야 한다. 이 자리에 함께 있는 사람들은 모두 이같이 해야 한다.

만약 아버지라면 눈을 이리저리 돌려서 볼 수 있으나 얼굴보다 위를 보지 말며, 띠보다 아래를 보지 말아야 한다. 만약 말씀하지 않으시거든, 서 계시면 그 발을 보고, 앉아 계시면 그 무릎을 보아야 한다." 하였다.

| 풀이 | 이 글에서는 지위가 높고 덕이 있는 사람과 함께 말할 때의 태도 및 아버지와 말할 때의 태도 등에 대해서

13// 曲禮에 曰 父召어시든 無諾하며 先生이 召어시든 無諾하고 唯而起니라

낙(諾) : 느리게 대답하는 것.
유(唯) : 빠르게 대답하는 것.

14// 士相見禮에 曰 凡與大人言에 始視面하고 中視抱하고 卒視面하며 毋改니 衆皆若是니라 若父則遊目하되 毋上於面하며 毋下於帶니라 若不言이어시든 立則視足하고 坐則視膝이니라

시시면(始視面) : 처음에는 얼굴을 보는 것.
중시포(中視抱) : 중간에 가슴을 보는 것.
졸시면(卒視面) : 끝에 가서 다시 얼굴을 보는 것.
유목(遊目) : 눈을 이리저리 돌려서 보는 것.
무하어대(毋下於帶) : 띠보다 아래를 보지 않는 것.

논했다.

제15장

〈예기〉에 말하기를, "아버지가 명령해 부르시거든 빨리 대답하고 느리게 대답하지 않는다. 손에 일을 잡고 있으면 던져버리고, 음식이 입에 있으면 뱉어버리고 달려가며, 추창해 가지 않는다.

어버이가 늙으셨거든 밖에 나가서 가는 곳을 바꾸지 않으며, 집에 돌아옴이 약속한 때를 넘기지 않으며, 어버이가 병드셨거든 얼굴빛을 펴지 않는 것이 효자의 간략한 예절이다.

아버지가 돌아가신 뒤 아버지의 책을 읽지 못하는 것은 아버지의 손때가 묻어 있기 때문이며, 어머니가 돌아가신 뒤 쓰시던 그릇을 사용하지 못하는 것은 어머니의 입김의 기운이 남아 있는 듯하기 때문이다." 하였다.

| **풀이** | 아버지가 부르시면 빨리 대답하고, 손에 일을 잡았으면 일감을 던져버리고, 음식이 입에 있으면 뱉어버리고서 달려가야 한다. 밖에 나가서 가는 곳을 바꾸지 않는 것은 부모가 일이 있을 때 소재(所在)를 알 수 없기 때문이다. 또 반드시 약속한 날짜까지 집에 돌아와야 한다. 날짜를 넘기면 부모가 근심하시기 때문이다. 부모가 병드셨으면 얼굴에 근심하는 빛이 있게 마련이다.

이상 말한 것들은 부모를 섬기는 자가 지켜야 할 간략

입즉시족 좌즉시슬(入則視足坐則視膝) : 아버지가 서 계시면 그 발을 보고, 앉아 계시면 그 무릎을 보는 것.

15// 禮記에 曰 父命呼어시든 唯而不諾하여 手執業則投之하며 食在口則吐之하고 走而不趨니라 親老어시든 出不易方하며 復不過時하며 親瘼어시든 色容不盛이 此孝子之疏節也니라 父沒而不能讀父之書는 手澤이 存焉爾며 母沒而杯圈을 不能飮焉은 口澤之氣 存焉爾니라

집업(執業) : 손에 일감을 잡고 있는 것.
주이불추(走而不趨) : 주는 달려가는 것이고, 추는 종종걸음으로 가는 것이니, 달려가는 것이 종종걸음으로 가는 것보다 빠르다.
역방(易方) : 방향을 바꾸는 것. 가는 곳을 변경하는 것.
복(復) : 집에 돌아오는 것.
제(瘼) : 병이 드는 것.
색용불성(色容不盛) : 얼굴을 펴지 않는 것이니, 근심하는 빛이 있음을 뜻함.
소절(疏節) : 간략한 예절.
수택(手澤) : 손때.
배권(杯圈) : 마시고 먹는 그릇.

한 예절이다. 아버지가 돌아가신 뒤에 아버지가 읽던 책을 차마 읽지 못하는 것은 아버지의 손때가 남아 있기 때문이며, 어머니가 돌아가신 뒤에 차마 사용하시던 그릇에 음식을 담아 먹지 못하는 것은 어머니의 입김이 그 릇에 서려 있는 것 같기 때문이다.

존언이(存焉爾) : 여기에 남아 있다는 말.

제16장

〈내칙〉에 말하기를, "부모에게 종의 몸에서 난 아들이나 서자(庶子)·서손(庶孫)이 있어서 매우 사랑하셨으면, 비록 부모가 돌아가신 뒤에라도 죽을 때까지 공경하여 변치 말아야 한다. 아들에게 두 첩이 있어서, 부모는 한 사람을 사랑하고 아들은 다른 한 사람을 사랑한다면, 의복·음식에서부터 집안일을 맡아보는 데 이르기까지 감히 부모가 사랑하는 자와 동등하게 하지 못한다. 비록 부모가 돌아가신 뒤에라도 변하지 말아야 한다." 하였다.

16// 內則에 日 父母有婢子若庶子庶孫을 甚愛之어시든 雖父母沒이라도 沒身敬之不衰니라 子有二妾에 父母는 愛一人焉하고 子는 愛一人焉이어든 由衣服飮食과 由執事를 毋敢視父母所愛하여 雖父母沒이라도 不衰니라

| 풀이 | 부모가 사랑하는 사람이면 아무리 종이나 첩의 몸에서 난 자손이라도 반드시 사랑해야 하고, 부모가 돌아가신 뒤에라도 변함이 없어야 한다. 첩을 두 사람 두었는데, 부모가 사랑하는 사람이 있고, 자신이 사랑하는 사람이 있을 때는 자신이 사랑하는 사람보다도 부모가 사랑하는 사람을 존중해야 한다. 이것은 한 남자가 많은 아내를 두는 것이 인정되었던 과거에나 있을 수 있는 일이었고, 현대 사회에서는 생각조차도 할 수 없는 것이다.

비자(婢子) : 종의 몸에서 난 아들.
서자서손(庶子庶孫) : 첩의 몸에서 난 아들이나 손자.
몰(沒) : 죽는 것.
몰신(沒身) : 여기서는 몸이 죽을 때까지.
쇠(衰) : 여기서는 성의가 줄어드는 것. 변하는 것.
집사(執事) : 집안일을 맡아보는 것.
시(視) : 비교하는 것. 여기서는 동등하게 하는 것.

17// 子甚宜其妻라도 父母不說이어시든 出하고 子不宜其妻라도 父母曰 是善事我라커시든 子行夫婦之禮焉하여 *沒身不衰*니라

의(宜): 마땅하게 여김. 좋아함.
열(說): 열(悅)과 통하여 기뻐하는 것.
출(出): 부부의 관계를 끊고 집에서 내보는 것.
선사아(善事我): 나를 잘 섬긴다.

18// 曾子曰 孝子之養老也는 樂其心하며 不違其志하며 樂其耳目하며 安其寢處하며 以其飮食으로 忠養之니라 是故로 父母之所愛를 亦愛之하며 父母之所敬을 亦敬之니 至於犬馬하여도 盡然이온 而況於人乎아

제17장

 아들은 매우 그 아내를 좋아하나 부모가 좋아하지 않으시면 내보내야 한다. 아들이 그 아내를 좋아하지 않아도 부모가 말하기를, "그 사람은 나를 잘 섬긴다."고 하시면 아들은 부부의 도리를 다하여 죽을 때까지 변치 말아야 한다.

| 풀이 | 내가 아무리 좋아하는 아내라도 부모가 싫어한다면 이혼(離婚)해야 하고, 내가 싫어하더라도 부모가 좋아한다면 그것을 저버리지 못하고 죽을 때까지 부부의 도리를 다해야 한다. 이것은 자신을 희생시켜서 부모의 뜻에 순종하는 것이다. 이런 경우에는 아들은 부모를 설득하도록 노력하고, 부모도 아들의 생각을 존중하여 원만한 해결을 보는 것이 부모와 아들 사이의 애정을 온전히 하는 것이다.

제18장

 증자(曾子)가 말하기를, "효자의 부모를 섬김은 그 마음을 기쁘게 하며, 그 뜻을 어기지 않으며, 그 듣고 보는 것을 즐겁게 하며, 그 잠자리와 거처를 편안케 해 드리며, 또 맛있는 음식을 드려서 성의껏 봉양한다.
 이런 까닭에 부모가 사랑하시던 것을 사랑하고 부모가 공경하던 이를 공경한다. 개와 말에 이르기까지도 모두 이와 같이 하거늘 하물며 사람이랴." 하였다.

| 풀이 | 부모의 마음을 기쁘게 해 드리는 것을 양지(養志)라고 하고, 맛있는 음식을 만들어서 대접하는 것은 입과 몸을 기른다고 하여 양구체(養口體)라고 한다. 부모를 봉양하는 것은 양지와 양구체를 겸해야만 한다. 어느 하나라도 부족함이 있어서는 안 된다. 마음이 즐거운 것이 제일이라고 하여 양지가 더욱 강조되고 있다. 여기에도 부모가 사랑하던 것을 사랑하고 부모가 공경하던 이를 공경하라는 말이 나와 있다.

양로(養老) : 부모를 섬기는 것.
침처(寢處) : 잠자리와 거처.
충양(忠養) : 부모의 뜻을 즐겁게 하고 맛있는 음식을 드려서 성의를 다하여 봉양하는 것.
진연(盡然) : 모두 그와 같이 하는 것.

제19장

〈내칙〉에 말하기를, "시아버지가 돌아가셨으면 시어머니는 늙으셨을 것이다. 맏며느리는 제사지내고 손님 접대하는 일에 있어, 일마다 반드시 시어머니에게 물어서 하며, 작은며느리는 맏며느리에게 물어서 한다.

시부모가 맏며느리에게 일을 시키면, 맏며느리는 일을 게을리하지 못하며, 감히 작은며느리에게 무례하게 하지 못한다. 시부모가 만약 작은며느리에게 일을 시키면 작은며느리는 감히 맏며느리와 대등하게 행동하지 못한다. 감히 어깨를 나란히 하여 다니지 못하며, 감히 나란히 서서 부모의 명령을 받지 못하며, 감히 나란히 앉지 못한다.

모든 며느리는 제 방으로 가도 좋다는 시부모의 명령이 없으면 감히 물러가지 못한다. 며느리가 일이 있을 때는 큰 일이나 작은 일 모두를 반드시 시부모에게 말씀드려서 지시를 받아야 한다." 하였다.

19// 內則에 曰 舅沒則姑老니 冢婦所祭祀賓客에 每事를 必請於姑하고 介婦는 請於冢婦니라 舅姑使冢婦어시든 毋怠하며 不友無禮於介婦니라 舅姑若使介婦어시든 毋敢敵耦於冢婦니 不敢竝行하며 不敢竝命하며 不敢竝坐니라 凡婦不命適私室이어시든 不敢退하며 婦將有事에 大小를 必請於舅姑니라

총부(冢婦) : 맏며느리.
개부(介婦) : 작은며느리. 맏며느리 이외의 며느리들.
불우무례어개부(不友無禮

於介婦) : 우는 감히의 뜻. 감히 시부모를 믿고서 다른 며느리들에게 무례하게 굴지 못하는 것.
적우(敵耦) : 대등하게 행동하는 것.
적(適) : 가는 것.
사실(私室) : 자기 방.

20// 適子庶子祇事宗子

| 풀이 | 옛날의 대가족 제도 밑에서는 맏며느리가 집안일을 모두 맡아서 하고 다른 며느리들은 맏며느리를 돕는 일을 했다. 맏며느리는 여러 며느리의 상위(上位)에 있었다. 시부모가 모두 살아 계시면 맏며느리가 시부모의 의사를 들어서 모든 일을 집행한다. 시아버지가 돌아가시고 시어머니만 살아 계시면 시어머니에게 물어서 해야 했다. 그리고 다른 며느리들은 맏며느리의 지시에 따라 움직였다. 맏며느리는 시부모가 시키는 일을 조심해서 하며, 다른 며느리들을 사이좋게 이끌어나가야 했다. 그리고 다른 며느리들은 맏며느리를 공경하며 받들어야 했다. 모든 며느리는 제 방으로 가도 좋다는 시부모의 명령이 있기 전에는 감히 제 방으로 가지 못했고, 크고 작은 일을 반드시 시부모에게 여쭈어 그 지시를 받아서 했다.

오늘날에는 핵가족(核家族)화되어 아들·며느리가 부모·시부모와 한 집에 살기조차도 싫어하는 경향이 있다. 과거와 현재가 시대의 양상이 전혀 달라졌으니 생활 양식도 변동이 없을 수 없다. 과거의 대가족 제도는 너무 부자유스럽고 인권(人權)이 억압을 당한 감이 없지 않다. 그러나 아무리 오늘의 시대라 하더라도 부모는 자식을 사랑하고 자식은 부모를 사랑하며, 서로 의사를 존중하는 태도는 변할 수 없는 것이다.

제20장

적자(適子)와 서자(庶子)는 모두 종자(宗子)·종부(宗婦)

를 공경하는 마음으로 섬겨야 한다. 비록 부귀하더라도 감히 부귀한 사람의 자세로 종자의 집에 들어가지 못한다. 수레와 종자가 많더라도 밖에 버려두고 간소한 차림으로 들어가야 한다. 그리고 또 감히 부귀한 모습으로 부형(父兄)이나 종족(宗族)을 대하지 못한다.

宗婦하여 雖貴富나 不敢以貴富로 入宗子之家하여 雖衆車徒라도 舍於外하고 以寡約入하며 不敢以貴富로 加於父兄宗族이니라

| 풀이 | 과거에는 씨족사회(氏族社會)가 되어서 종족을 중시했으며, 조상의 제사를 받들고 선영(先塋)을 수호(守護)한다고 하여 종손을 지극히 위하고 대우를 극진히 했다. 종자·종부를 위하여 복(服)을 입는다는 말까지 있다. 종손이 가난하면 자손들이 힘을 모아서 종손을 살게 해주었으며 종손을 위하는 일이라면 힘을 아끼지 않았다. 이 글에서는 종자·종부를 공경하여 받드는 일을 논했다.

적자(適子) : 맏아들. 여기서는 작은 집의 맏아들.
서자(庶子) : 맏아들이 아닌 아들들. 근대에는 첩의 아들을 서자라고 하지만 고대에는 맏아들이 아닌 아들을 서자라고 했음.
종자(宗子) : 종가(宗家)의 맏아들.
사어외(舍於外) : 집 밖에 버려두는 것.
과약(寡約) : 간소한 차림.

제21장

증자가 말하기를, "부모가 사랑하시면 기뻐하여 잊지 말며, 부모가 미워하시면 두려워하고 원망하지 말아야 한다. 부모가 허물이 있으면 유순한 말로 간(諫)하고, 뜻을 거슬리지 말아야 한다." 하였다.

21// 曾子曰 父母愛之어시든 喜而弗忘하며 父母惡之어시든 懼而無怨하며 父母有過어시든 諫而不逆이니라

| 풀이 | 부모가 나를 사랑하시면 기뻐하며 잊지 못하고, 부모가 미워하시면 두려워할 뿐 원망하는 마음이 없는 것은 부모를 사랑하는 마음이 간절하기 때문이다. 부모에게 잘못이 있을 때는 반드시 사리(事理)를 밝혀 간곡하게 말

씀드려서 고치도록 해야 한다. 당돌하게 말하여 부모의 노여움을 사는 일이 있어서는 안 된다.

제22장

〈내칙〉에 말하기를, "부모가 허물이 있으면 기운을 낮추고 얼굴빛을 온화하게 하며, 말소리를 부드럽게 하여 허물을 고치도록 간(諫)한다. 만약 듣지 않으시면 공경하고 효도하는 마음을 일으켜서 기뻐하시거든 다시 간한다.

부모가 기뻐하지 않으시더라도 부모로 하여금 향당주려(鄕黨州閭)에 죄를 짓게 하기보다는 차라리 귀에 젖도록 간해야 할 것이다. 부모가 성내어 매질을 하여 피가 흐르더라도 감히 미워하거나 원망하지 못하고 더욱 공경하고 효도하는 마음을 일으켜야 한다." 하였다.

| 풀이 | 부모가 잘못이 있으면 자식이 되어서 그대로 보고만 있을 수는 없다. 반드시 잘못을 고치시도록 진언(進言)해야 한다. 진언할 때는 얼굴빛을 온화하게 하고, 부드러운 말소리로 사리를 밝혀서 부모가 감동하여 잘못을 고치도록 간곡하게 말씀드려야 한다. 그래도 부모가 듣지 않으면 더욱 공경하는 마음을 일으켜서 부모의 마음을 기쁘게 만든 후에 다시 말씀드린다.

부모의 노여움을 사서 매를 맞아 피를 흘리더라도 원망하지 말고 더욱 공경하는 마음을 일으켜서 그 마음을 돌리도록 해야 한다.

22// 內則에 曰 父母有過어시든 下氣怡色柔聲以諫이니 諫若不入이어든 起敬起孝하여 說則復諫이니라 不悅이라도 與其得罪於鄕黨州閭론 寧孰諫이니 父母怒不悅而撻之流血이라도 不敢疾怨이오 起敬起孝니라

하기(下氣) : 기운을 낮추는 것.
이색(怡色) : 얼굴빛을 즐겁게 하는 것.
간(諫) : 윗사람에게 허물을 고치도록 진언하는 것.
간약불입(諫若不入) : 간하는 말이 부모의 귀에 들어가지 않는 것. 부모가 말을 듣지 않는 것.
여(與) : 하기보다는.
향당주려(鄕黨州閭) : 25가구를 려(閭), 4려를 족(族), 5족을 당(黨), 5당을 주(州), 5주를 향(鄕)이라고 함.
숙간(孰諫) : 귀에 익도록 간함.

제23장

〈곡례〉에 말하기를, "아들의 어버이 섬김은 세 번 간하여 듣지 않으시면 울부짖으면서 뒤를 따른다." 하였다.

23// 曲禮에 曰 子之事親也에 三諫而不聽則號泣而隨之니라

| 풀이 | 세 번이나 부모의 잘못을 간했어도 듣지 않으시면 울부짖으며 부모의 뒤를 따르는 것이 아들의 도리라고 했다. 기어코 부모의 잘못을 바로잡으려는 결의(決意)인 것이다.

제24장

부모가 병이 있으면 관(冠) 쓰는 자는 머리 빗지 않으며, 다닐 때 나는 듯이 걷지 않으며, 다른 일을 말하지 않으며, 거문고와 비파를 타지 않으며, 맛을 모르도록 고기를 먹지 않으며, 얼굴빛이 변하도록 술을 마시지 않으며, 잇몸이 드러나도록 크게 웃지 않으며, 성내어도 소리질러 남을 꾸짖는 데까지 이르지 않는다. 병이 나으면 다시 예전처럼 한다.

24// 父母有疾이어시든 冠者不櫛하며 行不翔하며 言不惰하며 琴瑟不御하며 食肉不至變味하며 飮酒不至變貌하며 笑不至矧하며 怒不至詈니 疾止어시든 復故니라

부즐(不櫛) : 머리 빗지 않음. 부모의 병을 근심하여 머리를 꾸미지 않는 것.
불상(不翔) : 상은 새가 나는 것이니, 나는 듯이 빨리 걷지 않는 것임.
언불타(言不惰) : 오직 부모의 병을 말할 뿐, 다른 일을 말하지 않는 것.
변미(變味) : 맛이 변하는 것. 너무 많이 먹으면 맛을 모르게 됨.
신(矧) : 잇몸을 말하니, 여

| 풀이 | 부모가 병이 있으면 아들이 걱정이 되어서 몸을 꾸미지 않는다. 기운을 잃어서 길을 다녀도 느리고 오직 부모의 병에 대한 말을 할 뿐 다른 말은 입에서 내지 않는다. 음악을 멀리한다. 고기를 먹어도 배불리 먹지 못하고 술을 마셔도 취하도록 마시지 못한다. 크게 웃지 않고 성내어 남을 꾸짖지 않는다. 부모의 병을 근심하며 행동을

기서는 잇몸을 드러내지 않는 것.
이(詈) : 성내어 꾸짖음.
복고(復故) : 다시 예전대로 행동하는 것.

25// 君이 有疾飲藥이어시든 臣이 先嘗之하며 親이 有疾飲藥이어시든 子先嘗之니라 醫不三世어든 不服其藥이니라

26// 孔子曰 父在에 觀其志하고 父沒에 觀其行이니 三年을 無改於父之道라야 可謂孝矣니라

근신하는 것이다. 이 글에서는 부모가 병이 있을 때 아들 된 자의 행동을 논했다.

제25장

임금이 병이 있어서 약을 복용(服用)하면 신하가 먼저 약을 맛보아야 하며, 부모가 병이 있어서 약을 복용하면 아들이 먼저 약을 맛보아야 한다. 의원이 3대를 이어서 의원 노릇하지 않았다면 그 약을 복용하지 않는다.

| 풀이 | 임금이 먹을 약을 신하가 맛보고, 부모가 먹을 약을 아들이 맛보는 것은 그 약이 지나치게 극렬(劇烈)하지 않은가를 맛보는 것이다. 독(毒)이 들어 있을 것을 염려하는 것도 된다.

여러 대를 내려오면서 의원 노릇을 했으면 오랜 경험을 쌓아서 병을 잘 알아보고 또 좋은 처방(處方)도 있을 수 있다. 지금의 시상 의학도 경험을 필요로 하지만 한의학은 더욱 그렇다. 그렇기 때문에 옛날에는 여러 대를 이어서 의원 노릇한 의원을 찾았던 것이다.

제26장

공자가 말하기를, "아버지가 살아 계시면 그 사람의 뜻을 보고, 아버지가 돌아가셨으면 그 사람의 행동을 본다. 아버지가 돌아가신 뒤 3년 동안 아버지의 방침(方針)을 고치지 않아야 효자라고 말할 수 있다." 하였다.

| 풀이 | 아버지가 살아 계실 때는 아들이 제 마음대로 행동하지 못하니, 그 행실은 볼 수 없지만 생각만은 짐작할 수 있다. 아버지가 돌아가신 뒤에는 그 행실을 볼 수 있다. 그렇기 때문에 아버지가 살아 계실 때는 그 사람의 뜻을 보고, 돌아가셨으면 그 사람의 행실을 본다는 말이 나왔다. 그리고 아버지가 돌아가시면 3년 동안 복상(服喪)하여 아버지를 추모(追慕)한다. 이 3년 동안은 아버지가 살아 계실 때 하던 일을 차마 고치지 못하고 그대로 따르는 것이 아들된 도리이다.

오늘의 시대는 과거와는 달리 학교의 문만 나서면 사회에 나가서 활동하게 되고, 또 3년의 복상 기간도 없으므로, 이와 같은 교훈이 해당되지 않는다. 다만 아버지를 추모하고 아버지의 방침을 존중하는 생각만은 있어야 할 것이다.

제27장

〈내칙〉에 말하기를, "부모가 비록 돌아가셨더라도 선한 일을 하려고 할 때는 부모에게 명예가 돌아가게 될 것을 생각하여 반드시 과감하게 실행하며, 불선(不善)을 하려고 할 때는 부모를 욕되게 할 것을 생각하여 반드시 하지 말아야 한다." 하였다.

| 풀이 | 부모가 돌아가신 후에라도 반드시 부모를 염두에 두어서 행동할 것을 강조했다. 선한 일을 행하면 돌아

27// 內則에 曰 父母雖沒이나 將爲善에 思貽父母令名하여 必果하며 將爲不善에 思貽父母羞辱하여 必不果니라

위선(爲善) : 선한 일을 하는 것임.
영명(令名) : 아름다운 이름.

명예.
과(果) : 과감하게 행하는 것.
불과(不果) : 실행하지 않는 것.

28// 祭義에 曰 霜露旣降이어든 君子履之하고 必有悽愴之心하나니 非其寒之謂也라 春에 雨露旣濡어든 君子履行하고 必有怵惕之心하여 如將見之니라

제의(祭義) : 〈예기〉의 편명.
유(濡) : 적시는 것. 여기서는 비와 이슬이 땅을 적시는 것.
출척(怵惕) : 놀라고 슬픈 것. 마음이 편하지 않음.

29// 祭統에 曰 夫祭也者는 必夫婦親之니 所以備外內之官也니 官備則具備니라

제통(祭統) : 〈예기〉의 편명.

가신 부모에게 명예가 돌아가지만, 나쁜 짓을 하면 자신은 말할 것도 없거니와 돌아가신 부모에게까지 수치와 욕이 돌아가게 된다. 행동을 삼가지 않을 수 없는 것이다.

제28장

〈제의(祭義)〉에 말하기를, "서리와 이슬이 이미 내리면 군자는 이것을 밟을 때 반드시 슬픈 마음이 든다. 추워서 그러는 것이 아니다. 봄이 되어 비와 이슬이 땅을 적시면 군자는 이것을 밟고 걸을 때 반드시 놀라고 슬픈 마음이 있다. 부모의 모습이 금방 보이는 듯하기 때문이다." 하였다.

| 풀이 | 군자(君子)는 일생 동안 부모를 잊지 못하여 계절이 바뀔 때마다 감상(感傷)에 젖는다. 늦가을 서리가 내리고 풀과 나무가 시드는 때를 당하면 부모를 추모하는 마음이 간절하여 슬퍼지고, 봄이 되어 비와 이슬이 땅을 적시고 만물이 소생하게 되면 돌아가신 부모를 대하게 될 것 같은 생각이 들어서 놀라고 슬퍼진다.

제29장

〈제통(祭統)〉에 말하기를, "대체로 제사하는 것은 반드시 부부가 친히 봉행(奉行)해야 한다. 이것이 밖과 안의 제관(祭官)이 갖추어지는 것이다. 제관이 갖추어지면 제물도 구비하게 된다." 하였다.

|풀이| 조상의 제사를 받드는 것은 매우 중대한 일이다. 제주(祭主) 부부가 직접 정성들여 준비하고 거행해야 한다. 제사지낼 때는 절차가 복잡하고 일이 많으므로 다른 사람이 제주 부부를 도와서 행한다.

부부친지(夫婦親之) : 제주(祭主)와 그 아내가 함께 친히 제사를 받드는 것.
외내지관(外內之官) : 외는 밖의 일을 맡아보는 제관(祭官), 내는 안의 일을 맡아보는 제관.

제30장

군자는 제사지낼 때 반드시 친히 거행한다. 그러나 유고(有故)시에는 다른 사람을 시켜도 무방하다.

30// 君子之祭也에 必身親蒞느니 有故則使人이 可也니라

|풀이| 조상의 제사는 제주(祭主)가 성의를 다하여 몸소 거행해야 한다. 그렇지만 병이 있다든지 그밖의 부득이한 사유가 있을 때는 할 수 없이 다른 사람을 시켜서 거행하게 한다.

제31장

〈제의〉에 말하기를, "안에서 치재(致齊)하고 밖에서 산재(散齊)한다. 재계(齊戒)하는 날에 그 계시던 곳을 생각하며, 그 웃고 말씀하시던 것을 생각하며, 그 뜻하시던 것을 생각하며, 그 즐거워하시던 것을 생각하며, 그 기호(嗜好)를 생각한다면, 재계한 지 사흘 만이면 그 재계하는 대상인 어버이를 보게 될 것이다.

제사지내는 날에 사당에 들어가면 거의 완연하게 어버이의 모습이 그 신위(神位)에 나타나 보이고, 제례(祭禮)를 거행하는 중에 혹시 문을 나오게 되면 숙연(肅然)히 어버

31// 祭義에 曰 致齊於內하고 散齊於外하여 齊之日에 思其居處하며 思其笑語하며 思其志意하며 思其所樂하며 思其所嗜하여 齊三日에 乃見其所爲齊者니라 祭之日에 入室하여 僾然必有見乎其位하며 周還出戶에 肅然必有聞乎其容聲하며 出戶而聽에 愾然必有聞乎其嘆息之聲이니라 是故로 先王

之孝也는 色不忘乎目하며 聲不絶乎耳하며 心志嗜欲을 不忘乎心하시니 致愛則存하고 致慤則著라 著存을 不忘乎心이어니 夫安得不敬乎리오

치재어내(致齊於內) : 안에서 치재하는 것. 치재는 제사를 앞두고 3일 동안 역시 정전(正殿)에 있으면서 오로지 제사의 대상인 어버이의 일을 생각하는 것.
산재어외(散齊於外) : 밖에서 산재하는 것. 산재는 제사내기 10일 전부터 7일 동안 정전에 있으면서 외부에서 오는 부정(不淨)이나, 마음을 산란케 하는 일을 경계하는 것임.
재지일(齊之日) : 제사를 앞두고 산재하는 7일과 치재하는 3일을 합하여 열흘 동안임.
내견기소위재자(乃見其所爲齊者) : 재계하는 대상을 보게 된다는 말. 열흘 동안 마음을 정성스럽게 하여 재계하면 그 정성이 신(神)에게 통하여 어버이의 모습을 보게 된다는 것임.
애연(僾然) : 어렴풋하게.
주선(周還) : 제사지내느라고 몸이 동작하는 것.
숙연(肅然) : 경건하고 엄숙한 모양.
용성(容聲) : 동작하는 소리.

이의 동작하는 소리가 들리며, 제례를 마치고 문을 나오면서 들으면 개연(愾然)히 탄식하는 소리가 들린다.

이런 까닭에 선왕(先王)의 효도함은 어버이의 얼굴빛을 눈에서 잊지 않으며, 어버이의 소리가 귀에서 끊어지지 않으며, 어버이의 심지(心志)와 기욕(嗜欲)을 마음에 잊지 않았다. 사랑함을 극진히 하면 신(神)이 존재하고 정성을 극진히 하면 신의 모습이 나타나는 것이다. 신이 존재하고 모습이 나타난다는 것을 마음에 잊지 않으니, 어찌 공경하지 않을 수 있으랴." 하였다.

| 풀이 | 유가(儒家)에서는 조상을 제사지내는 의식을 가장 중요시했으며, 제사에는 성의와 공경하는 마음을 다할 것을 강조했다. 옛날에는 제사를 앞두고 7일 동안 산재(散齊)하고, 3일 동안 내재(內齊)하여 마음을 깨끗이 하고 어버이를 추념(追念)했다. 이와 같이 하여 모든 잡념이 가슴 속에서 사라지고 오직 어버이를 공경하고 사모하는 마음이 있으면 신에게 접하게 된다는 것이다. 필자의 어렸을 적에도 제삿날이 되면 웃어른이 갓쓰고 도포 입고서 소찬(素饌 : 변변치 않은 식사)을 들며, 사랑방에 들어앉아서 근신하는 것을 보았다.

이 모든 교훈을 쉽게 해석한다면 경건한 마음으로 돌아가신 어버이를 추모(追慕)하라는 것으로 보인다. 아무리 시대가 달라졌다 하더라도 어버이가 살아 계실 때는 공경하는 마음으로 봉양하고 돌아가시면 경건한 마음으로 추

모한다는 것만은 잊지 말아야 한다고 본다.

제32장

〈곡례〉에 말하기를, "군자는 비록 가난하더라도 제기를 팔지 않으며, 비록 춥더라도 평일에 제복(祭服)을 입지 않으며, 집을 짓기 위하여 무덤의 언덕에 있는 나무를 베지 않는다." 하였다.

| 풀이 | 이 글로 보아서 옛사람이 얼마나 조상의 제사를 소중히 여기고 또 분묘를 수호(守護)하는 일에 힘을 기울였던가를 알 수 있다. 옛사람은 오직 조상을 위하는 일을 가장 큰 것으로 여겼던 것이다.

제33장

〈왕제(王制)〉에 말하기를, "대부(大夫)는 제기를 남에게서 빌리지 않으며, 제기를 장만하지 않고는 연기(燕器)를 만들지 않는다." 하였다.

| 풀이 | 대부는 나라의 녹(祿)을 먹는 높은 벼슬아치다. 그와 같은 지위에 있으면서 제기를 남에게서 빌려 쓴다면 그것은 조상을 위하는 성의가 없는 것이다. 제기를 장만하지 않고는 반드시 연기를 만들지 않는다는 것은 내 몸보다도 조상을 위하는 것이기 때문이다. 옛날 사람들은

개연(愾然) : 탄식하는 모양.
저존(著存) : 신이 나타나서 존재함.

32// 曲禮에 曰 君子雖 貧이나 不粥祭器하며 雖寒이나 不衣祭服하여 爲宮室에 不斬於丘木이니라

육(粥) : 물건을 파는 것.
궁실(宮室) : 집.
구목(丘木) : 무덤의 언덕에 있는 나무.

33// 王制에 曰 大夫는 祭器를 不假니 祭器未成이어든 不造燕器니라

불가(不假) : 남에게서 빌려 쓰지 않는 것.
연기(燕器) : 몸을 편안하게 하는 기구(器具).

먼저 조상을 위하고 나서 내 몸을 생각했다.

제34장

공자가 증자에게 말하기를, "신체발부(身體髮膚)는 부모에게서 받았으니 감히 훼상(毁傷)하지 않는 것이 효도의 시초이고, 훌륭한 인물이 되어 도(道)를 행하며, 이름을 후세에 남겨서 부모를 세상에 드러나게 하는 것이 효도의 끝이다. 대체로 효도하는 것은 어버이를 섬기는 데서 시작하여 임금을 섬기는 것이 중간이 되고 자신이 훌륭한 인물이 되는 데서 끝난다.

어버이를 사랑하는 사람은 감히 남을 미워하지 못하며, 어버이를 공경하는 사람은 감히 남에게 교만하지 못한다. 사랑하고 공경함을, 어버이를 섬기는 일에 극진히 한다면 덕(德)의 교화(敎化)가 백성에게 입혀져서 세상의 법도가 될 것이니, 이것은 천자(天子)의 효도이다.

남의 위에 있어도 교만하지 않으면 높아도 위태롭지 않으며, 예절을 절제(節制)하여 법도를 삼가 지키면 가득 차도 넘치지 않는다. 그렇게 한 뒤에야 능히 그 나라를 보전하고 백성을 화평(和平)하게 하는 것이니, 이것은 제후(諸侯)의 효도이다.

선왕(先王)의 법도에 맞는 옷이 아니면 감히 입지 못하고, 선왕의 법도에 맞는 말이 아니면 감히 말하지 못하며, 선왕의 어진 행실이 아니면 감히 행하지 못한다. 그렇게 한 뒤에야 능히 그 종묘를 보전하는 것이니, 이것은 경대

34// 孔子謂曾子曰 身體髮膚는 受之父母라 不敢毀傷이 孝之始也오 立身行道하여 揚名於後世하여 以顯父母 孝之終也니라 夫孝는 始於事親이오 中於事君이오 終於立身이니라 愛親者는 不敢惡於人이오 敬親者는 不敢慢於人이니 愛敬을 盡於事親하면 而德敎加於百姓하여 刑于四海하리니 此天子之孝也니라 在上不驕하면 高而不危하고 制節謹度하면 滿而不溢이니 然後에야 能保其社稷하며 而和其民人하리니 此諸侯之孝也니라 非先王之法服이어든 不敢服하며 非先王之法言이어든 不敢道하며 非先王之德行이어든 不敢行이니 然後에야 能保其宗廟하리니 此卿大夫之孝也니라 以孝事君則忠이요 以敬事長則順이라 忠順을 不失하여 以事其上然後에야 能守其祭祀하리니 此士之孝也니라

부의 효도이다.

　어버이에게 효도하는 마음으로 임금을 섬기면 충성이 되고, 공경하는 마음으로 어른을 섬기면 공순(恭順)이 된다. 충성과 공순의 도리를 잃지 않고, 윗사람을 섬긴 연후에야 능히 그 제사를 받드는 것이니, 이것은 사(士)의 효도이다. 하늘의 법칙에 따르고, 땅의 이로움을 이용하여 농사짓고, 몸가짐을 삼가고 재용(財用)을 절약하여 부모를 봉양하는 것은 서민의 효도이다.

　이런 까닭에 천자에서부터 서민에 이르기까지 효도함이 한결같지 않으면서도 재앙이 몸에 미치지 않은 자는 아직 없었다.” 하였다.

| 풀이 | 유가(儒家)에서는 부모가 주신 소중한 몸을 조금이라도 손상함이 없이 고이 간직하는 것과 훌륭한 인물이 되어 도(道)를 행하며, 후세에 이름을 남겨서 그 부모를 빛나게 하는 두 가지 일을 큰 효도로 보았다. 그래서 전자(前者)를 효도의 시초, 후자(後者)를 효도의 마침이라고 했다. 그리고 이것을 다시 시작(始)·중간(中)·마침(終)의 세 단계로 세분했으니, 어버이를 잘 받드는 것이 시작이 되고, 벼슬하여 임금을 섬기는 것이 중간이 되며, 훌륭한 인물이 되는 것이 끝이 된다. 임금을 섬긴다는 말은 지금 시대에는 해당되지 않지만 세상에 나와서 이상(理想)을 펴는 것으로 본다.

　그밖에도 천자·제후·경대부·사·서인의 순서로 그

用天之道하며 因地之利하여 謹身節用하여 以養父母니 此庶人之孝也니라 故로 自天子至於庶人히 孝無終始오 而患不及者未之有也니라

신체발부(身體髮膚) : 몸과 모발과 피부. 온몸을 뜻함.
훼상(毁傷) : 몸에 손상(損傷)을 입히는 것임.
양명(揚名) : 이름을 세상에 드높임.
이현부모(以顯父母) : 그렇게 함으로써 부모를 세상에 드러나게 하는 것.
불감오어인(不敢惡於人) : 어버이를 사랑하는 사람은 사랑의 정신이 투철하기 때문에 남도 미워하지 않음.
덕교(德敎) : 덕의 교화.
형우사해(刑于四海) : 온 세상 사람이 법도로 삼아 본받는 것.
고이불위(高而不危) : 높아도 위태하지 않음.
만이불일(滿而不溢) : 가득 차도 넘치지 않는 것. 제후(諸侯)의 나라는 천승(千乘)의 나라이니 가득 찼다고 볼 수 있다. 그러나 효도로써 나라를 다스리면 기울지 않는다.
용천지도(用天之道) : 도는 법칙, 즉 하늘의 법칙을 순종하여 쓴다는 말임.
인지지리(因地之利) : 땅의 이로움을 이용하는 것.

효무종시(孝無終始) : 한결같지 않음을 말함.
미지유야(未之有也) : 아직 없었다.

35// 孔子曰 父母生之하시니 續莫大焉이오 君親臨之하시니 厚莫重焉이로다 是故로 不愛其親이오 而愛他人者를 謂之悖德이오 不敬其親이오 而敬他人者를 謂之悖禮니라

속(續) : 이음. 계속. 아들은 부모의 몸을 이어받은 것임.
군친임지(君親臨之) : 군친은 임금과 어버이, 임지는 나라를 다스리고 가르침.
후(厚) : 은혜의 두터움.
패덕(悖德) : 덕성(德性)에 어긋나는 것.
패례(悖禮) : 예법에 어긋나는 것.

신분에 맞는 효도를 논했다.

제35장

　공자가 말하기를, "부모가 나를 낳으셨으니, 이음[嗣續]이 이보다도 더 큰 것은 없으며, 임금과 어버이가 나를 이끌어주시고 가르쳐주시니 은혜의 두터움이 이보다도 중한 것은 없다. 이런 까닭에 그 어버이를 사랑하지 않고 다른 사람을 사랑하는 것을 패덕(悖德)이라고 하고, 그 어버이를 공경하지 않고 다른 사람을 공경하는 것을 패례(悖禮)라고 한다." 하였다.

| 풀이 | 내 몸이 부모에게서 나왔으니, 부모의 몸을 이어받은 것이고 또 부모의 생명의 계속이라고 볼 수 있다. 그렇다면 세상에서 이보다도 더 큰 이어받음은 없는 것이다. 그리고 나를 이끌어주시고 나를 가르쳐서 인간을 만들어주셨으니, 이 세상에서 이보다도 더 큰 은혜는 없는 것이다. 그런데도 내 부모는 사랑하지 않으면서도 남을 사랑하며, 내 부모는 공경하지 않으면서도 남을 공경한다면 이 얼마나 도리에 어긋나는 행동인가.

　먼저 내 부모를 사랑하고, 그 부모를 사랑하는 마음을 미루어서 남의 부모를 사랑할 줄 알며, 먼저 내 부모를 공경하고, 그 부모를 공경할 줄 아는 마음을 미루어서 남의 부모를 공경할 줄 아는 것이 극히 당연한 순서이고, 덕성과 예법을 갖춘 참다운 인간이라 하겠다.

제36장

효자가 부모를 섬기는 도리는 평시(平時)에는 공경함을 극진히 하고, 봉양할 때는 즐거워함을 극진히 하며, 병드시면 근심함을 극진히 하며, 상사(喪事)에는 슬퍼함을 극진히 하며, 제사지낼 때는 엄숙함을 극진히 해야 한다. 이 다섯 가지가 갖추어진 뒤에야 능히 어버이를 섬긴다고 말할 수 있다.

부모를 섬기는 자는 남의 위에 있어도 교만하지 않으며, 남의 아랫사람이 되어서도 패란(悖亂)한 행동을 하지 않으며, 동류(同類) 사이에 다투지 않는다. 남의 위에 있으면서 교만하면 망하고, 남의 아랫사람이 되어서 패란한 행동을 하면 형벌이 몸에 돌아오며, 동류 사이에서 싸우면 칼부림을 하게 된다. 이 세 가지를 없애지 않는다면 비록 하루에 세 가지 희생(犧牲)을 써서 봉양한다 하더라도 오히려 불효가 된다.

| 풀이 | 효자가 부모를 섬기는 다섯 가지 도리를 논했다. 그리고 남의 윗사람이 되어서 교만한 것과 아랫사람이 되어서 패란(悖亂)을 일삼는 것과 동류끼리 다투는 세 가지 행동은 몸을 위태롭게 하며, 부모에게 근심을 끼쳐서 불효가 되는 것임을 논했다.

그러므로 자식된 자는 항상 몸가짐을 삼가서 부모에게 근심을 끼치지 않도록 힘써야 한다.

36// 孝子之事親에 居則致其敬하고 養則致其樂하고 病則致其憂하고 喪則致其哀하고 祭則致其嚴이니 五者備矣然後에야 能事親이니라 事親者는 居上不驕하며 爲下不亂하며 在醜不爭이니 居上而驕則亡하고 爲下而亂則刑하고 在醜而爭則兵이니 三者를 不除하면 雖日用三牲之養이라도 猶爲不孝也니라

치(致) : 극진히 하는 것.
치기락(致其樂) : 즐거워함을 극진히 함. 즉 즐거운 얼굴빛과 온화한 모습을 하여 부모의 마음을 기쁘게 해 드리는 것.
난(亂) : 여기서는 패란(悖亂)한 행동을 말함.
추(醜) : 동류(同類), 즉 같은 사람.
형(刑) : 국법(國法)을 어겨서 형벌이 몸에 돌아오는 것.
삼생(三牲) : 세 가지 희생, 즉 소·양·돼지의 고기.

제37장

37// 孟子曰 世俗所謂 不孝者五니 惰其四支하여 不顧父母之養이 一不孝也오 博奕好飮酒하여 不顧父母之養이 二不孝也오 好貨財私妻子하여 不顧父母之養이 三不孝也오 從耳目之欲하여 以爲父母戮이 四不孝也오 好勇鬪狠하여 以危父母 五不孝也니라

맹자가 말하기를, "세속(世俗)에서 이르는 불효는 다섯 가지가 있다. 사지(四支)를 게을리하여 부모의 봉양을 돌보지 않는 것이 첫째 불효이다. 장기와 바둑을 두고 술 마시기를 좋아하여 부모의 봉양을 돌보지 않는 것이 둘째 불효이다. 재물을 좋아하고 남몰래 처자를 잘 기르면서 부모의 봉양을 돌보지 않는 것이 셋째 불효이다. 귀로 듣고 싶고 눈으로 보고 싶은 욕망에 방종(放縱)하여 부모에게 치욕(恥辱)이 돌아가게 하는 것이 넷째 불효이다. 용맹을 좋아하여 남과 싸우고 포악하여 부모를 위태롭게 만드는 것이 다섯째 불효이다." 하였다.

사지(四支) : 사지(四肢)와 같음. 즉 두 팔과 두 다리.
박혁(博奕) : 박은 장기, 혁은 바둑. 장기 두고 바둑 두는 것.
시치지(私妻子) : 시는 시시로이니, 남모르게 처자에게 잘해 주는 것.
종이목지욕(從耳目之欲) : 귀로 듣고 싶고 눈으로 보고 싶은 욕망을 채우기에 바쁜 것. 사람은 귀로 듣고 싶은 것도 여러 가지 있고, 눈으로 보고 싶은 것도 여러 가지가 있음.
육(戮) : 치욕(恥辱).
투한(鬪狠) : 남과 싸우고 포악한 짓을 하는 것.

| 풀이 | 몸을 게을리하여 부지런히 일하지 않으면 생활이 어려워서 부모를 봉양할 수 없다. 바둑과 장기에 마음이 쏠리고 술을 좋아하면 돈을 벌지 못하고 쓰게만 되어서 부모를 봉양할 수 없다. 재물을 좋아하여 아끼고, 제 처자만 생각하면 부모에 대한 성의가 없게 된다. 음란한 음악을 좋아하고 여색(女色)에 빠지면 행동이 탈선하여 부모를 욕되게 만든다. 만용(蠻勇)을 부리기를 좋아하여 남과 싸우고 포악을 일삼으면 부모의 몸에 위해(危害)를 끼치게 된다.

　이 다섯 가지는 어느 것이나 모두 부모를 괴롭힐 뿐이니 불효가 된다. 부모에게 효도하는 사람은 부지런히 일하고 항상 두려워하는 마음으로 몸가짐을 조심하고 경계

해야 할 것이다.

제38장

증자가 말하기를, "내 몸은 부모가 주신 것이다. 부모가 주신 몸이니, 몸가짐을 감히 삼가지 않으랴. 평시에 몸가짐이 장중(莊重)하지 않는 것은 효도가 아니다. 임금을 섬겨서 충성되지 않는 것은 효도가 아니다. 벼슬 자리에 있으면서 일을 신중히 하지 않는 것은 효도가 아니다. 벗 사이에 믿음이 없는 것은 효도가 아니다. 싸우는 마당에 용기가 없는 것은 효도가 아니다. 이 다섯 가지를 이루지 못하면 재앙이 그 어버이에게 미치게 된다. 감히 공경히 하지 않으랴." 하였다.

| 풀이 | 이 글에서는 다섯 가지 효도가 아닌 일을 들었다. 평소의 몸가짐이 장중하지 않는 것, 충성된 마음으로 임금을 섬기지 않는 것, 벼슬살이를 하면서 공무(公務) 처리를 신중히 하지 않는 것, 벗 사이에 신의(信義)가 없는 것, 싸움에 나아가서 용기가 없는 것 등이다.

이 다섯 가지는 자기 몸을 위태롭게 할 뿐만 아니라, 부모까지 욕되게 한다. 내 몸은 부모가 주신 것인만큼 몸가짐을 극히 신중히 하여 과오(過誤)를 범하지 않도록 해야겠다.

38// 曾子曰 身也者는
父母之遺體也니 行父母
之遺體하되 敢不敬乎아
居處不莊이 非孝也며
事君不忠이 非孝也며
莅官不敬이 非孝也며
朋友不信이 非孝也며
戰陣無勇이 非孝也니
五者를 不遂면 烖及其
親이니 敢不敬乎아

행부모지유체(行父母之遺體) : 부모가 주신 신체를 가지고 행동하는 것.
장(莊) : 장중(莊重)한 것.
이관(莅官) : 벼슬 자리에 있는 것.
수(遂) : 성수(成遂). 이루는 것.
재(烖) : 재(災)의 고자(古字). 재앙.

제39장

공자가 말하기를, "오형(五刑)에 속하는 형벌은 3,000가지가 있다. 그러나 불효(不孝)보다도 더 큰 죄는 없다." 하였다.

| 풀이 | 이 글에서는 오형(五刑)에 속하는 3,000가지 죄목 중에서도 부모에게 불효한 죄가 가장 큰 것임을 들어서 사람들을 경계했다. 윤리 질서를 숭상하던 시대의 형법(刑法)이다.

이상은 부자(父子)의 친애함을 밝힌 것이다〔右는 明父子之親하니라〕.

2. 군신지의(君臣之義)

제40장

〈예기〉에 말하기를, "장차 임금이 있는 곳에 가려면, 먼저 재계(齊戒)하여 외침(外寢)에 거처하고 목욕한다. 사(史)가 상홀(象笏)을 올리면, 임금에게 진언(進言)하고자 생각하는 것과 임금의 물음에 대답할 것과 임금의 명령을 적는다. 옷을 입으면 몸가짐의 예절과 패옥 울리는 것을 익히고서 집을 나가야 한다." 하였다.

39// 孔子曰 五刑之屬이 三千이로되 而罪莫大於不孝니라

오형(五刑) : 묵(墨)·의(劓)·비(剕)·궁(宮)·대벽(大辟)의 다섯 가지 형벌. 묵은 먹물로 얼굴에 글씨를 새겨 넣는 것, 의는 코를 베는 것, 비는 발을 베는 것, 궁은 불알을 까는 것, 대벽은 사형. 〈상서(尙書)〉 여형(呂刑)에 보면, 묵형(墨刑)에 해당하는 죄가 1,000가지, 의형이 1,000가지, 비형이 500가지, 궁형이 300가지, 대벽이 200가지로 되어 있다. 그 중에서 불효의 죄가 으뜸이다.

40// 禮記에 曰 將適公所할새 宿齊戒하여 居外寢하며 沐浴하고 史進象笏이어든 書思對命이니 旣服하고 習容觀玉聲하여 乃出이니라

장적공소(將適公所) : 장차 임금이 있는 곳으로 가려고 하는 것.

| 풀이 | 이 글에서는 신하된 자가 임금이 있는 곳에 나아가고자 할 때 해야 할 일들을 논했다. 임금을 공경하는 뜻이 잘 나타나있다.

제41장

〈곡례〉에 말하기를, "임금의 사자(使者)가 된 자는 이미 임금의 명령을 받았으며, 임금의 말씀을 하룻밤도 집에서 묵히지 않는다.

임금의 사자가 집에 이르면, 주인이 문 밖에 나가서 절하여 임금의 명령을 받고, 사자가 돌아가면 반드시 문 밖에서 절하여 보낸다.

만약 임금이 있는 곳으로 사람을 심부름 보낼 때는 반드시 조복(朝服)을 갖추고서 명령하고, 사자가 돌아오면 반드시 마루에서 내려가 임금의 명령을 받아야 한다." 하였다.

| 풀이 | 임금의 사자가 되어 임금의 명령을 전달할 임무를 받게 되면 즉시 출발해야 한다. 임금의 명령이 집에 도달하면 반드시 문 밖에 나가서 절하여 명령을 받고, 사자가 돌아가면 역시 문 밖에 나가 절하여 보내야 한다. 임금에게 사자를 보낼 때는 조복 차림으로 보내고, 보냈던 사자가 돌아오면 반드시 마루에서 내려가 임금의 명령을 받는다. 이같이 하는 것은 임금을 공경하고 임금의 말씀을 소중히 여기는 신하의 도리이다.

숙(宿) : 미리. 일에 앞서.
사(史) : 문서를 맡은 아전.
상홀(象笏) : 상아(象牙)로 만든 홀(笏).
용관(容觀) : 몸가짐의 예절.
옥성(玉聲) : 패옥(佩玉)을 울리는 소리.

41// 曲禮에 曰 凡爲君使者已受命하얀 君言을 不宿於家니라 君言이 至則主人이 出拜君言之辱하고 使者歸則必拜送于門外니라 若使人於君所則必朝服而命之하고 使者反則必下堂而受命이니라

출배(出拜) : 문 밖에 나가서 절하여 받는 것.
군언지욕(君言之辱) : 욕이란 임금이 자기 같은 사람에게 말씀을 내리는 것이 임금에게는 욕되는 일이라는 뜻. 임금의 명령이 집에 내려진 것을 말함.
조복(朝服) : 조정(朝廷)에 나아갈 때 입는 옷.

42// 論語에 曰 君이 召使擯이어시든 色勃如 也하시며 足躩如也러시 다 揖所與立하사대 左 右手러시니 衣前後襜 如也러시다 趨進에 翼 如也러시다 賓이 退어 든 必復命曰 賓不顧矣 라 하더시다

색발여야(色勃如也) : 긴장 하고 근심하는 모습.
족곽여야(足躩如也) : 걸음 이 제대로 옮겨 놓아지지 않 는 모습.
추진(趨進) : 빠른 걸음으로 나아가는 것.
익여(翼如) : 날개를 펴듯.
빈불고의(賓不顧矣) : 손이 뒤를 돌아보지 않았다는 뜻.

43// 入公門하실새 鞠 躬如也하사 如不容이 러시다 立不中門하시 며 行不履閾이러시다 過位하실새 色勃如也 하시며 足躩如也하시며 其言이 似不足者러시 다 攝齊升堂하실새 鞠 躬如也하시며 屛氣하 사 似不息者러시다 出 降一等하여는 逞顔色 하사 怡怡如也하시며 沒階하여는 趨翼如也

제42장

〈논어(論語)〉에 말하기를, "임금이 (공자를) 불러 빈자(擯者)를 시키니, (공자는) 얼굴빛은 변하는 것같이 하고, 발을 잘 옮겨 놓지 못하는 것같이 했다. 함께 빈자가 되어 서 있는 사람들에게 왼쪽에 있는 사람에게는 왼손으로, 오른쪽에 있는 사람에게는 오른손으로 읍(揖)했건만 옷의 앞뒤는 가지런하여 흐트러지지 않았다. 빠른 걸음으로 나아갈 때는 새가 두 날개를 편 것 같았다. 손이 물러가면 반드시 복명(復命)하기를, '손이 뒤를 돌아보지 않았습니다.'라고 했다." 하였다.

| **풀이** | 이 글에서는 공자가 임금의 명을 받아 빈자가 되어서 매사에 조심하고 행동이 법도에 맞았음을 논했다.

제43장

궁궐 문에 들어갈 때는 몸을 굽혀서 마치 몸이 들어갈 수 없는 것같이 했다. 문의 한가운데에 서지 않으며, 다닐 때는 문지방을 밟지 않았다.

임금의 자리가 비어 있더라도 그 앞을 지나갈 때는 얼굴빛은 변하는 것 같고, 발은 제대로 옮겨지지 않는 것 같으며, 말은 부족한 듯했다. 옷자락을 거두어 들고 당(堂)에 오를 때는 몸을 굽히며, 숨을 죽여서 마치 숨쉬지 않는 것 같았다.

임금 앞에서 물러나올 때는 한 계단을 내려와서는 얼굴

빛을 펴서 즐거운 듯했으며, 계단을 다 내려와서는 빨리 걷기를 날개를 편 것처럼 했다. 본래의 자리로 돌아와서는 공손하고 삼가는 모습이었다.

| 풀이 | 이 글에서는 공자가 궁궐 문을 드나들 때와 비어 있는 임금의 자리 앞을 지나갈 때와 임금이 있는 정전(正殿)의 계단을 오르내릴 때의 모습을 논했다. 임금을 공경하는 신하의 몸가짐을 볼 수 있다.

제44장

〈예기〉에 말하기를, "임금이 수레나 말을 하사(下賜)하면 타고 가서 감사하는 인사를 올린다. 옷을 하사하면 입고 가서 감사하는 인사를 올려야 한다. 임금의 명령이 없으면 감히 마음대로 타거나 입지 못한다." 하였다.

| 풀이 | 임금이 수레나 말을 하사하면 곧 절하고 받지만 이튿날 그것을 타고 가서 정식으로 은혜에 감사하다는 인사를 올려야 한다. 옷을 하사하면 역시 절하고 받지만 이튿날 그 옷을 입고 가서 다시 감사하다는 인사를 올려야 한다. 이와 같이 하는 것은 임금의 은혜를 중히 여기기 때문이다.

그리고 임금이 하사하는 경우를 빼놓고는, 내가 비록 거마(車馬)와 의복을 가지고 있더라도 사용하라는 임금의 명령 없이는 감히 사용하지 못했다. 신하가 임금의 명령

하시며 復其位하여는 踧踖如也러시다

여불용(如不容) : 몸을 용납할 수 없는 것같이 함.
기언사부족자(其言似不足者) : 감히 함부로 말하지 못하는 모습.
섭제(攝齊) : 옷을 거두어 드는 것.
병기(屏氣) : 숨을 죽임.
몰계(沒階) : 계단을 다 내려온 것.

44// 禮記에 曰 君賜車馬이어든 乘以拜賜하고 衣服이어든 服以拜賜니라 君이 未有命이어시든 弗敢卽乘服也니라

에 따라 생활하는 일면(一面)을 보여주고 있다.

제45장

45// 曲禮에 曰 賜果於君前이어시든 其有核者란 懷其核이니라

〈곡례〉에 말하기를, "임금 앞에서 과실을 하사(下賜)받았을 때 과실에 씨가 있으면 그 씨를 품에 간직한다." 하였다.

∥풀이∥ 임금 앞에서 과실을 하사받았을 때 그 과실에 씨가 있으면 감히 그것을 버리지 못하고 품속에 간직하는 것은 임금이 주신 물건을 소중히 여기는 도리이다.

제46장

46// 御食於君에 君賜餘어시든 器之漑者란 不寫하고 其餘는 皆寫니라

임금을 모시고 식사할 때 임금이 먹고 남은 것을 내려주면, 그 그릇이 씻을 수 있는 것이면 다른 그릇에 옮기지 않고 그밖의 것은 모두 다른 그릇에 옮긴다.

어식(御食) : 모시고 식사하는 것.
사여(賜餘) : 먹고 남은 음식을 내려 주는 것.
개(漑) : 씻는 것.
사(寫) : 여기서는 다른 그릇에 옮기는 것.

∥풀이∥ 임금을 모시고 식사할 때 임금이 먹고 남은 음식을 내려주면 사기나 나무로 만든 그릇처럼 깨끗이 씻을 수 있는 그릇에 담긴 것은 그대로 먹지만, 갈대로 엮거나 대를 엮어서 만든 그릇 같은 것은 잘 씻어지지 않으므로, 다른 그릇에 옮겨 담아서 먹는다. 임금이 식사하는 그릇에 자신의 입김이 남는 것을 피하려는 것이다. 이는 임금을 공경하는 뜻이다.

제47장

〈논어〉에 말하기를, "(공자는) 임금이 음식을 내려주면 반드시 자리를 바르게 하고 앉아서 먼저 맛보았으며, 임금이 날고기를 내려주면 반드시 익혀서 조상의 사당에 바쳤으며, 임금이 산 것을 내려주면 반드시 길렀다." 하였다.

| 풀이 | 임금이 음식을 하사하면 먼저 자리를 바르게 하고 앉아서 그 음식을 맛본 뒤에야 다른 사람에게 나누어 주는 것은 임금이 주는 음식을 소중히 여기는 것이다. 날고기를 내려주면 익혀서 조상 사당에 제물로 바치는 것은 영광이 조상에게까지 미치게 하려는 것이다. 산 것을 하사받으면 이것을 사육(飼育)하는 것은 임금이 하사한 생물을 함부로 죽이지 못하기 때문이다.

제48장

임금을 모시고 식사할 때 임금이 제사하면 (공자는) 먼저 밥을 먹었다.

| 풀이 | 임금이 제사할 때 먼저 밥을 먹는 것은 임금을 위하여 음식을 맛보는 형식을 취하는 것이다. 임금과 꼭 같이 식사를 든다면 그것은 신하로서 손〔賓〕 행세를 하는 것이니 감히 할 수 없는 것이다.

47// 論語에 曰 君이 賜食이어시든 必正席先嘗之하시고 君이 賜腥이어시든 必熟而薦之하시고 君이 賜生이어시든 必畜之러시다

성(腥) : 날고기.
숙(熟) : 익히는 것.
천(薦) : 여기서는 조상 사당의 신위(神位) 앞에 제물(祭物)을 올리는 것.

48// 侍食於君에 君祭어시든 先飯이러시다

제(祭) : 제사함. 식사할 때 음식을 조금씩 덜어 그릇 사이의 땅에 놓아서 선대(先代)에 처음으로 음식을 만든 이에게 보답하는 것.
선반(先飯) : 먼저 밥을 먹는 것.

49// 疾에 君이 視之어시든 東首하시고 加朝服拖紳이러시다

질(疾) : 병드는 것.
동수(東首) : 머리를 동쪽으로 두는 것. 머리를 동쪽으로 두면 생기(生氣)를 받기 때문이라고 함.
타신(拖紳) : 큰 띠를 걸쳐 놓는 것.

제49장
  (공자가) 병들었을 때 임금이 와서 보면 머리를 동쪽에 두고 조복(朝服)을 덮고 큰 띠를 그 위에 걸쳐 놓았다.

| 풀이 | 공자가 병들었을 때 임금이 와서 위문하면, 머리를 동쪽으로 둔 것은 생기(生氣)를 받는 자세를 보이는 것이다. 그리고 속옷차림으로 임금을 대하는 것은 불경(不敬)이 되기 때문에 비록 몸을 일으키지는 못하지만 조복을 덮고 큰 띠를 그 위에 걸쳐 놓은 것이다. 예의를 갖추는 형식을 취하는 것이다.

50// 君이 命召어시든 不俟駕行矣러시다

제50장
  (공자는) 임금이 명하여 부르면 수레에 멍에하기를 기다리지 않고 곧 갔다.

| 풀이 | 임금이 명령을 내려 부르면 수레에 멍에하기를 기다리지 않고 빨리 달려가는 것은, 임금의 부름에 감히 시간을 지체하지 못하기 때문이다. 신하가 임금의 명령을 존중하는 것이다.

51// 吉月에 必朝服而朝러시다

제51장
  매달 초하룻날에는 반드시 조복(朝服) 차림으로 조회(朝會)하였다.

| 풀이 | 주자(朱子)가 말하기를, "공자가 노(魯)나라에서 벼슬을 그만두고 물러나와 있을 때 이와 같이 했다." 하였다.

길월(吉月) : 매달의 초하룻날.

제52장

공자가 말하기를, "군자는 임금을 섬기되 나아가서는 충성을 다할 것을 생각하고, 물러나와서는 임금의 허물을 보충할 것을 생각한다. 임금의 착한 것은 승순(承順)하여 따르고 그 악한 것은 바로잡아 구제한다. 그렇기 때문에 임금과 신하가 서로 친애(親愛)할 수 있다." 하였다.

52// 孔子曰 君子事君하되 進思盡忠하며 退思補過하여 將順其美하고 匡救其惡하나니 故로 上下能相親也니라

| 풀이 | 임금 앞에 나아가서는 충성을 다할 것을 생각하고, 집에 물러나와서는 임금의 허물을 보충할 생각을 하는 것은 생각이 잠시도 임금의 몸에서 떠나지 않는 것이다. 임금이 선이 있으면 이를 승순하여 더욱 선으로 나아가도록 하고, 악이 있으면 이를 바로잡아 구제하는 것은 그 임금을 지극히 사랑하는 것이다.

신하가 충성과 사랑으로 임금을 섬긴다면 임금도 신하의 뜻을 알아서 서로 친애하게 된다. 임금과 신하가 화합한 뒤에야 나라가 잘 다스려진다.

진(進) : 임금 앞에 나아감.
퇴(退) : 집으로 물러나옴.
장순(將順) : 승순(承順)하는 것.
미(美) : 선과 같음.
광구(匡救) : 바로잡아 구제함.
상하(上下) : 임금과 신하.

제53장

임금은 예의로 신하를 부리고, 신하는 충성으로 임금을 섬겨야 한다.

53// 君使臣以禮하며 臣事君以忠이니라

| 풀이 | 예의바르게 신하를 부리는 것이 임금이 취할 태도이고, 충성을 다하여 임금을 섬기는 것이 신하의 도리이다.

제54장

대신(大臣)은 바른 도리로써 임금을 섬기다가 도(道)를 행할 수 없으면 그만두어야 한다.

54// 大臣은 以道事君 하다가 不可則止니라

| 풀이 | 대신은 바른 도리로 임금을 섬길 뿐, 임금의 옳지 않은 생각에 영합(迎合)하거나 자신의 욕구를 충족시키는 일을 해서는 안 된다. 바른 도(道)를 펼 수 없을 때는 미련을 두지 말고 용감하게 물러나야 한다. 밝은 정치를 펴서 나라를 편안히 하고 백성을 잘 살게 하는 것이 재상(宰相)된 자의 임무인 것이다.

제55장

자로(子路)가 임금 섬기는 도리를 물으니, 공자가 말하기를, "속이지 말고 바른말을 해야 한다." 하였다.

55// 子路問事君한대 子曰 勿欺也오 而犯之 니라

자로(子路) : 성은 중(仲), 이름은 유(由). 공자의 제자. 자로는 자(字)임.
범(犯) : 임금의 얼굴빛을 범(犯)하면서까지 바른말을 하는 것. 쉽게 말해서 임금의 노여움도 돌아보지 않고 바른말을 하는 것.

| 풀이 | 남의 신하된 자는 바른말을 하여 임금의 잘못을 바로잡아야 한다. 남을 속이지 않고 바른말을 하는 것이 옛날 선비의 정신이다. 그렇기 때문에 과거 조선시대에는 죽음을 무릅쓰고 바른말로 임금을 간(諫)하는 이가 많았다. 그러나 근래에 와서 윗사람에게 아첨하여 개인의 영

제2편 __ 명륜 • 77

달(榮達)을 도모하려는 경향이 있음은 참으로 걱정스런 일이다.

남의 윗자리에 있는 사람은 아랫사람의 아첨하는 말을 경계해야 한다. 귀에 달콤한 말은 나를 나쁜 길로 몰아넣는 독소(毒素)가 되기 때문이다.

제56장

비루(鄙陋)한 사나이는 임금을 바르게 섬길 수 없다.

아직 벼슬 자리를 얻지 못했을 때는 얻을 것을 걱정하고, 얻고 나면 잃을까 근심한다. 진실로 잃을 것을 근심한다면 못할 일 없이 다하게 된다.

56// 鄙夫는 可與事君也與哉아 其未得之也엔 患得之하고 旣得之하여는 患失之하나니 苟患失之면 無所不至矣니라

| 풀이 | 소인(小人)의 무리는 벼슬을 얻지 못했을 때는 어떻게 하면 벼슬 자리를 얻을까 근심하고 벼슬을 얻고 나면 잃을까 걱정한다. 자기의 지위를 보전하는 일에만 몰두하면 무슨 짓도 다하게 된다. 그러니 소인이 득세(得勢)하면 나라가 위태롭다. 가장 두려운 것은 소인의 진출이다. 위정자(爲政者)는 이를 경계해야 한다. 어떤 정권도 소인의 무리로 하여금 붕괴된다.

가여사군야여(可與事君也與) : '임금을 섬길 수 있겠는가.'의 뜻. 임금을 바르게 섬길 수 없다는 말임.
환득지(患得之) : 얻을 것을 걱정하는 것. 즉 어떻게 하면 벼슬 자리를 얻을 수 있을까 하고 고심하는 것임.
무소부지(無所不至) : 못할 일 없이 어떤 일도 다 한다는 뜻.

제57장

맹자가 말하기를, "어려운 일을 임금에게 권하는 것을 공(恭), 선의 도리를 개진(開陳)하여 사악한 마음의 싹틈을 막는 것을 경(敬)이라 하며, 우리 임금은 선을 행할 수 없

57// 孟子曰 責難於君을 謂之恭이요 陳善閉邪를 謂之敬이요 吾君不能을 謂之賊이니라

책난(責難) : 어려운 일을 권하는 것.
진선폐사(陳善閉邪) : 임금에게 도리를 개진(開陳)하여 사악한 마음이 생기지 않도록 방지하는 것.
적(賊) : 해치는 것. 즉 임금을 해치는 것.

58// 有官守者不得其職則去하고 有言責者不得其言則去니라

59// 王蠋이 曰 忠臣은 不事二君이요 烈女는 不更二夫니라

다고 말하는 것을 적(賊)이라고 한다." 하였다.

| 풀이 | 착한 임금이 되기란 어려운 일이다. 임금에게 권고하여 착한 임금이 되게 하는 것은 임금을 사랑하는 것이다. 임금에게 선의 도리를 진언(進言)하여 임금의 마음속에 사악이 싹트는 것을 방지하고 과오(過誤)가 없도록 만드는 것은 임금을 공경하는 것이다. 임금이 선을 행할 수 없다 하여 버려두는 것은 임금을 오도(誤導)하여 해(害)를 끼치는 자이다.

제58장

벼슬아치로서 직무(職務)가 있는 자는 그 직무를 수행할 수 없으면 벼슬에서 떠나야 한다. 바른말하는 직책에 있는 자는 그 진언이 받아들여지지 않으면 벼슬에서 떠나야 한다.

| 풀이 | 벼슬아치는 자기의 직무를 수행할 수 없는 경우에는 미련을 두지 말고 곧 벼슬에서 물러나야 한다. 정치가 어지러워 직무를 충실히 수행할 수 없는데도 자리를 보전하여 그대로 남아 있다면 그것은 비루한 자의 행동이다.

제59장

왕촉(王蠋)이 말하기를, "충신은 두 임금을 섬기지 않고 열녀(烈女)는 두 남편을 섬기지 않는다." 하였다.

| 풀이 | 연(燕)나라 장수 악의(樂毅)가 제(齊)나라를 쳐서 깨뜨리고, 왕촉의 착한 이름을 듣고 촉을 부르니, 촉은 위와 같은 말을 남기고 스스로 목매어 죽었다. 왕촉의 이같은 말은 길이 후세의 모범이 되어서 많은 충신과 열녀가 나오게 되었다.

이상은 임금과 신하 사이의 의리를 밝힌 것이다[右는 明君臣之義이니라].

왕촉(王蠋) : 전국시대(戰國時代)의 제(齊)나라 사람.

3. 부부지별(夫婦之別)

제60장

〈곡례〉에 말하기를, "남자와 여자 사이에는 중매(仲媒)하는 이가 오가지 않으면 서로 이름을 알지 못하며, 예물을 받음이 아니면 사귀지 않고 친하지 않는다.

그런 까닭에 월일(月日)을 써서 임금에게 알리고, 재계(齋戒)하여 귀신에게 고유하며, 술과 음식을 장만하여 향당(鄕黨) 및 동료와 벗을 불러 잔치한다. 그것은 부부는 분별이 있다는 예법을 중히 여기는 것이다.

아내를 맞이하되 동성(同姓)을 맞이하지 않는다. 그런 까닭에 첩을 들일 때 그 성을 알지 못하면 점을 친다." 하였다.

60// 曲禮에 曰 男女非有行媒어든 不相知名하며 非受幣어든 不交不親이니라 故로 日月以告君하며 齋戒以告鬼神하며 爲酒食以召鄕黨僚友하나니 以厚其別也니라 取妻하되 不取同姓이니 故로 買妾에 不知其姓則卜之니라

행매(行媒): 매는 중매하는 사람이니, 중매하는 사람이 신랑과 신부의 집을 오고 가는 것.
폐(幣): 폐백. 여기서는 신랑이 신부집에 보내는 예물.
일월(日月): 혼인하는 날짜.
고(告): 혼인하는 사실을 알리는 것.
귀신(鬼神): 조상의 신(神)을 말함.
요우(僚友): 동료와 벗.
불취동성(不取同姓): 성이 같은 여자를 아내로 맞이하지 않는 것.
복지(卜之): 점을 치는 것. 상대방이 동성(同姓)이 아닌가 점을 치는 것.

61// 士昏禮에 曰 父醮子에 命之曰 親迎爾相하여 承我宗事하되 勗帥以敬하여 先妣之嗣니 若則有常하라 子曰 諾다 唯恐不堪이어니와 不敢忘命하리이다 父送女에 命之曰 戒之敬之하여 夙夜無違命하라 母施衿結帨曰 勉之敬之하여 夙夜無違宮事하라 庶母 及 門內하여 施鞶하고 申之以父母之命하여 命之曰 敬恭聽하여 宗爾父母之言하여

| 풀이 | 옛날에는 남녀가 일곱 살이면 함께 밥을 먹지 않고 한자리에 앉지 않았다. 혼인할 나이가 되어 중매하는 사람이 있어야만 비로소 혼담(婚談)이 이루어지고, 신랑집에서 신부집에 폐백(幣帛)을 보내어 약혼이 성립된다. 혼인 날이 정해지면 임금에게 알리고 조상의 신위(神位) 앞에 사유(事由)를 알린다.

그리고 혼인하는 날에는 술과 음식을 마련하여 마을 사람과 동료와 벗을 청하여 잔치한다. 이것은 부부의 혼례(婚禮)를 중히 여기는 것이다. 남녀의 교제가 자유롭고 연애 결혼이 유행되는 오늘날과는 거리가 멀다. 그리고 동성(同姓)의 여자를 아내로 맞이하지 않았는데 이것은 우리 나라에서 아직도 지켜지고 있다.

제61장

〈사혼례(士昏禮)〉에 말하기를, "아버지가 아들을 장가보낼 때 명령하여 말하기를, '네 아내를 맞이하여 우리 종묘(宗廟)의 일을 계승케 하라. 공경하는 도리로써 네 아내를 인도(引導)하여 너의 어머니의 뒤를 잇게 하고, 너는 늘 변함 없게 하라.' 하면, 아들은 대답하기를, '그렇게 하겠습니다. 오직 감당하지 못할까 두렵습니다. 감히 명령을 잊지 않겠습니다.' 한다.

아버지가 딸을 시집보낼 때 명령하여 말하기를, '경계하고 공경하여 밤이나 낮이나 시부모의 명령을 어김 없도록 하라.' 한다.

어머니는 작은 띠를 매주고 수건을 채워주면서 말하기를, '힘쓰고 공경하여 밤이나 낮이나 집안일에 어긋남이 없도록 하라.' 한다.

서모(庶母)는 문 안에서 작은 주머니를 채워주고, 부모의 명령을 되풀이하여 명령하기를, '너의 부모님의 말씀을 공손히 듣고 그 말씀을 존중하여 밤이나 낮이나 허물이 없게 하며, 항상 이 주머니를 보고 부모님의 말씀을 생각하라.' 한다." 하였다.

| 풀이 | 이 글에서는 아버지가 아들을 장가보낼 때 당부하는 말과 친정 부모가 딸을 시집보낼 때 당부하는 말들을 논했다. 아버지가 아들을 장가보낼 때 당부하는 말은 아내를 맞이하면 공경하는 마음으로 조상의 제사를 받들게 하라는 것이다. 옛날에는 조상의 제사 받드는 일을 며느리의 가장 큰 일로 생각했기 때문이다. 그리고 친정 부모가 딸을 시집보낼 때는 시부모의 말에 순종하고 며느리의 할 도리를 다하라고 했다. 시부모의 명령을 순종하고 집안일에 충실한 것이 며느리의 도리인 것이다.

옛날에는 선비의 집은 모두 조상의 신주(神主)를 모신 사당이 있어서 조상을 받드는 예절이 복잡했다. 그러나 시대의 변천에 따라 지금은 우리 나라에도 가정의례준칙(家庭儀禮準則)이 생겨서 극히 간소화되었다. 그리고 핵가족화 되어서 시부모의 명령을 존중한다는 며느리의 관념도 날로 희박해져 가고, 이기주의(利己主義)가 극도로 발달됨에

夙夜無愆하여 視諸衿鞶하라

사혼례(士昏禮) : 〈의례(儀禮)〉의 편명. 혼례(昏禮)는 혼례(婚禮).
친영(親迎) : 신부집으로 가서 아내를 맞이하는 것.
이상(爾相) : 상은 돕는 것, 즉 너를 돕는 사람. 네 아내.
욱솔이경(勖帥以敬) : 공경하는 도리를 권면하여 아내를 거느리는 것. 쉽게 말해서 공경하는 도리를 가지고 아내를 인도하는 것.
선비(先妣) : 어머니. 지금은 죽은 어머니를 선비라고 하지만 옛날에는 살아 있는 어머니를 일컫는 말.
유상(有常) : 일정함이 있는 것. 변하지 말라는 뜻임.
감(堪) : 감당하는 것.
송(送) : 여기서는 시집보내는 것.
시금(施衿) : 금은 작은 띠이니, 작은 띠를 매어줌.
결세(結帨) : 수건을 채워주는 것.
궁사(宮事) : 집안일.
서모(庶母) : 아버지의 첩.
시반(施鞶) : 작은 주머니를 채워주는 것.
신(申) : 거듭 말하는 것.
종(宗) : 존중하는 것.
건(愆) : 허물.

따라 과거의 윤리 질서는 날로 무너져 가고 있다.

제62장

〈예기〉에 말하기를, "혼례는 자손 만대(萬代)의 시초이다. 타성(他姓)에서 아내를 맞는 것은 소원(疏遠)한 관계를 결합시키고 혈연 관계의 구별을 엄중하게 하기 위한 것이다. 폐백은 반드시 정성스럽게 하며, 말에 '폐백이 후(厚)하지 못하다.'는 겸사(謙辭)가 없는 것은 정직하고 신실(信實)함을 알리기 위한 것이다. 신실은 남을 섬기는 도리이니, 신실은 부인의 덕(德)이다. 한 번 혼례를 치르면 몸을 마칠 때까지 고치지 않는다. 그러므로 남편이 죽어도 시집가지 않는다.

남자가 아내를 맞이하여 여자보다 먼저 행동하는 것은 강(剛)이 유(柔)보다 먼저 움직이는 도리이니, 하늘이 땅보다 먼저 움직이며, 임금이 창도(唱導)하여 신하가 거기에 따르는 것과 같은 뜻이다.

전안(奠雁)의 예(禮)를 행하여 서로 보는 것은 공경하여 남녀의 분별을 밝히는 것이다. 남녀의 분별이 있은 뒤에야 부자가 친애할 수 있고, 부자가 친애한 뒤에야 사람이 마땅히 지켜야 할 도리를 알게 된다. 사람이 지켜야 할 도리를 알게 된 뒤에야 예가 있게 된다. 예가 있은 뒤에야 질서가 바로잡혀서 만물이 안정하게 된다. 남녀의 분별이 없고, 마땅히 지켜야 할 도리가 없다면 그것은 바로 금수(禽獸)의 길이다." 하였다.

62// 禮記에 曰 夫昏禮는 萬世之始라 取於異姓은 所以附遠厚別也오 幣必誠하며 辭無不腆은 告之以直信이니 信이 事人也며 信이 婦德也라 一與之齊하면 終身不改하나니 故로 夫死不嫁니라 男子親迎하여 男先於女는 剛柔之義也니 天先乎地하며 君先乎臣이 其義一也니라 執摯以相見은 敬章別也니 男女有別然後에 父子親하고 父子親然後에 義生하고 義生然後에 禮作하고 禮作然後에 萬物이 安하나니 無別無義는 禽獸之道也니라

만세지시(萬世之始): 부부가 자손 만대의 시초가 된다는 말.
부전(不腆): 전은 후(厚)한 것이니, 예물이 후하지 못하다고 겸손해서 하는 말.
일여지제(一與之齊): 일단 남편과 혼례를 치러서 부부가 되는 것.
강유(剛柔): 굳센 것과 유순한 것.

| 풀이 | 부인은 신의(信義)를 지켜서 한 남편을 섬길 것을 강조했다. 양(陽)이 음(陰)보다 우선하고 하늘이 땅보다 먼저 움직이며, 임금은 신하의 위에 있음을 비유로 들어서 남자는 여자를 지배하고 여자는 남자에게 순종할 것을 강조했다.

남녀가 구별이 있어서 혼동되지 않고 일정한 남편에 일정한 아내의 부부관계가 성립됨으로써 부자의 관계가 명확하게 되고, 따라서 아버지와 아들이 친애하게 되었다. 부자가 친애하게 되니, 여기에 따라서 형제·장유·붕우·군신 사이에 지켜야 할 바른 도리를 알게 되고, 바른 도리를 알게 되니 사회 질서가 바로잡혀서 만물이 안정을 얻게 되었다. 부부는 자손 만대의 시초인 동시에 윤리 도덕의 출발이기도 하다. 부부는 인간 관계의 가장 중요한 것이다.

제63장

며느리를 맞이하는 집에서는 사흘 동안 음악을 연주하지 않는다. 그것은 어버이를 계승함을 생각하기 때문이다.

| 풀이 | 맏며느리가 들어오면 시어머니가 집안일을 며느리에게 넘겨주고 며느리는 그 일을 맡게 된다. 비록 좋은 일이기는 하지만 감상(感傷)에 젖게 된다. 그렇기 때문에 사흘 동안 음악을 연주하지 않는 것이다.

천선호지(天先乎地) : 하늘이 땅보다 먼저 움직인다.
집지(執摯) : 폐백을 가지고 대한다는 뜻.
경장별(敬章別) : 공경하며 부부의 분별이 있음을 밝힘.
남녀유별(男女有別) : 남녀의 관계가 분별이 있는 것.
부자친(父子親) : 일정한 남편에 일정한 아내가 있어야 비로소 아버지와 아들의 관계가 명확해져서 서로 친애하게 됨.
부자친연후 의생(父子親然後義生) : 부자가 친해하게 됨에 따라서 군신(君臣)·형제·장유(長幼)·붕우(朋友) 사이에 마땅히 지켜야 할 도리를 알게 되었다는 말. 의는 마땅히 지켜야 할 도리.
만물안(萬物安) : 사회의 질서가 서서 모든 물건이 안정을 얻음.

63// 取婦之家三日不擧樂은 思嗣親也니라

거악(擧樂) : 음악을 연주하는 것.
사친(嗣親) : 어버이를 계승하는 것.

64// 昏禮不賀는 人之
序也니라

불하(不賀) : 하례하지 않는
것.
인지서(人之序) : 사람의 세
대(世代)가 바뀌는 것.

65// 內則에 曰 禮는
始於謹夫婦니 爲宮室
하되 辨內外하여 男子
는 居外하고 女子는 居
內하여 深宮固門하여
閽寺守之하여 男不入하
고 女不出이니라 男女
不同椸枷하여 不敢縣於
夫之楎椸하며 不敢藏於
夫之篋笥하며 不敢共湢
浴하며 夫不在어든 斂
枕篋하며 簟席襡하여
器而藏之니 少事長하
며 賤事貴에 咸如之니
라 雖婢妾이라도 衣服
飮食을 必後長者니라
妻不在어든 妾御莫敢
當夕이니라

제64장

혼례(婚禮)에 축하의 말을 하지 않는 것은 사람의 세대(世代)가 바뀌기 때문이다.

| 풀이 | 아들이 결혼을 하면 아들은 아버지가 하시던 일을 대신하게 되고, 며느리는 시어머니가 하시던 일을 대신하게 되니, 주인이 바뀌는 셈이 된다. 그렇기 때문에 축하하는 말을 하지 않는 것이다.

제65장

〈내칙〉에 말하기를, "예의는 부부 사이의 도리를 삼가는 데서 시작된다. 집을 만들 때 안과 밖을 구별하여 남자는 밖에 거처하고 여자는 안에 거처한다. 안채를 깊숙히 하고 문을 굳게 하여 문지기로 하여금 지키게 한다. 남자는 안에 들어가지 않으며 여자는 밖에 나오지 않는다.

남녀가 옷대를 같이 쓰지 않는다. 아내는 감히 남편의 옷걸이에 옷을 걸지 못하며, 감히 남편의 상자에 넣어두지 못하며, 감히 욕실(浴室)을 같이 쓰지 못한다. 남편이 없으면 베개를 거두어 상자에 넣고, 삿자리와 돗자리를 싸서 소중하게 간직한다. 나이 적은 사람이 어른을 섬기는 것과 천한 자가 귀한 이를 섬기는 것도 이와 같이 한다.

비록 계집종과 첩 등 천한 자라도 그들 사이에 있어서 옷 입고 음식 먹는 것은 반드시 나이 적은 자가 연장자의 뒤에 하게 한다.

아내가 없다고 하더라도 아내의 시침(侍寢)할 순번인 밤에 첩이 감히 대신 시침하지 못한다." 하였다.

| 풀이 | 옛날에는 여자와 외부 남자와의 접촉이 금지되었다. 우리 나라에서도 집 구조가 사랑채와 안채가 따로 있어서 외부의 남자는 안채에 들어가지 못하고 여자는 사랑에 나오지 못했다. 비록 친척이라도 먼 친척은 남녀가 서로 보지 못했다. 여자가 외출할 때는 쓰개로 얼굴을 가렸는데, 몇 십 년 전까지도 이같은 풍속이 있었다. 그리고 한 사람이 많은 처첩(妻妾)을 거느려서 순번으로 시침(侍寢)하게 하는 일은 우리 나라에서는 거의 볼 수 없었고 중국에서 많이 유행되었다. 이같은 일은 오늘의 시대에는 생각조차도 할 수 없는 것일 뿐만 아니라, 인권(人權)을 유린하고 사회 발전을 저해하는 요인이 된다.

궁실(宮室) : 집.
변내외(辨內外) : 안채와 바깥채가 구별되도록 짓는 것.
혼시(閽寺) : 중문(中門)의 출입금지를 맡아보는 사람. 시(寺)는 환자(宦者), 즉 고자임.
이가(椸枷) : 횃대, 시렁.
휘(楎) : 옷걸이.
협사(篋笥) : 상자.
벽욕(湢浴) : 욕실(浴室).
점석촉(簟席襡) : 점은 삿자리, 석은 돗자리, 촉은 싸는 것(包). 즉 삿자리와 돗자리를 말아서 보자기에 싸는 것.
기이(器而) : 소중히.
장지(藏之) : 간직하는 것.
함여지(咸如之) : 모두 이와 같이 하는 것.
첩어막감당석(妾御莫敢當夕) : 첩이 감히 본처의 시침(侍寢)할 밤을 대신 시침하지 못하는 것.

제66장

남자는 안에서 하는 일을 말하지 않고 여자는 밖에서 하는 일을 말하지 않는다. 제사나 상사(喪事)가 아니면 남녀가 서로 그릇을 주고 받지 않는다. 서로 주고 받을 때는 여자는 광주리에 받는다. 광주리가 없으면 남녀가 꿇어앉아서 그릇을 땅에 놓으면 여자가 가져간다.

밖과 안의 우물을 함께 쓰지 않으며, 욕실을 함께 사용하지 않으며, 이부자리를 통용하지 않으며, 물건을 빌리지 않으며, 남녀가 옷을 통용하지 않는다.

66// 男不言內하고 女不言外하며 非祭非喪이어든 不相授器니 其相授則女受以篚하고 其無篚則皆坐奠之而後에 取之니라 外內不共井하며 不共浴浴하며 不通寢席하며 不通乞假하며 男女不通衣裳이니라 男子入內하여 不嘯不指하며 夜行以燭이니 無燭則止하고 女子出門에 必擁

蔽其面하며 夜行以燭이니 無燭則止니라 道路에 男子는 由右하고 女子는 由左니라

수기(授器) : 그릇을 주고 받는 것.
비(篚) : 광주리.
좌전지(坐奠之) : 좌는 꿇어 앉는 것, 전은 그릇을 땅 위에 놓는 것.
침석(寢席) : 이부자리.
불소부지(不嘯不指) : 휘파람을 불거나 손가락질하지 않는 것. 남의 의심을 받기 쉽기 때문임.
옹폐기면(擁蔽其面) : 얼굴을 가리는 것.

남자가 안에 들어가서 휘파람 불지 않으며 손가락질하지 않는다. 밤에 다닐 때는 촛불을 들고 다니며, 촛불이 없으면 가지 않는다. 여자가 문 밖에 나갈 때는 그 얼굴을 가린다. 밤에 다닐 때는 촛불을 들고 다니며, 촛불이 없으면 그만둔다. 길을 갈 때는 남자는 오른쪽으로 가고 여자는 왼쪽으로 간다.

| 풀이 | 이 글에서도 남녀가 분별이 있음을 논했다. 남녀가 손으로 물건을 주고 받지 못하는 일은 〈맹자〉에도 나와 있다. 남자와 여자의 접촉이 금지되었기 때문에 피차에 남에게 의심을 받지 않도록 행동을 조심해야 했다. 길을 가는 것까지도 남자는 오른쪽, 여자는 왼쪽으로 통행하여 길을 달리했다. 주(周)나라 문왕(文王) 때 주나라 길거리에서 남녀가 길을 달리했다고 하여 찬양하는 말이 기록에 나와 있다.

제67장

67// 孔子曰 婦人은 伏於人也라 是故로 無專制之義하고 有三從之道하니 在家從父하고 適人從夫하고 夫死從子하여 無所敢自遂也하여 敎令이 不出閨門하며 事在饋食之間而已矣이니라 是故로 女及日乎閨門之內하고

공자가 말하기를, "부인이란 남에게 굴복하는 사람이다. 이런 까닭에 전제(專制)하는 의리가 없고 삼종(三從)의 도리가 있다. 집에 있을 때는 아버지에게 순종하고, 시집가서는 남편에게 순종하며, 남편이 죽으면 아들에게 순종하여 감히 제 마음대로 일을 처리하지 못한다. 교훈이나 명령이 규문(閨門) 밖에 나가지 못하고 일은 음식을 공궤(供饋)하는 데 있을 뿐이다.

이런 까닭에 여자는 종일토록 규문 안에 있으며 100리 밖에 분상(奔喪)하지 않는다. 일은 제 마음대로 하지 않으며, 행동은 단독(單獨)으로 수행(遂行)하지 않는다. 다른 사람을 참여시켜서 알게 한 뒤에야 행동하며, 증거가 확실한 뒤에야 말한다. 낮에 뜰에서 놀지 않으며 밤에 안에서 다닐 때는 불을 밝힌다. 이것이 부덕(婦德)을 바르게 하는 것이다.

여자가 남편으로 선택하지 않는 다섯 가지가 있다. 패역(悖逆)한 집의 아들을 택하지 않으며, 인륜(人倫)을 어지럽힌 집의 아들을 택하지 않으며, 대대로 형벌을 받은 사람이 있으면 택하지 않으며, 대대로 나쁜 병이 있으면 택하지 않으며, 아버지를 여읜 맏아들을 택하지 않는다.

부인이 버림받을 일곱 가지 조건이 있다. 부모에게 순종치 않으면 내보내며, 아들이 없으면 내보내며, 행동이 음란하면 내보내며, 질투하면 내보내며, 나쁜 병이 있으면 내보내며, 말이 많으면 내보내며, 남의 물건을 훔치면 내보낸다.

비록 내보낼 이유가 있다 하더라도 세 가지 버리지 못할 조건이 있다. 처음 장가들 때는 친정집이 있었지만, 지금은 친정이나 가까운 친척이 없어서 돌아갈 곳이 없게 되었으면 내보내지 못한다. 그 아내와 함께 부모의 3년상을 입었으면 내보내지 못한다. 처음 장가들 때는 빈천했는데 뒤에 와서 부귀하게 되었으면 내보내지 못한다." 하였다.

不百里而奔喪하며 事無擅爲하며 行無獨成하여 參知而後에 動하며 可驗而後에 言하며 晝不遊庭하며 夜行以火하나니 所以正婦德也니라 女有五不取하니 逆家子를 不取하며 亂家子를 不取하며 世有刑人이어든 不取하며 世有惡疾이어든 不取하며 喪父長子를 不取니라 婦有七去하니 不順父母去하며 無子去하며 淫去하며 妬去하며 有惡疾去하며 多言去하며 竊盜去니라 有三不去하니 有所取오 無所歸어든 不去하며 與更三年喪이어든 不去하며 前貧賤後富貴어든 不去니라 凡此는 聖人이 所以順男女之際하며 重婚姻之始也니라

복어인(伏於人) : 남에게 굴복함.
전제(專制) : 남의 의견을 듣지 않고 제 마음대로 일을 결정하고 처리하는 것.
적인(適人) : 시집가는 것.
자수(自遂) : 제 마음대로 일을 수행(遂行)함.
궤사(饋食) : 음식을 공궤하는 것.
급일(及日) : 종일(終日).

천위(擅爲) : 남의 말을 듣지 않고 제 마음대로 일하는 것.
독성(獨成) : 자기 혼자서 일을 해치우는 것.
참지(參知) : 남을 참여시켜서 알게 하는 것.
가험(可驗) : 증거가 확실한 것.
정부덕(正婦德) : 부인의 덕행을 바르게 하는 것.
역가(逆家) : 도덕에 어긋나는 행위가 있는 집안.
난가(亂家) : 여기서는 인륜(人倫)을 문란케 한 행위가 있는 집.
형인(刑人) : 국법(國法)을 범하여 형벌을 받은 사람.
상부장자(喪父長子) : 아버지를 여읜 맏아들.
칠거(七去) : 버림을 받아야 할 일곱 가지 조건.
유소취(有所取) : 데려 올 곳이 있는 것.
무소귀(無所歸) : 돌아갈 곳이 없는 것.
여경삼년상(與更三年喪) : 부모의 3년상을 함께 치른 것.
순남여지제(順男女之際) : 남녀의 사이를 화순(和順)하게 하는 것.
중혼인지시(重婚姻之始) : 혼인의 처음을 신중하게 하는 것.

68// 曲禮에 曰 寡婦之子非有見焉이어든 弗與爲友니라

이 모든 말씀은 성인(聖人)이 남녀의 사이를 화순(和順)하게 하며, 혼인의 처음을 신중하게 하기 위한 것이다.

| 풀이 | 과거 동양에서는 남자는 여자를 지배하고 여자는 남자의 말에 절대 복종하는 것을 바른 도리로 생각했다. 여자가 친정에 있을 때는 아버지의 말에 순종하고, 시집가면 남편의 말에 순종하고, 남편이 죽으면 아들의 말에 순종하며 사는 것을 삼종지도(三從之道)라고 하여 여자의 길로 규정지었다. 부녀자는 외부의 일을 알아서는 안 되고 오직 안방에 들어앉아서 의복이나 음식을 마련하며, 집안 사람의 뒷바라지를 하고 자녀를 낳아서 기르는 것을 임무로 했다. 남의 아내된 자가 남편에게 버림받을 일곱 가지 조건을 칠거(七去) 또는 칠거지악(七去之惡) 등의 말로 표현했다. 그리고 비록 버릴 조건이 있어도 버릴 수 없는 세 가지 조건을 삼불거(三不去)라고 했다.

옛날에는 여자가 남자의 종속물(從屬物)이 되어서 남자가 마음대로 아내를 버릴 수 있었음을 알 수 있다. 오늘의 시대에서 볼 때, 참으로 지나친 여권(女權)의 유린(蹂躙)이 아닐 수 없다. 필자의 어렸을 적에도 삼종지도니, 칠거지악이니 하는 말을 귀에 젖도록 들었다.

제68장

〈곡례〉에 말하기를, "과부의 아들로서 탁월한 재능을 가지고 있는 사람이 아니면 그 사람을 벗으로 삼지 않는다."하였다.

| 풀이 | 우리 나라 말에 후레자식이라는 말이 있는데, 이 말은 과부의 아들을 욕하는 말이다. 옛날에 여자는 별로 교육을 받지 않았기 때문에 자녀를 제대로 교육시킬 수 없었다. 그래서 과부의 아들은 버릇 없고 아는 것이 없다고 하여 업신여겼다. 실지에 있어 홀어머니의 사랑만 받고 교육을 받지 못했으니 행동이 방종으로 흐르기 쉽다. 그렇기 때문에 과부의 아들은 재질(才質)이 뛰어나서 사리(事理)를 판단할 줄 아는 사람을 가려서 사귀라는 말이 나오게 된 것이다.

이상은 부부간에 분별이 있음을 밝힌 것이다〔右는 明夫婦之別이니라〕.

유현(有見) : 현은 세상에 드러나는 재능이니, 탁월한 재능이 있는 것.
불여위우(弗與爲友) : 그 사람과 함께 벗하지 않음.

4. 장유지서(長幼之序)

제69장

맹자가 말하기를, "두세 살난 어린애라도 그 어버이를 사랑할 줄 모르는 자가 없고, 자라나면 그 형을 공경할 줄 모르는 자가 없다."하였다.

| 풀이 | 자식이 부모를 사랑하고 아우가 형을 공경하는

69// 孟子曰 孩提之童 이 無不知愛其親하고 及其長也하여 無不知敬其兄也니라

해제지동(孩提之童) : 해는

해소(孩笑), 어린애의 천진난만한 웃음, 제는 안을 수 있는 것. 즉 어른의 품에 안겨 천진난만하게 웃는 두세 살난 어린이.

것은 누가 시켜서 하거나 일부러 하고자 힘써서 되는 것이 아니다. 마음속에서 자연적으로 우러나는 것이다. 이처럼 배우지 않고도 아는 것을 양지(良知)라고 한다. 그러나 사욕(私欲)의 유혹 때문에 부모를 사랑하고 형을 공경하는 마음이 점차로 희박해지고 있다.

제70장

천천히 걸어서 어른의 뒤에 가는 것을 공순하다 하고, 빨리 걸어서 어른의 앞에 가는 것을 공순치 않다고 한다

70// 徐行後長者를 謂之弟오 疾行先長者를 謂之不弟니라

| 풀이 | 연소한 자는 연장자의 뒤에 서는 것이 어른을 공경하는 도리임을 논했다.

제71장

71// 曲禮에 曰 見父之執하여 不謂之進이어든 不敢進하며 不謂之退어든 不敢退하며 不問이어든 不敢對니라

〈곡례〉에 말하기를, "아버지의 친구를 뵐 때는 앞으로 나오라고 하지 않으면 감히 나아가지 못하고, 물러가라고 하지 않으면 감히 물러가지 못하며, 묻지 않으면 감히 대답하지 못한다." 하였다.

집(執) : 벗을 말함.
위(謂) : 말하는 것.

| 풀이 | 이 글에서는 아버지의 친구를 뵐 때의 몸가짐을 논했다. 아버지를 공경하는 것과 마찬가지로 아버지의 친구도 공경해야 한다.

제72장

나이가 갑절 많으면 아버지처럼 섬기고, 10년 위라면 형처럼 섬기며, 5년 위라면 어깨를 나란히 하여 걷되 조금 뒤떨어져 따라간다.

| 풀이 | 나보다도 나이 많은 사람을 공경하여 받드는 것은 어른과 어린이 사이에 지켜야 할 바른 도리이다. 과거 우리 나라에서는 이같은 질서가 엄격하게 지켜졌다. 나이가 15년 위라면 아버지와 같은 연배〔父執〕라고 하여 아버지처럼 받들었다. 반드시 경어(敬語)를 쓰고 오랜만에 만나면 절을 했으며, 그 앞에서는 담배를 피우지 않았다. 술을 주면 감히 대작(對酌)을 못하고 돌아앉아 마셨다. 10년이 위라면 형 대접을 했다. 부집인 어른에게 대하는 것 같은 경어는 쓰지 않았으나 경어를 썼으며 정초(正初)에 한 번 세배를 올리는 정도였다.

이 글에는 5년 위라면 어깨동무를 한다고 했지만, 여덟 살이나 아홉 살 위까지도 벗으로 했다. 지금도 이같은 질서를 지키는 사람들을 혹 볼 수 있다. 연소한 사람이 어른을 공경하는 마음도 양지(良知)에 속한다. 아무리 시대가 달라졌다 하더라도 이같은 도덕 질서는 반드시 지켜져야 한다고 본다.

제73장

어른에게 문의(問議)하러 갈 때는 반드시 안석과 지팡이

72// 年長以倍則父事之 하고 十年以長則兄事之 하고 五年以長則肩隨之 니라

장(長) : 여기서는 나이가 많은 것.
견수지(肩隨之) : 어깨를 나란히 하여 걷되 조금 뒤떨어져 따라가는 것.

73// 謀於長者할새 必

操几杖以從之니 長者問이어든 不辭讓而對非禮也니라

모(謀) : 의논함.
궤장(几杖) : 안석과 지팡이.

를 가지고 간다. 어른이 물을 때 사양하지 않고 대답하는 것은 예의가 아니다.

| 풀이 | 어른을 뵈러 갈 때 안석과 지팡이를 가지고 가는 것은 어른에게 그런 것이 없다고 해서가 아니라, 자제(子弟)된 자의 예의를 갖추는 것이라고 한다. 어른 앞에서는 겸허한 태도를 취해야 한다. 어른이 무슨 일을 물었을 때 한 번쯤 사양하는 말이 있는 것이 예의이다. 어른에게 대하는 태도뿐만 아니라, 비록 손아랫사람이라 하더라도 겸허하게 대하는 것이 교양 있는 사람의 행동이고 분위기를 좋게 만들 수 있다.

제74장

선생을 수행할 때는 길을 건너서 다른 사람과 말하지 않는다. 길에서 선생을 만나게 되면 빠른 걸음으로 앞으로 나아가 자세를 바르게 하고 서서 두 손을 앞으로 모아 잡는다. 선생이 말을 하면 대답을 하고 말을 하지 않으면 빠른 걸음으로 물러난다.

어른을 따라 언덕에 오를 때는 반드시 시선은 어른이 보는 곳을 향해야 한다.

| 풀이 | 선생을 수행하면서 길을 건너 다른 사람과 말을 주고 받는 것은 선생을 공경하는 도리에 어긋나는 것이다. 그리고 어른을 따라서 언덕을 오를 때, 시선을 어른이

74// 從於先生할새 不越路而與人言하며 遭先生於道하여 趨而進하여 正立拱手하여 先生이 與之言則對하고 不與之言則趨而退니라 從長者而上丘陵則必鄕長者所視니라

월로(越路) : 길을 건너서.
조(遭) : 우연히 만나게 됨.
공수(拱手) : 두 손을 앞으로 모아 포개어 잡아서 경의(敬意)를 표하는 것.
장자(長者) : 어른.

보는 곳으로 향하게 하는 것은 만약에 어른이 마음으로 느낀 생각을 물을 경우에 대답하기 위해서이다.

구릉(丘陵) : 언덕.
향(鄕) : 향(向)과 같음. 즉 시선(視線)이 그곳으로 향하는 것.

제75장

어른이 손을 잡아 이끌면 두 손으로 어른의 손을 받든다. 어른이 칼차듯이 옆에 끼고 입 곁에 대고 말하면 입을 가리고 대답한다.

75// 長者與之提携則兩手로 奉長者之手하고 負劍辟咡詔之則掩口而對니라

| 풀이 | 이 글에서도 어른을 공경하는 도리를 논했다.

부검(負劍) : 여기서는 칼을 차는 것.
엄구이대(掩口而對) : 입을 가리고 대답하는 것.

제76장

어른을 위하여 어른이 계신 곳을 소제하는 예절은 반드시 비를 쓰레받기 위에 얹고서 두 손으로 들고 들어간다. 먼지를 쓸 때는 소매로 가리고 뒤로 물러나면서 쓸어서 먼지가 어른에게 가지 않게 하고, 쓰레받기를 자신을 향하게 하여 쓸어 담는다.

76// 凡爲長者糞之禮는 必加帚於箕上하며 以袂로 拘而退하여 其塵이 不及長者하고 以箕로 自鄕而扱之니라

| 풀이 | 이 글에서는 어른이 계신 방을 소제하는 예절을 논했다. 극히 조심해서 어른의 몸에 먼지가 가지 않도록 해야 한다.

분(糞) : 소제하는 것.
가추어기상(加帚於箕上) : 비를 쓰레받기 위에 얹는 것.
이몌구이퇴(以袂拘而退) : 소매로 가리고 뒤로 물러가면서 쓰는 것.
급지(扱之) : 쓸어 담는 것.

제77장

선생 앞에 있는 제자리로 나아가 앉으려고 할 때는 얼굴에 부끄러워하며 불안한 빛을 짓지 말아야 하며, 두 손

77// 將卽席할새 容毋怍하며 兩手로 摳衣하여 去齊尺하며 衣毋撥

하며 足毋蹶하며 先生書策琴瑟이 在前이어든 坐而遷之하여 戒勿越하며 坐必安하며 執爾顔하며 長者不及이어든 毋儳言하며 正爾容하며 聽必恭하며 毋勦說하며 毋雷同하고 必則古昔하여 稱先王이니라

장즉석(將卽席): 제자리에 가서 앉으려고 함.
거자척(去齊尺): 옷의 아랫단을 땅에서 한 자쯤 뜨게 하는 것.
의무발(衣毋撥): 옷이 날리지 않도록 하는 것.
좌(坐): 꿇어앉는 것.
월(越): 넘어가는 것.
집이안(執爾顔): 얼굴을 바르게 하는 것.
불급(不及): 말을 아직 다 마치지 않은 것.
뇌동(雷同): 남이 한 말에 대해서 옳고 그른 것을 판단해 보지 않고 맹목적으로 찬동하는 것.

78// 侍坐於先生할새 先生이 問焉이어시든 終則對하며 請業則起하고 請益則起니라

종즉대(終則對): 선생의 말

으로 하의(下衣)를 들어올려서 옷의 아랫단이 땅에서 한 자쯤 떨어지게 하되, 옷자락을 펄럭이지 말아야 하며, 발을 다급하게 옮겨 놓지 말아야 한다.

　선생의 서책·거문고·비파 등이 앞에 있으면 꿇어앉아서 옆으로 옮겨 놓고 조심하여 타넘지 말아야 한다.

　앉는 자세는 반드시 안정되게 하며, 얼굴빛을 바르게 하며, 어른이 말을 마치지 않았으면 그 말과 상관없는 다른 말을 꺼내서 어른의 말과 혼동시키지 말아야 한다.

　강론(講論)할 때는 용모를 바르게 하여 반드시 공손하게 들어야 하며, 다른 사람의 말을 빌려서 내 말로 만들지 말아야 하며, 남의 말에 분별 없이 찬동(贊同)하는 일이 없어야 한다. 반드시 옛 것을 법칙으로 하고, 선왕(先王)의 도(道)를 논술(論述)해야 한다.

| 풀이 | 선생 앞에서 제자리로 나아갈 때의 몸가짐, 선생의 물건을 소중히 다루는 일, 선생과 강론할 때 주의할 점 등을 논했다. 모두 공경하는 마음으로 삼갈 것을 강조했다.

제78장

　선생을 모시고 앉았을 때, 선생이 무엇을 물으면 말이 끝난 뒤에 대답한다. 수업(授業)을 청할 때는 일어서서 하고, 설명을 더해 주기를 청할 때도 일어서서 한다.

| 풀이 | 선생뿐만 아니라, 누가 묻더라도 그 말이 다 끝

난 뒤에 대답해야 한다. 말을 끝까지 들어보아야만 묻는 취지를 확실하게 파악할 수 있다. 그리고 수업을 청할 때나 설명을 청할 때 일어서서 청하는 것은 선생을 공경하는 것이다.

씀이 끝나야 대답하는 것.
업(業) : 여기서는 수업.
익(益) : 설명을 더해 주는 것.

제79장

존귀한 손님 앞에서는 개를 꾸짖지 않으며, 음식을 사양할 때 침을 뱉지 않는다.

군자를 모시고 앉았을 때 군자가 하품하거나 기지개 켜며, 지팡이와 신을 손에 잡으며, 날이 이르고 저문 것을 보거든 모시고 앉은 자가 물러가기를 청해야 한다.

79// 尊客之前에 不叱狗하며 讓食不唾니라 侍坐於君子할새 君子欠伸하며 撰杖屨하며 視日蚤莫어시든 侍坐者請出矣니라

| 풀이 | 존귀한 손님 앞에서 개를 꾸짖지 않는 것은 손님에게 미안하기 때문이다. 그리고 손님이 음식을 사양해야 할 때 침을 뱉지 않는 것은 주인이 주는 음식을 더럽게 여기는 것처럼 보이기 때문이다.

군자는 덕이 있고 지위가 있는 이를 말한다. 군자를 모시고 앉았을 때 하품하거나 기지개 켜며, 날이 이르고 늦은 것을 자꾸 보면 그것은 피곤한 표시이므로 군자를 모시고 물러가 쉬게 해야 한다.

흠신(欠伸) : 하품하고 기지개 켜는 것.
찬(撰) : 손으로 잡음.
장구(杖屨) : 지팡이와 신.
조모(蚤莫) : 날이 이르고 저문 것.
출(出) : 그 자리에서 물러가는 것.

제80장

군자를 모시고 앉았을 때 군자가 어떤 일을 다 묻고 나서 다시 다른 일을 고쳐 물으면 일어서서 대답해야 한다.

80// 侍坐於君子할새 君子問更端則起而對니라

문경단(問更端) : 경은 고치는 것, 단은 단서이니, 어떤 일을 다 묻고 나서 다른 사단(事端)을 고쳐 묻기 시작하는 것.

81// 侍坐於君子할새 若有告者曰 少閒이어든 願有復也라커든 則左右屛而待니라

유고자(有告者) : 고(告)하는 자가 있는 것.
한(閒) : 틈.
복(復) : 여쭙는 것.
병(屛) : 물러나는 것.

82// 侍飮於長者할새 酒進則起하여 拜受於尊所하되 長者辭어든 少者反席而飮하고 長者擧未釂어든 少者不敢飮이니라

준소(尊所) : 술단지가 있는 곳.
사(辭) : 그렇게 하지 못하게 말리는 것.
반석이음(反席而飮) : 자리로 돌아와 술을 마시는 것.
거미조(擧未釂) : 술을 다 마시지 않은 것.

| 풀이 | 군자가 어떤 일을 다 묻고 나서 다른 일을 고쳐 물을 때, 일어서서 대답하는 것은 묻는 일이 달라졌기 때문에 일어서서 경의를 표하는 것이다.

제81장

군자를 모시고 앉았을 때 만약 누가 와서 말하기를, "잠깐만 틈을 주시면 여쭐 말씀이 있습니다." 하면 모시고 있던 사람들이 좌우로 물러나서 기다린다.

| 풀이 | 군자에게 무슨 일을 여쭙기를 원하는 자가 있으면 군자를 모시고 있던 사람들은 좌우로 물러나서 그 사람에게 말할 기회를 주어야 한다.

제82장

어른을 모시고 술을 마실 때 술이 나오면 일어나서 술단지가 있는 곳으로 가서 절하고 받아야 한다. 어른이 그렇게 하지 못하게 말리면 젊은이는 제자리로 돌아와서 마시되 어른이 술을 아직 다 마시지 않았으면 젊은이는 감히 마시지 못한다.

| 풀이 | 어른을 모시고 술 마실 때의 예절을 논했다. 벗 사이에도 적당히 마셔서 취기에 따른 지나친 행동은 금해야 한다.

제83장

어른이 주시면 연소(年少)한 자와 비천한 자는 감히 사양하지 못한다.

| 풀이 | 남이 물건을 줄 때 한 번 사양하고 나서 받는 것은 동등한 사람 사이에 하는 일이지, 연소한 자나 비천한 자가 존귀(尊貴)한 이를 섬기는 도리가 아니다. 그러나 도리에 어긋나는 것이면 비록 임금이 주는 것이라도 받아서는 안 된다.

제84장

어른을 모시고 함께 음식을 먹을 때는 비록 성찬(盛饌)이라도 사양하지 않으며, 손님을 대접하는 자리에 배석(陪席)하는 경우에도 사양하지 않는다.

| 풀이 | 어른과 함께 음식을 먹을 때 아무리 좋은 음식이 많이 나와도 사양하지 않는 것은, 그 음식이 어른을 위해서 마련된 것이기 때문이다. 손님을 접대하는 자리에 배석할 경우에도 사양하지 않는 것은 손님을 위해서 마련된 음식이기 때문이다.

제85장

군자를 모시는 자리에서 군자가 무엇을 물었을 때, 여러 사람을 한 번 둘러보지 않고 대답하는 것은 예의가 아

83// 長者賜어든 少者
賤者不敢辭니라

84// 御同於長者할새
雖貳나 不辭하며 偶坐
不辭니라

어(御) : 모시는 것.
동어장자(同於長者) : 어른과 함께 하는 것. 즉 어른과 음식을 같이 먹는 것.
이(貳) : 겹치는 것. 즉 좋은 음식이 많은 것.
우좌(偶坐) : 우는 배우(配偶)의 뜻이니 배석(陪席)하는 것.

85// 侍於君子하여 不
顧望而對非禮也니라

니다.

| 풀이 | 여러 사람이 함께 어른을 모시고 있는 자리에서 어른이 무엇을 물을 경우에는 자기가 비록 대답을 하고 싶어도 먼저 좌중의 여러 사람을 한 번 둘러본 뒤에 대답하는 것이 예의이다.

제86장

〈소의(少儀)〉에 말하기를, "존장(尊長)이 자기에 비하여 아버지나 할아버지 연배가 되면 감히 그 나이를 묻지 않으며, 사사로이 뵐 때 사람을 시켜서 전갈하지 않고 직접 들어가 뵌다. 길에서 만났을 때 존장이 나를 보면 가서 뵐 뿐, 그 가는 곳을 묻지 않는다.

모시고 앉았을 때는 어른이 시키지 않으면 거문고나 비파를 손에 잡지 않으며, 까닭없이 땅바닥을 긋지 않으며, 손을 들어 형용하지 않으며, 부채를 부치지 않는다. 자리에 누워 있을 때는 전할 말이 있으면 반드시 꿇어앉아서 말씀드린다.

모시고 활을 쏠 때는 화살을 한꺼번에 모아 잡으며, 모시고 투호할 때도 화살을 한꺼번에 모아 안는다. 활쏘기나 투호에서 연소한 자가 이기면 술잔을 씻어가지고 어른에게 술 마시기를 청해야 한다." 하였다.

| 풀이 | 아버지 연배되는 어른을 사사로이 찾아가 뵐 때

86// 少儀에 曰 尊長이 於己에 踰等이어든 不敢問其年하며 燕見에 不將命하며 遇於道하여 見則面하고 不請所之니라 侍坐에 弗使어든 不執琴瑟하며 不畵地하며 手無容하며 不翣也하며 寢則坐而將命이니라 侍射則約矢하고 侍投則擁矢하며 勝則洗而以請이니라

소의(少儀) : 〈예기〉의 편명.
유등(踰等) : 아버지나 할아버지 연배(年輩)가 되는 것.
연현(燕見) : 사사로운 일로 찾아 뵙는 것.
장명(將命) : 전갈하는 것.
소지(所之) : 가는 곳.
불사(弗使) : 시키지 않는 것.
획지(畵地) : 땅바닥을 긋는

는 감히 사람을 시켜서 뵈러 왔다고 전갈을 하지 못하고 직접 들어가서 뵈야 한다. 길에서 만나게 되었을 때 어른이 자기를 보면 가서 인사를 드리고, 그렇지 않으면 몸을 피하는 것은 어른을 번거롭게 하지 않으려는 것이다. 그리고 가서 인사를 드릴 경우에도 감히 가는 곳을 묻지 못한다.

어른이 계신 앞에서 마음대로 거문고나 비파를 손에 잡는 것, 까닭없이 땅바닥을 긋는 것, 손을 들어서 무엇을 형용하는 것, 부채질하는 것 등은 불경(不敬)이 되니 이를 삼가야 한다. 어른이 누워 있을 때 전할 말이 있으면 반드시 꿇어앉아서 말씀드리고, 감히 서서 밑을 내려다보면서 말하지 못한다.

활쏘기 내기에는 반드시 두 사람이 한 짝[耦]이 된다. 그리고 화살 그릇을 뜰 한가운데 놓고 화살을 그 속에 세워 놓는다. 상우(上耦)와 하우(下耦)가 늘어서서 먼저 상우가 화살 한 개를 가지고, 다음에 하우가 화살 한 개를 가져서 교대로 각기 화살 네 개씩을 갖는다. 그러나 이것은 대등한 사람 사이에서 하는 예법이다. 연소한 사람이 어른을 모시고 쏠 때는 연소자는 감히 교대로 화살을 가지지 못하고 한꺼번에 네 개의 화살을 갖는다. 이것을 약시(約矢)라고 한다. 화살을 병 속에 던져넣어서 승부를 결정하는 투호(投壺)의 경기를 할 때도 연소자가 어른을 모시고 할 경우에는 역시 교대로 화살 네 개를 가지지 못하고 한꺼번에 화살 네 개를 가슴에 안고서 한 개씩 던진다. 이

것.
무용(無容) : 형용하지 않는 것.
삽(翣) : 부채질하는 것.
약시(約矢) : 화살을 한꺼번에 모아 손에 잡는 것.
옹시(擁矢) : 화살을 한꺼번에 모아서 안는 것.
세(洗) : 여기서는 술잔을 씻는 것.
청(請) : 어른에게 마시기를 청하는 것.

렇게 화살 네 개를 한꺼번에 가슴에 안는 것을 옹시(擁矢)라고 한다.

활쏘기 내기나 투호 놀이에서 승부가 결정되면 이긴 편에서 술을 부어놓고 진 편에서 꿇어앉아 그것을 마시는 것이 예법이다. 그러나 연소자가 어른을 모시고 하여 이겼을 경우에는 감히 그대로 술잔에 술을 부어놓지 못하고 술잔을 씻어서 술을 부어놓고 어른들에게 마시기를 청해야 한다.

연소자는 어디까지나 연장자에게 양보하고 연장자를 공경하는 것이 예의이다.

제87장

〈왕제〉에 말하기를, "아버지 연배되는 어른에 대해서는 뒤에서 따라가고, 형의 연배되는 이에 대해서는 나란히 가되 조금 뒤떨어져 가며, 벗 사이에는 나란히 가고 서로 잊서지 않는다. 가벼운 짐은 연소한 자가 혼자서 밑고 무거운 짐은 나누어 맡아서, 반백(頒白)된 자가 짐을 들고 다니지 않게 한다.

군자(君子)인 기로(耆老)는 걸어다니지 않고, 서인(庶人)인 기로는 맨밥을 먹지 않는다." 하였다.

| 풀이 | 아버지 연배되는 어른, 형님 연배되는 어른 그리고 벗과 함께 길을 갈 때의 각각 다른 몸가짐을 논했다. 나이가 많을수록 공경하는 정도를 더하는 것이 예의이다.

87// 王制에 曰 父之齒를 隨行하고 兄之齒를 鴈行하고 朋友는 不相踰니라 輕任을 幷하고 重任을 分하여 頒白者不提挈이니라 君子耆老는 不徒行하고 庶人耆老는 不徒食이니라

부지치(父之齒) : 치는 나이이니, 아버지 연배되는 사람.
안행(鴈行) : 줄지어 가는 기러기처럼 조금 뒤떨어져 가는 것.
경임(輕任) : 가벼운 짐.
병(幷) : 한데 합치는 것.

지금은 교통 수단이 발달되어서 물건 수송(輸送)은 모두 차편(車便)을 이용하지만, 옛날에는 마소의 잔등에 실리지 않으면 반드시 사람이 들고 다녀야만 했다. 나이 많은 이가 무거운 짐을 들고 다니는 것이 고역(苦役)이 되기 때문에 젊은이들이 대신 그 짐을 운반하는 것을 가지고 어른을 섬기는 도리로 생각했던 것이다. 머리털이 반쯤 센 노인이 짐을 들고 다니지 않는 사회를 이상사회(理想社會)로 보았다.

젊은이들은 마땅히 내 부모를 사랑하는 마음을 미루어 남의 어른을 공경하고 도와야 할 것이다. 높은 벼슬을 지낸 노인을 걸어다니지 않게 하고, 일반 노인도 반찬 없는 밥을 먹지 않게 하는 것은 모두 어른을 공경하는 도리이다. 그러나 이같은 일은 재정(財政)의 뒷받침을 필요로 하므로, 그 자손에게만 책임을 지울 수도 없는 일이다. 따라서 여기에 대한 국가의 적절한 시책(施策)이 있어야 할 것이다.

중임(重任) : 무거운 짐.
반백(頒白) : 머리털이 반쯤 센 사람.
제설(提挈) : 짐을 들고 다니는 것.
군자기로(君子耆老) : 군자는 대부(大夫) 이상의 지위에 있는 사람, 기는 60세 된 노인, 노는 70세 된 노인이니, 6,70세 된 지위가 높은 노인.
도행(徒行) : 수레나 말을 타지 않고 내 발로 걸어가는 것.
도식(徒食) : 반찬 없이 맨밥을 먹는 것.

제88장

〈논어〉에 말하기를, "마을 사람이 모여서 술을 마실 때, 지팡이를 짚은 노인이 일어나서 나가면 (공자도) 곧 일어나서 나갔다." 하였다.

88// 論語에 曰 鄕人飮酒에 杖者出이어든 斯出矣러시다

| 풀이 | 마을 사람이 모여 술 마시는 자리에서는 노인이 일어나 나가지 않으면 연소한 자가 감히 먼저 일어나 나

장자(杖者) : 지팡이를 짚은 사람. 당시에는 60세 이상의 노인은 마을에서 다닐

때 지팡이를 짚었음.
사출의(斯出矣) : 곧 일어나서 나가는 것.

가지 못하며, 노인이 일어나 나가면 감히 뒤에 남아 있지 못하는 것이 예법이다. 노인도 자리에 모인 여러 사람을 염두에 두어서 행동을 신중히 해야 한다.

이상은 어른과 어린이의 질서를 밝힌 것이다〔右는 明長幼之序이니라〕.

5. 붕우지교(朋友之交)

제89장

89// 曾子曰 君子는 以文會友하고 以友輔仁이니라

증자가 말하기를, "군자는 학문을 강론(講論)하는 일로 벗을 모으고, 벗의 선한 것을 본받아서 내 인덕(仁德)을 보탠다." 하였다.

| 풀이 | 상호간(相互間)에 절차 탁마(切磋琢磨)함으로써 학문을 닦고 덕성(德性)을 함양하는 것이 벗의 길임을 논했다.

제90장

90// 孔子曰 朋友하고 切切偲偲하고 兄弟는 怡怡니라

공자가 말하기를, "벗 사이에는 간절하게 상대방의 허물을 충고하고 선의 도리로 권면해야 하며, 형제 사이에는 화목하고 즐겁게 지내야 한다." 하였다.

| 풀이 | 서로 이끌어서 선의 길로 가는 것이 벗의 도리이다. 벗이 허물이 있을 때는 알아듣도록 간절하게 충고하여 고치게 하고, 선을 권면하여 선한 사람이 되도록 힘써야 한다.

형제는 다같이 한 부모의 기혈(氣血)을 받고 태어나서 한 나무에 돋아난 여러 가지와 같은 것이니 운명을 같이 해야 할 불가분(不可分)의 관계에 있다. 서로 사랑하고 도와서 공존 공영(共存共榮)의 길을 가야 한다. 형제 사이에는 원한이나 감정이 존재할 수 없다. 언제나 화목하고 즐겁게 지내야 한다.

절절시시(切切偲偲) : 절절은 간절하게 상대방의 허물을 충고하는 것. 시시는 선의 길로 권면하는 것.
이이(怡怡) : 즐거운 것.

제91장

맹자가 말하기를, "책선은 벗의 길이다." 하였다.

91// 孟子曰 責善은 朋友之道也니라

| 풀이 | 이 글에서는 선의 길로 권면하는 것이 벗의 길임을 강조했다.

책선(責善) : 벗 사이에 선한 일을 하도록 권면하는 것.

제92장

자공(子貢)이 벗에 대하는 도리를 물으니, 공자가 말하기를, "충고하여 선의 길로 인도하되, 듣지 않으면 그만두어서 자신을 욕되게 함이 없게 하라." 하였다.

92// 子貢이 問友한데 孔子曰 忠告而善道之하되 不可則止하여 毋自辱焉이니라

| 풀이 | 유가(儒家)에서는 서로 권면하여 선의 길로 가는 것이 벗의 도리이고, 벗을 사귀는 목적으로 하고 있다. 그

자공(子貢) : 성은 단목(端木), 이름은 사(賜). 공자의 제자.

불가즉지(不可則止) : 충고하고 선도해도 듣지 않으면 그만두는 것.

러나 벗의 잘못을 간곡하게 타이르고 성의껏 선도(善導)해도 듣지 않을 때는 그만두어야 한다. 만일 상대방이 도리어 감정을 가지고 나를 멀리하려 든다면 그것은 오히려 내 몸을 욕되게 하는 것이기 때문이다.

제93장

93// 孔子曰 居是邦也하여 事其大夫之賢者하며 友其士之仁者니라

공자가 말하기를, "어느 나라에 살든 그 나라 대부(大夫)의 현명한 이를 섬기고, 그 나라 선비의 어진 이를 벗으로 삼아야 한다." 하였다.

| 풀이 | 현명한 대부를 섬기고, 어진 선비를 벗으로 삼는 것은 그 덕행을 본받아서 훌륭한 인격을 도야(陶冶)하려는 것이다.

제94장

94// 益者三友요 損者三友니 友直하며 友諒하며 友多聞이면 益矣요 友便辟하며 友善柔하며 友便佞이면 損矣니라

유익(有益)한 벗이 세 가지 있고, 해로운 벗이 세 가지 있다. 정직한 사람, 성실한 사람, 문견(聞見)이 많은 사람을 벗으로 삼으면 유익하고, 겉치레만 잘하고 정직하지 못한 사람, 남에게 아첨을 잘하고 성실하지 못한 사람, 말만 잘하고 견문의 실지가 없는 사람을 벗으로 삼으면 해롭다.

양(諒) : 성실한 것.
편벽(便辟) : 겉치레만 잘하고 정직하지 못한 것.

| 풀이 | 이 글에서는 내게 유익한 벗 세 가지와 해로운 벗 세 가지를 들었다. "먹을 가까이하면 검어진다〔近墨者

제2편 명륜 • 105

黑)."는 말이 있다. 착한 사람을 벗으로 사귀면 자신도 감화를 받아서 착한 사람이 되고, 나쁜 사람을 사귀면 자신도 알지 못하는 사이에 악(惡)에 물들기 쉽다. 벗을 잘 사귀어서 크게 성공하고 잘못 사귀어서 몸을 망치는 일을 과거의 기록이나 현실 속에서 얼마든지 볼 수 있다. 벗은 반드시 가려서 사귀어야 한다.

선유(善柔) : 남에게 아첨을 잘하고 성실하지 못한 것.
편녕(便佞) : 말만 잘하고 견문의 실지가 없는 것.

제95장

맹자가 말하기를, "벗을 사귈 때는 내 나이 많은 것을 내세우지 말며, 내 몸이 존귀한 것을 내세우지 말며, 내 형제가 많은 것을 내세우지 말아야 한다. 벗한다는 것은 상대방의 덕성(德性)을 벗하는 것이다. 자신의 남다른 것을 믿어서 우월감을 가져서는 안 된다." 하였다.

95// 孟子曰 不挾長하며 不挾貴하며 不挾兄弟而友니 友也者는 友其德也라 不可以有挾也니라

| 풀이 | 벗한다는 것은 엄격한 의미에서 상대방의 인격을 존중하는 도의적(道義的)인 사귐이다. 이같은 정신적인 사귐에 우월감 같은 것이 개재(介在)되어서는 안 된다. 그와 같은 우월감을 개재시킨다면 상대방이 벗으로 받아들이지 않을 것이다. 우리 나라 선조 임금 때의 대학자인 이율곡(李栗谷)은 송익필(宋翼弼)과 벗했다. 익필은 여종의 몸에서 태어났지만 그 학문과 덕행이 뛰어났기 때문에, 신분 같은 것은 염두에 두지 않고 그 인격을 존중하여 벗으로 사귀었던 것이다. 우리는 벗에 대한 인식을 새롭게 해야 한다.

협(挾) : 자신에게 남다른 점이 있는 것을 믿어서 남에게 내세우는 것.

96// 曲禮에 曰 君子는 不盡人之歡하며 不竭人之忠하여 以全交也니라

부진인지환(不盡人之歡) : 남이 내게 대한 환대를 극진히 하지 못하게 만드는 것.
전교(全交) : 사귐을 온전히 하는 것.

97// 凡與客入者每門에 讓於客하여 客至寢門이어든 主人이 請入爲席然後에 出迎客하되 客이 固辭어든 主人이 肅客而入이니라 主人은 入門而右하고 客은 入門而左하여 主人은 就東階하고 客은 就西階하되 客若降等則就主人之階니 主人이 固辭然後에 客이 復就西階니라 主人이 與客

제96장

〈곡례〉에 말하기를, "군자는 남이 내게 대한 환대(歡待)를 극진히 하지 못하게 하며, 남이 내게 대한 충성을 다하지 못하게 하여 사귐을 온전히 한다." 하였다.

| 풀이 | 남이 내게 대한 환대를 극진히 하게 버려두고 충성을 다하게 한다면 그 사귐을 온전히 할 수 없다. 상대방이 내게 무슨 요구가 있을 때 들어주지 못하면 상대방은 너무나 기대가 컸던 나머지 원한을 품어서 그 사귐은 와해(瓦解)된다. "군자의 사귐은 담담하기가 물과 같아야 한다〔君子之交 淡如水〕."는 말이 있다. 사람을 사귀는 것은 마음으로 상대방을 사랑하고 존중해야 하며, 행동이 중용(中庸)의 도리에서 벗어나지 말아야 한다.

제97장

손을 인도하여 집 안으로 들어가는 사는 문마다 손에게 먼저 들어가라고 양보한다. 손이 침문(寢門)에 이르면 주인이 들어오기를 청하고 자리를 정돈한 뒤에 나와서 손을 맞는다. 손이 굳이 사양하면 주인이 두 손을 마주잡아 읍(揖)하며 손을 안내하여 들어간다.

주인은 문 안에 들어가서 오른쪽으로, 손은 문 안에 들어가서 왼쪽으로 가서, 주인은 동쪽 계단을 향하고 손은 서쪽 계단으로 향한다. 손이 만약 지위가 주인보다 낮으면 주인이 가는 계단으로 향한다. 주인이 굳이 사양한 뒤

에야 손은 다시 서쪽 계단으로 향한다.

　주인과 손이 서로 먼저 올라가기를 사양하다가 주인이 먼저 오르고 손이 뒤따라 오른다. 계단마다 두 발을 모아가면서 걸음을 이어 올라간다. 동쪽 계단으로 오를 때는 오른발을 먼저 내디디고, 서쪽 계단으로 오를 때는 왼발을 먼저 내디딘다.

| 풀이 | 손이 찾아왔을 때, 하인이 손을 침문(寢門)까지 안내하고 침문에서부터는 주인이 친히 손을 안내하여 침문을 들어서서 계단을 올라 정침(正寢)에 이르기까지의 절차와 예절을 논했다.

제98장

　대부와 사(士)가 서로 만나보는 자리에서는 비록 신분의 귀천(貴賤)이 같지 않지만, 주인이 손을 공경하면 주인이 먼저 손에게 절하고, 손이 주인을 공경하면 손이 먼저 주인에게 절한다.

| 풀이 | 공적(公的)인 자리가 아니고 사적(私的)으로 만나는 자리에서는 어진 이를 존경할 뿐, 신분의 귀천을 논하지 않는다. 이것은 참으로 도덕을 숭상하는 올바른 태도라 하겠다.

讓登하여 主人이 先登이어든 客이 從之하여 拾級聚足하여 連步以上하되 上於東階則先右足하고 上於西階則先左足이니라

위석(爲席) : 손이 앉을 자리를 만드는 것.
숙객(肅客) : 읍하여 손을 인도하는 것임.
주인지계(主人之階) : 주인이 오르내리는 동쪽 계단.
섭급취족(拾級聚足) : 계단을 오를 때마다 두 발을 한데 모으는 것.
연보이상(連步以上) : 걸음을 계속하여 위로 올라가는 것.

98// 大夫士相見에 雖貴賤이 不敵하나 主人이 敬客則先拜客하고 客이 敬主人則先拜主人이니라

제99장

99// 主人이 不問이어든 客이 不先擧니라

주인이 묻지 않으면 손이 먼저 말하지 않는다.

| 풀이 | 손은 외부에서 찾아온 사람이다. 주인이 묻기 전에 먼저 말을 꺼내는 것은 실례가 된다. "매사에 주인이 하는 것을 보라〔每事看主人〕."는 말이 있다. 남의 집에 손으로 간 사람은 주인의 의사를 존중하고 몸가짐을 삼가야 한다.

이상은 벗 사이의 교제하는 도리를 밝힌 것이다〔右는 明朋友之交이니라〕.

6. 통론(通論)

제100장

100// 孔子曰 君子之事親이 孝故로 忠可移於君이오 事兄이 弟故로 順可移於長이오 居家理故로 治可移於官이니 是以로 行成於內而名立於後世矣니라

공자가 말하기를, "군자는 어버이 섬기는 것을 효도로 하는 까닭에 그것을 옮겨서 임금에게 충성하고, 형 섬기는 것을 공경으로 하는 까닭에 그것을 옮겨서 어른에게 공순(恭順)하며, 집에 있어서는 집을 잘 정제(整齊)하는 까닭에 그것을 옮겨서 관청 일을 수행한다. 이로써 행실이 안에서 이루어져 이름이 후세에 남는다." 하였다.

| 풀이 | 어버이를 섬기는 도리를 옮겨서 임금을 섬기게

되니, 어버이에게 효도하는 자는 임금에게도 충성한다. 그렇기 때문에 충신은 효자의 집에서 구하라는 말이 있다. 형을 공경하는 자는 자연히 어른에게도 공순하게 마련이다. 집을 잘 다스리는 자는 그것을 옮겨서 맡은 바 관청 일도 잘 수행하게 된다. 어버이에게 효도하는 것, 형을 공경하는 것, 집을 정제하는 것이 모두 한 가정 내부의 일에 속하지만, 그것이 모든 도리의 근본이 되어서 큰 공업(功業)을 이루어 이름을 길이 후세에 전하게 된다. 집을 잘 정제하는 것도 효제(孝弟)의 도리를 다함으로써 이루어지는 것이다. "효제는 인(仁)의 근본이다〔孝弟其爲仁之本歟〕."는 말이 있는데, 우리는 이 말을 깊이 명심해야 한다.

제101장

천자(天子)에게 간쟁(諫爭)하는 신하 일곱 사람만 있으면 비록 무도(無道)하더라도 천하를 잃지 않으며, 제후(諸侯)에게 간쟁하는 신하 다섯 사람만 있으면 비록 무도하더라도 그 나라를 잃지 않으며, 대부(大夫)에게 간쟁하는 가신(家臣) 세 사람만 있으면 비록 무도하더라도 그 집을 잃지 않는다. 선비에게 바른말로 충고해 주는 벗이 있으면 명예(名譽)가 그의 몸에서 떠나지 않으며, 아버지에게 간쟁하는 아들이 있으면 아버지의 몸이 불의(不義)에 빠지지 않는다.

그런 까닭에 의롭지 않은 일을 당하면 아들이 아버지에게 간(諫)하지 않을 수 없으며, 신하가 임금에게 간하지 않

101// 天子有爭臣七人이면 雖無道나 不失其天下하고 諸侯有爭臣五人이면 雖無道나 不失其國하고 大夫有爭臣三人이면 雖無道나 不室其家하고 士有爭友則身不離於令名하고 父有爭子則身不陷於不義니라 故로 當不義則子不可以弗爭於父며 臣不可以弗爭於君이니라

쟁신(爭臣) : 쟁은 간(諫)하는 것이니, 간하는 신하.

쟁우(爭友) : 잘못을 충고해 주는 벗.
영명(令名) : 좋은 명성, 명예(名譽).

을 수 없다.

| 풀이 | 임금에게는 잘못을 간하는 신하가 있어야 하고, 아버지에게는 잘못을 간하는 아들이 있어야 하며, 사람에게는 잘못을 충고해 주는 벗이 있어야 한다. 그래야만 바른길을 갈 수 있고, 성공과 번영을 기대할 수 있다. 옛날에는 신하된 자가 죽음을 무릅쓰고 임금의 잘못을 간했고, 아들이 울부짖으며 뒤를 따라다니면서 부모의 잘못을 간했다. 그리고 벗의 잘못이 있어도 내게 잘못이 있는 것처럼 안타까워하고 간곡하게 충고했다. 그래서 군신·부자·벗의 사이가 의리로 맺어졌다.

그러나 오늘날에는 그 잘못을 도리어 합리화시켜서 아부하며 내게 유리(有利)하도록 유도하는 경향이 있다. 이같이 의리를 망각한 이기적인 그릇된 사고 방식은 반드시 시정(是正)되어야 한다. 그렇지 않으면 사회는 극도로 혼란에 빠지게 될 것이다.

제102장

102// 禮記에 曰 事親하되 有隱而無犯하며 左右就養이 無方하며 服勤至死하며 致喪三年이니라 事君하되 有犯而無隱하며 左右就養이 有方하며 服勤至死하며 方喪三年이니라 事師하되 無犯無隱

〈예기〉에 말하기를, "어버이를 섬기는 데는 어버이의 허물을 덮어 숨기는 일은 있으나 범안(犯顔)하여 간쟁(諫爭)하지 않으며, 좌우로 가까이 나아가 봉양하되 일정한 방위가 없으며, 어버이를 위하여 힘드는 일을 부지런히 하여 쉬지 않으며, 어버이가 돌아가시면 3년 동안 복상(服喪)을 극진히 한다.

임금을 섬기는 데는 범안하여 간쟁하는 일은 있으나 임금의 허물을 덮어 숨기는 일은 없어야 한다. 좌우로 나아가 받들어 섬기되 일정한 방위가 있다. 임금을 위하여 힘드는 일에 복무(服務)하여 쉬지 않으며, 임금이 돌아가시면 어버이의 상(喪)에 비방(比方)하게 3년 동안 복상한다.

스승을 섬기는 데는 범안하여 간쟁하는 일도 없고 허물을 덮어 숨기는 일도 없어야 한다. 좌우로 가까이 나아가 봉양하되 일정한 방위가 없다. 스승을 위하여 쉬지 않고 힘드는 일에 종사하며, 스승이 돌아가시면 마음으로 3년 동안 복상한다." 하였다.

| 풀이 | 이 글에서는 어버이를 섬기는 도리, 임금을 섬기는 도리, 스승을 섬기는 도리를 논했다. 어버이와 아들 사이에는 은애(恩愛)를 소중히 여기니 어버이의 허물을 드러내어 극간(極諫)하는 것을 피하여 은애를 손상하는 일이 없도록 해야 한다.

그러나 임금으로 하여금 정치를 그릇치는 일이 없도록 보좌(輔佐)하는 것이 신하의 도리이니, 임금의 허물은 극간을 해서라도 반드시 바로잡아야 한다. 덮어 숨기는 것은 임금을 해치는 불충(不忠)이 된다.

또한 스승된 자는 혹 허물이 있더라도 스스로 반성하여 고칠 것이니 덮어 숨기거나 간쟁할 것이 없다. 어버이나 스승을 봉양하는 것은 좌우로 가까이 나아가 하면 되는 것이므로 일정한 방위가 있을 것이 없지만, 임금을 섬기

하며 左右就養이 無方하며 服勤至死하며 心喪三年이니라

은(隱) : 허물을 덮어 숨기는 것.
범(犯) : 범안(犯顔)하여 간쟁하는 것.
좌우취양(左右就養) : 좌우로 가까이 나아가 봉양하는 것.
무방(無方) : 일정한 방위가 없는 것.
복근(服勤) : 힘드는 일에 종사하는 것.
치상(致喪) : 복상을 극진히 하는 것.
방상(方喪) : 방은 비방(比方)이니, 어버이와 비방하게 3년 동안 복상하는 것.
심상(心喪) : 복제(服制)가 없어서 비록 상복(喪服)을 입지는 않지만 마음으로 3년 동안 복상하는 것.

는 것은 각기 맡은 바 직책이 있으므로 정해진 방위가 있게 마련이다. 어버이와 임금은 꼭 같이 3년상을 입고, 스승에 대한 복제(服制)는 없으니 마음으로 3년 동안 복상하면 된다.

제103장

난공자(欒共子)가 말하기를, "백성은 세 군데에서 생명을 받으니 그 셋을 섬기기를 동일하게 해야 한다. 아버지가 낳으시고, 스승이 가르쳐주시고, 임금이 길러주신다. 아버지가 아니면 몸이 생겨나지 못하고, 길러주지 않으면 성장하지 못하고, 가르쳐주지 않으면 도리를 알지 못하는 것이다. 이 셋은 사람에게 살아가도록 하는 공덕이 서로 비슷하다. 그런 까닭에 동일하게 섬겨야 하니, 오직 아버지를 섬김에 있어서는 아버지에게, 임금을 섬김에 있어서는 임금에게, 스승을 섬김에 있어서는 스승에게 모두 있는 힘을 다해야 한다.

생명의 은혜는 죽음으로써 보답하고, 그밖에 내게 줌(賜)이 있는 이에게는 힘으로써 보답해야 한다." 하였다.

| 풀이 | 아버지는 나를 낳아주고, 스승은 나를 가르쳐주고, 임금은 나를 보호하여 길러주었다고 하여 이 셋을 생명의 은인으로 보았다. 그래서 있는 힘을 다하여 섬길 것을 강조했다. 앞의 글에서 이미 아버지·스승·임금을 섬기는 도리에 대하여 언급했다. "임금과 스승과 아버지가

103// 欒共子曰 民生於三이라 事之如一이니 父生之하시고 師敎之하시고 君이 食之하시나니 非父면 不生이요 非食면 不長이요 非敎면 不知니 生之族也라 故로 一事之하여 唯其所在에 則致死焉이니라 報生以死하며 報賜以力이 人之道也니라

난공지(欒共子) : 이름은 성(成), 진(晋)나라의 대부(大夫). 공자는 시호(諡號).
사지여일(事之如一) : 아버지와 임금과 스승을 동일하게 섬겨야 한다는 말.
군사지(君食之) : 임금은 한 나라의 통치자로서 백성의 생활을 보호하여 길러준다는 뜻.
생지족야(生之族也) : 나를 살게 해 주는 것이 같다는 말임.
유기소재(唯其所在) : 오직 그 섬기는 것에 대하여.

꼭 같다〔君師父一體〕."는 말을 우리는 흔히 들어 왔다. 항상 은혜에 감사하는 마음을 가지고 성의를 다하여 섬겨야 할 것이다. 지금은 비록 민주 제도가 되어서 군주를 논할 수는 없지만 나라의 은혜에 감사하고 나라에 보답할 줄 알아야겠다.

보사이력(報賜以力) : 생명 이외의 다른 것을 내게 준 이에게는 힘을 다하여 그 공에 보답함.

제104장

안자(晏子)가 말하기를, "임금이 명령하면 신하는 공손하게 받들며, 아버지는 자애하고 아들은 효도하며, 형은 사랑하고 아우는 공경하며, 남편은 온화하고 아내는 유순하며, 시어머니는 자애하고 며느리는 순종하는 것이 예법이다.

임금은 명령을 내리되 그 명령이 도리에 어긋나지 않고, 신하는 공손하게 명령을 받들되 충성을 다할 뿐 다른 마음이 없으며, 아버지는 자애하되 아들을 가르치고, 아들은 효도하되 아버지의 허물을 간(諫)하며, 형은 아우를 사랑하되 선으로 인도하고, 아우는 형을 공경하되 화순(和順)하며, 남편은 즐겁게 아내를 대하되 옳은 길로 이끌고, 아내는 유순하되 바른 도리로 남편을 섬기며, 시어머니는 자애하되 며느리의 뜻을 존중하고, 며느리는 시어머니 말에 따르되 온화하고 즐거운 태도를 가지는 것이 아름다운 예법이다." 하였다.

104// 晏子曰 君令臣共하며 父慈子孝하며 兄愛弟敬하며 夫和妻柔하며 姑慈婦德이 禮也니라 君令而不違하며 臣共而不貳하며 父慈而教하며 子孝而箴하며 兄愛而友하며 弟敬而順하며 夫和而義하며 妻柔而正하며 姑慈而從하며 婦聽而婉이 禮之善物也니라

공(共) : 공(恭)과 통함. 공손한 것.
불위(不違) : 도리에 어긋나지 않는 것.
불이(不貳) : 두 가지 마음을 가지지 않는 것. 오직 충성한다는 뜻.
잠(箴) : 허물을 고치도록 간하는 것.
우(友) : 선의 길로 권면하는 것. 잘못이 있으면 충고

| 풀이 | 임금이 내리는 명령은 반드시 도리에 어긋나지

하여 함께 선의 길을 가는 것이 벗의 도리임.
종(從) : 따르는 것. 여기서는 며느리의 의사를 존중하는 것.
선물(善物) : 지극히 착한 것. 아름다운 것.

말아야 한다. 그래야만 사람들이 마음으로 복종하여 명령이 행해지는 것이다. 신하는 공경하는 마음으로 임금을 섬기되 반드시 성실을 다할 뿐, 다른 뜻을 가져서는 안 된다.

아버지가 아들을 사랑하기만 하고 가르치지 않으면 아들은 아는 것이 없어서 사회에 진출할 수 없다. 아들이 부모에게 효도할 줄만 알고 부모의 허물을 간하지 않는다면 그 부모는 불의(不義)에 빠지기 쉬운 것이다. 형은 아우를 사랑하면서도 반드시 선의 길로 인도하는 벗의 도리를 다해야 한다. 그렇기 때문에 우애라는 말이 생긴 것이다. 아우는 형을 공경하면서도 화순(和順)하여 형제간의 정의(情誼)를 더욱 두텁게 해야 한다.

남편은 아내와 즐겁게 지내야 하지만 반드시 옳은 길로 이끌어야 하며, 아내는 남편에게 유순하게 대하지만 바른 도리로써 섬겨야 한다. 시어머니는 며느리를 사랑하고 또 그 의사를 존중해야 하며, 며느리는 시어머니의 말에 순종하고 또 항상 즐거운 모습으로 그 마음을 기쁘게 해 드려야 한다. 이상 열 가지는 인간의 도리에 있어서 가장 절실한 것들이다.

제105장

증자가 말하기를, "어버이가 기뻐하지 않으면 감히 외부인과 사귀지 못하며, 친근한 사람이 친해지지 않으면 감히 소원(疏遠)한 자와 친하기를 구하지 못하며, 작은 일을 행하지 못하면 감히 큰 일을 말하지 못한다.

105// 曾子曰 親戚이 不說이어든 不敢外交하며 近者不親이어든 不敢求遠하며 小者를 不審이어든 不敢言大니라 故로 人之生也에 百

사람이 사는 100년 중에는 병드는 때도 있고, 늙은 시절, 어린 시절도 있다. 그런 까닭에 군자는 다시 못하게 될 것을 생각하여 제때에 서둘러 실천해야 한다. 어버이가 이미 돌아가셨으면 비록 효도하고자 하나 누구를 위하여 효도할 것이며, 나이 이미 늙었으면 비록 공경하고자 하나 누구를 위하여 공경할 것인가. 부모에게 효도하고자 하나 때가 이미 늦었고, 형을 공경하고자 하나 때가 이미 지나갔다는 말이 있는데, 이것을 두고 말한 것이 아니냐." 하였다.

歲之中에 有疾病焉하며 有老幼焉하니 故로 君子思其不可復者而先施焉하나니 親戚이 旣沒이면 雖欲孝나 誰爲孝며 年旣耆艾면 雖欲悌나 誰爲悌리오 故로 孝有不及하며 悌有不時라 하니 其此之謂歟인저

| 풀이 | 인간의 모든 일은 가까운 데부터 먼 데 이르고, 작은 것부터 시작하여 큰 것에 이르는 것이 순서이다. 자기의 부형도 섬겨서 기쁘게 만들지 못하면서 다른 사람과 사귈 수는 없다. 자기의 가까운 친척과도 친애하지 못하면서 소원한 사람과 친애할 수는 없다. 자기의 집안도 이끌어나가지 못하는 자가 한 나라를 다스릴 수는 더욱 없는 것이다.

인생이 100년이라고 하지만 6, 70년을 살면 오래 산 것이다. 그 동안에 병든 날과 늙고 어린 시절을 빼면 인간의 도리를 다할 수 있는 시간은 얼마 되지 않는다. 부모가 살아 계실 때 힘을 다하여 봉양(奉養)하고, 형이 살아 있을 때 우애를 다하여 공경하고 뉘우침이 없도록 해야 한다.

이 글에서는 인간의 모든 도리가 부형(父兄)을 섬기는 데부터 시작되는 것임을 강조했다. 염두에 두어서 도리에

친척(親戚) : 여기서는 어버이를 말함.
열(說) : 열(悅)과 통하여 기뻐하는 것임.
사기불가복(思其不可復) : 다시 못하게 될 것을 생각하는 것. 부모가 돌아가시면 다시 효도하고 싶어도 할 수 없고, 형이 죽으면 형을 공경하고 싶어도 할 수 없음.
선시(先施) : 서둘러 실천하는 것.
기(耆) : 60세 된 사람.
애(艾) : 50세 된 사람.

어긋나는 일이 없도록 해야겠다.

제106장
　벼슬살이하는 것은 벼슬이 뜻대로 이루어지는 데서 게을리하게 되고, 병은 조금 낫는 데서 더치고, 재앙은 게으른 데서 생기고, 효도는 처자 때문에 쇠하게 된다. 이 네 가지를 살펴서 마침(終)을 신중히 하기를 처음 시작할 때처럼 해야 한다. 〈시경(詩經)〉에 말하기를, "시작은 있으나 능히 마침이 있기 드물구나." 하였다.

| 풀이 | 낮은 벼슬자리에 있을 때는 일을 부지런히 하다가도 자기가 생각했던 높은 지위에 오르게 되면 일을 게을리한다. 처음 병들었을 때는 두려워하여 섭양(攝養)에 힘을 기울이다가도 조금 차도가 있으면 방심하게 되니 병이 악화된다. 일에 당하여 그 일을 게을리하면 그 소홀한 틈을 타서 재앙이 닥치게 된다. 처자를 사랑하여 몰두하면 부모 봉양을 등한히 하게 된다.
　이같은 폐단들은 모두 처음에 시작은 잘하지만 끝맺음을 잘하지 못하는 데서 생기는 것이다. 시작만 있고 끝이 없는 것이 인간의 공통된 병폐(病弊)이니, 우리는 분발하여 처음과 끝이 한결같은 유종(有終)의 미를 거두기에 힘써야 한다.

106// 官怠於宦成하며 病加於小愈하며 禍生於懈惰하며 孝衰於妻子하나니 察此四者하여 愼終如始니 詩曰 靡不有初나 鮮克有終이라 하니라

환성(宦成) : 벼슬이 뜻대로 얻어지는 것.
시(詩) : 〈시경〉 대아(大雅)편의 탕(蕩)을 말함.
선(鮮) : 드문 것.
극(克) : 능히.

제107장

순자(荀子)가 말하기를, "사람에게 세 가지 상서롭지 못한 것이 있다. 나이 어리면서 어른 섬기기를 좋아하지 않는 것, 신분이 미천(微賤)하면서 존귀한 이 섬기기를 좋아하지 않는 것, 어질지 못하면서 어진 이 섬기기를 좋아하지 않는 것, 이것이 사람의 세 가지 상서롭지 못한 것이다." 하였다.

| 풀이 | 나이 어린 사람이 어른을 섬기고, 신분이 미천한 사람이 존귀한 이를 섬기고, 현명치 못한 자가 현명한 이를 섬기는 것은 사람이 마땅히 해야 할 도리이다. 이같은 도리에 역행(逆行)한다면 큰 재앙이 몸에 이르기 마련이다. 그렇기 때문에 "세 가지 상서롭지 못한 것〔三不祥〕."으로 표현했다.

107// 荀子曰 人有三不祥하니 幼而不肯事長하며 賤而不肯事貴하며 不肖而不肯事賢이 是人之三不祥也니라

순자(荀子) : 이름은 황(況), 전국시대(戰國時代)의 조(趙)나라 사람. 성악설(性惡說)을 주장했음.
불상(不祥) : 상서롭지 못한 것. 재앙의 동기가 되는 것.

제108장

무용(無用)한 변론이나 급하지 않은 일들은 버려두어서 아랑곳하지 말아야 한다. 그러나 군신의 의리, 부자의 친애, 부부의 분별 같은 것은 날로 강구하여 버려두지 말아야 한다.

| 풀이 | 쓸데없는 변론이나 급하지 않은 일을 추진하는 것은 무익할 뿐만 아니라 도리어 마음을 해치게 되니 관심을 두지 말아야 한다. 그러나 군신의 의리, 부자의 친

108// 無用之辯과 不急之察은 棄而不治니 若夫君臣之義와 父子之親과 夫婦之別은 則日切磋而不舍也니라

불급지찰(不急之察) : 찰은 관찰이니, 긴급하지 않은 일에 대한 관찰.
절차(切磋) : 끊고, 가는 것. 절차탁마(切磋琢磨)라는 말

이 있는데, 끊고, 갈고, 쪼고, 닦아서 옥돌을 아름다운 구슬로 만드는 과정을 말함. 여기서는 윤리 도덕을 끊임없이 강마(講磨)하여 인격을 도야하는 것을 뜻함.

애, 부부의 분별 같은 윤리 도덕에 관한 일들은 쉬지 않고 강마(講磨)하여 인간의 도리를 다하도록 힘써야 한다. 윤리 도덕의 중요성을 강조했다.

 이상은 통론(通論)이다〔右는 通論이니라〕.

제3편 경신(敬身)

이 편에서는 몸가짐을 공경히 하는 것을 가르치고 있다. 심술(心術)·위의(威儀)·의복·음식의 네 가지로 구분했으며, 모두 46장으로 되어 있다.

공자가 말하기를, "군자는 공경하지 않는 것이 없으나 몸을 공경하는 것을 가장 중대하게 여긴다. 내 몸은 어버이 몸의 가지와 같은 것이니 감히 공경하지 않을 수 있으랴. 그 몸을 공경하지 않는다면 이는 그 어버이의 몸을 손상하는 것이며, 그 어버이를 손상한다면 이는 근본을 손상하는 것이다. 근본이 상한다면 가지는 따라서 망하게 된다." 하였다. 성현의 법도 있는 말을 우러러 사모하여 이 편을 기술하고 어린 선비들을 가르친다.

孔子曰 君子無不敬也나 敬身이 爲大하니라 身也者는 親之枝也니 敢敬與아 不能敬其身이면 是는 傷其親이요 傷其親이면 是는 傷其本이니 傷其本이면 枝從不而亡이라 하시니 仰聖模하며 景賢範하여 述此篇하여 以訓蒙士하노라

| 풀이 | 사람은 공경하는 마음으로 사물에 대처해야 한다. 그 중에서도 가장 공경해야 할 것은 자기 몸이다. 몸은 부모가 준 것이니, 비유를 들어 말한다면 나무에 가지가 있는 것과 같다. 몸을 공경하는 것이 곧 부모를 공경하는 것이고, 몸을 공경하지 않는 것은 곧 부모를 공경하지

앙성모(仰聖模) : 성인(聖人)의 법을 우러러봄.
경현범(景賢範) : 경은 사모의 뜻이니, 즉 어진 사람의 규범을 사모하는 것.

않는 것이다. 부모를 공경하지 않는 것은 곧 몸의 근본을 손상하는 행위로서 재앙을 가져오게 된다.

　몸을 공경하는 도리는 두 가지가 있다. 하나는 육체를 소중히 간직하여 손상하는 일이 없도록 하는 것이고, 하나는 몸가짐을 바르게 하여 몸을 욕되게 하지 않는 것이다. 몸가짐이 바르지 않아서 몸에 욕이 돌아온다면 부모의 명예까지 손상하게 된다. 사람은 반드시 이 두 가지 도리를 지켜서 자신의 삶을 복되게 하고 부모의 은혜에 보답해야 한다. 이 글에서는 공자의 말을 인용하여 몸을 공경할 것을 강조하고, 옛 성현의 교훈을 기술하여 이 편을 만드는 취지를 밝혔다.

1. 심술지요(心術之要)

제1장

1// 丹書에 曰 敬勝怠者는 吉하고 怠勝敬者는 滅하며 義勝欲者는 從하고 欲勝義者는 凶하니라

〈단서(丹書)〉에 말하기를, "공경히 하는 마음이 게으른 마음을 이기는 자는 길하고, 게으른 마음이 공경히 하는 마음을 이기는 자는 멸망한다. 의리의 마음이 욕심을 이기는 자는 순조롭고, 욕심이 의리의 마음을 이기는 자는 흉하다." 하였다.

단서(丹書) : 대대례(大戴禮)의 무왕천조편(武王踐阼篇)에 주 무왕(周武王)이 전

| 풀이 | 매사에 두려워하고 근신하는 사람은 성공하지만 태만한 자는 실패한다. 올바른 생각을 가지고 바른길을

간다면 일이 순조롭지만 욕심에 가려져서 나쁜 짓을 일삼으면 재앙이 닥친다. 대체로 게으른 사람이 잘 사는 것은 보기가 힘들다. 불의를 행하다가 패가망신하는 것은 흔히 볼 수 있다. 혹 불의의 짓을 하여 잘 사는 사람도 있지만 그 마음은 늘 불안하게 마련이다. 우리는 일에 신중하고 바르게 산다는 신념을 가져야 한다.

제2장

〈곡례(曲禮)〉에 말하기를, "공경하지 않는 것이 없으며, 단정하고 엄숙해서 무엇을 생각하는 것 같으며, 말하는 것이 안정되어 있다면 백성을 편안하게 할 수 있을 것이다.

오만한 마음을 다하게 해서는 안 되며, 욕심을 방종하게 해서는 안 된다. 뜻을 가득 차게 해서는 안 되며, 즐거움을 극도로 누려서는 안 된다.

현명한 사람은 친밀하나 공경하며, 두려워하나 사랑하며, 사랑하나 그 악한 것을 알며, 미워하나 그 선한 것을 알며, 축적(蓄積)해서는 흩을 줄 알며, 편안한 것을 편안하게 여기지만 옮겨야 할 때는 옮길 줄 안다.

재물에 임하여 구차하게 얻으려고 하지 말며, 환난에 당하여 구차하게 모면하려고 하지 말며, 싸워서 이기려고 하지 말며, 남과 물건을 나누어서 많이 가지려고 하지 말라.

의심나는 일을 자신이 바로잡아서 결정하지 말며, 자기의 의견을 정직하게 말할 뿐, 고집하여 강요하지 말라." 하였다.

욱(頊)의 도(道)를 묻는 말에, 여상(呂尙)의 〈단서(丹書)〉에 있다고 인용한 서적의 이름인데 붉은 새가 물고 온 책이라고 전함.

2// 曲禮에 曰 毋不敬하여 儼若思하며 安定辭하면 安民哉저 敖不可長이며 欲不可從이며 志不可滿이며 樂不可極이니라 賢者는 狎而敬之하고 畏而愛之하며 愛而知其惡하고 憎而知其善하며 積而能散하며 安安而能遷하나니라 臨財毋苟得하며 臨難毋苟免하며 狠毋求勝하며 分毋求多하니 疑事를 毋質하여 直而勿有니라

무불경(毋不敬) : 내 심신(心身)을 비롯해서 모든 사물에 대하여 공경하는 마음으로 대처하는 것. 예(禮)는 공경하는 것을 근본으로 한다.
엄약사(儼若思) : 용모가 단정하고도 엄숙하여 무엇을

생각하고 있는 것 같은 것임.

안정사(安定辭) : 말이 침착하고 안정되어 있어서 믿음성이 있는 것.

오불가장(傲不可長) : 오는 오만, 장은 자라나는 것이니, 오만한 마음이 자라나게 해서는 안 된다는 뜻임.

욕불가종(欲不可從) : 욕은 욕심, 종은 따라가는 것. 즉 욕심나는 대로 함부로 행동해서는 안 된다는 뜻임. 물도 가득 차면 넘치고 달도 차면 기운다.

낙불가극(樂不可極) : 즐거움이 극도에 이르도록 해서는 안 된다는 뜻임. 흥이 다 하면 슬픔이 온다는 말이 있음.

압이경지(狎而敬之) : 압은 친밀한 것이니, 벗 사이에는 친밀하게 지내지만 서로 공경해야 함.

외이애지(畏而愛之) : 남을 두려워하더라도 사랑하는 마음을 가져야 한다는 말.

적이능산(積而能散) : 축적된 부(富)를 유용하게 쓸 줄 알아야 한다는 것임.

안안이능천(安安而能遷) : 안안은 편안한 것을 편안하게 여기는 것이므로, 편안한 것을 편안히 여기지만, 의리상 그것을 포기해야 할 경우에 도달했을 때는 편안한 걸 버리고 위난(危難)으로 옮겨 갈 수 있음을 말함.

| 풀이 | 공경하는 것은 예(禮)의 근본이다. 내 심신(心身)을 비롯하여 남을 공경하고, 모든 사물을 공경히 하는 마음으로 대처한다면 모든 일이 절로 도리에 맞게 된다. 그렇기 때문에 사람은 몸가짐이나 세상살이에 있어, 잠시도 공경하는 마음을 버려서는 안 된다. 오만이란 공경과는 정반대되는 것이니, 남을 업신여기고 거만한 생각이 마음 속에서 싹트는 것을 엄격하게 막아야 한다. 사욕(私欲)은 이를 극복해야 한다. 개인의 영달을 구하는 욕망에 불붙는다면 불의의 행동을 하게 되어서 인간의 도리에서 벗어나게 되고 잘못하면 큰 재앙이 몸에 이르게 된다.

그리고 영만(盈滿), 예를 들어서 부귀·영화가 극도에 이르는 것도 삼가야 한다. 모든 일이 그 절정(絶頂)에 이르면 내리막길이 있기 마련이다. 재물을 구차하게 얻으려고 들면 비굴한 행동을 하게 되어서 처신(處身)을 잃는다. 그리고 재물이란 억지로 얻어지는 것도 아니다. 환난에 처하여 구차하게 살아나려고 하는 것도 당당한 태도가 아니다.

예를 들어서 임진왜란이 일어났을 때 이충무공(李忠武公)은 장렬하게 순국(殉國)해서 그 이름이 천추(千秋)에 빛나지만, 원균(元均)은 비굴하게 패사(敗死)하여 사람들이 침뱉고 욕을 한다. 의심나는 일은 식견이 있는 사람을 찾아서 묻고 또 문헌(文獻)을 찾아 상고하여 해결해야 한다. 또 무슨 일이든 자기 의견을 정직하게 개진(開陳)하는 것은 좋지만, 자기 의견이 옳다고 고집하고 강요하는 것은 옳지 않다. 반드시 겸손하여 남의 말을 받아들이는 아량이 있어야 한다. 다시 말하거니와 앞에서 말한 공경하는 마음을 가진다면 모든 문제는 저절로 해결될 것이다.

제3장

공자가 말하기를, "예에 맞는 것이 아니면 보지 말며, 듣지 말며, 말하지 말며, 행동하지 말라." 하였다.

3// 孔子曰 非禮勿視하며 非禮勿聽하며 非禮勿言하며 非禮勿動이니라

| 풀이 | 예법에 어긋나는 행동은 사욕(私欲)에서 나오는 것이다. 예법에 맞는 것이 아니면 보지도 않고 듣지도 않으며, 말하지도 않고 행동하지도 않는 것은 사욕의 싹틈을 방지하고 사욕을 극복하여 예법으로 돌아가게 하는 가장 현명한 방법이 된다. 예라는 것은 인간의 행동 강령(行動綱領)이니 곧 인간의 바른 도리가 된다. 이 네 가지는 공자가 그의 제자 안연(顔淵)의 물음에 답한 것으로서, 사욕을 극복하여 예에 돌아가는〔克己復禮〕 방법론이다.

제4장

집의 문을 나가서는 귀한 손님을 대하듯이 하고, 백성을 부림은 큰 제사를 받들듯이 하며, 내가 원하지 않는 것은 남에게도 시키지 말라.

4// 出門如見大賓하며 使民如承大祭하고 己所不欲을 勿施於人이니라

| 풀이 | 귀한 손님을 대할 때는 공손한 태도로 상대방을 공경한다. 종묘(宗廟)의 제향(祭享) 같은 것은 더욱 경건한

마음 가짐으로 한다. 집을 나가서는 귀한 손님을 대하듯이 하라는 것은 허세(虛勢)를 조심하여 공경히 하라는 것이고, 백성 부리기를 큰 제사 받들듯이 하라는 것은 일을 공경히 하라는 것이다. 내가 원치 않는 것을 남에게도 시키지 말라는 것은 인애(仁愛)의 마음이며 또한 남을 공경하는 것이다.

제5장

기거 동작(起居動作)을 공손하게 하며, 일의 처리는 공경히 하며, 남과의 사귐을 성실하게 하는 것은 비록 오랑캐 땅에 가더라도 버려서는 안 된다.

5// 居處恭하며 執事敬하며 與人忠을 雖之夷狄이라도 不可棄也니라

거처(居處) : 기거 동작.
집사(執事) : 일을 집행하는 것.
이적(夷狄) : 이는 동쪽 오랑캐, 적은 북쪽 오랑캐이니, 총칭하여 오랑캐. 오랑캐는 미개한 민족을 뜻함.

| 풀이 | 이 글에서는 몸가짐을 공손하게 하고, 일 처리는 공경히 하며, 남과 사귀거나 일을 함께 할 때는 성실하게 할 것을 강조했다.

제6장

말이 성실하고 믿음이 있으며 행실이 독실하고 공손하다면 비록 오랑캐 나라에서도 다닐 수 있지만, 말이 성실하지 못하고 믿음이 없으며 행실이 독실하지 못하고 공손하지 못하다면 비록 내 고장 마을에서인들 다닐 수 있으랴.

6// 言忠信하며 行篤敬이면 雖蠻貊之邦이라도 行矣어니와 言不忠信하며 行不篤敬이면 雖州里나 行乎哉아

만맥(蠻貊) : 만은 남쪽 오랑캐, 맥은 북쪽 오랑캐의 일부.

| 풀이 | 사람이 처세하는 데는 몸가짐을 잘해야 한다. 말이 성실해서 신의(信義)가 있고 행실이 독실하다면, 이 세

상 어디를 가도 환영을 받고 협조를 얻어서 잘 살 수 있다. 그렇지 못하다면 비록 자기의 고향 동네라고 하더라도 소외당하니 섞여 살기 어렵다. 이 말을 우리는 마음속에 길이 새겨야 할 것이다.

주리(州里) : 주는 2500가구, 이는 25가구의 집단을 말함. 여기서는 내 고장의 마을로 해석됨.

제7장

군자는 아홉 가지 생각하는 것이 있으니, 보는 것은 밝게 보기를 생각하며, 듣는 것은 밝게 듣기를 생각하며, 얼굴빛은 온화하게 하기를 생각하며, 용모는 공손하게 가지기를 생각하며, 말은 성실하기를 생각하며, 일을 처리하는 것은 공경히 하기를 생각하며, 의심나는 것은 묻기를 생각하며, 성날 때는 장차 닥치게 될 어려움을 생각하며, 얻는 것이 있을 때는 그것이 의로운 것인가를 생각한다.

7// 君子有九思하니 視思明하며 聽思聰하며 色思溫하며 貌思恭하며 言思忠하며 事思敬하며 疑思問하며 忿思難하며 見得思義니라

┃풀이┃ 마음속에 사심(私心)이 없어야만 사물을 밝게 볼 수 있고 남의 말을 밝게 들을 수 있다. 얼굴빛은 항상 봄바람이 일듯 온화하게 해야 하고 용모는 공손하게 가져야 한다. 말은 성실하여 신의(信義)가 있어야 하고, 일을 처리함에 있어서는 지극히 신중히 하여 실수가 없도록 해야 한다. 의문이 있을 때는 반드시 아는 사람을 찾아서 묻고 해결하도록 한다.

크고 작은 일을 막론하고 화가 치민다고 해서 앞뒤를 생각지 않고 무작정 덤비는 것은 금물이다. 먼저 앞으로 닥치게 될 어려움을 생각하고 신중을 기하여 올바른 처신

을 해야 할 것이다. 참는 것이 잘한 것이 될 때가 많다. 이득(利得)이 있을 때는 반드시 그것이 옳게 얻는 것인지, 아닌지를 생각해야 한다. 재물에 눈이 어두워서 생각도 없이 받았다가 불행을 초래하는 일이 허다하기 때문이다.

제8장

증자가 말하기를, "군자가 소중히 여겨야 할 도리가 세 가지 있다. 용모를 움직일 때는 포악하고 거만한 태도는 멀리해야 하며, 얼굴빛을 바르게 할 때는 신실(信實)에 가깝게 해야 하며, 사기(辭氣)는 비루하고 도리에 어긋나는 것이 없도록 해야 한다." 하였다.

8// 曾子曰 君子所貴乎道者三이니 動容貌에 斯遠暴慢矣며 正顔色에 斯近信矣며 出辭氣에 斯遠鄙倍矣니라

귀(貴) : 소중히 여김.
동용모(動容貌) : 모습을 움직여서 자신의 표정을 나타냄.
포만(暴慢) : 포악하고 거만함.
사근신(斯近信) : 신실(信實)에 가깝게 함.
사기(辭氣) : 말과 성기(聲氣).
비패(鄙倍) : 패는 배(背)와 같아서 도리에 어긋나는 것, 즉 비루하고 도리에 어긋남.

| 풀이 | 이 글에서는 사람을 대할 때의 세 가지 도리를 논했다. 용모는 화평하게 해서 남이 나와 친근할 수 있도록 해야 한다. 포악하거나 거만한 모습은 금물이다. 얼굴빛은 성실하여 믿음성 있게 해야 한다. 밀은 교양이 있어야 하고 말씨는 겸손해야 한다. 말이 천박(淺薄)하면 비루하고, 너무 고원(高遠)하면 사리(事理)에 어긋난다.

제9장

〈곡례(曲禮)〉에 말하기를, "예(禮)는 절도를 넘지 말아야 하며, 업신여기거나 침해하지 말아야 하며, 친압(親狎)하기를 좋아하지 말아야 한다. 몸을 닦고 말을 실천하는 것을 착한 행실이라고 한다." 하였다.

9// 曲禮에 曰 禮는 不踰節하며 不侵侮하며 不好狎이니 修身踐言을 謂之善行이니라

| 풀이 | "지나치게 공손한 것도 예가 아니다[過恭非禮]." 하였으니 예절도 지나치면 도리어 예절을 손상한다. 남의 분야를 침범하거나 남을 업신여기는 것은 예양(禮讓)을 망각한 행동이다.

남과 사귐에 있어서는 친밀이 정도에 지나쳐 공경하는 도리에서 벗어나서는 안 된다. 항상 몸가짐을 바르게 하고 말한 것은 반드시 실천하기에 힘써야 한다.

제10장

〈악기(樂記)〉에 말하기를, "군자는 간사한 소리와 음란한 빛을 귀와 눈에 두지 않고, 음란한 음악과 사특한 예절을 마음에 접촉하지 않으며, 태만하고 사벽(邪辟)한 기운을 몸에 지니지 않아서 귀·눈·코·입, 마음과 몸으로 하여금 모두 순정(順正)에 따르게 하여 그 바른 것을 행하게 한다." 하였다.

| 풀이 | 이 글에서는 외물(外物)의 유혹을 물리치고, 부정(不正)한 생각의 싹틈을 막아서 바른 도리를 행할 것을 강조했다.

제11장

공자가 말하기를, "군자가 먹는 것은 배부르기를 구하지 않고, 거처는 편안하기를 구하지 않으며, 일에 민첩하고 말을 삼가며, 유도(有道)한 이에게 나아가서 자신의 옳

유절(踰節) : 알맞는 절도를 넘는 것.
침모(侵侮) : 침은 남의 영역을 침범하는 것, 모는 남을 업신여기는 것.
천언(踐言) : 말한 것을 실천하는 것.

10// 樂記에 曰 君子姦聲亂色을 不留聰明하며 淫樂慝禮를 不接心術하며 惰慢邪辟之氣를 不設於身體하여 使耳目鼻口와 心知百體로 皆由順正하여 以行其義니라.

악기(樂記) : 〈예기〉의 편명.
총명(聰明) : 여기서의 총은 귀, 명은 눈을 뜻함.
특례(慝禮) : 사특한 예절. 바르지 않는 예의.
부접심술(不接心術) : 마음에 접촉하지 않는 것.
순정(順正) : 순리(順理)와 바른 것.

11// 孔子曰 君子食無求飽하며 居無求安하며 敏於事而慎於言이오 就有道而正焉이면 可謂好

學也니라

고 그름을 바로잡는다면 배우기를 좋아한다고 말할 수 있을 것이다." 하였다.

민어사(敏於事) : 여기서는 배우는 일에 예민한 것.
신어언(愼於言) : 여기서는 자기가 아는 것을 남에게 발표하기를 어렵게 여기는 것임.

| 풀이 | 학문에 뜻이 있는 사람은 음식이나 거처에 마음을 쓸 겨를이 없다. 항상 부족함을 느껴서 배우는 일에 힘쓰고 자기가 아는 것이라도 남에게 말하기를 어렵게 여긴다. 자기의 판단이 옳다고 인정되는 것이라도 잘 아는 사람을 찾아가 그 의견을 들어서 정확을 기하는 것이야말로 학문하는 바른 태도인 것이다.

제12장

12// 管敬仲이 曰 畏威如疾은 民之上也요 從懷如流는 民之下也요 見懷思威는 民之中也니라

관경중(管敬仲)이 말하기를, "하늘의 위엄을 두려워하기를 질병(疾病)같이 하는 자는 백성의 상등이다. 남의 회유(懷柔)에 따르기를 물흐르는 것같이 하는 자는 백성의 하등이다. 회유를 당할 때 하늘의 위엄을 생각하는 자는 백성의 중등이다." 하였다.

관경중(管敬仲) : 관중(管仲). 이름은 이오(夷吾). 춘추시대 제(齊)나라의 재상. 제 환공(齊桓公)을 도와 패업(霸業)을 이루게 했음.
위(威) : 여기서는 하늘의 위엄.
회(懷) : 회유(懷柔). 은혜로써 남을 자기에게 복종하게 만드는 것.

| 풀이 | 하늘의 위엄을 두려워하는 자는 감히 나쁜 짓을 하지 못한다. 그렇기 때문에 하늘의 위엄을 두려워하는 자는 상등 백성이다. 남이 은혜를 가지고 회유하면 그 이(利)를 탐해서 도리의 옳고 그른 것도 생각해 보지도 않고 맹종(盲從)하는 자는 하등 백성이다. 회유당할 때 하늘의 위엄을 생각해서 쉽게 따라가지 않는 자는 중등 백성이다. 과거 동양(東洋)에 있어서는 경천사상(敬天思想)이 사

람들의 머릿속에 깊이 뿌리박혀 있었고, 또 선한 자에게는 하늘이 복을 주고 악한 자에게는 재앙을 내린다는 교훈 때문에 사람들은 하늘을 두려워했던 것이다. 따라서 이같은 논리가 성립된다. 아무리 황금이 눈앞에 있더라도 옳고 그른 것을 가리는 사람이 되어야지 맹종하는 인간이 되어서는 안 된다.

이상은 마음가짐에 있어서 공경함의 중요성을 밝힌 것이다〔右는 明心術之要하니라〕.

2. 위의지칙(威儀之則)

제13장

〈관의(冠義)〉에 말하기를, "무릇 사람이 사람다운 것은 예의가 있기 때문이다. 예의의 시초는 얼굴과 몸을 바르게 하고 낯빛을 온화하게 하며, 말소리를 순하게 하는 데 있다. 얼굴과 몸이 바르고 낯빛이 온화하여 말소리가 순한 뒤에야 예의가 갖추어진다. 그렇게 함으로써 임금과 신하 사이의 도리를 바르게 하고, 아버지와 아들이 친애하며, 어른과 어린이 사이를 화순(和順)하게 만든다. 군신 사이의 도리가 바르게 되고, 아버지와 아들이 친애하며 어른과 어린이 사이가 화순하게 된 뒤에야 예의가 확립된다." 하였다.

13// 冠義에 曰 凡人之所以爲人者는 禮義也니 禮義之始는 在於正容體하며 齊顏色하며 順辭令이니 容體正하며 顏色齊하며 辭令順而後에 禮義備하나니 以正君臣하며 親父子하며 和長幼니 君臣正하며 父子親하며 長幼和而後에 禮義立이니라

관의(冠義) : 〈예기〉의 편명.
예의(禮義) : 예는 사회생활의 도덕적인 규범, 의는 일의 마땅한 도리.
제안색(齊顏色) : 낯빛을 정제(整齊)하는 것.

| 풀이 | 이 글에서는 인간이 다른 동물과 다른 것은 예의가 있기 때문이며, 예의는 얼굴과 몸을 바르게 하고, 낯빛을 온화하게 하며, 말씨를 공손하게 하여 개인적인 몸가짐에서부터 시작되는 것임을 논했다. 개인적인 몸가짐을 바르게 한 뒤에야 인간의 윤리 질서가 바로잡히고 따라서 사회생활의 규범이 확립된다고 했다.

제14장

14// 曲禮에 曰 毋側聽하며 毋噭應하며 毋淫視하며 毋怠荒하며 遊毋倨하며 立毋跛하며 坐毋箕하며 寢毋伏하며 斂髮毋髢하며 冠毋免하며 勞毋袒하며 暑毋褰裳이니라

〈곡례〉에 말하기를, "귀를 벽에 대고 엿듣지 말며, 소리를 높여서 대답하지 말며, 곁눈으로 흘겨보지 말며, 몸가짐과 동작을 게으르고 해이하게 하지 말아야 한다. 걸어 다닐 때 거만한 자세(姿勢)를 하지 말며, 설 때 몸을 한 쪽 다리에만 의지하여 기울게 서지 말며, 앉을 때 두 다리를 뻗어서 키 모양으로 앉지 말며, 잠잘 때 엎드려 눕지 말아야 한다. 머리털을 거두어 싸매고서 늘어뜨리지 말며, 관(冠)을 빗지 말며, 피로하더라도 윗옷의 소매를 걷어 어깨를 드러내지 말며, 더워도 하의를 걷어올리지 말아야 한다." 하였다.

측청(側聽) : 엿듣는 것.
교응(噭應) : 크게 소리질러 대답하는 것.
음시(淫視) : 곁눈으로 간사하게 흘겨보는 것.
태황(怠荒) : 게으르고 해이함.
유(遊) : 걸어다니는 것.
거(倨) : 거만함.
기(箕) : 여기서는 두 다리를 쭉 뻗어서 키 모양으로 앉는 것.
염발무체(斂髮毋髢) : 머리털을 거두어 싸매서 머리채

| 풀이 | 이 글에서는 일상 생활에 있어서의 바른 몸가짐을 논하고 있다. 머리털을 거두어 싸매서 길게 늘어뜨리지 말라는 것은 머리 모양을 달리하는 오늘의 시대에는 해당되지 않는다. 엎드려 자지 말라고 했는데, 지금은 서양 풍속이 흘러들어오고, 또 엎드려 재우는 것이 갓난아

이의 발육에 좋다고 하여 우리 나라에서도 어린애들을 엎드려 재우고 있다. 그리고 관을 벗지 말라고 했지만, 지금 세상에서는 모자를 벗는 것이 원칙으로 되어 있을 뿐만 아니라 쓰지도 않는 실정이다. 이런 몇 가지 일을 예외로 하고는 다른 것들은 우리가 마땅히 지켜야 할 것들이다.

제15장

성(城) 위에 올라가 손가락질하지 말며, 성 위에서는 큰 소리로 부르지 말아야 한다.

사관(舍館)으로 갈 때는 주인에게 무엇을 굳이 요구하지 말아야 한다.

마루에 오르려고 할 때는 반드시 소리를 높여야 하며, 문 밖에 신이 두 켤레가 있을 때는 말소리가 들리면 들어가고 들리지 않으면 들어가지 말아야 한다.

문에 들어가려고 할 때는 반드시 아래를 보고, 문에 들어갈 때는 문빗장을 두 손으로 받들듯이 잡으며 시선을 돌리지 않는다. 문이 열려 있었으면 역시 열어두고 닫혀 있었으면 역시 닫는다. 뒤에 들어오는 사람이 있으면 닫기는 하나 꼭 닫지는 말아야 한다.

남의 신을 밟지 말며, 남의 자리를 밟지 말아야 한다. 두 손으로 옷을 거두어 잡고 빠른 걸음으로 한쪽 구석으로 가서 자리에 앉고, 응대(應對)를 반드시 삼가야 한다.

| 풀이 | 과거에 있어, 성(城)은 외적(外敵)의 침입을 방지

를 다리처럼 늘어뜨리지 말라는 것.
면(免): 관(冠)을 벗음.
건상(褰裳): 상은 하의(下衣)이니 하의를 걷어올림.

15// 登城不指하며 城上不呼하며 將適舍할새 求毋固하며 將上堂할새 聲必揚하며 戸外에 有二屨어든 言聞則入하고 言不聞則不入하며 將入戸할새 視必下하며 入戸奉扃하며 視瞻毋回하며 戸開亦開하며 戸闔亦闔하되 有後入者어든 闔而勿遂이니라 毋踐屨하며 毋踖席하며 摳衣趨隅하여 必愼唯諾이니라

적사(適舍): 적은 가는 것, 사는 객사(客舍). 즉 객사로 가는 것.
구무고(求毋固): 무엇을 굳이 요구하지 말라는 것.
당(堂): 마루.
양(揚): 여기서는 소리를 높이는 것.
호외유이구(戸外有二屨):

문 밖에 두 사람 신이 있음.
봉경(奉扃) : 문빗장을 두 손으로 받들어 잡는 것.
합(闔) : 문을 닫는 것.
수(遂) : 꼭 닫는 것.
적석(踏席) : 남의 자리를 밟음.
구의(摳衣) : 두 손으로 옷을 거두어 잡는 것.
추우(趨隅) : 빠른 걸음으로 한쪽 구석으로 가서 앉는 것.
유락(唯諾) : 응대(應對).

하는 보루(堡壘)이다. 성 위에 올라가서 손가락질을 한다면 사람들의 마음을 현혹시키기 쉽고, 성 위에서 큰 소리로 부르면 듣는 자를 놀라게 만든다. 나그네가 되어서 객관(客館) 주인에게 요구할 일이 없지 않겠지만 무리하게 요구하는 것은 나그네된 자의 도리가 아니다. 마루에 오르고자 할 때 크게 소리를 내는 것은 안에 있는 사람에게 알리기 위한 것이다. 문 밖에 신이 두 컬레가 놓여 있다면 방 안에 손이 있음을 알 수 있고, 말소리가 들리지 않는다면 그것은 개인적인 의논이 있는 것이니, 회피하고 들어가지 말아야 한다.

 문에 들어가고자 할 때 아래를 내려다볼 뿐 눈을 들어서 위를 보지 않으며, 문에 들어갈 때 조심하며 문빗장을 잡고 시선을 좌우로 돌리지 않는 것은 남의 동정을 살피는 것 같은 인상을 주기 쉽기 때문이다. 문이 본래 열려 있었으면 열어두고, 닫혀 있었으면 닫는 것은 집 주인의 의사에 따르는 것이며, 뒤에 들어오는 사람이 있을 때 문을 꼭 닫지 않는 것은 들어오려는 사람을 거절하는 것 같은 인상을 주지 않기 위해서이다.

 남의 신을 밟지 않고 자리를 밟지 않으며, 두 손으로 옷을 거두어 잡고 빠른 걸음으로 한쪽 구석으로 가서 앉으며, 응대(應對)를 삼가는 것은 여러 사람의 모임에서 행동을 삼가는 것이다. 비록 오늘의 시대에 맞는 것도 있고 맞지 않는 것도 있지만 원칙론(原則論)에 있어서는 일치된다.

제16장

〈예기〉에 말하기를, "군자의 얼굴 모습은 여유 있고 고요하지만 존경해야 할 사람을 보면 공경하고 조심하는 태도를 짓는다.

발의 모습은 무게가 있고, 손의 모습은 공손하고, 눈 모습은 단정하고, 입 모습은 멈추어 있고, 소리는 고요하고, 머리 모습은 곧고, 기운은 엄숙하고, 서 있는 모습은 덕스럽고, 낯빛은 장중(莊重)하게 해야 한다." 하였다.

| 풀이 | 이 글에서는 군자의 용모에 대하여 논했다. 발은 무거운 듯이 하고, 손은 공손하게 가지며, 눈은 단정하게 보고, 입은 무겁고, 소리는 고요하고, 머리는 곧게 가지며, 기운은 엄숙하고, 서 있는 모습은 덕이 있고, 낯빛은 장중(莊重)한 것, 이것이 군자의 모습이다. 우리는 항상 마음을 수양하여 이같은 모습을 가지기에 힘써야 할 것이다.

16// 禮記에 曰 君子之容은 舒遲니 見所尊者하고 齊遬이니라 足容重하며 手容恭하며 目容端하며 口容止하며 聲容靜하며 頭容直하며 氣容肅하며 立容德하며 色容莊이니라

서지(舒遲) : 여유 있고 고요한 것.
제속(齊遬) : 공경하고 조심하는 것.
족용중(足容重) : 발의 동작을 무겁게 하여 가볍게 움직이지 않음을 말함.

제17장

〈곡례〉에 말하기를, "앉는 것은 시동(尸童)같이 하고, 서는 것은 재계(齋戒)하는 것같이 해야 한다." 하였다.

| 풀이 | 이 글에서는 앉는 자세와 서는 자세를 논했다. 앉는 것은 반드시 시동처럼 자세를 바르게 하여 장중한 모습으로 앉아야 한다. 그리고 서는 것은 마치 제사지낼 때 재계하는 것처럼 자세를 바르게 하여 경건한 모습으로

17// 曲禮에 曰 坐如尸하며 立如齊니라

시(尸) : 시동(尸童). 옛날에 신위(神位) 대신으로 앉히던 아이임.
재(齊) : 재계(齋戒). 옛날에는 제사지내기 전 사흘 동안에 경건한 마음으로 심신

(心身)을 맑게 했음.

18// 少儀에 曰 不窺密하며 不旁狎하며 不道舊故하며 不戲色하며 毋拔來하며 毋報往하며 毋瀆神하며 毋循枉하며 毋測未至하며 毋訾衣服成器하며 毋身質言語니라

규밀(窺密) : 남의 비밀한 데를 엿보는 것.
방압(旁狎) : 이 사람 저 사람과 흉허물 없이 너무 친근하게 지내는 것. 예의에 벗어나는 버릇없는 행동을 하는 것.
부도구고(不道舊故) : 구고는 옛 친구, 도는 말하는 것이니, 즉 옛 친구의 허물을 말하지 말라는 뜻임.
희색(戲色) : 희롱하는 낯빛.
발래 보왕(拔來報往) : 발·보는 모두 빠르다는 뜻이니, 여기서는 급하게 오고 급하게 가는 것임.
무측미지(毋測未至) : 아직 닥쳐보지 않은 일을 억측하지 말라는 것임.

서야 한다. 이는 군자의 자세다.

제18장

〈소의(少儀)〉에 말하기를, "남의 은밀한 데를 엿보지 말며, 남과 버릇없는 행동을 하지 말며, 옛 친구의 잘못을 말하지 말며, 희롱하는 낯빛을 짓지 말아야 한다. 급하게 오지도 말고 급하게 가지도 말아야 한다.

신(神)을 오독하지 말며, 잘못된 것을 그대로 따라가지 말며, 아직 닥쳐보지 못한 일을 억측(臆測)하지 말아야 한다. 의복과 이미 이루어진 기물(器物)을 나무라지 말며, 의문이 있는 말은 자신이 바로잡지 말아야 한다." 하였다.

| 풀이 | 남의 비밀을 엿보는 것, 남과 지나치게 흉허물 없이 지내는 것, 친구의 허물을 말하는 것, 희롱하는 낯빛을 짓는 것 같은 행동은 비굴한 행동이다. 사람이 오고가는 것은 모두 계획이 있어서 점진적(漸進的)으로 해야 한다. 쉽게 달구어진 쇠가 쉬 식는다는 말이 있듯이 급하게 앞으로 나아가는 것은 급하게 뒤로 물러설 징조다. 잘못된 것을 그대로 따라가는 것은 잘못을 거듭하는 것이니 과감하게 고쳐야 한다.

사람은 성실하게 살아갈 뿐이니, 미래의 일을 억측하는 것은 정당한 생활 방법이 못된다. 그리고 남의 말을 들어서 의문이 있더라도 그것을 바로잡으려 들지 말아야 한다. 내 생각이 반드시 옳다고 볼 수 없으므로 과오를 범하

기 쉽다.

제19장

〈논어〉에 말하기를, "수레 안에서 둘러보지 않고, 빨리 말하지 않으며, 친히 손가락질하지 않았다." 하였다.

| 풀이 | 차(車) 안에서 산만하게 이리저리 둘러보는 것, 남이 알아듣지 못할 정도로 빠른 말로 말하는 것, 손가락질하는 것 같은 것은 교양이 부족한 행동이며 또 남의 의혹을 사기 쉬우므로 삼가야 한다.

19// 論語에 曰 車中에 不內顧하시며 不疾言하시며 不親指러시다

내고(內顧) : 둘러보는 것.
친지(親指) : 친히 손가락질함.

제20장

〈곡례〉에 말하기를, "대체로 시선(視線)이 남의 얼굴 위에 올라가 있으면 거만한 것이고, 띠로 내려가 있으면 근심이 있는 것이며, 머리를 기울여 곁눈질하면 간사한 것이다." 하였다.

| 풀이 | 시선이 남의 얼굴 위에 올라가 있는 것은 태도가 교만한 것이다. 또한 띠로 내려가 있으면 그것은 기운을 잃은 모습이니 그 마음속에 근심이 있음을 알 수 있다. 바로 보지 않고 머리를 기울여 곁눈질로 보는 것은 그 마음이 바르지 못한 것이다.

20// 曲禮에 曰 凡視上於面則敖요 下於帶則憂요 傾則姦이니라

시상어면(視上於面) : 시선이 남의 얼굴 위에 올라가 있는 것.
오(敖) : 오(傲)와 통함. 오만. 거만.

제21장

〈논어〉에 말하기를, "공자는 향당(鄕黨)에 있을 때는 신실(信實)한 모습으로 말도 잘하지 못하는 사람 같았다. 종묘(宗廟)와 조정(朝廷)에 있을 때는 말을 분명하게 했으나 다만 삼갔다.

조회(朝會) 때 하대부(下大夫)와 말할 때는 강직(剛直)한 모습이었으며, 상대부(上大夫)와 말할 때는 온화하고 즐거운 모습이었다." 하였다.

21// 論語에 曰 孔子於鄕黨에 恂恂如也하사 似不能言者러시다 其在宗廟朝廷하사는 便便言하사되 唯謹爾하시다 朝에 與下大夫言에 侃侃如也하시며 與上大夫言에 誾誾如也러시다

순순여야(恂恂如也) : 신실(信實)한 모습.
변변언(便便言) : 사리(事理)를 분별하여 분명하게 말하는 것.
하대부(下大夫) : 하위(下位)의 대부. 〈예기〉 왕제(王制)편에 "제후는 상대부·경·하대부 다섯 사람을 둔다(諸侯 上大夫卿下大夫 五人)." 하였다.
간간여(侃侃如) : 강직한 모습.
은은여(誾誾如) : 온화하고 즐거운 모습.

| 풀이 | 공자는 때와 장소에 따라서 말과 말하는 태도를 달리했다. 조상 대대로 살아온 고향에서는 몸가짐을 극히 조심하여 마치 말도 제대로 하지 못하는 사람 같았다. 종묘는 예법을 숭상하는 곳이고, 조정은 나라의 정사를 하는 곳이기 때문에 사리를 분별하여 말을 분명하게 했지만 신중을 기했다. 조회 때 하대부와 말할 때는 강직한 모습을 하고, 상대부와 말할 때는 온화하고 즐거운 모습을 한 것은 모두 그 신분에 따라 예절을 지키는 것이다.

제22장

공자는 밥먹을 때는 대답하지 않았으며, 잠 잘 때는 말하지 않았다.

22// 孔子는 食不語하시며 寢不言이러시다

어(語) : 남의 말에 대답하는 것.
언(言) : 자신이 말하는 것.

| 풀이 | 먹을 때는 먹고, 잘 때는 자야지 말을 해서는 안 된다는 것이다. 이처럼 과거에는 밥먹을 때 말하는 것을

제3편 경신 • 137

실례(失禮)로 알고 이것을 경계했지만 지금은 떠들면서 먹는 것이 소화에 좋다는 말까지 나오고 있다.

제23장

〈사상견례(士相見禮)〉에 말하기를, "임금과 말할 때는 신하 부리는 도리를 말하며, 경대부(卿大夫)와 말할 때는 임금 섬기는 도리를 말하며, 남의 부형들과 말할 때는 아우와 아들 부리는 도리를 말하며, 남의 자제와 말할 때는 부형에 효도하고 공경하는 도리를 말하며, 뭇사람과 말할 때는 충성·신의·인자·선행에 관하여 말하며, 벼슬에 있는 자와 말할 때는 충성과 신의에 관하여 말해야 한다." 하였다.

| 풀이 | 이 글에서는 상대방의 신분과 연령에 따라 마땅히 해야 할 도리를 깨우칠 것을 말하고 있다.

제24장

〈논어〉에 말하기를, "자리가 바르지 않으면 앉지 않는다." 하였다.

| 풀이 | 공자는 자리가 바르지 않으면 앉지 않았다. 바른 것을 좋아하는 성인(聖人)의 마음이다.

23// 士相見禮에 曰 與君言엔 言使臣하며 與大人言엔 言事君하며 與老者言엔 言使弟子하며 與幼者言엔 言孝悌于父兄하며 與衆言엔 言忠信慈祥하며 與居官者言엔 言忠信이니라

노자(老者): 늙은이, 남의 부형.
제자(弟子): 아우와 아들, 자제(子弟).
유자(幼者): 어린이, 남의 자제.
효제(孝悌): 효도하고 어른을 공경함.

24// 論語에 曰 席不正이어든 不坐러시다

25// 子見齊衰者하시고 雖狎이나 必變하시며 見冕者與瞽者하시고 雖褻이나 必以貌하시며 凶服者를 式之하시며 式負版者러시다

재최(齊衰) : 여기서는 상복(喪服)을 뜻함.
변(變) : 얼굴빛을 변하며 애도의 뜻을 표하는 것.
면자(冕者) : 면복(冕服)을 갖춘 사람이니, 작위(爵位)가 있음을 뜻함.
설(褻) : 사사로이 만나는 것.
모(貌) : 예모(禮貌).
흉복(凶服) : 상복.
식(式) : 수레 앞의 가로막이 나무에 손을 짚고 몸을 구부려서 경의를 표하는 것.

제25장

공자는 상복(喪服) 입은 사람을 보면 비록 친근한 사이라도 반드시 얼굴빛을 변하여 애도를 표했으며, 작위(爵位) 있는 자와 소경을 만나면 비록 사사로운 자리라 하더라도 반드시 예모(禮貌)를 갖추었다.

수레를 타고 길을 갈 때, 상복 입은 자를 보면 식(式)하고, 나라의 지도와 백성의 수(數)를 적은 장적(帳籍)을 짊어지고 가는 사람을 보면 식했다.

| 풀이 | 이 글에서는 성인(聖人)이 상중(喪中)에 있는 자를 애처롭게 여기고, 작위가 있는 이를 공경하며, 신체 장애자를 불쌍히 여겼음을 논했다. 그리고 나라의 지도와 민호(民戶)를 기록한 장적을 소중히 여겨서 길 위에서 이것을 짊어지고 가는 것을 보면 경의를 표했음을 말하고 있다.

26// 禮記에 曰 若有疾風迅雷甚雨어든 則必變하여 雖夜나 必興하여 衣服冠而坐니라

질풍(疾風) : 빠르게 부는 바람.
신뢰(迅雷) : 심한 천둥.

제26장

〈예기〉에 말하기를, "만약 바람이 세차게 불고, 천둥이 심하고, 폭우가 내리면 반드시 얼굴빛을 변하며, 비록 깊은 밤이라도 반드시 일어나서 의관(衣冠)을 정제하고 앉는다." 하였다.

| 풀이 | 옛날에는 바람이 세차게 불고 폭우가 내리며, 천둥 번개가 심하면 하늘이 성내어 경계하는 것으로 보았

다. 얼굴빛을 변하는 것은 천견(天譴)을 두려워하는 것이고, 밤중이라도 일어나서 의관을 정제하고 단정히 앉는 것은 하늘의 뜻을 두려워하고 공경하는 것이다.

천견(天譴) : 하늘의 꾸짖음. 천벌(天罰).

제27장

〈논어〉에 말하기를, "(공자는) 잠잘 때는 시체(屍體)처럼 눕지 않았으며, 집에 있을 때는 용의(容儀)를 꾸미지 않았다." 하였다.

27// 論語에 曰 寢不尸하시며 居不容이러시다

| 풀이 | 잠잘 때 송장처럼 눕지 않는다는 것은 송장을 싫어하는 것이 아니라, 그처럼 긴장이 풀어지고 감각이 없는 상태를 싫어하는 것이다. 한가롭게 집에 있을 때는 마음을 여유 있고 즐겁게 가지는 것이 좋다.

시(尸) : 시체. 송장.
용(容) : 용의(容儀).

제28장

공자는 일 없이 한가하게 있을 때는 그 모습이 여유 있어 보였으며, 그 얼굴빛은 즐거운 듯했다.

28// 子之燕居에 申申如也하시며 夭夭如也러시다

| 풀이 | 이 글에서는 공자가 한가하게 있을 때의 모습을 표현했다. 사람이 사회에 나가 처세할 때는 몸가짐을 삼가고 예의를 지켜야 하겠지만 한가하게 집에 있을 때는 마음의 여유를 가지고 즐겁게 지내는 것도 정신을 함양하는 좋은 생활 방법으로 보겠다.

연거(燕居) : 일 없이 한가하게 있는 것.
신신(申申) : 여유 있는 모습.
요요(夭夭) : 즐거운 얼굴빛.

29// 曲禮에 曰 竝坐不橫肱하며 授立不跪하며 授坐不立이니라

횡굉(橫肱): 팔을 옆으로 뻗는 것.
수립(授立): 서 있는 사람에게 물건을 주는 것.
수좌(授坐): 앉아 있는 사람에게 물건을 주는 것.

30// 入國不馳하며 入里必式이니라

국(國): 나라의 도성(都城)을 뜻함.

제29장

〈곡례〉에 말하기를, "남과 나란히 앉았을 때는 팔을 옆으로 뻗치지 않는다. 서 있는 자에게 물건을 줄 때는 꿇어앉아서 주지 않고, 앉아 있는 자에게 물건을 줄 때는 서서 주지 않는다." 하였다.

| 풀이 | 남과 나란히 앉았을 때 팔을 옆으로 뻗치면 나란히 앉아 있는 사람에게 방해가 된다. 서 있는 사람에게 물건을 꿇어앉아서 주거나, 앉아 있는 사람에게 서서 주는 것은 모두 받는 사람에게 불편을 주게 된다.

제30장

나라의 도성(都城)에 들어가면 말을 달리지 않으며, 마을에 들어가면 반드시 몸을 굽힌다.

| 풀이 | 나라의 도성은 많은 사람이 사는 곳일 뿐만 아니라 번화한 곳이니, 만약 말을 달린다면 사고(事故)를 내기 쉽다. 또 당시에 있어서는 임금이 있는 곳인만큼 조심한다는 뜻도 있다. 그리고 자기가 사는 마을은 부모의 고향이기 때문에 마땅히 공경하는 뜻이 있어야 한다. 한(漢)나라 때 석경(石慶)이 마을의 문에 들어가면서 수레에서 내리지 않으니, 그 아버지가 크게 나무랐다고 한다.

제31장

〈소의〉에 말하기를, "빈 그릇 잡기를 가득 찬 그릇 잡듯이 하며, 빈 곳에 들어가기를 사람이 있는 곳에 들어가듯이 해야 한다." 하였다.

| 풀이 | 아무리 빈 그릇이라도 가득 차 있는 그릇을 잡듯이 조심하고, 사람이 없는 곳에 들어가더라도 사람이 있는 곳에 들어가는 것처럼 조심하라는 것이다. 항상 공경하는 마음을 가지고 조심할 것을 강조했다.

31// 少儀에 日 執虛하되 如執盈하며 入虛하되 如有人이니라

집허(執虛) : 비어 있는 그릇을 손에 잡는 것.
집영(執盈) : 가득 차 있는 그릇을 손에 잡는 것.

제32장

〈예기〉에 말하기를, "옛날의 군자는 반드시 띠에 옥(玉)을 찼다. 오른쪽에는 치(徵)와 각(角)의 소리가 나는 것을 차고, 왼쪽에는 궁(宮)과 우(羽)의 소리가 나는 것을 찼다.

빠른 걸음으로 앞으로 나아갈 때는 채자(采齊)의 시를 노래하여 박자를 맞추고, 그대로 걸어갈 때는 사하(肆夏)의 시를 노래하여 박자를 맞춘다. 둥글게 돌아갈 때는 규(規)에 맞게 원을 그리고, 꺾어서 돌아갈 때는 구(矩)에 맞게 직각을 그린다. 앞으로 나아갈 때는 몸을 조금 굽혀서 읍(揖)하는 듯이 하고, 뒤로 물러날 때는 몸을 조금 치켜든다. 그와 같이 한 뒤에야 옥이 아름다운 소리를 내어 울린다. 그러므로 군자는 수레를 타고 있으면 난화(鸞和)의 소리를 듣고, 걸어다니면 패옥(佩玉)을 울린다. 이런 까닭에 그릇되고 편벽된 마음이 생기지 않는다." 하였다.

32// 禮記에 曰 古之君子必佩玉하니 右徵角하고 左宮羽하여 趨以采齊하고 行以肆夏하며 周還中規하고 折還中矩하며 進則揖之하고 退則揚之하나니 然後에 玉鏘鳴也니 故로 君子在車則聞鸞和之聲하고 行則鳴佩玉하나니 是以로 非辟之心이 無自入也니라

패옥(佩玉) : 옥을 띠에 차는 것.
추(趨) : 빠른 걸음으로 걸어가는 것.
채자(采齊) : 〈시경〉 소아편의 초자(楚茨)를 말함.

주환(周還) : 둥글게 돌아가는 것.
중규(中規) : 컴퍼스에 맞춘 것처럼 둥글게 돌아가는 것.
절환(折還) : 방향을 꺾어서 걸어가는 것.
중구(中矩) : 그림쇠에 맞춘 것처럼 직각을 이룸.
양지(揚之) : 몸을 약간 드는 것.

| 풀이 | 옛날에는 수레를 타면 수레에 옥을 달고, 걸어다니면 띠의 좌우에 옥을 찼다. 나아가고, 뒤로 물러서며, 둥글게 가고, 꺾어 가는 것을 모두 절도 있게 하여 그때마다 맑고도 고운 옥소리가 조화를 이루고 울려서 사람의 마음을 순화시켰다. 그렇게 해서 사악(邪惡)이나 편벽된 감정의 싹틈을 막았던 것이다.

제33장

〈사의(射義)〉에 말하기를, "활쏘는 자는 진퇴 주선(進退周還)이 반드시 예절에 맞아야 한다. 안으로 뜻이 바르고 밖으로 몸이 곧아야만 활과 화살을 잡는 것이 정확하고 견고하며, 활과 화살을 잡는 것이 정확하고 견고해야만 맞추는 것을 말할 수 있다. 이것을 가지고 그 사람의 덕행을 볼 수 있다." 하였다.

33// 射義에 曰 射者는 進退周還을 必中禮니 內志正하고 外體直然後에 持弓矢審固하고 持弓矢審固然後에 可以言中이니 此可以觀德行矣니라

사의(射義) : 〈예기〉의 편명.
진퇴 주선(進退周還) : 마루에 오르고 내리며 읍(揖)하고 사양하는 예절.
심고(審固) : 정확하고 견고함.

| 풀이 | 활쏘는 모임에서는 동작에 모두 예질이 있다. 그리고 마음을 바르게 하고 몸의 자세를 곧게 한 뒤에야 활을 잡음이 견고하고 겨냥이 정확하여 과녁을 맞힐 수 있다. 활쏘기는 단지 무예를 익히고 몸을 단련하는 것만이 아니라, 몸을 수양하는 방법이 되기도 한다. 그렇기 때문에 지난날에는 거의 마을마다 활쏘는 정자가 있다시피 했고, 봄 가을로 향사례(鄕射禮)가 거행되었으며, 그 사람의 덕을 본다는 뜻에서 사정(射亭)에 흔히 관덕정(觀德亭)이라는 이름을 붙였다.

이상은 위의의 법칙을 밝힌 것이다〔右는 明威儀之則하니라〕.

3. 의복지제(衣服之制)

제34장

〈사관례(士冠禮)〉에 말하기를, "관례(冠禮)를 받은 자에게 빈(賓)이 처음으로 치포관(緇布冠)을 씌워주고 축사(祝辭)하기를, '좋은 달, 길한 날에 비로소 원복(元服)을 더하니, 너의 어린 마음을 버리고 너의 덕을 순성(順成)하라. 장수를 누리는 상서(祥瑞)가 있고 큰 복을 받으리라.'고 한다.

두 번째는 피변(皮弁)을 씌워주면서 말하기를, '길한 달, 길한 때 거듭 네게 관복(冠服)을 더하니, 너의 위의(威儀)를 공경히 하고 너의 덕행을 맑게 하라. 천년 만년 장수를 누리고, 길이 영원한 복을 받으리라.'고 한다.

세 번째로 작변(爵弁)을 씌워주면서 말하기를, '좋은 해, 좋은 달에 네게 관복을 모두 더하니, 형제가 모두 건재(健在)하여 서로 도와 그 덕행을 성취하라. 검은머리가 흰머리로 변하고, 흰머리가 다시 누런 빛이 되도록 무궁한 수명(壽命)을 누리면서 하늘의 경복(慶福)을 받으리라.'고 한다." 하였다.

| 풀이 | 옛날에는 남자 나이 스무 살이 되면 길일(吉日)을

34// 士冠禮에 始加할새 祝曰 令月吉日에 始加元服하노니 棄爾幼志하고 順爾成德하면 壽考維祺하여 介爾景福하리라 再加할새 曰 吉月令辰에 乃申爾服하노니 敬爾威儀하여 淑愼爾德이면 眉壽萬年하여 永受胡福하리라 三加할새 曰 以歲之正과 以月之令에 咸加爾服하노니 兄弟具在하여 以成厥德하면 黃耇無疆하여 受天之慶하리라

시가원복(始加元服) : 원복은 첫번째로 씌워주는 관.
수고유기(壽考維祺) : 장수하는 상서.
개이경복(介爾景福) : 큰 복을 받으리라는 말.
재가(再加) : 두 번째로 피변(皮弁)을 씌워주는 것.
신(申) : 거듭.
미수(眉壽) : 노인의 눈썹이

길게 뻗는 것이니, 장수의 징조임.
호복(胡福) : 영구한 복.
삼가(三加) : 세 번째로 작변(爵弁)을 씌워주는 것. 작변은 면류관과 비슷하나 술이 없음.

가리고, 복이 많은 사람을 빈(賓)으로 뽑아서 관례를 행했다. 관은 빈이 씌워주었는데 처음에는 치포관(검은 베로 만든 관), 두 번째는 피변(사슴 가죽으로 만든 관), 세 번째는 작변(면류관과 비슷하나 술이 없음)을 씌워주었으며 관을 씌워줄 때마다 장수와 복을 비는 축사가 있었다.

제35장

35// 曲禮에 曰 爲人子者父母存이어시든 冠衣를 不純素하며 孤子當室하여는 冠衣를 不純采니라

〈곡례〉에 말하기를, "사람의 아들된 자는 부모가 생존해 계시면 관과 옷에 흰 것으로 선을 두르지 않는다. 아버지를 여읜 아들로서 아버지의 뒤를 이은 자는 비록 상기(喪期)가 끝났어도 관(冠)과 옷에 채색으로 선을 두르지 않는다." 하였다.

불순소(不純素) : 순은 선을 두르는 것, 소는 흰빛. 즉 흰빛으로 선을 두르지 않는 것.
고자(孤子) : 아버지를 여읜 아들을 말함.
당실(當室) : 여기서는 아버지의 뒤를 이어받는 것.
채(采) : 채색.

| 풀이 | 옛날에는 부모가 살아 계시면 관과 옷에 흰 선을 두르지 못했다. 이는 채색 옷을 입어서 부모의 마음을 즐겁게 하는 것을 효도로 여겼던 탓도 있지만, 흰 것은 상복(喪服)의 빛깔과 같기 때문이다. 그러므로 아버지를 여의고 그 뒤를 이은 아들은 돌아가신 부모를 사모하는 뜻에서 감히 채색 선을 두르지 못했다. 그러나 요즘 같은 패션시대에는 별로 염두에 두지 않는 일이다.

제36장

36// 論語에 曰 君子는 下以紺緅로 飾하시며 紅紫로 不以爲褻服이

〈논어〉에 말하기를, "군자는 감색(紺色)과 추색(緅色)으로 옷깃과 단을 꾸미지 않았으며, 붉은빛과 자줏빛으로

사복(私服)을 만들어 입지 않았다. 더운 때는 칡베로 만든 홑옷을 반드시 표면에 드러나게 입었다." 하였다.

| 풀이 | 이 글에서는 공자가 호화스런 빛깔이나 천(賤)한 빛깔을 피하여 옷을 만들어 입은 일을 논했다. 옷의 빛깔은 그 사람의 성품이나 교양의 정도를 잘 나타내 주므로, 그 선택을 소홀히 할 수 없는 것이다.

제37장
　상복(喪服)을 벗은 뒤에는 모든 패옥(佩玉)을 패용(佩用)했다.

| 풀이 | 옛날에는 옥을 패용하는 것이 예의이고, 또 앞에서 말한 것처럼 정서를 함양하는 도구이기도 했다. 이 글에서는 공자가 상복을 벗은 뒤에 차지 않는 옥이 없이 모두 패용한 실례를 들어서 사람들에게 옥을 반드시 패용할 것을 강조했다.

제38장
　공자는 검은 양피(羊皮) 갖옷과 검은 관(冠) 차림으로 조상(吊喪)하지 않았다.

| 풀이 | 상사(喪事)에는 흰빛을 위주하고 길사(吉事)에는 검은빛을 위주하니, 문상할 때는 반드시 흰 옷으로 갈아

러시다 當暑하사 袗絺綌을 必表而出之러시다

군자(君子) : 여기서는 공자를 가리키는 말.
진(袗) : 홑옷.
치격(絺綌) : 칡베의 고운 것을 치, 거친 것을 격이라고 했음.
표이출지(表而出之) : 표면에 드러나게 입는 것.

37// 去喪하시고 無所不佩러시다

38// 孔子는 羔裘玄冠으로 不以吊러시다

입고 가는 것이 예의였다. 공자가 검은 옷과 검은 관 차림으로 문상하지 않은 일을 예로 들어서 경계했다.

제39장

〈예기〉에 말하기를, "어린아이는 갖옷과 비단옷을 입지 않으며, 신코를 꾸미지 않는다." 하였다.

39// 禮記에 曰 童子는 不裘不帛하며 不屨絇니라

불구(不裘) : 갖옷을 입지 않는 것.
불백(不帛) : 비단옷을 입지 않는 것.
불구구(不屨絇) : 구(屨)는 신, 구(絇)는 신코에 장식하는 것이니, 즉 신코에 장식하지 않는 것을 말함.

| 풀이 | 어린아이에게 갖옷을 입히고 비단옷을 입히는 것은 몸을 너무 따뜻하게 해서 도리어 건강을 해칠 뿐만 아니라, 또 사치심을 조장하는 것이다. 활동하기 편한 옷을 입혀서 마음껏 뛰놀며 꿈을 키우게 해야 한다.

제40장

공자가 말하기를, "선비가 도(道)에 뜻을 두면서 악의악식(惡衣惡食)을 부끄럽게 여긴다면 그런 사람과는 족히 도를 의논할 것이 못된다." 하였다.

40// 孔子曰 士志於道 而恥惡衣惡食者는 未足與議也니라

악의악식(惡衣惡食) : 누추한 옷과 조악(粗惡)한 식사.
미족여의(未足與議) : 함께 도를 의논할 만한 가치가 없다는 뜻.

| 풀이 | 마음을 수양하며 인간의 바른 도리를 구하는 사람에게는 의복이나 음식이 문제되지 않는다. 의복과 음식에 관심이 있는 자는 마음속에 사욕(私慾)이 도사리고 있어서 도(道)와는 거리가 먼 것이다. 앞의 글에서도 "군자는 배불리 먹기를 구하지 않고 편안히 거처하기를 구하지 않는다〔君子食無求飽 居無求安〕."는 말이 나와 있다. 그리고 공자의 제자 안회(顔回)는 한 대그릇의 밥과 한 표주박의

물로 도를 즐겼다고 하니, 안빈낙도를 말함이다.

이상은 의복의 제도를 밝힌 것이다〔右는 明衣服之制하니라〕.

4. 음식지절(飮食之節)

제41장

〈곡례〉에 말하기를, "남과 함께 음식을 먹을 때는 배불리 먹지 않으며, 남과 함께 같은 그릇의 밥을 먹을 때는 손을 적시지 않는다. 밥을 뭉치지 말며, 밥숟가락을 크게 뜨지 말며, 물마시듯 들이마시지 말아야 한다.

밥을 뱉지 말며, 뼈를 씹지 말며, 먹던 고기를 다시 그릇에 놓지 말며, 뼈를 개에게 던져주지 말며, 어느 것을 굳이 먹으려고 하지 말아야 한다.

뜨거운 기운을 식혀서 빨리 먹으려고 밥을 파 헤치지 말며, 기장밥은 젓가락으로 먹지 말아야 한다.

나물국을 들이마시지 말며, 국에 조미(調味)하지 말아야 한다. 이를 쑤시지 말며, 젓국을 마시지 말아야 한다. 손님이 국에 조미하면 주인은 국을 잘 끓이지 못했다고 사과하고, 손님이 젓국을 마시면 주인은 집이 가난하여 음식 맛이 좋지 못하다고 말한다.

젖은 고기는 이로 끊고, 마른 고기는 이로 끊지 않으며,

41// 曲禮에 曰 共食不飽하며 共飯不澤手하며 毋搏飯하며 毋放飯하며 毋流歠하며 毋咤食하며 毋齧骨하며 毋反魚肉하며 毋投狗骨하며 毋固獲하며 毋揚飯하며 飯黍毋以箸 毋嚃羹하며 毋絮羹 毋刺齒하며 毋歠醢니 客이 絮羹이어든 主人이 辭不能亨하고 客이 歠醢어든 主人이 辭以窶하며 濡肉은 齒決하고 乾肉은 不齒決하며 毋嘬炙니라

공식(共食) : 남과 함께 음식을 먹는 것.
공반불택수(共飯不澤手) : 여러 사람이 반드시 숟가락으로 떠서 먹으라는 뜻임.
방반(放飯) : 밥숟가락을 크게 뜨는 것이니, 먹기를 탐

내는 것임.
무설골(毋齧骨) : 뼈를 씹지 말라는 뜻.
무반어육(毋反魚肉) : 먹던 생선이나 고기를 도로 그릇에 놓지 말라는 뜻.
무고획(毋固獲) : 어느 것을 자신이 굳이 먹으려고 하지 말라는 뜻.
반서무이저(飯黍毋以箸) : 기장밥을 젓가락으로 먹지 말라는 뜻.
무척치(毋刺齒) : 이를 쑤시지 말라는 것.
치결(齒決) : 이로 끊어서 먹는 것.

42// 少儀에 曰 侍食於君子則先飯而後已니 毋放飯하며 毋流歠하며 小飯而亟之하며 數噍하여 毋爲口容이니라

선반(先飯) : 여기서는 군자보다 먼저 밥을 먹는 것을 말함. 먼저 음식을 맛보는 것으로도 볼 수 있는데, 옛날에는 어른을 모시고 음식을 먹을 때는 먼저 음식을 맛보는 것이 예의였음.
후이(後已) : 군자보다 뒤에 식사를 마치는 것이니, 군자가 많이 먹기를 기다리는 것으로 볼 수 있음.
소반이극지(小飯而亟之) : 적게 먹고 빨리 먹는 것.
구용(口容) : 입을 벌려서 씹는 시늉을 하는 것.

군고기는 한입에 넣어 먹어버리는 일이 없어야 한다." 하였다.

| 풀이 | 이 글에서는 남과 함께 음식을 먹을 때 주의할 일과 음식의 종류에 따라 여러 가지 먹는 방법, 예의 등을 논했다. 특히 남과 음식을 함께 먹을 때 맛있는 음식만 먹으려 들고, 음식을 탐하여 남과 경쟁을 벌이는 것 같은 행동은 교양 있는 사람이 취해야 할 것이 아니므로 삼가야 한다.

제42장

〈소의〉에 말하기를, "군자를 모시고 음식을 먹을 때는 군자보다 먼저 밥을 먹고 군자보다 뒤에 그친다. 밥숟가락을 크게 뜨지 말며, 국물을 물마시듯 마시지 말아야 한다. 적게 먹고 빨리 먹는다. 여러 번 씹으나 입으로 시늉하지 않는다." 하였다.

| 풀이 | 이 글에서는 어른을 모시고 음식을 먹을 때 주의할 점들을 논했다. 옛날에는 어른과 함께 음식을 먹을 때는 먼저 음식을 맛보는 것이 예의로 되어 있었으니 어른보다 먼저 먹는 것이 당연했다. 그러나 오늘날에는 어른보다 먼저 먹는 것은 실례가 된다. 다만 어른보다 뒤에 마치는 것은 어른에게 음식을 권한다는 뜻에서 좋다고 보겠다. 그리고 입을 벌려서 크게 씹는 것도 실례가 된다.

제43장

〈논어〉에 말하기를, "(공자는) 밥은 정(精)한 것을 싫어하지 않았으며, 회(膾)는 가는 것을 싫어하지 않았다.

밥이 쉬어서 맛이 변한 것과 물고기의 썩어 문드러진 것과 육류(肉類)의 부패된 것을 먹지 않았다. 빛이 나쁘면 먹지 않았으며, 냄새가 나쁘면 먹지 않았으며, 잘 익지 않았으면 먹지 않았으며, 제철의 것이 아니면 먹지 않았다. 벤 것이 반듯하지 않으면 먹지 않았으며, 장(醬)이 식물(食物)과 맞는 것이 아니면 먹지 않았다.

고기가 비록 많더라도 밥보다 더 많이 먹지 않았으며, 술은 정해진 양이 없었으나 취하여 정신을 잃거나 흐려질 경우에까지 이르지 않았다. 사온 술과 사온 육포(肉脯)를 먹지 않았다. 생강 먹는 일을 그치지 않았으나 많이 먹지는 않았다." 하였다.

| 풀이 | 이 글에서는 식생활(食生活)을 논했다. 반드시 정결한 음식을 가려 먹고 부정한 것은 먹지 않았다. 술은 한량없이 마셨으나 취하여 정신을 잃거나 흐려지는 일이 없었다. 그리고 매일 생강을 몇 쪽씩 먹었다고 한다. 〈본초강목(本草綱目)〉에 보면 생강은 정신을 맑게 하는 좋은 성분이 있는 것으로 소개되고 있다.

제44장

〈예기〉에 말하기를, "국군(國君)은 사유(事由)가 없으면

43// 論語에 曰 食不厭精하시며 膾不厭細하시며 食饐而餲와 魚餒而肉敗를 不食하시며 色惡不食하시며 臭惡不食하시며 失飪不食하시며 不時不食하시며 割不正이어든 不食하시며 不得其醬이어든 不食하시며 肉雖多나 不使勝食氣하시며 唯酒無量하사되 不及亂하시며 沽酒市脯를 不食하시며 不撤薑食하시며 不多食이러시다

사애이애(食饐而餲) : 밥이 쉬어서 맛이 변한 것.
뇌(餒) : 썩어 문드러진 것.
패(敗) : 부패.
실임(失飪) : 음식을 제대로 익히지 못한 것임.
불시(不時) : 마땅한 때의 것이 아닌 것.
고주(沽酒) : 사온 술.
강식(薑食) : 생강을 먹는 것.

44// 禮記에 曰 君이

無故어든 不殺牛하며 大夫無故어든 不殺羊하며 士無故어든 不殺犬豕니 君子遠庖廚하여 凡有血氣之類를 弗身踐也하나니라

무고(無故) : 까닭 없이. 사유 없이.
포주(庖廚) : 포는 도살장(屠殺場), 주는 주방(廚房).
범유혈기지류(凡有血氣之類) : 모든 혈기가 있는 동물. 모든 살아 있는 동물.
불신천(弗身踐) : 여기의 천은 전(翦)의 뜻으로 죽인다는 것이니, 즉 직접 죽이지 않는 것.

소를 잡지 않고, 대부(大夫)는 사유가 없으면 양을 잡지 않으며, 사(士)는 사유가 없으면 개나 돼지를 잡지 않는다. 군자는 도수장(屠獸場)과 주방(廚房)을 멀리하여 모든 살아 있는 동물을 몸소 죽이지 않는다." 하였다.

| 풀이 | 제사, 빈객(賓客), 연향(宴饗) 등의 사유 없이는 국군은 소를 잡지 않고, 대부는 양을 잡지 않으며, 사(士)는 개나 돼지를 잡지 않는다. 그리고 군자는 도살장이나 주방을 멀리하여 직접 짐승을 죽이지 않는다. 그 사랑하는 정신이 동물에까지 미치고 있음을 알 수 있다. 과거에는 소나 돼지 잡는 사람을 백정(白丁)이라고 하여 가장 비천한 신분으로 여겼다.

제45장

45// 樂記에 曰 豢豕爲酒非以爲禍也언마는 而獄訟益繁은 則酒之流生禍也니 是故로 先王이 因爲酒禮하사 一獻之禮에 賓主百拜하여 終日飮酒하되 而不得醉焉하니 此先王之所以備酒禍也시니라

환시(豢豕) : 돼지를 기름.
위주(爲酒) : 술을 만듦.
옥송(獄訟) : 소송(訴訟)하

〈악기〉에 말하기를, "돼지를 기르고 술을 만드는 것은 재앙을 빚어내기 위한 것이 아니다. 그러나 옥송(獄訟)이 더욱 번다(繁多)해지는 것은 술의 유폐(流弊)가 재앙을 낳는 것이다. 이런 까닭에 선왕(先王)이 술 마시는 예절을 만들어서, 술 한 잔 주고받는 예법에 손과 주인이 100번씩 절하여 종일 술을 마셔도 취할 수 없게 했다. 이것이 선왕이 술의 화난(禍難)에 대비한 것이다." 하였다.

| 풀이 | 옛날에 우왕(禹王)의 신하 의적(義狄)이 술을 만들어서 우왕에게 바치니 우왕이 술맛을 보고 "후세에 반

드시 이것으로 인하여 나라를 망치는 임금이 있을 것이다." 하고 의적을 멀리했다는 말이 있다. 술을 많이 먹으면 패가 망신(敗家亡身)하게 되고 또 남과 다투어 시비(是非)를 벌여서 송사(訟事)가 일어나게 되니 술의 화난은 끝이 없다. 그렇기 때문에 옛날의 어진 임금이 향음주례를 만들어서 술은 절도 있게 마시고 적게 마시게 하여 술에서 빚어지는 화난을 방지하려 했던 것이다. 술이란 적게 마시면 혈액 순환을 좋게 하여 피로를 풀고 건강에도 좋지만, 여기에 탐닉(耽溺)하면 스스로 함정을 파게 되니 각성해야 한다.

는 옥사(獄事).
주지류(酒之流) : 술의 유폐(流弊).
선왕(先王) : 요(堯)·순(舜)·우(禹)·탕(湯) 등 선대(先代)의 어진 임금을 말함.

제46장

　맹자가 말하기를, "음식을 탐하는 사람을 사람들이 천히 여긴다. 그것은 작은 구복(口腹)을 기르기 위하여 큰 심지(心志)를 잃어버리기 때문이다." 하였다.

46// 孟子曰 飮食之人을 則人이 賤之矣나니 爲其養小以失大也니라

|풀이| 앞의 글에서 악의 악식(惡衣惡食)을 부끄럽게 여기는 사고 방식이 배움을 해치고, 도를 해친다는 말이 여러 번 나와 있다. 바른 학문을 구하고, 인간의 바른 도리를 행하는 근본은 바로 본연의 심성(心性)을 기르는 데 있다. 잘 먹고 잘 입을 생각을 한다면 그것은 벌써 사욕(私欲)이 본마음을 가린 것이다. 유가(儒家)에서는 사욕을 극복하여 본마음을 찾는 일을 최대의 목표로 삼고 있으니, 음식을 탐하는 자를 사람들이 천히 여긴다는 말이 나오는

음식지인(飮食之人) : 음식을 탐하는 사람.
양소(養小) : 여기서는 구복(口服)을 기르는 것. 도를 구하는 군자의 입장에서 볼 때 구복은 작은 것임.
실대(失大) : 심지(心志)를 잃음. 심지는 도의 근본이 되기 때문에 큰 것이 됨.

것도 무리가 아니다. 물질보다도 정신에 치중한 논리이다. 옛날의 선비들이 재물을 천히 여기고 안빈낙도(安貧樂道)를 부르짖은 것은 이같은 논리에 바탕을 두었다고 하겠다. 가장 이상적인 것은 잘 먹고 잘 살면서 인간의 바른길을 가는 것이겠지만, 두 가지를 병행한다는 것은 쉬운 일이 아니다.

 이상은 음식의 예절을 밝힌 것이다[右는 明飮食之節이니라].

제4편 계고(稽古)

계고(稽古)는 옛 일을 상고하는 것이다. 이 편에서는 우(虞)·하(夏)·상(商)·주(周) 등 고대 국가의 성현들의 행적을 상고하여 앞에 나온 입교(立敎)·명륜(明倫)·경신(敬身)편의 말들을 실증하고 있다. 모두 47장이다.

맹자는 성선(性善)을 말했는데, 말할 때마다 반드시 요·순(堯舜)을 예로 들었다. 그가 말하기를, "순 임금은 천하에 법이 되어 후세에 이름을 전할 수 있었는데 나는 아직도 범인(凡人)을 면치 못하고 있다면 그것은 근심할 만한 것이다. 근심이 된다면 어떻게 할 것인가. 순 임금과 같게 할 따름이다." 하였다.

이에 옛 어진 이들의 행실을 수록하여 이 편을 지어서 앞에 나온 말들을 실증(實證)하는 동시에 읽는 이로 하여금 감동하여 분발함이 있게 하고자 한다.

| 풀이 | 〈중용〉에 "하늘이 명(命)한 것을 성(性), 성에 좇는 것을 도(道), 도를 닦는 것을 교(敎)라고 한다."는 말이 있는데, 이미 입교편(立敎篇)에서 설명한 바 있다. 그리고

孟子道性善하사되 言必稱堯舜이러시니 其言曰 舜은 爲法於天下하사 可傳於後世어시늘 我는 猶未免爲鄕人也하니 是則可憂也라 憂之如何오 如舜而已矣라 하시니 據往行實前言하여 述此篇하여 使讀者로 有所興起하노라

성선(性善) : 사람의 본성이 착한 것. 맹자가 주장했음.
위법어천하(爲法於天下) : 그 행실이 천하 사람의 본이 되는 것.

향인(鄕人) : 시골 사람. 범인(凡人)을 뜻함.
척(摭) : 수집(蒐集)하는 것.
흥기(興起) : 느껴서 분발하는 것.

〈중용〉은 맹자 이전의 사람인 공자의 손자 자사(子思)가 지었으니, 성선설(性善說)은 맹자가 체계화했을 뿐 그 전에 벌써 유가(儒家)의 근본 이념으로 되어 있었다. 이 글에서는 맹자의 말을 인용하여 사람들의 각성을 촉구하고 또 옛사람의 어여쁜 행실을 수록하여 이 편을 만들어서, 사람들이 읽고 느껴 분발함이 있기를 바라는 의도를 설명하고 있다.

1. 입교(立敎)

제1장

1// 太任은 文王之母시니 摯任氏之中女也러시니 王季娶以爲妃하시니라 太任之性이 端一誠莊하사 惟德之行하더시니 及其娠文王하사 目不視惡色하시며 耳不聽淫聲하시며 口不出敖言이러시니 生文王而明聖하여 太任이 敎之以一而識百이러시니 卒爲周宗하시니 君子謂太任이 爲能胎敎라 하니라

태임(太任)은 문왕(文王)의 어머니이다. 지(摯)나라 임(任)씨의 둘째 딸이었는데, 왕계(王季)가 장가들어 비(妃)를 삼았다. 태임의 성품은 단정하고 한결같으며 정성스럽고 장중(莊重)히여 오직 덕(德)을 행했다. 문왕을 임신해서는 눈으로 사악한 빛을 보지 않고, 귀로 음란한 소리를 듣지 않고, 입에서는 오만한 말을 내지 않았다. 문왕을 낳으매 총명하고 사물의 이치에 통달하여 태임이 하나를 가르치면 백을 알았다. 마침내 주(周)나라의 으뜸 임금이 되었다. 군자가 말하기를, "태임이 능히 태교(胎敎)를 했다." 하였다.

태임(太任) : 주나라 문왕의 어머니.
왕계(王季) : 이름은 계력

| 풀이 | 주 문왕의 어머니 태임이 문왕을 임신하고서 보고, 듣고, 말하는 것을 삼가고 몸가짐을 단정히 했는데,

과연 문왕은 나면서부터 총명하고 성덕(聖德)이 있었다. 마침내 주나라의 으뜸 임금이 되었다. 이 글은 입교편 제1장의 태교(胎敎)를 실증하고 있다.

제2장

맹가(孟軻) 어머니의 그 집은 무덤에 가까웠다. 맹자가 어렸을 때 놀이하는 것이 뫼 쓰는 일을 흉내내어 뛰며, 쌓으며, 묻으며 했다. 맹자의 어머니가 말하기를, "여기는 아들을 살게 할 곳이 못된다." 하고 그곳을 떠나서 시장(市場)에 집을 정했다. 이번에는 장사꾼이 물건 파는 놀이를 했다.

맹자의 어머니가 말하기를, "여기도 아들을 살게 할 곳이 못된다." 하고 다시 학궁(學宮) 곁으로 집을 옮겼다. 비로소 제기(祭器)를 벌여 놓고 읍(揖)하고 사양하며, 나아가고 물러가는 놀이를 했다. 맹자의 어머니가 말하기를, "여기는 참으로 아들을 살게 할 만하다." 하고 드디어 그곳에서 살았다.

맹자가 어릴 때 묻기를, "동쪽 집에서 돼지를 잡는 것은 무엇하려는 것입니까?" 하니, 어머니가 농으로 말하기를, "너를 먹이려는 것이다." 했다. 그러나 곧 뉘우치고 말하기를, "나는 태교(胎敎)가 있었다는 말을 들었다. 이제 바야흐로 지각(知覺)이 나려고 하는데 이를 속인다면 이것은 불신(不信)을 가르치는 것이다." 하고 곧 돼지고기를 사서 먹였다. 장성(長成)하자 취학(就學)하면서 마침내 큰 선비

(季歷), 문왕의 아버지.
명성(明聖) : 총명하고 사물의 도리에 통달한 것.
주종(周宗) : 덕이 있고 공로가 커서 신주(神主)를 영원히 종묘에서 옮기지 않는 이를 종(宗)이라고 했음.

2// 孟軻之母其舍近墓 니 孟子之少也에 嬉戲에 爲墓間之事하여 踊躍築埋어시늘 孟母曰 此非所以居子也라 하고 乃去舍市하니 其嬉戲에 爲賈衒이어시늘 孟母曰 此非所以居子也라 하고 乃徙舍學宮之旁하니 其嬉戲에 乃設俎豆하여 揖讓進退어시늘 孟母曰 此眞可以居子矣로다 하고 遂居之하니라
孟子幼時에 問東家殺猪는 何爲오 母曰 欲啖汝니라 旣而悔曰 吾聞古有胎敎라 하니 今適有知而欺之면 是는 敎之不信이라 하고 乃買猪肉하여 以食之하니라 旣長就學하여 遂成大儒하시니라

맹가(孟軻) : 가는 맹자의 이름.
용약축매(踊躍築埋) : 용약은 뛰면서 애통해 하는 것, 축매는 시체를 파묻고 무덤

가 되었다.

| 풀이 | 이 글에 나오는 것처럼 맹자의 어머니가 맹자의 교육을 위하여 세 번 집을 옮긴 것을 '맹모삼천지교(孟母三遷之敎)'라 하여 후세 사람들의 입에서 회자(膾炙)되어 왔다. 그리고 아들의 물음에 장난삼아 대답한 것을 뉘우쳐 그 말을 실천에 옮긴, 그 교육적인 깊은 사려(思慮)는 사람들의 존경을 받을 만하다. 맹자는 그 어머니의 이같은 교육에 힘입어 마침내 성인(聖人)이 되어서 그의 사상·학문이 오늘날에 이르기까지 인간 생활에 크게 영향을 끼치고 있다. 오늘날 우리의 현실을 볼 때 자녀에 대한 부모의 교육열(敎育熱)이 고조되고 있음은 다행스런 일이다. 그러나 지나친 교육열은 사회의 부조리(不條理)를 낳고 도리어 교만·허영의 길로 오도(誤導)하게 된다. 우리는 맹자 어머니의 진실을 거울삼아야 할 것이다.

제3장

공자가 일찍이 혼자 서 있을 때 이(鯉)가 빨리 걸어 뜰을 지나갔다. 공자가 말하기를, "시를 배웠느냐?" 하니, 대답하기를, "아직 배우지 않았습니다." 하였다. "시를 배우지 않으면 능히 말을 하지 못한다." 하니, 이가 물러나와 시를 배웠다. 다른 날 또 혼자 서 있는데, 이가 빨리 걸어 뜰을 지나갔다. 공자가 말하기를, "예(禮)를 배웠느냐?" 하니, 대답하기를, "아직 배우지 않았습니다." 하였다. "예

을 쌓는 것.
거자(居子) : 아들을 살게 하는 것.
사시(舍市) : 시는 시장이니, 시장이 있는 곳에 집을 정하여 사는 것.
고현(賈衒) : 고는 장사꾼, 현은 물건을 파는 것.
학궁(學宮) : 학교.
조두(俎豆) : 조는 고기를 올려 놓는 제기(祭器)이고, 두는 나무로 만든 제기.
읍양(揖讓) : 읍은 두 손을 마주잡아서 경의(敬意)를 표하는 예법이니, 읍을 하면서 사양하는 것.
욕담여(欲啖汝) : 담은 먹는 것. 즉 네게 먹이려고 한다.
기이(旣而) : 얼마 안 되어.
적(適) : 바야흐로. 때마침.
지(知) : 지각(知覺). 여기서는 어린애가 사물을 이해하게 되는 것.
사지(食之) : 먹이는 것.

3// 孔子嘗獨立이어시늘 鯉趨而過庭하더니 日 學詩乎아 對日未也로이다 不學詩면 無以言이라 하시늘 鯉退而學詩하니라 他日에 又獨立이어시늘 鯉趨而過庭하더니 日 學禮乎아 對日未也로다 不學禮면 無以立이라 하시늘 鯉

를 배우지 않으면 세상에 서지 못한다." 하니, 이가 물러 나와 예를 배웠다.

| 풀이 | 시를 배워야만 사물의 도리에 통달하고 감정의 바름을 얻어서 말이 조리(條理)에 맞게 된다. 예를 배워야만 행동이 절도 있고 덕성(德成)을 함양하여 세상에 설 수 있다. 시와 예의 교육의 중요성이 강조되고 있다.

제4장

공자가 백어(伯魚)에게 말하기를, "너는 주남(周南)과 소남(召南)을 배웠느냐? 사람이 되어 주남과 소남을 배우지 않으면 그것은 바로 담을 바라보고 선 것과 같다." 하였다.

| 풀이 | 주남·소남은 〈시경〉 첫머리에 나오는 편명들인데, 주(周)나라의 성대(聖代)를 구가(謳歌)한 것으로 아름다운 정교(政敎)의 감화(感化)를 살필 수 있다. 수신(修身) 제가(齊家)의 도리가 모두 여기에 있으니 반드시 이것을 배워야 한다. 주남과 소남을 배우지 않는다면 그것은 마치 담을 대하고 서 있는 것처럼, 보는 것이 원대(遠大)하지 못하여 한 가지의 성취도 기대할 수 없다. 주남과 소남의 시가 높이 평가되고 있다.

이상은 입교편을 실증한 것이다〔右는 立敎라〕.

退而學禮하니라

이(鯉) : 공자의 아들. 자는 백어(伯魚).
추(趨) : 빠른 걸음으로 가는 것.
시(詩) : 〈시경(詩經)〉.
무이언(無以言) : 말을 할 수 없음.
예(禮) : 〈예경(禮經)〉.
무이립(無以立) : 설 수 없음.

4// 孔子謂伯魚曰 女爲周南召南矣乎아 人而不爲周南召南이면 其猶正墻面而立與也인저

위(爲) : 여기서는 학(學)과 통하니, 배우는 것.
주남(周南)·소남(召南) : 〈시경〉 국풍(國風)의 편명(篇名).
장면(墻面) : 담을 말함.

2. 명륜(明倫)

제5장

우순(虞舜)의 아버지는 완악하고, 어머니는 사나웠으며, 아우 상(象)은 오만했지만, 능히 효도로써 조절하고 유화하게 만드니, 점차로 바로잡아서 간악한 데 이르지 않게 했다.

| 풀이 | 순 임금의 어머니가 일찍 죽고, 아버지 고수(瞽叟)가 계모를 얻었는데 계모의 성품이 포악했다. 그리고 계모의 몸에서 난 아우 상(象)은 오만했다. 아버지와 계모, 상은 힘을 합하여 순을 죽이려고 했다. 그러나 순은 더욱 효성으로 부모를 섬겨서 마침내 고수를 인자한 아버지로 변하게 만들었다. 이 글에서는 순이 효도로 부모와 아우를 감화시킨 일이 나와 있다.

제6장

만장(萬章)이 묻기를, "순(舜)이 밭에 가서 하늘을 향해 부르짖어 울었다고 하는데 무엇 때문에 부르짖어 울었습니까?" 하니, 맹자가 말하기를, "자신을 원망하고 부모를 사모한 것이다. '나는 힘을 다하여 농사지어서 삼가 자식의 직분을 다했을 뿐이다. 그런데 부모가 나를 사랑하지 않으심은 내게 무슨 잘못이 있는 것인가.' 한 것이다." 하였다.

5// 虞舜이 父頑母嚚하며 象傲어늘 克諧以孝하사 烝烝乂하여 不格姦하시니라

우순(虞舜): 순(舜)이 우(虞)나라 사람이었기 때문에 하는 말.
상(象): 순의 이복 동생.
해(諧): 조화(調和)하는 것. 나쁜 성격을 조절하여 유화(柔和)하게 만드는 것.
증증예(烝烝乂): 증증은 앞으로 나아가는 것, 예는 다스리는 것이니, 점진적으로 바로잡아 나감을 뜻함.
격(格): 이르는 것.

6// 萬章이 問曰 舜이 往于田하사 號泣于旻天하시니 何爲其號泣也잇고 孟子曰 怨慕也시니라 我竭力耕田하여 共爲子職而已矣로니 父母之不我愛는 於我에 何哉오 하시니라 帝使其子九男二女로 百官牛羊倉廩을 備하여 以事舜

요 임금이 아홉 아들과 두 딸을 시켜 백관(百官)과 우양(牛羊)과 창름(倉廩)을 갖추어 농사짓는 들 가운데서 순을 섬기게 하니, 천하의 선비가 순에게로 돌아가는 이가 많았다. 요 임금이 천하를 순에게 옮겨 주려 했으나, 순은 부모에게 순종치 못했다 하여 마치 궁(窮)한 사람이 돌아갈 곳이 없는 것 같았다.

천하의 선비가 기뻐서 따르는 것은 사람이면 원하는 바이나, 그것으로써 근심을 풀지 못했으며, 아름다운 여색(女色)은 사람이면 원하는 바이나, 요 임금의 두 딸을 아내로 삼았어도 그것으로 근심을 풀지 못했다. 부(富)는 사람이면 원하는 바이나, 부유함이 온 천하를 가져왔어도 그것으로 근심을 풀지 못했으며, 귀(貴)는 사람이면 원하는 바이나, 존귀함이 천자(天子)가 되었어도 그것으로 근심을 풀지 못했다. 천하 사람이 따르는 것과 아름다운 여색과 부(富)와 귀(貴)가 모두 따랐지만 그것으로도 근심을 풀 수 없었고 오직 부모에게 순종하는 것만이 근심을 풀 수 있었다.

사람이 어려서는 부모를 사모하고, 여색이 좋은 줄 알면 젊고 어여쁜 여자를 사모하고, 처자가 있으면 처자를 사모하고, 벼슬하면 임금을 사모하며, 임금에게 신임을 얻지 못하면 열중하게 된다. 그러나 대효(大孝)는 몸이 마칠 때까지 부모를 사모하니, 나이 50세에 부모를 사모하는 것을 나는 대순(大舜)에게서 보았다.

於畎畝之中하시니 天下之士多就之者어늘 帝將胥天下而遷之焉이러시니 爲不順於父母라 如窮人無所歸러시다 天下之士悅之는 人之所欲也어늘 而不足以解憂하시며 好色은 人之所欲이어늘 妻帝之二女하사되 而不足以解憂하시며 富는 人之所欲이어늘 富有天下하사되 而不足以解憂하시니 貴는 人之所欲이어늘 貴爲天子하사되 而不足以解憂하시니 人悅之와 好色과 富貴에 無足以解憂者오 惟順於父母라사 可以解憂러시다 人이 少則慕父母하고 知好色則慕少艾하고 有妻子則慕妻子하고 仕則慕君하고 不得於君則熱中이니 大孝는 終身慕父母하나니 五十而慕者를 予於大舜에 見之矣로다

만장(萬章) : 맹자의 제자.
호읍(號泣) : 부르짖으며 우는 것.
민천(旻天) : 어진 하늘의 뜻임.
원모(怨慕) : 부모에게 사랑을 받지 못하는 자신을 원망하고 부모를 사모하는 것.

공(共) : 공(恭)과 통하니, 공경의 뜻임.
자직(子職) : 자식의 직분.
어아(於我) : 내게.
하재(何哉) : 무슨 잘못이 있는 것일까?
제(帝) : 제요(帝堯), 즉 요 임금.
창름(倉廩) : 창고.
견묘(畎畝) : 견은 밭 사이의 도랑, 묘는 밭이랑이니, 농사짓는 들판을 뜻함.
장(將) : 장차.
서(胥) : 거느림.
천지(遷之) : 옮겨 주는 것.
불순어부모(不順於父母) : 부모의 뜻을 기쁘게 하지 못한다면 그것은 순종하는 것이 못됨.
소애(少艾) : 젊고 어여쁜 여자.
열중(熱中) : 여기서는 임금의 신임을 얻기 위하여 온 힘을 기울이는 것.
대효(大孝) : 크게 효도하는 사람. 큰 효자.
대순(大舜) : 위대한 순 임금.

| 풀이 | 순의 아버지 고수(瞽瞍)는 완악하고, 계모는 사납고, 이복(異腹) 아우 상(象)은 오만했다. 모두 순을 미워하여 해치려고 했다. 순은 부지런히 농사지어서 효성을 다했으나 부모는 여전히 사랑하지 않았다. 그러나 순은 부모의 뜻을 기쁘게 하지 못하는 자신을 원망할 뿐, 더욱 부모를 사모했다. 요 임금이 순의 덕을 사모하여 두 딸을 순에게 시집보내고, 아홉 아들을 시켜 순이 농사짓는 들에서 순을 섬기게 했다. 천하 사람이 순에게로 돌아가므로 천하를 순에게 물려주어 순으로 하여금 천자(天子)가 되게 했다. 천하 사람이 모두 자기를 따르고, 아름다운 아내를 거느리고, 천하를 소유하는 부를 누리고, 천자의 존귀한 몸이 되었으며, 인간의 영화가 더할 것이 없건만 그것으로 순의 근심을 풀 수는 없었다. 오직 부모의 뜻을 기쁘게 하는 것만이 근심을 푸는 열쇠가 되었다. 어릴 때는 부모를 사랑하지만 여색을 알게 되면 젊고 어여쁜 여자를 사랑하고, 처자가 있으면 처자를 사랑하는 것이 인정(人情)이건만 순은 늙기에 이르기까지도 부모를 사랑하는 간절한 뜻이 변함이 없었다.

　이 글에는 나와 있지 않지만 그 완악한 아버지도 순의 지극한 효성에 감동되어 마침내 인자한 아버지로 변했고 천하 사람에게 감명을 주었다. 이 일로 말미암아 당시의 도덕 질서가 확립된 이상 사회(理想社會)가 구현되었다는 말이 기록에 보인다.

제7장

양자(楊子)가 말하기를, "부모를 섬기는 데 스스로 부족함을 아는 사람은 순(舜)이다. 오래 할 수 없다는 것은 부모를 섬기는 일을 말한 것이니 효자(孝子)는 날[日]을 사랑한다." 하였다.

| 풀이 | 순(舜)은 천하를 소유하는 부(富)와 천자의 존귀함을 가지고 부모를 섬기면서도 늘 부족함을 느꼈으니, 그의 부모를 사랑하는 뜻이 얼마나 간절했나를 알 수 있다. 부모를 섬기면서 부족함을 느끼는 그 마음이야말로 효자의 마음가짐이다.

옛 글에 "부모의 나이를 알아야 하니, 한편으로는 기쁜 마음으로 알고, 한편으로는 두려운 마음으로 안다〔父母之年 不可不知 一則以喜 一則以懼〕."는 말이 있는데, 부모가 오랜 수(壽)를 누리심은 기뻐할 일이지만 앞으로 섬길 날이 오래지 못함을 두려워하는 것이다. 그렇기 때문에 이 글에는 오래 섬길 수 없음을 탄식하며, 날을 사랑한다는 말이 나왔다. 부모는 한 번 가시면 그림자도 찾아볼 수 없고 숨소리도 들을 길이 없다. 그 얼마나 서글픈 일인가. 부모가 살아 계신 동안에 시간을 아껴 그 마음을 즐겁게 해 드리고, 힘을 다하여 봉양해서 유감이 없도록 해야 한다.

제8장

문왕(文王)이 세자로 있을 때 하루에 세 번 왕계(王季)에

7// 楊子曰 事父母하되 自知不足者는 其舜乎인저 不可得而久者는 事親之謂也니 孝子는 愛日이니라

양자(楊子): 이름은 웅(雄), 자는 자운(子雲). 서한(西漢) 사람.
불가득이구(不可得而久): 불가는 할 수 없는 것이므로, 즉 오래도록 할 수 없는 것임.

8// 文王之爲世子에 朝

於王季하사되 日三하시더니 鷄初鳴而衣服하사 至於寢門外하사 問內豎之御者曰 今日安否何如오 內豎曰 安이어든 文王이 乃喜하시며 及日中又至하사 亦如之하시며 及莫又至하사 亦如之러시다 其有不安節이어시든 則內豎以告文王하여든 文王이 色憂하사 行不能正履하시더니 王季復膳然後에 亦復初러시다 食上에 必在視寒暖之節하시며 食下어든 問所膳하시고 命膳宰曰 末有原이어시든 應曰 諾然後에 退하더시다

내수(內豎) : 임금 측근에서 시중드는 신하.
모(莫) : 날이 저무는 것.
복선(復膳) : 식사를 평시대로 회복하는 것.
복초(復初) : 처음 모습을 회복하는 것.
선재(膳宰) : 궁중의 음식을 맡은 벼슬아치.
말유원(末有原) : 두 번 다시 올리지 말라는 말임.

9// 文王이 有疾이어시든 武王이 不說冠帶而養하더시니 文王이 一飯이어시든 亦一飯하시

게 문안드렸다. 닭이 처음 울면 일어나서 옷 입고 침전(寢殿) 문 밖에 이르러 내수(內豎)의 시자(侍者)에게 묻기를, "오늘 안부(安否)가 어떠신가?" 하면, 내수가 말하기를, "편안하십니다." 하면 문왕이 기뻐했다. 해가 한낮이 되면 또 가서 이와 같이 하고, 날이 저물면 또 가서 이와 같이 했다.

만일 그 절도(節度)에 편안치 않음이 있어서 내수가 그것을 문왕에게 알리면 문왕은 얼굴빛이 근심에 잠기고 길을 걸어도 발을 바로 디디지 못했다. 왕계가 식사를 평시(平時)대로 회복한 연후에야 또한 전의 모습으로 되돌아갔다. 밥상을 올릴 때는 반드시 차고 더운 정도를 살피고, 밥상이 물려나오면 잡수신 분량을 물었다. 선재(膳宰)에게 명하기를, "남은 것은 두 번 다시 올리지 마라." 하고 "그렇게 하겠습니다."라는 대답을 들은 뒤에야 물러나왔다.

| 풀이 | 이 글에서는 문왕이 세자로 있을 때 그 아버지 왕계(王季)를 섬기던 일을 논하고 있다. 문왕은 하루에 세 번 그 아버지의 처소로 가서 문안드리고 식사를 올리는 것도 일일이 보살피며 게을리하지 않았다.

제9장

문왕이 병이 있으면 무왕이 관(冠)과 띠를 풀지 않고 봉양하더니, 문왕이 한 번 먹으면 무왕도 한 번 먹고, 문왕이 두 번 먹으면 무왕도 또한 두 번 먹었다.

| 풀이 | 이 글에서는 무왕이 문왕을 섬기던 일면(一面)을 말하고 있다. 관(冠)과 띠를 풀지 않음은 간호하는 성의도 있지만 아버지가 병고(病苦)에 시달리는데 자식이 되어 몸을 편안히 할 수 없다는 뜻도 들어 있다. 아버지가 한 번 먹으면 자기도 한 번 먹고, 아버지가 두 번 먹으면 자기도 두 번 먹는 것은 병드신 아버지와 괴로움을 함께하려는 효심(孝心)에서 나온 것이다.

며 文王이 再飯이어시든 亦再飯하더시다

무왕(武王) : 주 문왕의 아들, 이름은 발(發). 주(紂)를 죽여서 은(殷)나라를 멸하고 중국을 통일했음.
설(說) : 탈(脫)과 통하여 벗는 것.
반(飯) : 밥먹는 것.

제10장

공자가 말하기를, "무왕과 주공(周公)은 온 천하 사람이 모두 칭찬하는 효자(孝子)다. 대체로 효도라는 것은 선인(先人)의 뜻을 잘 계승하고 선인의 일을 잘 수행하는 것이다. 선왕(先王)의 지위를 계승하여 그 예법을 그대로 준행하며, 그 음악을 연주하며, 그 존경하던 이를 존경하며, 그 친애하던 이를 친애하며, 죽은 이 섬기기를 산 사람 섬김같이 하며, 없는 이 섬기기를 생존한 이 섬김같이 하는 것이 지극한 효도인 것이다." 하였다.

10// 孔子曰 武王周公은 其達孝矣乎신저 夫孝者는 善繼人之志하며 善述人之事者也니라 踐其位하여 行其禮하며 奏其樂하며 敬其所尊하며 愛其所親하며 事死如生하며 事亡如事存이 孝之至也니라

| 풀이 | 아버지가 이루지 못한 뜻을 계승하여 이루어주는 계지(繼志)와 이미 이루어놓은 사업을 잘 수행하여 발전시키는 술사(述事)는 가장 큰 효도이다. 무왕은 태왕(太王)·왕계(王季)·문왕의 뜻을 이어받아서 왕업(王業)을 이루었으며, 선왕의 문물 제도(文物制度)를 그대로 따랐다. 그리고 주공은 문왕·무왕의 공업(功業)을 찬양하고 또 선

주공(周公) : 문왕의 아들, 무왕의 아우.
달효(達孝) : 천하 사람이 공통적으로 일컫는 효도.
계(繼) : 여기서는 선인(先人)의 뜻을 계승하는 것.
술(述) : 선인이 이루어놓은 사업을 그대로 수행하여 발전시키는 것.
천기위(踐其位) : 선왕의 지위를 계승하는 것.
사(死) : 여기서는 처음 죽었을 때를 표현하는 말.

무(亡) : 이미 장사지낸 뒤를 표현하는 말.

11// 淮南子曰 周公之事文王也에 行無專制하시며 事無由己하시며 身若不勝衣하시며 言若不出口하시며 有奉持於文王에 洞洞屬屬하사 如將不勝하시며 如恐失之하시니 可謂能子矣로다

전제(專制) : 제 마음대로 하는 것.
유기(由己) : 자기 생각대로 하는 것.
신약불승의(身若不勝衣) : 몸의 옷을 이기지 못하는 것 같음. 몸가짐을 극히 삼가는 모양.
동동촉촉(洞洞屬屬) : 겁내고 조심하는 모습.
불승(不勝) : 감당하지 못하는 것.
능자(能子) : 능히 자식의 도리를 다함.

12// 孟子曰 曾子養曾晳하실새 必有酒肉하더시니 將徹할새 必請所與하시며 問有餘어든 必曰有라 하더시다 曾晳이 死커늘 曾元이 養曾子하되 必有酒肉하더

조들을 추존(追尊)하여 받들었다. 공자는 '지극한 효도'라는 표현으로 문왕과 주공을 높이 평가하고 있다.

제11장

〈회남자(淮南子)〉에 말하기를, "주공이 문왕을 섬길 때는 행동을 전제(專制)하는 일이 없고, 일을 제 마음대로 하지 않았다. 몸가짐을 공손히 하여 옷도 이기지 못하는 것 같았으며, 말이 입에서 나오지 못하는 것 같았다. 물건을 문왕에게 받들어 올릴 때는 삼가고 조심하여 마치 그것을 이기지 못하는 것 같았고, 떨어뜨리지 않을까 두려워하는 것 같았다. 자식의 도리를 잘했다고 말할 수 있다." 하였다.

| 풀이 | 이 글에서는 주공이 그 아버지 문왕을 섬기던 일을 논했다. 부모가 계시면 모든 행동을 자기 마음대로 하지 못하고, 반드시 부모에게 여쭈어서 명(命)을 받은 후에 행하며, 부모가 계신 앞에서는 몸가짐과 말과 동작을 극히 삼가고 조심해야 한다. 이것이 자식된 자의 도리이다.

제12장

맹자가 말하기를, "증자가 증석(曾晳)을 봉양할 때 반드시 술과 고기가 있었고, 상을 물릴 때 반드시 줄 사람을 물었으며, 남은 것이 있느냐고 물으면 반드시 있다고 대답했다. 증석이 죽고 증원(曾元)이 증자를 봉양할 때도 반드시 술과 고기가 있었으나, 상을 물릴 때 줄 사람을 묻지

않았으며, 남은 것이 있느냐고 물으면 없다고 했으니 그것은 장차 다시 올리려는 것이다. 이것은 이른바 입과 몸만을 기르는 것이다. 증자와 같다면 뜻도 기른다고 말할 수 있다. 어버이 섬김은 증자와 같이 하는 것이 옳다." 하였다.

| 풀이 | 증자가 그 아버지 증석을 봉양할 때 밥상에는 반드시 술과 고기가 놓였고, 밥상을 물릴 때는 반드시 그 남은 음식을 주고 싶은 사람을 물었으며, 남은 것이 있느냐고 물으면 반드시 있다고 대답했다. 이것은 입과 몸을 봉양하는 동시에 그 뜻을 받드는 것이다. 증원이 증자를 봉양할 때도 술과 고기는 있었지만, 밥상을 물릴 때 그 주고 싶은 사람을 묻지 않았으며, 남은 것이 있느냐고 물으면 없다고 대답했다. 남은 음식을 다시 올리려는 것이다. 이와 같이 하는 것은 단지 입과 몸을 봉양할 줄만 알고 그 뜻을 받들 줄은 모르는 것이다.

　부모를 봉양하는 것은 증자처럼 해야 한다. 사람은 마음이 즐거운 것이 첫째다. 아무리 좋은 음식이 있어도 마음이 편안치 못하면 맛을 모른다. 그렇기 때문에 부모의 뜻에 승순(承順)하는 양지(養志)가 큰 효도인 것이다.

제13장

　공자가 말하기를, "효자로다, 민자건(閔子騫)이여. 사람들이 그 부모 형제가 그의 효도와 우애를 칭찬하는 말에

시니 將徹할새 不請所與하며 問有餘어시든 曰亡矣 하니 將以復進也라 此는 所謂養口體者也니 若曾子則可謂養志也니라 事親이 若曾子者可也니라

증석(曾晳) : 이름은 점(點), 증자의 아버지. 석은 자(字)임.
철(徹) : 식사를 끝내고 상을 물리는 것.
필청소여(必請所與) : 청은 묻는 것, 소여는 줄 사람이니, 남은 음식을 주고 싶은 사람을 묻는 것.
부진(復進) : 다시 올리는 것.

13// 孔子曰 孝哉라 閔子騫이여 人不間於其父母昆弟之言이로다

민자건(閔子騫) : 이름은 손(損), 자건은 자(字), 공자의 제자.
간(間) : 비방. 이간.
부모곤제지언(父母昆弟之言) : 곤제는 형제이니, 민자건의 부모 형제가 민자건의 효도와 우애를 칭찬하는 말.

대하여 다른 말을 하지 못하는구나." 하였다.

┃풀이┃ 민자건은 효자로 이름이 높다. 일찍이 그 어머니를 여의고 계모 밑에서 자랐다. 겨울에 계모는 자기가 낳은 두 아들은 솜 넣은 옷을 만들어 입히고, 민자건의 옷은 갈꽃[蘆花]을 넣어 만들어 입혔다. 어느 추운 날 그 아버지가 민자건이 추워하는 모습을 보고 괴이히 여겨 조사하여 알고는 계모를 내보내려 했다. 민자건이 울면서 말하기를, "어머니가 계시면 한 아들이 춥고, 안 계시면 세 아들이 춥습니다." 하여 그 아버지의 뜻을 돌리게 했다. 계모도 깊이 감동하고 생각을 고쳐서 착한 어머니가 되었다. 민자건의 지극한 효도와 우애는 높이 평가되고 있다.

제14장

14// 老萊子孝奉二親하더니 行年七十에 作嬰兒戱하여 身著五色斑爛之衣하며 嘗取水上堂할새 詐跌仆臥地하여 爲小兒啼하며 弄雛於親側하여 欲親之喜하더라

노래자(老萊子)가 두 어버이를 효성으로 섬겼다. 나이 70세에 어린애처럼 색동을 부리며 채색이 영롱한 옷을 입었다. 일찍이 물을 들고 마루에 오르다가 짐짓 넘어져 땅에 누워서 어린애 울음소리를 냈으며, 어버이 곁에서 새 새끼를 희롱했다. 이것은 모두 어버이를 기쁘게 하려는 것이었다.

노래자(老萊子) : 초(楚)나라 사람. 도가(道家)에 속함.
신착오색반란지의(身著五色斑爛之衣) : 찬은 옷을 입

┃풀이┃ 노래자는 효성이 지극하여 나이 70세에 오색이 영롱한 옷을 입고 어린애 같은 놀이를 했다. 일부러 넘어져 땅에 누워서 어린애처럼 울기도 하고, 어버이 곁에서

제4편 계고 • 167

새 새끼를 가지고 장난을 하기도 했으니, 이는 그 어버이를 즐겁게 하려는 것이었다.

만약 오늘날에 노래자와 같은 행동을 한다면 아마도 어른이, 그것도 70세가 된 노인이 망령이 들었다고 할 것이다. 그러나 옛날에는 나이 많은 자식이 채색(彩色) 옷을 입고 춤추어서 어버이의 마음을 위로하고 즐겁게 해 드리는 일이 흔히 있었다.

는 것, 오색반란은 오색 무늬가 아름다운 것. 즉 오색 무늬 옷을 입음.
상당(上堂) : 마루에 오르는 것임.
사(詐) : 거짓. 일부러.
질부(跌仆) : 넘어지는 것.
농추(弄雛) : 새 새끼를 희롱하는 것.

제15장

악정자춘(樂正子春)이 마루에서 내려오다가 발을 다치고 몇 달 동안 문 밖에 나가지 않았으며 오히려 근심하는 빛이 있었다. 제자가 묻기를, "선생님의 발이 이미 나았는데도 몇 달 동안 문 밖에 나가지 않으시고 오히려 근심하는 빛이 있음은 어찌된 것입니까?" 하였다.

악정자춘이 말하기를, "좋도다, 그대의 물음이여! 좋도다, 그대의 물음이여! 나는 증자에게서 듣고, 증자는 공자에게서 들은 말인데, '하늘이 낳고 땅이 길러주는 만물 중에서 오직 사람이 귀중하다. 부모가 몸을 온전히 하여 낳아주셨으니 자식도 몸을 온전히 하여 돌아가야만 효도라고 말할 수 있다. 그 형체(形體)를 손상하지 않고, 그 몸을 욕되게 하지 않아야만 온전히 했다고 할 수 있을 것이다.' 하였다.

그러므로 군자는 반 걸음이라도 감히 효도를 잊지 못하는 것이다. 이제 나는 효도하는 도리를 잊었으니 내가 이

15// 樂正子春이 下堂而傷其足하고 數月不出하여 猶有憂色하더니 門弟子曰 夫子之足이 瘳矣로되 數月不出하사 猶有憂色은 何也잇고 樂正子春이 曰 善하다 如爾之問也여 善하다 如爾之問也여 吾는 聞諸曾子하고 曾子는 聞諸夫子하시니 曰 天之所生과 地之所養에 惟人이 爲大하니 父母全而生之하시니 子全而歸之라야 可謂孝矣는 不虧其體하며 不辱其身이 可謂全矣라 하시니 故로 君子는 頃步而不敢忘孝也하나니 今子忘孝之道라 子是以로 有憂色也로라 一擧足而不敢忘父母라 是故로 道而不徑하며

舟而不游하여 不敢以先父母之遺體로 行殆하며 一出言而不敢忘父母라 是故로 惡言이 不出於口하며 忿言이 不反於身하나니 不辱其身하며 不羞其親이면 可謂孝矣니라

악정자춘(樂正子春) : 악정은 성(姓), 자춘은 이름. 증자(曾子)의 제자.
문제부자(聞諸夫子) : 공자에게서 들음.
유인위대(惟人爲大) : 오직 사람이 큰 것이 됨. 만물 중에서 사람이 가장 큰 존재가 됨을 뜻함.
휴(虧) : 여기서는 몸의 어느 한 부분을 다쳐서 흠이 생기는 것.
규보(頃步) : 규는 규(跬)와 통하여 반 걸음. 발 한 번 드는 것을 규, 두 번 드는 것을 보라고 함.
도이불경(道而不徑) : 큰 길로 가고 지름길로 가지 않음.
유(游) : 헤엄치는 것.
행태(行殆) : 위태로운 일을 행하지 않음.
분언불반어신(忿言不反於身) : 분노의 말이 내 몸에 돌아오지 않는 것.

16// 伯兪有過어늘 其母笞之한데 泣이러니 其母曰 他日笞에 子未

것 때문에 근심하는 빛이 있는 것이다. 발을 한 번 들어 옮길 때는 부모의 몸인 것을 잊지 못한다. 이런 까닭에 큰 길로 가고 지름길을 가지 않으며, 배로 건너고 헤엄치지 않아서 감히 부모가 주신 몸을 가지고 위태로운 일을 행하지 않는 것이다. 입에서 말을 할 때는 감히 부모를 잊지 못한다. 이런 까닭에 나쁜 말이 입에서 나오지 못하게 하며, 분노의 말이 몸에 돌아오지 않게 하는 것이다. 그 몸을 욕되게 하지 않으며, 그 부모를 부끄럽게 만들지 않는다면 효도했다고 말할 수 있다." 하였다.

| 풀이 | 과거에는 부모가 주신 몸을 소중히 간직하여 온전히 하는 것을 큰 효도로 여겼다. 〈효경(孝經)〉에 "몸을 부모에게서 받았으니 감히 손상하지 않는 것이 효도의 끝맺음이다〔身體髮膚 受之父母 不敢毀傷 孝之始也〕."는 말이 있으니, 여기에 나오는 공자의 말을 뒷받침한다. 그렇기 때문에 위험한 곳에 가지 않고, 위태로운 행동을 하지 않았으며, 말도 극히 삼갔다. 악정자춘은 다친 발이 비록 나았지만 발을 다친 동기가 일시적이나마 효도를 잊어서 행동을 삼가지 않은 데 있다고 생각했기 때문에 근심하는 빛을 감추지 못했던 것이다.

제16장

백유(伯兪)가 잘못이 있어서 그 어머니가 종아리를 치니 유가 울었다. 그 어머니가 말하기를, "다른 날은 종아리를

쳐도 울지 않더니 이제 우는 것은 무슨 까닭이냐?" 하니, 대답하기를, "유가 죄(罪)를 얻어 종아리 치시면 늘 아프더니, 이제 어머니의 힘이 약해 아프게 하지 못하시니 이런 까닭에 우는 것입니다." 하였다.

그러므로 부모가 성내시거든 마음에 반발하지 않고 얼굴빛에 나타내지 않으며, 깊이 그 죄를 받아서 부모로 하여금 애처롭게 여기시도록 하는 것이 자식된 도리로서 최상(最上)이다. 부모가 성내시거든 마음에 반발하지 않고 얼굴빛에 나타내지 않는 것이 그 다음이며, 부모가 성내시거든 마음에 반발하고 얼굴빛에 나타내는 것이 최하(最下)다.

| 풀이 | 백유는 일찍이 잘못이 있어서 그 어머니가 종아리를 쳐도 우는 일이 없었는데, 이제 눈물을 흘리는 것은 그 어머니의 매질이 전보다 아프지 않음을 느끼고 그 노쇠(老衰)하심을 슬퍼하는 것이다. 그 어버이를 사랑하는 지극한 정리(情理)를 피부로 느끼게 한다.

효자는 부모가 성내어도 반발하는 마음을 품지 않고, 원망이나 불행의 빛을 얼굴에 나타내지 않으며, 오직 깊이 뉘우치는 마음으로 벌을 달게 받아서 부모로 하여금 애처롭게 여기는 마음을 불러일으키게 한다. 그렇게 함으로써 노여움을 풀어드리고 부모·자식 사이의 화기(和氣)를 손상시키지 않는다. 이 글에서는 자식된 도리의 최상을 논했다.

嘗泣이라가 今泣은 何也오 對曰 俞得罪에 答常痛이러니 今母之力이 不能使痛이라 是以泣하노이다 故로 曰父母怒之어시든 不作於意하며 不見於色하여 深受其罪하여 使可哀憐이 上也요 父母怒之어시든 不作於意하며 不見於色이 其次也요 父母怒之어시든 作於意하며 見於色이 下也니라

백유(伯俞) : 성은 한(韓), 이름은 유(俞), 한(漢)나라 사람. 백은 맏아들의 뜻.
읍(泣) : 소리를 내지 않고 눈물을 흘리는 것.
부작어의(不作於意) : 작은 반발을 일으키는 것이니, 마음에 반발을 일으키지 않는 것.
불현어색(不見於色) : 현은 나타냄. 그러므로 원망하는 빛을 얼굴에 나타내지 않는 것.
심수기죄(深受其罪) : 깊이 뉘우치는 마음으로 죄를 받음.

제17장

공명선(公明宣)이 증자의 문하(門下)에 있은 지 3년이 되도록 글을 읽지 않으니 증자가 말하기를, "선(宣)아, 네가 삼(參)의 문하에 있은 지 3년이 되었건만 배우지 않음은 무슨 까닭이냐?" 하였다.

공명선이 대답하기를, "어찌 감히 배우지 않겠습니까. 선이 선생님께서 가정에 계실 때 보니 어버이가 계시면 일찍이 개나 말에게도 성내어 꾸짖지 않으셨습니다. 선이 기뻐하여 배우고 있으나 아직도 잘 되지 않습니다. 선이 선생님께서 손님 접대하시는 것을 보니, 공손하고 검소하며 게을리하지 않으셨습니다. 선이 기뻐하여 배우고 있으나 아직도 잘하지 못합니다. 선이 선생님께서 조정(朝廷)에 계실 때를 보니 엄격하게 아랫사람에게 대하시지만 그들을 헐뜯거나 손상하지 않으셨습니다. 선이 기뻐하여 배우고 있으나 아직도 잘 되지 않습니다. 선이 이 세 가지를 기뻐하여 배우고 있지만 아직도 잘하지 못하고 있습니다. 선이 어찌 감히 배우지 않으면서 선생님의 문하에 있겠습니까." 하였다.

17// 公明宣이 學於曾子하되 三年을 不讀書어늘 曾子曰 宣아 而居參之門이 三年이로되 不學은 何也오 公明宣이 曰 安敢不學이리잇고 宣이 見夫子居庭하니 親在어시든 叱咤之聲이 未嘗至於犬馬하실새 宣이 說之하여 學而未能하며 宣이 見夫子之應賓客하니 恭儉而不懈惰하실새 宣이 說之하여 學而未能하며 宣이 見夫子之居朝廷하니 嚴臨下而不毁傷하실새 宣이 說之하여 學而未能하니 宣이 說此三者하여 學而未能이니 宣이 安敢不學而居夫子之門乎리잇고

공명선(公明宣): 공명은 성, 선은 이름, 증자의 제자.
삼(參): 증자의 이름.
부자(夫子): 선생님의 뜻.
친재(親在): 어버이가 가정에 계신 것.
질타(叱咤): 성내어 꾸짖음.
열(說): 열(悅)과 통하니, 기뻐함.
해타(懈惰): 게으름.

| 풀이 | 가정에 있을 때 어버이가 계시면 감히 큰소리를 내지 못하는 것은 행동을 삼가는 자식의 도리이다. 공손히 하고 검소하게 하며, 게을리하지 않는 것은 손님을 접대하는 도리이다. 엄격하게 아랫사람을 대하지만 그들을 헐뜯거나 손상하지 않는 것은 윗사람의 도리이다. 글로

가르치고 배우는 것만이 교육이 아니고, 행동으로 보여주어서 느끼게 하는 것이야말로 산 교육이고 능률적인 교육이다. 공명선은 증자의 행동을 보고 느껴서 바른길을 배운 것이다. "하늘은 말 없이 행동과 사실을 보여줄 뿐이다〔天不言 以行與事之而已〕."는 말을 연상케 한다.

제18장

소련 대련(少連大連)이 거상(居喪)을 잘했다. 어버이가 돌아가신 뒤에 사흘 동안 매우 슬퍼했으나 예절을 게을리하지 않고, 석 달 동안 해이하지 않았으며, 기년(期年)까지 슬퍼하고 3년까지 근심했다. 그는 동이(東夷)의 사람이었다.

18// 少連大連이 善居喪하여 三日不怠하며 三月不解하며 期悲哀하며 三年憂하니 東夷之子也라

| 풀이 | 이 글에서는 동이의 사람 소련 대련의 거상하는 예절을 논했다. 어버이가 돌아가신 뒤 사흘 동안은 지극히 애통해 하며 예절을 극진히 했다. 사흘이면 성복(成服)을 하게 되니 슬픔은 물론 예절도 복잡하다. 영구(靈柩)를 빈소(殯所)에 모시는 석 달 동안 역시 지극히 애통해 하고 예절을 게을리하지 않았다. 기년(朞年)이면 소상(小祥)이 되니 그때까지는 슬퍼하고, 3년이면 탈상(脫喪)하게 되니 그때까지는 근심했다. 비록 동이의 사람이지만 거상하는 예절이 절도(節度)에 맞았다.

소련대련(少連大連) : 두 사람인 것 같음.
해(解) : 해(懈)와 같으니, 해이의 뜻임.
기(期) : 기(朞)와 통하니, 기년(朞年), 즉 1주년.
동이(東夷) : 동쪽 오랑캐. 옛날에 우리 나라도 동이로 일컬어졌지만 어디를 말하는 것인지 확실히 알 수 없음.

제19장

고자고(高子皐)가 친상(親喪)을 당하여 집상(執喪)하는 3

19// 高子皐之執親之喪

也에 泣血三年하여 未嘗見齒하니 君子以爲難하니라

읍혈(泣血) : 소리 없이 울어서 눈물이 피나듯 함.
현치(見齒) : 이를 드러내 보임. 이를 드러내서 웃음을 뜻함.

20// 顔丁이 善居喪하여 始死에 皇皇焉如有求而弗得하며 旣殯에 望望焉如有從而弗及하며 旣葬에 慨然如不及其反而息하더라

안정(顔丁) : 노(魯)나라 사람.
황황언(皇皇焉) : 황황(遑遑)과 같으니, 마음이 급하여 허둥지둥함.
빈(殯) : 영구(靈柩)를 빈소에 안치하는 것.
망망언(望望焉) : 뚫어지게 앞을 바라보는 모습.
개연(慨然) : 슬퍼하는 뜻이 있음.

21// 曾子有疾하사 김

년 동안 피눈물을 흘리듯 슬피 울었으며, 이를 드러내서 웃지 않았으니 군자가 그렇게 하기 어렵다고 했다.

| 풀이 | 이 글에서는 공자의 제자 고자고의 3년 동안 집상하는 태도를 논했다.

제20장

안정(顔丁)은 거상(居喪)을 잘했다. 어버이가 처음 돌아가시니, 황황(遑遑)하여 마치 어버이를 찾아 헤매다가 찾지 못한 것 같았고, 빈소에 모시고 나서는 마치 앞을 바라보고 부지런히 달려 좇아갔으나 따라가지 못한 것 같았으며, 장사지내고 나서는 개연(慨然)히 돌아오실 수 없다고 생각하면서도 오히려 기다리는 것 같았다.

| 풀이 | 안정은 거상을 잘해서 어버이가 처음 돌아가셨을 때는 당황하여 혹시 살아나시기를 바라는 마음이 간절했으며, 영구를 빈소에 모시고 나서는 다시 살아 돌아오시게 할 수 없을까 하여 애태웠다. 장사지내고 나서도 차마 잊지 못하여 아직도 돌아오시기를 바라는 뜻이 있었으니, 거상하는 동안 하루도 어버이를 잊지 않은 것이다. 죽은 이 섬기기를 산 사람 섬기듯이 한 표본(標本)이다.

제21장

증자가 병이 위중할 때 제자들을 불러놓고 말하기를,

"이불을 걷고 내 발과 손을 보아라. 〈시경〉에 이르기를, '두려워하고 삼가기를 깊은 못에 임한 듯이, 엷은 얼음을 밟는 듯이 한다.'고 했다. 내 오늘 이후에야 불효를 면한 것을 알게 되었다. 제자들아." 하였다.

| 풀이 | 부모가 주신 몸을 온전히 하는 것이 효도지만 짧고도 긴 생애를 통하여 몸을 훼손하지 않기란 쉬운 일이 아니다. 증자는 죽음에 임하여 그의 제자들을 불러놓고 이불을 걷어 손과 발을 보게 하며, 〈시경〉의 구절을 인용하여 몸을 온전히 간직하는 어려움을 회고(回顧)하면서 제자들을 경계했다.

제22장

기자(箕子)는 주(紂)의 친척이다. 주가 처음에 상아(象牙) 젓가락을 만드니 기자가 탄식하여 말하기를, "그가 상아 젓가락을 만들었으니 반드시 옥(玉) 술잔을 만들 것이고, 옥 술잔을 만들고 나면 반드시 먼 곳의 진기(珍奇)하고 괴이한 물건을 생각하여 사용하게 될 것이니, 수레와 말과 궁실(宮室)을 사치하게 할 조짐이 여기에서부터 시작되어 구제할 수 없을 것이다." 하였다.

주가 음란하고 방탕하므로, 기자가 간(諫)하니 주가 듣지 않고 옥에 가두었다. 사람들이 혹 말하기를, "떠나가는 것이 좋다." 하니, 기자가 말하기를, "남의 신하가 되어, 간하여 듣지 않는다고 떠나간다면 이는 임금의 악을 드러

門弟子하사 曰 啓子足하며 啓子手하라 詩云 戰戰兢兢하여 如臨深淵하며 如履薄氷이라 하니 而今而後에야 吾知免夫와라 小子아

유질(有疾): 병이 있는 것. 여기서는 병이 위중한 것.
계여족 계여수(啓子足啓子手): 이불을 걷어서 내 발과 손을 보라는 뜻.
면부(免夫): 여기의 면은 몸을 훼손시키는 불효를 면한 것. 부는 어조사.
소자(小子): 제자.

22// 箕子者는 紂의 親戚也라 紂始爲象箸어늘 箕子嘆曰 彼爲象箸하니 必爲玉杯로다 爲玉杯則必思遠方珍怪之物而御之矣리니 輿馬宮室之漸이 自此始하여 不可振也로다 紂爲淫泆이어늘 箕子諫하신대 紂不聽而囚之러니 人이 或曰 可以去矣라 하여늘 箕子曰 爲人臣하여 諫不聽而去면 是는 彰君之惡而自說於民이니 吾不忍爲也라 하시고 乃被髮伴狂而爲奴하사 遂隱而

내서 스스로 백성에게 환심(歡心)을 사는 것이니 나는 차마 할 수 없다." 하고 머리를 풀어 헤쳐 미친 사람 행세를 하여 종이 되었다. 드디어 숨어 살면서 거문고를 타서 자신의 슬픈 마음을 달랬으니, 이를 전하기를, '기자조(箕子操)'라고 한다.

왕자 비간(比干)도 또한 주의 친척이다. 기자가 간하다가 듣지 않아 종이 된 것을 보고 말하기를, "임금이 허물이 있는데도 죽음으로써 다투지 않는다면 백성이 무슨 죄랴." 하고 바른말로 주에게 간했다. 주가 노하여 말하기를, "내 들으니, 성인(聖人)의 염통에는 일곱 구멍이 있다고 하던데 과연 있을까?" 하고 곧 왕자 비간을 죽여서 그 염통을 쪼개 보았다.

미자(微子)가 말하기를, "부자는 골육(骨肉)의 친함이 있고, 임금과 신하는 의리로 맺어졌으므로, 아비가 허물이 있어 자식이 세 번 간하여 듣지 않으면 따라다니면서 울부짖지만, 남의 신하된 자는 세 번 간하여 듣지 않으면 그 의리가 떠나갈 수 있다." 하고 드디어 가버렸다.

공자가 말하기를, "은(殷)나라에 세 어진 이가 있다." 하였다.

鼓琴하여 以自悲하시니 故로 傳之曰 箕子操라 하니라 王子比干者는 亦紂之親戚也라 見箕子諫不聽而爲奴하고 則曰 君이 有過而不以死爭이면 則百姓은 何辜오 하고 乃直言諫紂한데 紂怒曰 吾聞聖人之心에 有七竅라 하니 信有諸乎아 하고 乃遂殺王子比干하여 刳視其心하니라 微子曰 父子는 有骨肉而臣主는 以義屬故로 父有過어든 子三諫而不聽則隨而號之하고 人臣이 三諫而不聽則其義可以去矣라 하고 於是에 遂行하니라 孔子曰 殷有三仁焉하니라

기자(箕子) : 기주(箕周)에 봉해지고 자작(子爵)이었으므로 기자로 불리워짐.
주(紂) : 은(殷)나라 최후의 임금 제신(帝辛).
상저(象箸) : 상아(象牙) 젓가락.
어(御) : 여기서는 사용하는 것.
점(漸) : 조짐. 경향.
진(振) : 여기서는 구제(救濟)의 뜻.
음일(淫泆) : 음란하고 방탕한 것.
창(彰) : 드러냄.
피발(被髮) : 머리를 풀어

| 풀이 | 기자, 왕자 비간, 미자, 이 세 사람은 모두 은나라 주의 친척이며 신하이다. 주가 백성을 괴롭히고 사치를 일삼아서 나라가 어지러워졌으므로, 기자는 그 잘못을 간하다가 종이 되었고, 비간은 끝까지 다투다가 죽임을

당했으며, 미자는 간해도 듣지 않으니 떠나가 버렸다. 비록 거취(去就)를 달리했지만 신하로서 임금의 잘못을 간하는 대의(大義)를 지킴은 일치한 것이다. 공자는 이들을 찬양하여 "세 어진 이〔三仁〕"라고 했다. 지난날에는 바른말 하는 것을 선비의 정신으로 삼았는데, 오늘날은 윗사람의 뜻에 영합(迎合)하여 영달(榮達)을 도모하는 것을 능사(能事)로 삼는 경향이 있음은 참으로 걱정스럽다. 이같은 경향은 사람의 정신을 마비시키고 사회를 혼란으로 몰아넣으니 결코 웃어 넘길 수 없다. 선비의 정신 진작(振作)이 절실히 요망된다.

제23장

무왕(武王)이 주(紂)를 치니 백이(伯夷)·숙제(叔齊)가 말을 붙들고 간했다. 좌우(左右)에서 죽이려고 하니, 태공(太公)이 말하기를, "이들은 의로운 사람이다." 하고, 부축하여 보냈다.

무왕이 이미 은(殷)나라의 난(亂)을 평정하니 천하가 주(周)나라를 받들었다. 그러나 백이·숙제는 부끄럽게 여겨 의리상 주나라의 곡식을 먹을 수 없다 하여 수양산(首陽山)에 숨어 고비를 캐 먹더니 드디어 굶어죽었다.

Ⅰ풀이Ⅰ 무왕은 은나라를 멸하고 중국을 통일하니, 천하 사람이 모두 주나라를 받들었건만 백이·숙제는 홀로 부끄럽게 여겨 수양산에 들어가 고비를 캐 먹다가 죽었다.

해치는 것.
고금이자비(鼓琴以自悲): 거문고를 타서 자신의 슬픈 뜻을 달래는 것으로 풀이됨.
기자조(箕子操): 조는 곡조(曲調)의 뜻.
규(竅): 구멍.
신(信): 정말, 과연.
제호(諸乎): 어조사. 의문(疑問)을 표시하는 말.
고시(剖視): 쪼개 봄.
수이호지(隨而號之): 수는 따라다니는 것. 호는 부르짖으며 우는 것.
어시(於是): 여기에 있어.

23// 武王이 伐紂이어늘 伯夷叔齊叩馬而諫한대 左右欲兵之러니 太公이 曰 此는 義人也라 하고 扶而去之하니라 武王이 已平殷亂하시니 天下宗周어늘 而伯夷叔齊恥之하여 義不食周粟이라 하여 隱於首陽山하여 採薇而食之하더니 遂餓而死하니라

백이 숙제(伯夷叔齊): 고죽(孤竹) 임금의 두 아들. 백이가 형이고, 숙제는 아우임.

고마(叩馬) : 말을 붙드는 것.
좌우(左右) : 좌우에 있는 사람.
병(兵) : 여기서는 죽이는 것.
태공(太公) : 여상(呂尙)을 말함. 무왕을 도와 은(殷)을 멸하고 중국을 통일케 함.
부이거지(扶而去之) : 부축하여 보내는 것.
종주(宗周) : 종은 종주국(宗主國)이니, 주나라를 종주국으로 받드는 것.
속(粟) : 곡식의 뜻.
미(薇) : 고비나물.

맹자는 이들을 "성인의 청백한 자〔聖人淸者〕"로 높이 평가했으며 후세 사람들도 "세상에 우뚝 솟아나서 홀로 의를 행했다〔特立獨行〕." 하는 말로 찬양했다. 성삼문(成三問)이 중국에 들어갔다가 백이·숙제의 무덤 앞을 지나게 되어 읊은 시가 있는데,

당년에 말 붙잡고 감히 옳지 않음을 말해〔當年叩馬敢言非〕
대의가 당당하여 해와 달처럼 빛났네〔大義堂堂日月輝〕
초목도 주나라 비와 이슬에 젖었거늘〔草木亦霑周雨露〕
그대의 수양산 고비 먹은 것이 부끄러워〔愧君猶食首陽薇〕

했으니, 주나라의 곡식을 먹는 것이 의리에 어긋난다고 생각하는 이상 수양산 고비도 먹지 않아야 옳다는 풍자(諷刺)이다. 이 시를 읊었더니 백이·숙제의 묘비(墓碑)에서 땀이 흘렀다고 한다.

제24장

24// 衛靈公이 與夫人 夜坐러니 聞車聲이 轔轔하여 至闕而止라가 過闕復有聲하니 公이 問夫人曰 知此爲誰오 夫人이 曰 此蘧伯玉也로 소이다 公이 曰 何以知 之오 夫人이 曰 妾이 聞 하니 禮에 下公門하며 式路馬는 所以廣敬也니 夫忠臣與孝子는 不爲昭 昭信節하며 不爲冥冥惰

위 영공(衛靈公)이 부인과 함께 밤에 앉았는데, 수레 소리가 드르르 하고 들리더니 대궐(大闕)에 이르러 그치고, 대궐을 지나고 나서 다시 소리가 있었다. 공이 부인에게 묻기를, "이는 누구인지 아시겠소?" 하니, 부인이 말하기를, "이 사람은 거백옥(蘧伯玉)입니다." 하였다. 공이 말하기를, "무엇으로 아시오?" 하니, 부인이 말하기를, "첩(妾)이 들으니, 예법에 공문(公門)에서 수레를 내리고, 노마(路馬)에 대하여 식(式)하는 것은 공경하는 마음을 넓히는 것

이라고 했습니다. 대체로 충신과 효자는 밝은 곳이라고 하여 예절을 펴지 않으며, 어두운 곳이라고 하여 행실을 게을리하지 않습니다. 거백옥은 위(衛)나라의 어진 대부(大夫)입니다. 어질고 지혜 있으며 윗사람 섬김을 공경히 하니, 그 사람은 반드시 어두운 때라고 하여 예절을 폐(廢)하지 않을 것입니다. 그래서 아는 것입니다." 하였다. 공이 사람을 시켜 알아보게 했는데, 과연 백옥이었다.

行하나니 蘧伯玉은 衛之賢大夫也라 仁而有智하고 敬於事上하니 此其人이 必不以闇昧로 廢禮라 是以知之하나이다 公이 使人視之하니 果伯玉也러라

|풀이| 대궐문 앞에 이르면 수레나 말에서 내리고, 노마(路馬)를 대하면 수레 앞 가로막이 나무에 몸을 의지하여 경의(敬意)를 표하는 것은 임금을 공경하는 예절이다. 위나라의 대부 거백옥은 컴컴한 밤이건만, 대궐문 앞에 이르러서는 수레를 내리고, 문 앞을 지나치면 다시 수레에 올랐다. 그의 안팎이 없는 광명 정대(光明正大)한 행동과 임금을 공경하는 성의를 알 수 있다. 거백옥은 춘추시대의 어진 인물로 알려졌다. 위 영공의 부인 남자(南子)는 사람을 알아보는 식견(識見)이 높고 판단 또한 명확했다. 우리는 남이 보지 않는 곳일수록 자기의 할 도리를 다하는 수양을 쌓아야 한다.

지난날 우리 나라에서는 대궐문, 종묘(宗廟)의 문, 선현(先賢)의 사당(祠堂)문 앞을 지날 때는 누구나 모두 수레에서 내리고 말에서 내렸다. 지금까지도 '하마비(下馬碑)'가 남아 있는 곳이 있다.

위 영공(衛靈公) : 이름은 원(元), 춘추시대 위(衛)나라 임금.
부인(夫人) : 제후(諸侯)의 정실 아내를 일컫는 말. 여공의 부인인 남자(南子)는 송(宋)나라 여자임.
린린(轔轔) : 수레가 굴러가는 소리의 형용.
거백옥(蘧伯玉) : 이름은 원(瑗), 위나라의 대부.
하공문(下公門) : 하는 수레나 말에서 내리는 것, 공문은 대궐문.
식노마(式路馬) : 노마는 임금의 수레인 노거(路車)에 멍에하는 말, 식은 수레 앞 가로막이 나무에 의지하여 경의를 표하는 것.
소소(昭昭) : 밝은 곳.
신절(信節) : 예절을 폄.
명명(冥冥) : 어두운 곳.
타행(惰行) : 행실을 게을리 하는 것.
암매(闇昧) : 어두운 때.

25// 趙襄子殺智伯하고 漆其頭하여 以爲飮器러니 智伯之臣豫讓이 欲爲之報仇하여 乃詐爲刑人하여 挾匕首하고 入襄子宮中하여 塗廁이어늘 左右欲殺之한데 襄子曰 智伯이 死無後어늘 而此人이 欲爲報仇하니 眞義士也라 吾謹避之耳라 讓이 又漆身爲癩하고 呑炭爲啞하여 行乞於市하니 其妻는 不識也어늘 其友識之하여 爲之泣曰 以子之才로 臣事趙孟이면 必得近幸하리니 子乃爲所欲爲顧不易邪야 何乃自苦如此오 讓이 曰 委質爲臣이요 而求殺之면 是는 二心也라 吾所以爲此者는 將以愧天下後世之爲人臣而懷二心者也하노라 後에 又伏於橋下하여 欲殺襄子어늘 襄子殺之하니라

조양자(趙襄子) : 진(晋)나라의 대부(大夫) 조무휼(趙無恤).
지백(智伯) : 이름은 요(瑤), 진(晋)나라의 대부.
형인(刑人) : 죄가 있어서

제25장

조양자(趙襄子)가 지백(智伯)을 죽이고, 그 두개골(頭蓋骨)에 칠하여 술 마시는 그릇을 만들었다. 지백의 신하 예양(豫讓)이 조양자를 죽여 원수를 갚기 위해 거짓 형인(刑人)이 되어 비수(匕首)를 품고 양자의 궁 안으로 들어가 변소의 벽을 바르니, 좌우의 사람들이 그를 죽이려고 했다. 양자가 말하기를, "지백이 죽고 뒤가 없는데, 이 사람이 원수를 갚으려고 하니, 참으로 의사(義士)다. 내 삼가 몸을 피할 뿐이다." 하였다.

양(讓)이 또 몸에 옻칠을 하여 문둥이처럼 하고 숯을 입에 물고 벙어리가 되어서 저자에 다니며 구걸하니 그 아내도 알아보지 못했다. 그 벗이 알아보고 울면서 말하기를, "그대의 재주를 가지고 신하가 되어 조맹(趙孟)을 섬긴다면 반드시 측근에 두어 총행(寵幸)함을 얻을 것이니, 그대가 하고자 하는 바를 이룸이 참으로 쉽지 않으랴. 어찌하여 스스로 몸을 괴롭게 함이 이와 같은가?" 하니, 양이 말하기를, "무릎을 꿇고 신하가 되어서 그를 죽이기를 구한다면 이는 두 가지 마음이다. 내가 이러한 일을 하는 것은 후세에 남의 신하가 된 자로서 두 가지 마음을 품는 것을 부끄럽게 여기도록 하려는 것이다." 하였다.

후에 또 다리 밑에 엎드렸다가 양자를 죽이려고 하니, 양자가 드디어 그를 죽였다.

┃풀이┃ 춘추시대 말기에 진(晋)나라가 쇠하자, 진나라의

강력한 대부들이 세력 다툼을 했다. 조양자가 지백을 죽이고 그 두개골에 옻칠을 하여 술그릇을 만드니, 지백의 신하 예양이 조양자를 죽여서 주인의 원수를 갚으려고 했다. 처음에는 형인(刑人) 행세를 하고 조양자의 궁중에 들어가 변소의 벽을 바르다가 발각되었으나, 조양자는 그 의기(義氣)를 어여삐 여겨 죽이지 않고 놓아 보냈다. 예양은 다시 몸에 옻칠을 하여 문둥이처럼 하고, 입에 숯을 물어 벙어리 행세를 하면서 저자 위에서 빌어 먹었다. 다리 밑에 숨어 기회를 보아 조양자를 죽이려다가 마침내 죽임을 당하고 말았다. 몸을 괴롭히지 말고 조양자의 신하가 되어서 쉽게 뜻을 이루라는 벗의 권고에 대답한 말이야말로 예양의 곧은 절개를 여실히 말해 주고 있다.

형(刑)을 받고 천한 일을 하는 사람.
도측(塗廁) : 변소의 벽을 바름.
칠신위나(漆身爲癩) : 몸에 옻칠을 하여 문둥이처럼 하는 것.
탄탄위아(吞炭爲啞) : 숯을 입에 물어서 벙어리 행세를 하는 것.
자(子) : 그대. 자네.
조맹(趙孟) : 조양자를 가리키는 말.
소욕위(所欲爲) : 하고자 하는 것.
고(顧) : 진실로.
위지위신(委質爲臣) : 여기서는 무릎을 꿇어 몸을 맡겨서 신하가 되는 것.

제26장

왕손가(王孫賈)가 제 민왕(齊閔王)을 섬겼다. 왕이 달아났으나 가는 왕이 간 곳을 모르니, 그의 어머니가 말하기를, "네가 아침에 나가서 늦게 오면 내가 문에 기대어 기다리고, 네가 저녁 때 나가서 돌아오지 않으면 내가 마을 입구에 나가서 기다렸다. 네가 이제 임금을 섬기다가 임금이 달아났건만 너는 그 간 곳을 모르니 네가 오히려 어찌 돌아오랴." 하였다.

왕손가가 저자 가운데 들어가서 말하기를, "요치(淖齒)가 제(齊)나라에 난을 일으키고 민왕(閔王)을 죽였다. 나와 함께 요치를 죽이고자 하는 자는 오른편 어깨를 벗으라."

26// 王孫賈事齊閔王하다가 王이 出走어늘 賈失王之處러니 其母曰 女朝去而晚來則吾倚門而望하고 女莫出而不還則吾倚閭而望이러니 女今事王하다가 王이 出走커시늘 女不知其處하니 女尙何歸오 王孫賈乃入市中하여 曰 淖齒亂齊國하여 殺閔王하니 欲與我誅齒者는 袒右하라 한데 市人從之者四百人이어늘 與誅淖齒하여 刺而殺之하니라

왕손가(王孫賈) : 왕손은 성, 가는 이름, 제(齊)나라의 대부.
제 민왕(齊閔王) : 이름은 지(地).
실왕지처(失王之處) : 임금이 간 곳을 모르는 것.
의문이망(倚門而望) : 문에 기대어 오는 곳을 바라보면서 기다리는 것.
모(莫) : 모(暮)와 통하여 날이 저물 무렵.
요치(淖齒) : 초(楚)나라의 장수.
단우(袒右) : 오른편 팔의 옷을 벗어서 어깨를 드러내는 것.

27// 臼季使過冀할새 見郤缺이 耨커늘 其妻饁之하되 敬하여 相待如賓이어늘 與之歸히여 言諸文公曰 敬은 德之聚也니 能敬이면 必有德이라 德以治民하나니 君請用之하소서 臣聞하니 出門如賓하며 承事如祭는 仁之則也라 호이다 文公이 以爲下軍大夫하니라

엽지(饁之) : 들에 점심을 가지고 가서 먹이는 것.
상대여빈(相待如賓) : 서로

하니, 저자 사람으로 따르는 자가 400명이었다. 함께 요치를 쳐서 찔러 죽였다.

| 풀이 | 중국 전국시대(戰國時代)의 일이다. 연나라의 악의(樂毅)가 제나라를 치니, 제 민왕은 서울인 임치(臨淄)를 버리고 거(莒)로 달아났다. 초(楚)나라 장수 요치가 제나라를 구원한다고 거(莒)로 들어와서 도리어 민왕을 죽였다. 왕손가는 민왕의 신하로서 민왕의 간 곳을 모르니, 그 어머니가 의리를 가지고 나무랐다. 어머니의 훈계(訓戒)하는 말에 크게 깨달은 왕손가는 곧 제나라 사람들을 격동하여 힘을 모아서 마침내 요치를 죽이고 제나라를 회복했다.

제27장

구계(臼季)가 사신(使臣)이 되어 기(冀)라는 곳을 지나가고 있었다. 극결(郤缺)이 밭에서 김을 매고 있는데, 그 아내가 점심을 가지고 와서 먹이면서 공경하기를 서로 손과 같이 하는 것을 보고, 극결을 데리고 돌아가서 문공(文公)에게 말하기를, "공경한다는 것은 덕(德)이 모인 것이니, 능히 공경한다면 반드시 덕이 있습니다. 덕으로 백성을 다스리는 것이니, 등용(登用)하시기를 청합니다. 신이 들으니 문을 나와서는 손을 대하듯이 공경하고, 일을 받들기를 제사 받드는 것같이 하는 것이 인(仁)의 법칙이라고 합니다." 하였다. 문공은 극결을 하군대부(下軍大夫)에 임명했다.

| **풀이** | 극결(郤缺)이 부부 사이에 손님처럼 서로 공경한 것은 미담(美談)으로 전해지고 있다. 극결은 구계(臼季)의 추천으로 진 문공(晉文公)에게 등용되어 어진 대부가 되었다. 이 글에서는 부부 사이에 서로 공경할 것을 논했다.

대우하기를 손님 같이 하는 것. 공경함을 뜻함.
문공(文公) : 춘추시대 진(晉)나라의 임금.
인지칙(仁之則) : 어진 행동의 법칙.

제28장

공보문백의 어머니는 계강자(季康子)의 종조숙모인데, 강자가 가서 뵈니 문을 열고 함께 말했으나 모두 문지방을 넘지 않았다. 중니(仲尼)가 듣고 "남녀를 분별하는 예절을 행했다." 하였다.

28// 公父文伯之母는 季康子之從祖叔母也러니 康子往焉이어늘 闔門而與之言하고 皆不踰閾한데 仲尼聞之하시고 以爲別於男女之禮矣라 하시니라

| **풀이** | 계강자가 그 종조모(從祖母)인 공보문백의 어머니를 찾아가 대화하는 장면을 통하여 남녀를 분별하는 예절을 논했다.

공보문백(公父文伯) : 이름은 촉(歜), 노나라의 대부.
위문(闈門) : 문을 여는 것.
역(閾) : 문지방.
중니(仲尼) : 공자의 자(字).

제29장

위(衛)나라의 공강(共姜)은 위나라 세자(世子) 공백(共伯)의 아내이다. 공백이 일찍 죽고 공강이 절개를 지키니, 그 부모가 뜻을 꺾어 시집보내려 했으나 공강이 허락하지 않고, 백주(柏舟)의 시를 지어 죽음으로써 스스로 맹세했다.

29// 衛共姜者는 衛世子共伯之妻也라 共伯이 蚤死어늘 共姜이 守義러니 父母欲奪而嫁之어늘 共姜이 不許하고 作柏舟之詩하여 以死自誓하니라

| **풀이** | 춘추시대 위나라의 세자 공백의 아내 공강이 수절(守節)한 고사(故事)를 들어서 부부의 윤리를 논했다.

수의(守義) : 절의(節義)을 지킴. 절의는 절개와 같음.
이사자서(以死自誓) : 죽음으로써 스스로 맹세함.

30// 蔡人妻는 宋人之女也라 旣嫁而夫有惡疾이어늘 其母將改嫁之러니 女曰 夫之不幸이 乃妾之不幸也니 奈何去之리오 適人之道는 一與之醮하면 終身不改하나니 不幸遇惡疾하나 彼無大故하고 又不遣妾하니 何以得去리오 하고 終不聽하니라

적인지도(適人之道) : 적은 시집가는 것이니, 남에게 시집가는 도리.
초(醮) : 초례(醮禮). 혼례(婚禮)를 말함.
대고(大故) : 큰 잘못.

31// 萬章이 問曰 象이 日以殺舜爲事어늘 立爲天子則放之는 何也잇고 孟子曰 封之也어늘 或曰 放焉이라 하나니 仁人之於弟也에 不藏怒焉하며 不宿怨焉이오 親

제30장

채(蔡)나라 사람의 한 아내는 송(宋)나라 사람의 딸이다. 이미 시집가고 나서 남편이 나쁜 병에 걸렸다. 그 어머니가 다시 시집보내려고 하니 딸이 말하기를, "남편의 불행은 곧 첩(妾)의 불행이니, 어찌 버리고 가겠습니까. 남에게 시집가는 도리는 한 번 초례(醮禮)를 치르면 죽을 때까지 고치지 못하는 것입니다. 불행히도 나쁜 병에 걸렸다고 하지만 그가 큰 잘못이 없고 또 첩도 보내지 않으니 어찌 갈 수 있겠습니까." 하고 끝까지 듣지 않았다.

| 풀이 | 시집가고 나서 남편이 병에 걸리니 그 친정 어머니가 민망히 여겨서 다른 데로 시집보내려고 했지만 딸이 처음의 뜻을 굳게 지켜서 그 남편을 버리지 않은 고사(故事)이다. 우리 나라는 조선시대에 여자의 개가(改嫁)를 국법(國法)으로 금했으니, 양반집 여자라면 청춘에 과부가 되어노 수설로 일생을 보내야 했으므로, 이런 일은 문제 되지 않았다.

제31장

만장(萬章)이 묻기를, "상(象)은 날마다 순(舜)을 죽이려는 것을 일로 삼았는데도, 순이 천자가 되어서 그를 그대로 방치(放置)한 것은 어떻게 된 것입니까?" 하니, 맹자가 대답하기를, "실은 그를 제후(諸侯)에 봉(封)한 것인데, 어떤 사람은 그를 방치해 둔 것이라고 한다. 어진 이는 그

제4편 계고 • 183

아우에 대하여 노여움을 마음에 감추어두지 않고, 원망을 묵히지 않는다. 오직 친애할 따름이다." 하였다.

│풀이│ 순(舜)의 이복 아우 상(象)은 순을 죽이는 것을 일삼았건만, 순이 천자가 되어서는 상을 유비(有庳)의 땅에 봉(封)하여 영화를 함께 누렸다. 세상 사람들 중에는 상의 행동을 미루어서, 순이 너그럽게 방치하는 가벼운 벌을 준 것으로 억측하는 이가 있었다. 만장도 그와 같은 생각을 가졌던 모양이다. 그렇기 때문에 스승인 맹자에게 그와 같은 벌은 너무 가벼운 것이 아니냐고 묻게 된 것이다. 맹자는 그것이 방치가 아니고 제후에 봉한 것임을 밝히고, 어진 이의 마음가짐을 들어서 해명했다.

제32장

　백이(伯夷)와 숙제(叔齊)는 고죽(孤竹) 임금의 두 아들인데, 아버지가 숙제를 임금으로 세우고자 했다. 아버지가 돌아가시자, 숙제는 백이에게 사양했으나, 백이가 말하기를, "아버지의 명령이다." 하고 드디어 도망가버렸다. 숙제도 또한 임금되기를 즐겨하지 않아서 도피하니 나라 사람이 그 가운데 아들을 임금으로 세웠다.

│풀이│ 숙제는 맏아들이 아버지의 뒤를 계승하는 인륜(人倫)의 질서임을 존중하여 임금의 자리를 형 백이에게 사양했고, 백이는 아버지의 뜻을 존중하여 이를 받아들이

愛之而已矣니라

방(放) : 어느 한 곳에 살게 해서 다른 데로 가지 못하게 하는 것.
봉(封) : 제후(諸侯)에 봉하는 것.

32// 伯夷叔齊는 孤竹君之二子也라 父欲立叔齊러니 及父卒에 叔齊讓伯夷한데 伯夷曰 父命也라 하고 遂逃去어늘 叔齊亦不肯立而逃之한데 國人이 立其中子하니라

고죽(孤竹) : 나라 이름.
중자(中子) : 가운데 아들.

지 않았다. 두 사람은 모두 나라 밖으로 도피했다. 두 사람의 행동이 모두 인간의 길에 맞는다 하여 후세 사람들은 이것을 높이 평가하고 있다.

제33장

우(虞)나라와 예(芮)나라의 임금이 서로 전지(田地)의 경계를 다투어서 오래도록 해결을 보지 못하므로, 서로 말하기를, "서백(西伯)은 어진 사람이다. 어찌 우리가 찾아가 물어서 일을 바로잡지 않으랴." 하고 함께 주(周)나라로 갔다. 그 지경(地境)에 들어가니, 밭을 가는 자는 밭이랑을 양보하고, 길을 가는 자는 길을 양보했다. 그 고을에 들어가니, 남녀가 길을 달리하고, 머리털이 반백(斑白)인 자가 손에 물건을 들고 다니지 않았다. 조정(朝廷)에 들어가니, 사(士)는 대부(大夫)가 되기를 사양하고, 대부는 경(卿)이 되기를 사양했다. 두 나라 임금이 감동하여 서로 말하기를, "우리들은 소인(小人)이니, 군사의 뜰을 밟을 수 없다." 하고, 서로 사양하여 그 다투던 전지를 한전(閒田)으로 만들고 물러갔다. 천하에서 이 말을 듣고, 주나라에 귀속(歸屬)한 자가 40여 나라나 되었다.

| 풀이 | 우나라와 예나라 임금이 전지의 경계를 가지고 오래도록 다투다가, 어진 주 문왕의 말을 들어서 해결을 보기로 의논하고 주나라로 들어갔다가 그 착한 정치에 감화(感化)를 받아 다투던 전지를 누구도 차지하지 않는 한

33// 虞芮之君이 相與爭田하여 久而不平하여 乃相謂曰 西伯은 仁人也라 盍往質焉이리오 하고 乃相與朝周할새 入其境하니 則耕者讓畔하고 行者讓路하며 入其邑하니 男女異路하고 斑白이 不提挈하며 入其朝하니 士讓爲大夫하고 大夫讓爲卿이어늘 二國之君이 感而相謂曰 我等은 小人이라 不可以履君子之庭이라 하고 乃相讓하여 以其所爭田으로 爲閒田而退하니 天下聞而歸之者四十餘國이러라

불평(不平) : 분쟁(紛爭)이 해결을 보지 못한 것.
서백(西伯) : 주 문왕이 서백에 봉해졌기 때문에 하는 말.
질(質) : 질정(質正), 즉 물어서 일을 바로잡음.
반(畔) : 여기서는 밭과 밭의 경계.
반백부제설(斑白不提挈) :

전(閒田)으로 만들어서 분쟁을 평화적으로 매듭지었다는 이야기이다. 밭 가는 자가 밭 경계(境界)를 양보하며, 길 가는 자가 길을 양보하며, 젊은이들이 어른을 공경해서 머리털이 반백된 사람이 손에 짐을 들고 다니지 않으며, 자기의 능력을 생각해서 높은 벼슬도 사양하는 사회야말로 도덕적인 이상 사회이다. 오늘의 시대에서는 생각조차도 할 수 없는 것이 아닌가 싶다.

제34장

증자가 말하기를, "유능하면서 유능하지 않은 사람에게 물으며, 식견이 많으면서 식견이 적은 사람에게 물으며, 있으면서도 없는 것같이 하며, 충실하면서도 비어 있는 것같이 하며, 남이 나를 침범해도 그것을 교계(較計)하지 않는 것, 옛날에 우리 벗들이 일찍이 이 일에 종사했다." 하였다.

| 풀이 | 사람이 학문을 처세(處世)함에 있어, 조금 능력이 있고 식견이 있다고 하여 자만하는 것은 금물이다. 항상 겸허한 자세로 남에게 묻고 배워서 충실을 기(期)해야 한다. 내 비록 남에게 비리(非理)의 침범을 당했다 하더라도 옳고 그름을 따져서 다투지 않는 것이 아량이며 교양이다.

젊은 사람이 대신 짐을 운반하기 때문에 반백된 사람이 물건을 손에 들고 다니지 않는 것.
사양위대부(士讓爲大夫) : 임금이 사를 대부에 임명하면 사는 자식의 재능이 부족하다고 하며 이를 사양하는 것.
한전(閒田) : 농사짓지 않고 비워 두는 전지.
귀(歸) : 귀복(歸服). 귀순(歸順).

34// 曾子曰 以能으로 問於不能하며 以多로 問於寡하며 有若無하며 實若虛하며 犯而不校를 昔者에 吾友嘗從事於斯矣러니라

범이불교(犯而不校) : 범은 침범하는 것, 교는 교계(較計)하는 것이니, 남이 나를 침범한다 하더라도 그것을 교계하여 옳고 그름을 따지지 않음을 말함.

제35장

35// 孔子曰 晏平仲은 善與人交로다 久而敬之온여

안평중(晏平仲) : 이름은 영(嬰), 춘추시대 제(齊)나라의 어진 재상임. 공자와 시대를 같이함. 평중은 시호(諡號).

공자가 말하기를, "안평중(晏平仲)은 남과 사귀기를 잘한다. 오래도록 공경한다." 하였다.

| 풀이 | 사람이란 사귐이 오래되면 공경하는 마음이 사라져서 말과 행동이 분별 없기 쉽다. 항상 공경하는 마음으로써 대하는 것이 예의이며 또 그 친밀한 관계를 오래도록 유지할 수 있다.

이상은 명륜(明倫)을 실증한 것이다〔右는 明倫이라〕.

3. 경신(敬身)

제36장

36// 孟子曰 伯夷는 目不視惡色하며 耳不聽惡聲하더니라

맹자가 말하기를, "백이(伯夷)는 눈으로 악(惡)한 빛을 보지 않았고, 귀로 악한 소리를 듣지 않았다." 하였다.

| 풀이 | 악한 빛이란 비례(非禮)의 빛이고, 악한 소리란 비례의 소리이니, 이 글에서도 백이의 청백(淸白)한 생활의 일면을 볼 수 있다.

제37장

37// 子游爲武城宰러니

자유(子游)가 무성(武城)의 재(宰)가 되었다. 공자가 말하

기를, "너는 사람을 얻었느냐?" 하니, 대답하기를, "담대 멸명(澹臺滅明)이라는 자가 있으니, 길을 다닐 때 지름길을 가지 않으며, 공적(公的)인 일이 아니면 일찍이 언(偃)의 방에 오지 않았습니다." 하였다.

| 풀이 | 정치는 사람을 믿는 것을 급선무(急先務)로 한다. 그렇기 때문에 자유가 무성의 재가 되었을 때 공자가 제일 먼저 사람을 얻었느냐고 물어본 것이다. 자유가 말하는 담대멸명이라는 사람은 길을 가되 지름길을 가지 않고 공적인 일이 아니면 자유의 방에 오지 않았다. 지름길을 가지 않는 것으로 보아서, 그 사람의 행동이 바르고 또 일을 급히 서두르지 않는 것을 알 수 있으며, 공적인 일이 아니고는 자유를 찾지 않는 것으로 보아서, 공사(公私)를 구별하고 윗사람에게 아첨하지 않는 것을 알 수 있다. 또한 자유의 사람 보는 눈이 밝아서 사람다운 사람을 믿는 것을 알 수 있다.

인사 행정(人事行政)이 공정치 못하여 이해(利害)를 가지고 맺어진다면 그 정치는 부패하게 되니, 어찌 신중을 기하지 않으랴. 정치하는 자가 이해를 초월하지 않고는 밝은 정치를 기대하기란 백년 하청(百年河淸)이다.

제38장

고시(高柴)가 공자를 만나 뵌 뒤부터 발로 사람의 그림자를 밟지 않고 동면(冬眠)에서 처음 깨어나오는 동물을

子曰 女得人焉爾乎아
曰 有澹臺滅明者하니
行不由徑하며 非公事
어든 未嘗至於偃之室
也니이다

자유(子游) : 성은 언(言), 이름은 언(偃), 자(字)는 자유, 공자의 제자임.
무성(武城) : 노(魯)나라의 고을 이름.
재(宰) : 고을을 다스리는 벼슬아치임. 수령(守令).
언이호(焉爾乎) : 의문을 표시하는 어조사.
담대멸명(澹臺滅明) : 담대는 성, 멸명은 이름, 자(字)는 자우(子羽).

38// 高柴自見孔子로
足不履影하며 啓蟄不
殺하며 方長不折이러

니 衛輒之難에 出而門
閉어늘 或曰 此에 有徑
이라 하니 子羔曰 吾는
聞之하니 君子不徑이라
하라 曰 此에 有竇라 한
데 子羔曰 吾는 聞之하
니 君子不竇라 하라 有
間이오 使者至하여 門
啓而出하니라

고시(高柴) : 공자의 제자.
자는 자고(子羔).
계칩(啓蟄) : 동면(冬眠)에
서 처음 깨어나온 동물.
방장(方長) : 바야흐로 자라
남.
위첩지난(衛輒之難) : 첩은
위(衛)나라 임금의 이름. 그
의 아버지인 태자(太子) 괴
외(蒯聵)와 나라를 빼앗기
위한 싸움을 벌였음.
불두(不竇) : 구멍으로 다니
지 않음.
유간(有間) : 공간이 있는
것이니, 조금 뒤.

39// 南容이 三復白圭
한데 孔子以其兄之子로
妻之하시다

남용(南容) : 공자의 제자.
백규(白圭) : 〈시경〉 대아(大
雅)편의 억(抑)에 "흰 구슬
의 티는 갈 수나 있지만 이
내 말의 흠은 어찌할 수 없
네."라고 한 구절이 있음.

죽이지 않으며, 바야흐로 자라나는 초목을 꺾지 않았다.
　위첩(衛輒)의 난(難)에 성(城)을 나가려고 했으나 문이 닫혀 있었다. 어떤 사람이 말하기를, "여기에 지름길이 있습니다." 하니 자고(子羔)가 말하기를, "내가 들으니 군자는 지름길로 가지 않는다고 합니다." 하였다. "여기에 구멍이 있습니다." 하니, 자고가 말하기를, "내가 들으니 군자는 구멍으로 다니지 않는다고 합니다." 하였다. 조금 뒤에 사자(使者)가 와서 문을 여니 성을 나갔다.

| 풀이 | 평시(平時)라면 지름길로 가지 않고 구멍으로 다니지 않겠지만, 변란(變亂)을 당하여 위급한 경우라면 그와 같은 사소한 소리에 구애받아 몸을 해칠 수는 없다. 공자 같은 성인(聖人)도 신변이 위태로운 경우를 당하여 미복(微服)으로 송(宋)나라를 지나갔다. 자고의 바른 도리를 지키는 것은 지나친 느낌이 있다.

제39장
　남용(南容)이 하루에 세 번씩 '흰 구슬(白圭)'의 구절을 외우니, 공자가 그의 형의 딸을 아내로 삼게 했다.

| 풀이 | 입은 재앙의 문이니, 우리가 처세하는 데 있어 말을 극히 삼가야 한다. 〈시경〉 대아(大雅)편 억(抑)에 나오는 것처럼 흰 구슬의 티는 갈아서 없이 할 수 있어도 말의 티는 지울 수 없다. 공자는 제자 남용의, 말을 삼가는 공

부를 보고 그 인격(人格)을 인정했기 때문에 그의 형의 딸을 그에게 시집보냈다. 이 글에서는 말을 삼갈 것이 강조되었다.

데, 말을 삼가라는 뜻임.
자(子) : 자식. 여기서는 딸.
처지(妻之) : 아내를 삼게 함.

제40장
자로(子路)는 허락한 일을 묵혀두는 일이 없었다.

40// 子路無宿諾이러라

| 풀이 | 자로는 일단 남과 약속한 일은 실천하기에 바빠서 그대로 묵혀두는 일이 없었다. 자로는 공자의 제자 중에서도 특히 용기가 있기로 유명하다.

제41장
공자가 말하기를, "떨어진 솜옷을 입고서, 여우나 담비 가죽으로 만든 좋은 옷을 입은 자와 함께 서도 부끄러워하지 않는 자는 유(由)로다." 하였다.

41// 孔子曰 衣敝縕袍하여 與衣狐貉者로 立而不恥者는 其由也與인저

| 풀이 | 사람이 지향하는 바가 있어, 신념과 긍지를 가지고 당당하게 이 세상을 살아간다면 누구에게도 굽힐 것이 없다. 옷이 좋고 나쁜 것은 문제가 되지 않는다. 내가 곤궁하다고 하여 용기를 잃고 열등감 속에서 헤어나지 못하거나, 내 옷이 헐었다 하여 옷 잘 입은 사람과 함께 서기를 부끄럽게 여긴다면 그 사람됨을 알 수 있다. 옛날의 선비는 가난함에 편안하여 도(道)를 즐기는 것〔安貧樂道〕을 본령(本領)으로 삼아 물질 같은 것을 안중(眼中)에 두지 않

의폐온포(衣敝縕袍) : 의는 옷 입는 것, 폐온포는 떨어진 솜옷이나 떨어진 솜옷을 입는 것.
호학(狐貉) : 호는 여우, 학은 담비. 즉 여우나 담비 가죽으로 만든 좋은 옷.
유(由) : 자로의 이름.

앉았다.

제42장

　정(鄭)나라의 자장(子臧)이 송(宋)나라로 달아나 있었는데, 취휼관(聚鷸冠) 쓰기를 좋아하니, 정백(鄭伯)이 듣고 미워하여 도적을 시켜 죽였다. 군자가 말하기를, "옷이 신분에 맞지 않는 것은 몸의 재앙이다." 하였고, 시에 말하기를, "저 사람이여, 그 옷이 분에 맞지 않네." 하였다. 자장의 옷은 분에 맞지 않았던 것이다.

| 풀이 | 정나라의 자장이 송나라로 달아나 망명 생활을 하면서 취휼관을 쓰기를 좋아하니, 그 아버지 문공이 그의 분수에 넘치는 행동을 미워해서 사람을 시켜 죽여버렸다. 사람은 반드시 분에 맞게 살아야 한다는 생각을 염두에 두어야 한다.

제43장

　공보문백(公父文伯)이 조정(朝廷)에서 물러나와 그 어머니를 뵈니 그 어머니가 바야흐로 길쌈을 하고 있었다. 문백이 말하기를, "촉(歜)의 집안에서 더구나 주모(主母)께서 길쌈을 하시는 것입니까?" 하였다. 그 어머니가 탄식하여 말하기를, "노나라가 망하리라. 철모르는 아이로 하여금 벼슬 자리를 채우게 하고 아직도 바른 도리를 듣지 못하게 했구나. 앉으라. 내 너에게 말하리라. 백성이 근로하면

42// 鄭子臧이 出奔宋이러니 好聚鷸冠이어늘 鄭伯이 聞而惡之하여 使盜殺之한데 君子曰 服之不衷은 身之灾也라 詩에 曰 彼己之子여 不稱其服이라 하니 子臧之服이 不稱也夫져

정 자장(鄭子臧) : 정 문공(鄭文公)의 아들.
취휼관(聚鷸冠) : 물총새의 깃을 모아서 장식한 관(冠).
정백(鄭伯) : 정 문공.
충(衷) : 중(中)과 같음. 여기서는 신분에 맞는 것.
피기지자(彼己之子) : 저 사람.〈시경〉에는 기가 기(其)로 되어 있음.
칭(稱) : 저울질하는 것.

43// 公父文伯이 退朝하여 朝其母할새 其母方績이러니 文伯이 曰 以歜之家而主猶績乎잇가 其母嘆曰 魯其亡乎인저 使僮子로 備官而未之聞邪온여 居하라 吾語女하리라 民이 勞則思하나니 思則善心이 生하고 逸則淫하니 淫

생각하게 되고 생각하면 선한 마음이 생긴다. 편안하면 음탕하게 되고 음탕하면 선을 잊게 되며, 선을 잊으면 악한 마음이 생긴다. 비옥한 땅에 사는 백성이 재목이 되지 못하는 것은 음탕하기 때문이고, 척박(瘠薄)한 땅에 사는 백성이 의를 행하지 않는 사람이 없는 것은 근로하기 때문이다.

 이런 까닭에 왕후(王后)는 친히 현담(玄紞)을 짜고, 공후(公侯)의 부인은 그 위에 굉(紘)과 연(綖)을 더 짜며, 경(卿)의 내자(內子)는 대대(大帶)를 만들고, 명부(命婦)는 제복(祭服)을 만들며, 원사(元士)의 아내는 그 위에 조복(朝服)을 더 만들며, 하사(下士) 이하는 모두 그 남편의 옷을 만든다. 사제(社祭)를 지내는 날에 남녀에게 각기 일을 부여하고, 증제(烝祭)를 지내는 날에 공적(功績)을 바친다. 남자와 여자가 모두 그 실적을 평가받아 허물이 있으면 벌을 받는 것이 옛날의 제도이다. 나는 네가 아침저녁으로 나를 신칙하여 말하기를, 반드시 선인(先人)의 법도를 떨어뜨림이 없게 하기를 바라더니, 네가 이제 와서 말하기를, 왜 스스로 몸을 편안히 하지 않느냐고 하니, 네가 이런 생각으로 임금을 받드는 벼슬 자리에 있다면, 나는 목백(穆伯)의 후사(後嗣)가 끊어질까 두려워한다." 하였다.

│ 풀이 │ 공보문백의 집안은 대대로 높은 벼슬을 하는 노(魯)나라의 공족(公族 : 임금의 친족)이건만, 그 어머니 경강(敬姜)은 여전히 손수 길쌈을 했다. 문백이 조정(朝廷)에서

則忘善하고 忘善則惡心이 生하나니라 沃土之民이 不材는 淫也오 瘠土之民이 莫不嚮義는 勞也니라 是故로 王后親織玄紞하시고 公侯之夫人이 加以紘綖하고 卿之內子爲大帶하고 命婦成祭服하고 列士之妻加之以朝服하고 自庶士以下皆衣其夫하나니 社而賦事하며 烝而獻功하여 男女效績하여 愆則有辟이 古之制也라 吾冀而朝夕修我曰 必無廢先人이라 하더니 爾今日 胡不自安고 하니 以是로 承君之官이면 予懼穆伯之絕嗣也하노라

조기모(朝其母) : 조는 문안 드리다, 뵙다. 기모는 공보문백의 어머니 경강(敬姜).
방적(方績) : 바야흐로 길쌈함.
비관(備官) : 벼슬 자리를 채움.
미지문(未之聞) : 아직도 벼슬아치로서 알아야 할 바른 도리를 듣지 못함.
거(居) : 거기 있으라. 앉으라.
여(女) : 여(汝)와 같음.
사(思) : 생각함. 연구함.
부재(不材) : 사람 재목이 되지 못함. 쓸모 없음.

향의(嚮義) : 의리의 길로 향함.
현담(玄紞) : 현은 검은빛, 담은 관(冠)의 앞뒤에 드리우는 것.
공후(公侯) : 제후(諸侯)와 같음.
굉(紘) : 관(冠) 끈으로서 늘임이 없는 것.
연(綖) : 면류관(冕旒冠) 싸개.
명부(命婦) : 대부의 아내.
열사(列士) : 원사(元士)이므로, 즉 상사(上士).
서사(庶士) : 하사(下士).
사(社) : 사제(社祭). 봄에 지내는 제사.
부사(賦事) : 농사짓고 길쌈하는 일을 분담시키는 것.
증(烝) : 증제(烝祭). 겨울에 지내는 제사.
헌공(獻功) : 공적(功績)을 마침. 분담받은 일의 실적을 제출하는 것.
효적(效績) : 성적을 평가하는 것임.
벽(辟) : 죄(罪).
기(冀) : 바람.
이(而) : 이(爾)와 같으니, 너.
수(修) : 경계하고 신칙하는 것.
호(胡) : 왜. 어찌하여.

44// 孔子曰 賢哉라 回也여 一簞食와 一瓢飮으로 在陋巷을 人不堪其憂어늘 回也不改其樂

물러나와 어머니의 길쌈하는 것을 보고 못마땅하게 말하므로, 그 어머니는 아들이 노나라의 높은 벼슬아치로 있으면서 부귀·영화에 빠져서 교만한 것을 보고, 노나라의 앞날을 근심하고 탄식하여 마지않았다.

옛날에는 왕후(王后)나 부인(夫人)의 존귀한 몸으로도 길쌈하고 옷을 만들었으며, 사람은 누구나 다 일을 했다. 근로하는 자는 선을 지향하고, 편안한 자는 사악으로 흐르게 되니, 안일을 도모하는 것은 패망의 길이다. 문백 같은 마음가짐으로써 국사에 종사한다면 반드시 큰 죄를 받아서 보전치 못한다는 말로 엄히 경계했다.

이제 우리 현실은 어떠한가. 남북이 분단되어 국토의 통일을 보지 못하고, 경제적으로도 매우 어려운 상황에 놓여 있다. 어떤 계층이나 남녀를 물론하고 성실·겸허한 자세로 부지런히 일하고 노력하여 모든 어려운 문제들을 해결하고 조국을 번영으로 이끄는 것이 우리의 사명이다. 그림에도 불구하고 한 몸의 안일만을 꾀하며 사치·허영·교만으로 흐르는 부녀자가 없지 않음은 실로 통탄할 일이다. 우리는 문백의 어머니의 행실을 거울삼아 그 교훈을 살려서 크게 깨달음이 있어야겠다.

제44장

공자가 말하기를, "어질도다, 회(回)여. 한 그릇의 밥과 한 표주박의 물로 누추한 골목에 사는 것을, 사람들은 그 괴로움을 견디지 못하건만, 회는 그 즐거움을 고치지 않으니, 어질도다, 회여." 하였다.

| 풀이 | 사람은 생활이 가난하면 마음이 안정을 얻지 못하여 괴롭기 마련이다. 안회(顏回)의 교양은 이미 사심(私心)을 극복하여 안빈낙도의 경지에 이르고 있는 것이다. 과거에 우리 나라 선비들도 안빈낙도를 이상으로 삼아서 이것을 부단히 추구했다.

이상은 경신(敬身)을 실증한 것이다〔右는 敬身이라〕.

4. 통론(通論)

제45장

위 장공(衛莊公)이 제(齊)나라의 동궁(東宮) 득신(得臣)의 누이를 아내로 맞이하니, 장강(莊姜)이라고 했는데, 얼굴이 아름다웠으나 아들이 없었다. 그 아우 대규(戴嬀)가 환공(桓公)을 낳으니 장강이 자기 아들로 삼았다.

공자(公子) 주우(州吁)는 사랑하는 첩의 아들이다. 장공의 총애가 있어서 병기(兵器)를 가지고 싸우는 일을 좋아했건만 공이 이를 금하지 않으니, 장강이 그를 미워했다.

석작(石碏)이 간하기를, "신이 들으니 자식을 사랑하되 바른 도리를 가르쳐서 사도(邪道)로 들지 않게 해야 한다고 합니다. 교만·사치·음탕·방종은 사특한 것입니다.

하니 賢哉라 回也여

회(回) : 안회(顏回)를 말함. 자는 자연(子淵), 공자의 제자.
단사(簞食) : 한 그릇의 밥.
낙(樂) : 도(道)를 즐김.

45// 衛莊公이 娶于齊 東宮得臣之妹하니 曰莊姜이라 美而無子러니 其娣戴嬀生桓公이어늘 莊姜이 以爲己子하니라 公子州吁는 嬖人之子也라 有寵以好兵이어늘 公이 弗禁하니 莊姜이 惡之하더라 石碏이 諫曰 臣은 聞愛子하되 敎之以義方하여 弗納於邪니 驕奢淫泆이 所自邪也라 四者之來는 寵祿이 過也니이다 夫寵而不驕하며 驕而能降하며

降而不憾하며 憾而能眕
者鮮矣니이다 且夫賤妨
貴하며 少陵長하며 遠
間親하며 新間舊하며
小加大하며 淫破義는
所謂六逆也오 君義臣行
하며 父慈子孝하며 兄
愛弟敬은 所謂六順也니
이다 去順效逆이 所以
速禍也니 君人者將禍를
是務去어늘 而速之하시
니 無乃不可乎잇가

위 **장공**(衛莊公) : 이름은 양(揚), 위(衛)나라 임금.
동궁(東宮) : 태자(太子)를 말함.
득신(得臣) : 제(齊)나라 태자의 이름.
제(娣) : 여자 아우. 언니가 시집갈 때 따라서 시집간 자.
대규(戴嬀) : 〈춘추좌전〉에 "장공(莊公)이 또 진(陳)나라에 장가드니 여규(厲嬀)라고 한다. 효백(孝伯)을 낳았으나 일찍 죽었다." 하였으니, 대규는 여규를 따라 시집온 여규의 아우다. 〈소학〉 원문에 여규의 여자 아우임을 밝히는 대문이 빠져 있음.
환공(桓公) : 이름은 완(完), 위 장공의 아들.
폐인(嬖人) : 총애하는 첩.
소자사(所自邪) : 스스로 사악(邪惡)을 행하는 것.
능강(能降) : 능히 마음을

이 네 가지가 생기는 것은 총애와 작록(爵祿)이 지나치기 때문입니다. 대체로 총애를 받아도 교만하지 않고 교만해도 능히 마음을 억제하며, 억제를 당해도 반감(反感)을 품지 않고, 반감을 품어도 능히 진중하는 자는 드뭅니다.

또 천한 자가 존귀한 자를 방해하며, 나이 어린 자가 나이 많은 자를 업신여기며, 소원(疏遠)한 자가 친근한 자를 이간하며, 새 사람이 옛사람을 이간하며, 적은 것이 큰 것 위에 서며, 음란한 것이 의리를 파괴하는 것은 이른바 여섯 가지 역리(逆理)이고, 임금은 의롭고 신하는 충성하며, 아버지는 자애하고 아들은 효도하며, 형은 사랑하고 아우는 공경하는 것은 이른바 여섯 가지 순리(順理)입니다.

순리를 버리고 역리를 본받음은 재앙을 부르는 것입니다. 남의 임금된 자는 앞으로 다가올 재앙을 제거하기에 힘써야 하거늘, 도리어 재앙을 부르는 것은 옳지 않은 것 아니겠습니까." 하였다.

| 풀이 | 위나라의 장공이 처음에 장강에게 장가들었으나 아들이 없었다. 다시 진(陳)나라에 장가들어 대규의 몸에서 환공이 태어나자 장강의 아들로 정했다. 환공은 장공의 장자이며 적자이다. 그 뒤 총첩(寵妾)의 몸에서 주우(州吁)가 태어났다. 주우는 장공의 총애를 받아서 행동이 방자하고 또 싸우는 일을 좋아하여 재앙의 조짐이 보였다. 어진 대부 석작이 근심하여 장공에게 여섯 가지 역리와 여섯 가지 순리를 논하고, 주우를 바른길로 교도(敎導)하

여 재앙을 미연에 방지하기를 진언했다. 이 글에는 나와 있지 않지만, 그 뒤 과연 주우가 난을 일으키고 환공을 시해(弑害)하니, 석작이 주우를 토벌하여 죽였다.

제46장

유(劉)의 강공(康公)과 성(成)의 숙공(肅公)이 진후(晉侯)와 모여 진(秦)나라를 치기로 했다. 성자(成子)가 사제(社祭)에서 제사에 쓴 고기를 받는 태도가 불경(不敬)하니, 유자(劉子)가 말하기를, "나는 들으니 사람은 천지 중정(天地中正)의 기운을 받아서 태어나는데, 이것을 천명(天命)의 성(性)이라고 한다. 이런 까닭에 동작·예의·위의(威儀)의 법칙이 있어서 천명의 성을 성립한다. 이것을 능히 하는 자는 천명을 길러서 복을 받고, 능히 하지 못하는 자는 천명을 파괴하여 화(禍)를 부른다고 한다.

이런 까닭에 군자는 예(禮)를 지키기에 부지런하고, 소인(小人)은 농사짓는 일에 힘쓴다. 예를 지키는 것은 공경하는 마음을 돈독하게 하는 것만 같음이 없고, 농사에 힘쓰는 것은 독실하게 하는 것보다도 나은 것이 없다. 공경하는 마음은 신(神)을 받드는 데 있고, 독실한 것은 본업(本業 : 농사)을 지키는 데 있다. 나라의 큰 일은 제사와 전쟁에 있다. 종묘(宗廟)의 제사에는 번(膰)을 받고, 출병(出兵)의 제사에는 신(脤)을 받는 것이 신을 받드는 큰 예절이다. 이제 성자가 신을 받드는 예절을 게을리하여 천명을 버렸으니 전쟁에서 돌아오지 못할 것이다." 하였다.

억제함.
천방귀(賤妨貴) : 천한 자가 존귀한 자를 방해하는 것.
능(陵) : 업신여김.
속화(速禍) : 재앙을 부름.
장화(將禍) : 앞으로 다가올 재앙.

46// 劉康公成肅公이 會晉侯하여 伐秦이러니 成子受脤于社하되 不敬이어늘 劉子曰 吾聞之하니 民이 受天地之中하여 以生하니 所謂命也라 是以로 有動作禮義威儀之則하니 以定命也라 能者는 養之以福하고 不能者는 敗以取禍하나니라 是故로 君子는 勤禮하고 小人은 盡力하나니 勤禮는 莫如敦敬이오 盡力은 莫如敦篤이라 敬在養神이요 篤在守業하니라 國之大事在祀與戎하니 祀有執膰하며 戎有受脤이 神之大節也어늘 今成子惰하니 棄其命矣라 其不反乎인저

유 강공(劉康公) : 유는 고을 이름, 강은 시호(諡號).
성 숙공(成肅公) : 성은 고을 이름, 숙은 시호.
진후(晉侯) : 진 여공(晉厲公). 이름은 주만(州滿), 진 경공(晉景公)의 아들.

성자 유자(成子劉子) : 위의 성 숙공과 유 강공을 가리킴.
천지지중(天地之中) : 천지의 중정(中正)한 기운.
명(命) : 천명(天命)이니, 사람이 하늘에서 받은 본성.
정명(定命) : 부여받은 천명을 일정한 법칙으로 정립하는 것.
소인(小人) : 여기서는 농사에 힘쓰는 일반 백성.
양신(養神) : 신을 받드는 것.
융(戎) : 전쟁.
집번(執膰) : 번은 종묘의 제사에 쓰는 구운 고기이니, 제사가 끝난 뒤에 번육을 받는 것.
기기명(棄其命) : 천명을 버림.

47// 衛侯在楚러니 北宮文子見令尹圍之威儀하고 言於衛侯曰 令尹이 其將不免이러이다 詩云敬愼威儀라 維民之則이라 하니 令尹이 無威儀하니 民無則焉이라 民所不則이오 以在民上하니 不可以終하니다 公曰 善哉라 何謂威儀오 對曰 有威而可畏를 謂之威오 有儀而可象을 謂之儀니 君이 有君之威儀하면 其臣이 畏而愛之하며 則而象之故로 能有其國家하여 令聞이 長世하고 臣이 有臣之

| 풀이 | 유 강공과 성 숙공이 진(晉)나라의 여공(厲公)과 모여 함께 진(秦)나라를 치기로 했다. 사(社)에서 출병(出兵)을 알리고 승리를 기원하는 제사를 행했는데, 성 숙공이 제사에 쓴 고기를 받는 태도가 불경했다. 유 강공이 그 불경을 논하여, 전쟁에서 돌아오지 못하게 될 것을 예언했는데, 그 뒤 정말로 하(瑕)라는 곳에서 죽고 돌아오지 못했다. 〈예기(禮記)〉 곡례(曲禮)에 "공경하지 않음이 없다〔毋不敬〕." 하였는데, 공경한다는 것은 사람의 마음가짐의 요도(要道)이다. 무슨 일이든 공경하는 마음을 극진히 하면 일이 도리에 맞아서 이루어지고, 공경하는 마음이 없으면 소홀해져서 반드시 실패를 하는 원인이 되는 것이다.

제47장

위후(衛侯)가 초(楚)나라에 있을 때, 북궁문자(北宮文子)가 영윤(令尹) 위(圍)의 위의(威義)를 보고, 위후에게 말하기를, "영윤은 장차 화(禍)를 면치 못할 것입니다. 시에 이르기를, '위의를 공경히 하고 삼가니 백성의 법이로다.' 하였는데, 영윤은 위의가 없으니 백성이 법으로 삼을 것이 없습니다. 백성이 법으로 삼을 것이 없는 몸으로 백성의 위에 있으니 제 명(命)에 죽지 못할 것입니다." 하였다.

공이 말하기를, "좋도다. 그 말이여, 무엇을 위의라고 하는가?" 하니, 대답하기를, "위엄이 있어서 두려워할 만한 것을 위(威), 거동이 훌륭하여 본받을 만한 것을 의(儀)라고 합니다. 임금이 임금의 위의가 있으면 그 신하가 두려워하고 사랑하며, 법으로 삼아 본받는 까닭에 능히 그 나라를 보전하고, 아름다운 이름이 길이 세상에 전해집니다. 신하가 신하의 위의가 있으면 그 아랫사람이 두려워하고 사랑하는 까닭에 능히 그 관직을 지켜서 일족(一族)을 보전하고 집안을 편안하게 합니다. 이로부터 이하가 모두 이와 같습니다. 이런 까닭에 윗사람과 아랫사람이 서로 편안하고 튼튼할 수 있는 것입니다.

위시(衛詩)에 말하기를, '위의가 아름다워 가릴 것이 없네.' 하였습니다. 임금과 신하, 윗사람과 아랫사람, 아버지와 아들, 형과 아우, 안과 밖, 크고 작은 것이 모두 위의가 있음을 말한 것입니다.

주시(周詩)에 말하기를, '벗이 서로 돕는 것은 위의로써 돕는다.' 하였으니, 벗의 길은 반드시 위의를 가지고 서로 권면하는 것을 말한 것입니다.

그러므로 군자는 벼슬 자리에 있으면 두려워할 만하고, 취사 선택하는 것을 사랑할 만하며, 나아가고 물러가는 것이 법도 있으며, 사람을 대하고 사물에 접하는 것이 법으로 삼을 만하며, 용모와 거동을 보아서 느낄 만하며, 일하는 것이 법이 될 만하며, 덕행이 본받을 만하며, 소리와 기운이 즐거워할 만하며, 동작이 절문(節文)이 있으며, 말이 도리에 밝습니다. 이러한 모습으로 아랫사람을 대하기 때문에 위의가 있다고 말하는 것입니다." 하였다.

| 풀이 | 위(衛)나라의 대부 북궁문자는 초나라의 영윤 위

威儀하면 其下畏而愛之故로 能守其官職하여 保族宜家하나니 順是以下皆如是라 是以로 上下能相固也니이다 衛詩에 曰 威儀棣棣라 不可選也라 하니 言君臣上下父子兄弟內外大小皆有威儀也니이다 周詩에 曰 朋友攸攝이 攝以威儀라 하니 言朋友之道必相敎訓以威儀也니이다 故로 君子는 在位可畏하며 施舍可愛하며 進退可度하며 周旋可則하며 容止可觀하며 作事可法하며 德行可象하며 聲氣可樂하며 動作有文하며 言語有章하여 以臨其下라 謂之有威儀也니이다

위후(衛侯) : 위(衛)나라의 양공(襄公)을 말함. 이름은 악(惡).
북궁문자(北宮文子) : 이름은 타(佗), 위나라의 대부. 북궁은 성(姓).
영윤(令尹) : 초(楚)나라의 상경(上卿)임. 나라의 정사(政事)를 맡아봄.
위(圍) : 초나라 공왕(共王)의 아들.
불면(不免) : 화(禍)를 면치 못함.
불가이종(不可以終) : 끝까지 몸을 잘 보전할 수 없음

을 뜻함.
상(象) : 본받는 것.
영문(令聞) : 아름다운 이름. 명성.
순시이하(順是以下) : 이로부터 이하.
고(固) : 편안하고 튼튼한 것.
불가선(不可選) : 어느 것이나 모두 잘하여 좋고 나쁨을 가릴 수 없는 것.
주시(周詩) : 주(周)나라의 시. 여기서는 〈시경〉 대아(大雅)편의 기취(旣醉)를 가리킴.
섭(攝) : 돕는 것.
시사(施舍) : 쓰고 버림.
용지(容止) : 용모와 거동.
성기(聲氣) : 말소리와 기운.

의 위의 없음을 보고 제 명(命)에 죽지 못할 것을 알았다. 이 글에 나오는 것처럼 위엄이 있어서 남이 보고 두려움을 느끼는 것이 위(威)이고, 행동이 아름다워서 남의 본이 되는 것이 의(儀)다. 사람이 위의가 있으면 남이 두려워하여 복종하고, 공경하여 따르게 되니, 일을 성공으로 이끌 수 있지만, 위의가 없으면 남의 업신여김을 받게 되어 질서가 없어지고 일이 와해(瓦解)된다. 국가, 가정, 직장 등 단체의 크고 작음을 논할 것 없이 그 지도자가 위의가 있으면 통솔이 잘 되고, 위의가 없으면 질서가 무너지게 마련이니, 위의를 갖추는 일이야말로 소홀히 할 수 없는 것이다. 북궁문자뿐만 아니라, 웬만큼 식견(識見)이 있는 사람이라면 그 사람의 위의를 보고 그의 앞날을 점칠 수 있다.

　이상은 통론(通論)이다〔右는 通論이라〕.

2 외편(外篇)

외편은 가언(嘉言)과 선행(善行) 두 편(篇)으로 이루어졌다. 가언 편은 옛 어진 이들의 교훈이 되는 말을 수록한 것으로, 이것을 그 성질에 따라 다시 광입교(廣立敎)·광명륜(廣明倫)·광경신(廣敬身)의 세 부문(部門)으로 구분했다. 선행 편은 옛 어진 이들의 착한 행실을 수록한 것으로, 역시 그 성질에 따라 실입교(實立敎)·실명륜(實明倫)·실경신(實敬身)의 세 부문으로 구분했다. 외편은 내편의 입교·명륜·경신의 가르침을 뒷받침한 것이다.

제5편 가언(嘉言)

가언이란 사람에게 교훈이 되는 착한 말이다. 이 편에서는 한대(漢代) 이래로 어진 사람들의 착한 말들을 서술하여 입교·명륜·경신의 가르침을 넓혔으며, 모두 91장으로 되어 있다.

〈시경(詩經)〉 대아(大雅) 증민(蒸民)의 시에 "하늘이 만백성을 내시니, 사물이 있으면 반드시 법칙이 있도다. 백성은 타고난 착한 성품이 있으니 아름다운 덕을 좋아하네." 하였다.

공자가 말하기를, "이 시를 지은 이는 도를 아는 사람이다. 그러기에 사물이 있으면 반드시 법칙이 있는 것이니, 백성이 타고난 착한 성품이 있기 때문에 아름다운 덕을 좋아한다고 한 것이다." 하였다.

전대(前代)의 전기(傳記)를 차례로 상고하고, 근대의 보고 들은 것을 모아서, 가언을 서술하고 선행을 기록하여 〈소학〉의 외편을 만들었다.

| 풀이 | 주자(朱子)가 〈시경〉 대아편의 증민의 시를 인용하여 〈소학〉의 외편을 편저(編著)하는 취지를 설명했다.

詩曰 天生蒸民하시니 有物有則이므로 民之秉彝라 好是懿德이라 하여늘 孔子曰 爲此詩者여 其知道乎인저 故로 有物必有則이니 民之秉彝也라 故로 好是懿德이라 하시니 歷傳記하며 接見聞하여 述嘉言하며 紀善行하여 爲小學外篇하노라

시(詩) : 〈시경〉 대아편의 증민을 말함.
증민(蒸民) : 뭇백성.
병이(秉彝) : 일정한 법칙에 좇는 것.
의덕(懿德) : 아름다운 덕을 말하는 것.
역전기(歷傳記) : 어진 사람들의 전기를 차례로 상고하는 것.

1. 광입교(廣立敎)

제1장

횡거(橫渠) 장 선생(張先生)이 말하기를, "어린아이들을 가르치는 일은 먼저 안정(安靜)하고, 자상하고, 공손하고, 공경하는 것을 가르쳐야 하는데, 지금 세상에는 학문을 강구(講究)하지 않아서, 남녀가 어릴 때부터 교만하고 태만하여 행실이 나쁘고, 장성하면 더욱 흉악하고 사나워진다.

일찍이 자제로서의 할 일을 배우지 않았기 때문에 그 부모에 대해서도 벌써 남과 나의 관념(觀念)이 있어서 몸을 굽혀서 낮추기를 즐겨하지 않는다. 교만하고 태만한 병의 뿌리가 항상 남아 있고 또 환경에 따라 자라나니, 죽기에 이르기까지도 예전과 다름없게 된다.

그렇기 때문에 자제가 되어서는 쇄소·응대(灑掃應對)하는 일을 편안히 여기지 못하고, 벗을 사귐에는 벗에게 몸을 낮추지 못하며, 상관이 있으면 상관에게 복종하지 못하며, 재상(宰相)이 되면 천하의 어진 이에게 몸을 낮추지 못한다.

심하면 사의(私意)에 좇아 행동하게 되어 의리를 상실(喪失)하고 만다. 이것은 오직 교만하고 태만한 병의 뿌리가 제거되지 못하여 그 환경과 접촉하는 것에 따라 자라나기 때문이다." 하였다.

| 풀이 | 이 글은 횡거 장 선생의 어린이 교육론(敎育論)이

1// 橫渠張先生이 日 教小兒하되 先要安詳恭敬이니 今世에 學不講하여 男女從幼便驕惰壞了하여 到長益凶狠하나니 只爲未嘗爲子弟之事라 則於其親에 己有物我하여 不肯屈下하여 病根常在하여 又隨所居而長하여 至死只依舊니라 爲子弟則不能安灑掃應對하고 接朋友則不能下朋友하고 有官長則不能官長하고 爲宰相則不能下天下之賢이니라 甚則 至於循私意하여 義理都喪也하나니 只爲病根이 不去하여 隨所居接而長이니라

횡거 장 선생(橫渠張先生) : 북송(北宋)의 도학자(道學者) 장재(張載)를 말함. 횡거라는 곳에서 살았기 때문에 횡거 선생으로 불리워짐.
괴료(壞了) : 여기서는 행동이 나쁜 것.
자제지사(子弟之事) : 자제로서 부모에게 하는 도리.

다. 세 살적 버릇이 여든까지 간다는 말이 있듯이, 어릴 때의 교육이 그 사람의 일생을 좌우한다. 어릴 때는 안상(安詳)과 공경의 도리를 가르쳐야 한다. 만일 교육이 잘못되어 교만과 태만으로 흘러서 그와 같은 근성이 점점 자라나면 마침내 인간의 길에서 벗어나게 된다. 여기서는 교만과 태만으로 흐르는 무서운 병폐를 강조했다.

물아(物我) : 남과 나의 차별.
병근(病根) : 교만하고 태만한 병의 뿌리.
쇄소(灑掃) : 물뿌리고 쓰는 것. 소제(掃除).
순(循) : 따름. 좇음.
거접(居接) : 거는 처지, 접은 사물에 접촉하는 것.

제2장

양문공(楊文公) 가훈(家訓)에 말하기를, "어린이의 배움은 암기하여 입으로 외우는 데 그치지 않고 그 양지(良知)·양능(良能)을 길러주어야 하니, 먼저 들려주는 말을 위주를 해야 한다.

날마다 고사(故事)를 기억하게 하되, 옛 시대와 지금 시대에 구애받지 말고 반드시 먼저 효제(孝悌)·충신·예의·염치 등의 일을 들려주고, 황향(黃香)이 침석(枕席)에 부채질한 일과 육적(陸績)이 귤을 품은 일과 손숙오(孫叔敖)의 음덕(陰德)과 자로(子路)가 쌀을 등에 지고 나른 일 같은 것들을 세속의 이야기처럼 해서 들려준다면 곧 그 도리를 깨닫게 되고, 이것이 오래되어 마음에 젖으면 덕성이 자연적으로 우러나는 것 같을 것이다." 하였다.

| 풀이 | 양문공의 가훈을 들어 어린이 교육 문제를 다루고 있다. 어린이에게는 남의 착한 행실을 알아듣기 쉬운 말로 들려주어서 사람의 도리를 깨닫게 하는 것이 가장

2// 楊文公家訓에 曰 童稚之學은 不止記誦이라 養其良知良能이니 當以先入言으로 爲主니라 曰記故事하여 不拘今古하되 必先以孝悌忠信禮義廉恥等事니 如黃香의 扇枕과 陸績의 懷橘과 叔敖의 陰德과 子路의 負米之類는 只如俗說이면 便曉此道理니 久久成熟하면 德性이 若自然矣리라

동치(童稚) : 어린이.
양지(良知) : 사람이 타고난 지혜.
양능(良能) : 타고난 능력.
당이선입언위주(當以先入言爲主) : 선입언을 가장 중요시해야 한다는 뜻임.
황향 선침(黃香扇枕) : 황향이 여름 밤에는 그 부모의 이부자리에 부채질하여 서늘하게 하고, 겨울 밤에는

체온으로 이부자리를 따뜻하게 만들었음.
자로 부미(子路負米) : 자로는 공자의 제자 중유(仲由). 어버이를 위해 100리 밖에서 쌀을 지고 왔다고 함.
효(曉) : 깨달음. 덕

3// 明道程先生이 曰 憂子弟之輕俊者는 只敎以經學念書오 不得令作文이니라 子弟凡百玩好皆奪志하나니 至於書札하여 於儒者事에 最近이언마는 然이나 一向好著이면 亦自喪志니라

경학(經學) : 경서(經書)를 배움. 유교의 경전을 일컫는 말이기도 함.
염(念) : 독(讀)과 같음.
완호(玩好) : 즐겨 완상(玩賞)하고 애호하는 물건.
일향(一向) : 줄곧.
호착(好著) : 좋아함.

4// 伊川程先生이 曰 敎人하되 未見意趣면 必不樂學이니 且敎之歌舞니라 如古詩三百篇은 皆古人이 作之하니 如關雎之類는 正家之始라 故로 用之鄕人

현명한 방법이다. 그와 같은 깨우침이 오래되어 마음에 젖으면 자연히 덕성을 갖추어서 훌륭한 인물이 될 수 있다. 여기서는 황향·육적·손숙오·자로 등의 효행을 예로 들고 있다.

제3장

  명도(明道) 정 선생(程先生)이 말하기를, "자제가 준수하나 경박한 것을 근심하는 자는 다만 경서(經書)를 배워서 소리내어 읽는 것을 가르칠 뿐, 글 짓는 일은 시키지 말아야 한다. 자제가 온갖 완상(玩賞)하고 애호하는 물건들은 모두 그 바른 도리를 구하는 뜻을 해치는 것이다. 글씨 익히고 편지 쓰는 것은 선비의 일에 가장 가까운 것이지만 줄곧 그것만을 좋아하여 집착하면 또한 저절로 뜻을 잃게 된다.

| 풀이 | 이 글에서는 준수하면서도 경박한 소년을 가르치는 방법을 논했다.

제4장

  이천(伊川) 정 선생이 말하기를, "사람을 가르치되, 뜻과 취지를 알지 못한다면 반드시 배우기를 즐겨하지 않을 것이니, 노래와 춤을 가르칠 것이다. 옛 시 300편은 모두 옛 사람이 지은 것으로, 관저(關雎) 같은 것은 집안을 바로잡는 시초가 된다. 그렇기 때문에 시골 사람에게도 쓰고 나

라에도 써서 날마다 사람들로 하여금 이 노래를 듣게 했던 것이다. 그러나 이같은 시는 그 말이 간략하면서도 뜻이 깊어서 지금 사람은 이해하기 어렵다. 따로 시를 짓고자 하거든 어린이들에게 물뿌려 소제하고, 남에게 응대하며, 어른 섬기는 예절을 대략 가르쳐서 아침저녁으로 노래하게 한다면 도움됨이 있을 것 같다." 하였다.

| 풀이 | 자제를 가르치는 것은 성현의 글을 가르쳐서 바른 도리를 깨우치게 해야겠지만, 뜻을 이해하지 못하며 배우기 싫어하는 자에게는 노래와 춤으로 유도하여 도리를 깨우치게 하는 것도 한 가지 방법이다. 노래로는 〈시경〉의 시 같은 것이 가장 이상적이지만 그 말이 간략하고도 깊어서 이해하기 어렵다면 어린이의 할 일을 간략하게 엮어 시로 만들어서 노래하게 하는 것이 좋다. 어린이의 지능을 표준으로 삼는 교육으로 볼 수 있다.

제5장

진충숙공(陳忠肅公)이 말하기를, "어려서 배우는 자는 먼저 인품의 상하를 분별해야 한다. 어떤 것이 성현이 하는 일이고, 어떤 것이 하우(下愚)가 하는 일인지를 알아서 선을 지향하고 악을 등져서 저것(악한 것)을 버리고 이것(선한 것)을 취하는 것, 이것이 어려서 배우는 자가 마땅히 먼저 해야 할 일이다.

안자·맹자는 아성(亞聖)이다. 이를 배워서 비록 그와

하며 用之邦國하여 日使人聞之하니 此等詩其言이 簡奧하여 今人이 未易曉하니 別欲作詩하여 略言敎童子灑掃應對事長之節하여 令朝夕歌之하노니 似當有助니라

의취(意趣) : 뜻과 취지.
고시(古詩) : 〈시경(詩經)〉의 시를 말하는 것으로 모두 300편임.
관저(關雎) : 〈시경〉 국풍(國風) 주남(周南)의 첫 편. 군자가 어진 아내를 구하는 뜻의 시.
정가지시(正家之始) : 집을 바로잡는 시초.
용지향인 용지방국(用之鄕人用之邦國) : 지방에서 행해지는 의식이나 나라의 의식에 통용하는 것.
간오(簡奧) : 말이 간략하면서도 뜻이 깊음.

5// 陳忠肅公이 曰 幼學之士先要分別人品之上下니 何者是聖賢所爲之事면 何者是下愚所爲之事오 하여 向善背惡하여 去彼取此此幼學所當先也니라 顔子孟子는 亞聖也라 學之雖未至나 亦可爲賢人이니 今學者若能知

같은 경지에 이르지 못하더라도 또한 현인은 될 수 있다. 오늘의 배우는 자가 만약 능히 이러한 도리를 안다면 안자·맹자의 일을 누구도 또한 배울 수 있다.

말이 온순하고 기운이 화평하면 안자의 '성냄을 옮기지 않는 것'을 점차로 배울 수 있을 것이며, 허물이 있으면 능히 뉘우치고, 또 고치기를 꺼리지 않는다면 안자의 '허물을 두 번 다시 하지 않는 것'을 점차로 배울 수 있을 것이다.

사람을 파묻고, 물건을 파는 놀이가 제사지내는 놀이만 못함을 알고, 자애스런 어머니의 사랑이 세 번 집을 옮기기에 이른 것을 생각하며, 어릴 때부터 늙기에 이르기까지 배우기를 싫어하지 않고, 뜻을 고치지 않고 처음부터 끝까지 생각이 한결같다면 나의 부동심 또한 맹자와 같을 수 있을 것이다.

만약 뜻을 세움이 높지 않으면 그 배우는 것이 모두 범상한 사람의 일이니, 말이 안자니 맹자에 이르면 감히 감당하지 못하며, 그 마음속으로 반드시 말하기를, '나는 어린아이다. 어찌 감히 안자·맹자를 배우랴.' 한다. 이런 사람에게는 상등의 인물을 말할 수 없다. 선생이나 어른이 그 비열(卑劣)하고 낮은 인품을 보고 어찌 그와 더불어 말하기를 즐겨하랴. 선생이나 어른이 그와 말하기를 즐겨하지 않는다면 그가 더불어 말할 사람은 모두 하등의 사람뿐이다. 말이 성실하지 못하고 믿음이 없는 것이 하등 사람이고, 행실이 독실하지 못하고 공경히 할 줄 모르는

此則顔孟之事를 我亦可學이니라 言溫而氣和則顔子之不遷을 漸可學矣오 過而能悔하며 又不憚改則顔子之不貳를 漸可學矣리라 知埋甕之戲不如俎豆하고 念慈母之愛至於三遷하여 自幼至老히 不厭不改하여 終始一憶히 我之不動心이 亦可以如孟子矣리라 若夫立志不高則其學이 皆常人之事라 語及顔孟則不敢當也하여 其心에 必曰 我爲孩童이어니 豈敢學顔孟哉리오 하리니 此人은 不可以語上矣니라 先生長者見其卑下하고 豈肯與之語哉리오 先生長者不肯與之語則其所與語皆下等人也라 言不忠信이 下等人也오 行不篤敬이 下等人也오 過而不知悔下等人也오 悔而不知改下等人也니 聞下等之語하고 爲下等之事하면 譬如坐於房舍之中하여 四面이 皆墻壁也니 雖欲開明이나 不可得矣리라

진충숙공(陳忠肅公) : 이름은 관(瓘), 자는 영중(瑩中), 호는 요옹(了翁), 송나라 사람. 충숙은 시호.
유학지사(幼學之士) : 어려서 배우는 선비. 배우고자

것이 하등 사람이고, 허물이 있어도 뉘우칠 줄 모르는 것이 하등 사람이고, 뉘우쳐도 고칠 줄 모르는 것이 하등 사람이다. 하등 사람의 말을 듣고, 하등 사람의 일을 한다면 비유컨대 방 안에 앉은 것과 같아 사면이 모두 담이고 벽이다. 비록 열어서 밝게 하나 얻지 못할 것이다." 하였다.

| 풀이 | 역시 어린이의 교육론이다. 어린 사람으로서 배우고자 하는 자에게는 무엇보다도 먼저 어떤 사람이 상등 인물이 되고 어떤 사람이 하등 인물이 되는 것인지를 구별하는 능력을 길러주어야 한다. 그렇게 하여 어진 이의 언행을 가리고 배워서 악을 버리고 선의 길로 향하게 해야 한다.

사람은 뜻을 세워야 한다. 그리고 뜻은 이상(理想)과 통한다. 높은 이상을 가지고 노력하면 상등 인물이 되어 큰 공업(功業)을 이룰 수도 있지만 이상이 없으면 진취가 없다. "순(舜)은 어떤 사람이며, 나는 어떤 사람인가. 노력하면 나도 그와 같이 된다."는 말이 있는데, 어릴 때부터 뜻을 세워서 노력하는 방향으로 유도하는 것이 극히 중요하다.

제6장

마원(馬援)의 형의 아들 엄(嚴)과 돈(敦)이 모두 남을 비방하고 정치를 의논하기를 좋아했으며, 경박하고 호협(豪俠)한 자들과 왕래했다.

원이 교지(交趾)에 있으면서 글을 보내어 경계하기를,

하는 소년.
하우(下愚) : 인품이 하등이고 어리석은 것.
아성(亞聖) : 공자 다음가는 성인.
불천(不遷) : 불천노(不遷怒)의 약칭이니, 노여움을 옮기지 않는 것. 쉽게 말해서 갑(甲)에게서 화난 것을 을(乙)에게 화풀이하지 않는 것.
불이(不貳) : 불이과(不貳過)의 약칭. 허물이 있으면 고치고 두 번 다시 하지 않는 것.
매육지희(埋鬻之戲) : 사람을 파묻고 물건을 파는 놀이. 맹자의 어머니가 세 번 집을 옮긴 가르침 속에 보임.
조두(俎豆) : 조는 고기 담는 제기(祭器), 두는 나무 제기이니, 여기서는 제사지내는 놀이를 뜻함.
일억(一億) : 한 가지 생각. 생각이 한결같음.
불감당(不敢當) : 감히 감당하지 못함.
어상(語上) : 상등 인물의 일을 말함.

6// 馬援의 兄子嚴敦이 竝喜譏議而通輕俠客하더니 援이 在交趾하여 還書誡之曰 吾欲汝曹聞人過失하고 如聞父母之名하여 耳可得聞이어든

口不可得言也하노라 好議論人長短하여 妄是非政法이 此吾所大惡也니 寧死언정 不願聞子孫이 有此行也하노라 龍伯高는 敦厚周愼하여 口無擇言하며 謙約節儉하며 廉公有威하니 吾愛之重之하여 願汝曹效之하노라 杜季良은 豪俠好義하여 憂人之憂하며 樂人之樂하여 淸濁에 無所失하여 父喪致客에 數郡이 畢至하니 吾愛之重之어니와 不願汝曹效也하노라 效伯高不得이라도 猶爲謹勅之士니 所謂刻鵠不成이라도 尙類鶩者也어니와 效季良不得하면 陷爲天下輕薄子니 所謂畫虎不成이면 反類狗者也니라

마원(馬援) : 자는 문연(文淵), 후한(後漢) 때 사람. 많은 전공(戰功)을 세워서 복파 장군(伏波將軍)에 봉해졌음. 교지(交趾)를 평정함.
교지(交趾) : 오늘날의 베트남 북부의 통킹·하노이 지방을 말함.
여조(汝曹) : 너희 무리. 너희들.
여문부모지명(如聞父母之

"나는 너희들이 남의 과실을 듣거든 마치 부모의 이름을 듣는 것처럼 귀로 들을 수 있어도 입으로는 말할 수 없는 것 같이 하기를 바란다. 남의 장점과 단점을 의논하기를 좋아하고, 망령되이 정치와 법률을 옳으니 그르니 평론하는 것은 내가 크게 싫어하는 것이다. 차라리 죽을지언정 자손이 이런 행실이 있는 것을 듣기를 원치 않는다.

용백고(龍伯高)는 독실(篤實)·중후하고 주밀·근신하여 입에 실수하는 말이 없으며, 겸손·간략하고 절도 있고 검소하며 청렴하고 공정하여 위엄이 있으니 내가 사랑하고 소중히 여긴다. 너희들이 본받기를 바란다.

두계량(杜季良)은 호협(豪俠)하고 의기를 좋아하며 남의 근심을 내 일처럼 근심하고 남의 즐거움을 함께 즐거워하며, 청탁(淸濁)을 가리지 않고 모든 사람을 한결같이 대하여 누구도 버리지 않는다. 그 아버지의 상(喪)에 몇 고을 사람이 모두 조문을 왔다. 내 비록 사랑하고 소중히 여기시만 너희들이 본받기를 원치 않는다.

백고를 본받다가 그와 같이 되지 못하더라도 오히려 근신하고 신칙(申飭)하는 선비는 될 수 있을 것이니, 이른바 '고니를 새겨서 이루지 못하더라도 오히려 따오기와 비슷하게 된다.'는 것이지만, 계량을 본받다가 그와 같이 되지 못하면 천하의 경박한 인간으로 떨어질 것이니, 이른바 '범을 그려서 이루지 못하면 도리어 개와 비슷하게 된다.'는 것이다." 하였다.

|풀이| 마원의 형의 아들 엄과 돈이 모두 경솔하여 남을 헐뜯어 말하기를 좋아하고, 경박하고 호협한 인사들과 사귀었다. 마원이 이를 근심하여 교지의 전진(戰陣) 속에서 글을 보내어 경계했다. 남의 허물을 마치 부모의 이름을 듣는 것처럼 귀로 들을 수는 있어도 입으로 말하지 않아야 한다. 옛 글에 "남의 단점을 말하지 말고, 내 장점을 믿지 말라〔罔談彼短靡恃己長〕."는 말이 있으니, 자기 자신의 허물을 반성하는 데 힘쓰고 남의 결점을 말하지 않는 수양을 쌓아야 한다. 그리고 함부로 나라의 정치나 법률을 비판하는 것도 삼가야 한다. 함부로 비판하는 것은 국가 사회를 혼란에 빠뜨리고 내 몸에도 무서운 재앙을 가져오게 된다.

마원은 당시 한(漢)나라의 수도에 살던 용백고와 두계량, 두 인물을 들었다. 용백고는 몸가짐을 삼가고 행실이 단정한 어진 선비이고, 두계량은 호협하고 의를 좋아하여 강폭한 자를 억제하고 약소한 자를 붙들어주며, 불우한 사람을 돕고 남의 위급함을 구제하는 협의(俠義)의 인물로, 두 사람 모두 이름이 널리 알려졌다. 그러나 용백고를 본받는다면 그와 같은 인물이 못된다 하더라도 몸가짐이 바른 선비는 될 수 있지만 설불리 두계량을 본받는다면 경박한 인간으로 떨어지기 쉬우니, 용백고를 본받는 것이 안전한 길이다. 고니를 새기다가 이루지 못하면 오히려 따오기는 되게 할 수는 있어도, 범을 그리다가 잘못되면 개를 그리게 된다는 말을 비유로 들어서 경계했다.

名) : 부모의 이름을 듣는 것같이 한다. 지난날에는 부모의 이름은 귀로 들을 수는 있어도 입으로 말하지 않음.
용백고(龍伯高) : 이름은 술(述). 백고는 자임.
구무택언(口無擇言) : 택언은 가려서 버릴 말이니 가려서 버릴 만한 말이 없는 것. 즉 말이 모두 이치에 맞음을 뜻함.
효(效) : 본받음.
두계량(杜季良) : 이름은 보(保), 계량은 자임.
청탁 무소실(淸濁無所失) : 깨끗한 사람이나 깨끗지 못한 사람을 차별하지 않고 한결같이 대하여 누구도 버리지 않음. 또는 원망을 사지 않음.
각곡불성 상류목(刻鵠不成 尙類鶩) : 고니와 따오기는 크기는 다르지만 생김새는 비슷하다. 그렇기 때문에 고니를 새기다가 그르치면 따오기는 닮게 할 수 있다는 것.
화호불성 반류구(畫虎不成 反類狗) : 범을 그리다가 잘못 그리면 정반대로 개를 닮게 한다는 것. 여기서는 호걸(豪傑)을 본받다가 도리어 경박한 인간으로 떨어지는 것을 뜻함.

7// 漢昭烈이 將終에
勅後主曰 勿以惡小而
爲之하며 勿以善小而
不爲하라

한 소열(漢昭烈) : 삼국시대
촉한(蜀漢)의 황제 유비(劉
備), 자는 현덕(玄德), 소열
은 시호.
후주(後主) : 소열 황제의
아들이며 이름은 선(禪).
물(勿) : 하지 말라는 금지
사(禁止辭).

제7장

　한나라 소열(昭烈) 황제가 죽을 때 후주(後主)를 경계하여 말하기를, "악한 일은 작은 것이라도 하지 말아야 하고, 선한 일은 작은 것이라도 반드시 해야 한다." 하였다.

| 풀이 | 유가(儒家)에서는 하늘이 인간에게 선한 성품을 부여했음을 말했고, 맹자는 이것을 다시 논리적으로 설명하여 '성선설(性善說)'을 제창했으니, 선은 곧 인간의 길이다. 선한 마음을 가지고 선을 행한다면 사람들로부터 신뢰를 받고 도움을 얻어서 인생 항로의 모든 난관을 극복하고 광명과 성공을 기대하지만, 악한 마음을 가지고 악을 행한다면 그 앞날에는 암흑과 비운이 있을 뿐이다. 천국도 사람의 마음속에 있다고 했다. 남을 사랑하는 마음을 가졌을 때는 무한한 기쁨을 느끼지만 미워하는 마음이 있을 때는 괴로우니, 선은 곧 행복이요, 악은 불행이다. 하늘은 선한 사에게 복을 주고, 악한 사에게 재앙을 내린다고 했다. 우리의 갈 길은 너무도 명백하여 의심할 여지가 없다. 선이라면 비록 작은 것이라도 놓치지 말아야 하고, 악은 아무리 작은 것이라도 행해서는 안 된다. 우리는 항상 선을 생각하는 마음가짐을 필요로 한다.

8// 諸葛武侯戒子書에
曰 君子之行은 靜以修
身이오 儉以養德이니

제8장

　제갈무후(諸葛武侯)가 아들을 훈계한 글에 말하기를, "군자의 행동은 마음을 고요하게 하여 몸을 닦고, 생활을 검박(儉朴)하게 하여 덕을 길러야 한다. 담박(澹泊)이 아니면 뜻을 밝게 하지 못하고, 편안하고 고요함이 아니면 생각이 먼 데 이르지 못한다.

　대저 배움은 모름지기 마음이 고요해야 하고, 재능은 모름지기 배워야 하니, 배움이 아니면 재능을 넓히지 못하고, 고요함이 아니면 배움을 이루지 못한다. 태만하면 이치의 정미(精微)한 것을 연구할 수 없고, 조급하고 경망하면 성품을 다스릴 수 없다. 나이는 시절과 함께 달리고, 의지는 세월과 함께 가버려서 드디어 가을 초목처럼 시들게 되면 곤궁한 오두막집 속에서 슬퍼 탄식한들 다시 어찌할 수 있으랴." 하였다.

| 풀이 | 마음이 고요해야만 도리에 밝으니 몸가짐을 바르게 할 수 있고, 생활이 검소해야 마음이 물욕(物欲)에 흐려지지 않아서 덕성을 기를 수 있다. 욕심이 없어서 마음이 담박해야 내 뜻을 밝게 할 수 있고, 마음이 편안하고 고요해야 높고도 먼 이치를 탐구하여 알게 된다. 학문도 마음이 고요해야 이치를 깊이 생각하여 이룰 수 있고, 재능은 배움에 따라 향상 발전된다. 게으르면 이치의 정밀하고도 깊은 것을 연구할 수 없고, 조급하고 경망하면 내 본연의 성품을 보존치 못한다.

　이 글에서는 제갈무후가 행실을 닦고 학문하는 방법으로 아들을 경계하고 또 시기를 놓치지 말고 힘써서 뉘우침이 없기를 강조했다.

非澹泊이면 無以明志오 非寧靜이면 無以致遠이니라 夫學은 須靜也오 才는 須學也라 非學이면 無以廣才오 非靜이면 無以成學이니 慆慢則不能研精이오 險躁則不能理性이니라 年與時馳하며 意與歲去하여 遂成枯落이여사 悲歎窮廬인들 將復何及也리오

제갈무후(諸葛武侯) : 제갈은 성(姓), 이름은 양(亮), 자는 공명(孔明), 삼국시대 촉한(蜀漢)의 승상(丞相), 유비(劉備)가 남양(南陽)에 있는 그의 집을 세 번 찾아 비로소 그를 신하로 삼았다는 '삼고초려(三顧草廬)'는 유명함.
정(靜) : 마음을 편안하고 고요히 함.
담박(澹泊) : 욕심이 없어서 마음이 맑음.
치원(致遠) : 높고도 먼 이치를 연구하여 아는 것.
도만(慆慢) : 게으름.
연정(研精) : 이치의 정미(精微)한 것을 연구하는 것.
험조(險躁) : 조급하고 경망한 것.
고락(枯落) : 초목의 잎이 말라 떨어짐. 영락(零落)과도 같음.

제9장

유변(柳玭)이 일찍이 글을 지어 그 자제(子弟)를 경계하여 말하기를, "명예를 손상하고, 몸을 재앙에 걸리게 하며, 조상을 욕되게 하고, 가문을 망치는 과실 중에서 가장 큰 것이 다섯 가지 있으니, 마땅히 깊이 마음에 새길 것이다.

첫째, 스스로 안일을 구하며, 담박한 생활을 달게 여기지 못하여 내 몸에 이로우면 남의 비방도 근심하지 않는 것이다.

둘째, 유교(儒敎)의 학문을 알지 못하고 옛날의 도덕을 좋아하지 않아서 옛 경서(經書)에 몽매해도 부끄러워하지 않으며, 당세(當世)의 일을 함부로 논쟁하여 남의 웃음거리가 되며, 아는 것이 적으면서도 남의 학식(學識) 있는 것을 미워하는 것이다.

셋째, 나보다 나은 사람을 싫어하고, 내게 아첨하는 자를 좋아하며, 오직 희롱하는 말만을 좋아하고 옛날의 도덕을 생각지 않으며, 남의 신한 깃을 들으면 시기하고 남의 악한 것을 들으면 선전하여 편파(偏頗)하고 사벽(邪僻)한 행동에 젖어서 덕성(德性)과 의리를 깎아버린다면 의관(衣冠)을 갖추고 있은들 노복(奴僕)과 무엇이 다르랴.

넷째, 한가하고 편안하게 노는 것을 숭상하고, 술을 즐겨하여 술잔을 기울이는 것을 고아(高雅)한 운치로 보고, 일에 부지런한 것을 속류(俗流)로 여겨 습관이 되면 마음이 거칠기 쉬워서 깨닫는다 해도 이미 뉘우치기 어렵다.

다섯째, 좋은 벼슬을 구하기에 마음이 급하여 남몰래

9// 柳玭이 嘗著書하여 戒其子弟曰 壞名災己하며 辱先喪家其失尤大者五니 宜深誌之니라 其一은 自求安逸하며 靡甘澹泊하여 苟利於己어든 不恤人言이니라 其二는 不知儒術하며 不悅古道하여 懵前經而不恥하고 論當世而解頤하여 身既寡知오 惡人有學이니라 其三은 勝己者를 厭之하고 佞己者를 悅之하여 唯樂戲談하고 莫思古道하여 聞人之善하고 嫉之하며 聞人之惡하고 揚之하여 浸漬頗僻하여 銷刻德義하면 簪裾徒在인들 厮養何殊리오 其四는 崇好優游하며 耽嗜麴糱하여 以啣盃로 爲高致하고 以勤事로 爲俗流하나니 習之易荒이라 覺已難悔니라 其五는 急於名宦하여 匿近權要하여 一資半級을 雖或得之라도 衆怒群猜하여 鮮有存者니라 余見名門右族이 莫不由祖先의 忠孝勤儉하여 以成立하고 莫不由子孫의 頑率奢傲하여 以覆墜之하나니 成立之難은 如升

권문 요로(權門要路)에 접근해서 조그만 벼슬 자리를 혹 얻는다 하더라도 뭇사람이 성내고 시기하게 되니, 이것을 보전하는 자가 드물다.

내 명문 우족(名門右族)을 보면, 조상의 충효·근검으로 말미암아 성립되지 않음이 없고, 자손의 완악·경솔·사치·오만으로 말미암아 실추되지 않음이 없다. 성립의 어려움은 마치 하늘에 오르는 것 같고, 실추의 쉬움은 마치 털을 불태우는 것 같으니 말을 하게 되면 마음이 아프다. 너는 마땅히 새길 것이다." 하였다.

| 풀이 | 여기서는 유변의 아들을 훈계하는 글에서 집안의 명예를 훼손하고, 내 몸에 재앙을 부르며, 조상을 욕되게 하고, 가문을 실추시키는 다섯 가지 큰 과실을 들고 있는데, 모두 극히 적절하다고 보겠다.

그 중에서도 나보다 나은 자를 싫어하고, 내게 아첨하는 자를 좋아하며, 남의 선한 것을 들으면 시기하고, 남의 악한 것을 들으면 드러내려는 행위를 흔히 볼 수 있는데, 참으로 비열한 생각이며, 이같은 생각은 내 몸에 재앙을 부르게 되니, 반드시 시정되어야 한다.

충효·근검은 집안을 일으키는 원동력이 되고, 완악·경솔·사치·교만은 패망의 동기가 됨은 틀림없는 사실이다. 집을 일으키기는 어려워도 망치기는 쉬운 것도 사실이니, 이 점을 명심하여 잊지 말 것이다.

天하고 覆墜之易는 如燎毛라 言之痛心하니 爾宜刻骨이니라

유변(柳玭) : 자는 직청(直淸), 당(唐)나라 사람임.
괴명(壞名) : 가문의 명예를 파괴하는 것.
불휼인언(不恤人言) : 남의 말을 근심하지 않음.
유술(儒術) : 유교의 학문.
전경(前經) : 옛날의 경서(經書).
승기자(勝己者) : 나보다 나은 자.
양지(揚之) : 드러냄.
침지(浸漬) : 젖음.
파벽(頗僻) : 편파(偏頗)와 사벽(邪僻). 중정(中正)의 도리를 잃는 것.
소각(銷刻) : 깎아버림.
잠거도재(簪裾徒在) : 의관(衣冠)만 갖추고 있는 것.
고치(高致) : 높고도 맑은 운치(韻致).
속류(俗流) : 세상의 비속(卑俗)한 무리.
명환(名宦) : 이름 있는 벼슬.
익근권요(匿近權要) : 익근은 남몰래 접근하는 것, 권요는 권세 있는 사람과 중요한 위치에 있는 사람.
일자반급(一資半級) : 조그만 벼슬 자리를 뜻함.
선(鮮) : 드묾.
우족(右族) : 귀족(貴族).

10// 范魯公質이 爲宰相이러니 從子古杲嘗求奏遷秩이어늘 質이 作詩曉之하니라 其略曰 戒爾學立身하노니 莫若先孝悌라 怡怡奉親長하여 不敢生驕易라 戰戰復兢兢하여 造次必於是하라 戒爾學干祿하노니 莫若勤道藝라 嘗聞諸格言하니 學而優則仕라 하니 不患人不知오 惟患學不至니라 戒爾遠恥辱하노니 恭則近乎禮라 自卑而尊人하며 先彼而後己니 相鼠與茅鴟에 宜鑑詩人刺니라 戒爾勿放曠하노니 放曠이 非端士라 周孔이 垂名敎어시늘 齊梁이 尙淸議하니 南朝稱八達하여 千載穢靑史하니라 戒爾勿嗜酒하노니 狂藥非佳味라 能移謹厚性하여 化爲凶險類하니 古今傾敗者를 歷歷皆可記니라 戒爾勿多言하노니 多言이 衆所忌라 苟不愼樞機면 災厄이 從此始라 是非毁譽間에 適足爲身累니라 擧世重交游하여 擬結金蘭契하나니 忿怨이 容易生하여 風波當時起라

제10장

범노공(范魯公) 질(質)이 재상이 되니, 종자(從子) 고(杲)가 일찍이 임금께 아뢰어 자신의 벼슬 품계를 올려주기를 구했다. 질이 시를 지어 깨우치게 하니, 그 대략은 이러하다.

"네게 훈계하노니, 입신(立身)하는 방법을 배움은 효제(孝悌)를 먼저 함만 같음이 없다. 온화한 기색으로 어버이와 어른을 받들며 감히 교만하고 남을 업신여기는 마음을 두지 말라. 두려워하고 또 조심하여 창황하고 구차한 때라도 반드시 이같이 하라.

네게 훈계하노니, 관록(官祿)을 구하는 방법을 배우려거든 사람이 행할 도리와 육예(六藝)를 힘씀만 같음이 없다. 일찍이 격언을 들으니, 배워서 학식이 넉넉하면 벼슬한다고 했다. 남이 나를 알아주지 않음을 근심하지 말고 오직 내 학문이 부족함을 근심하라.

네게 훈계하노니, 치욕을 멀리하라. 공손하면 예(禮)에 가깝다. 내 몸을 낮추고 남을 높이며, 남을 먼저하고 나를 나중하라. 상서(相鼠)와 모치(茅鴟)의 시인의 풍자(諷刺)를 거울 삼을지어다.

네게 훈계하노니, 방광(放曠)하지 말라. 방광은 단정한 선비가 아니다. 주공(周公)·공자가 명교(名敎)를 세상에 남겼는데 제·양나라의 청의(淸議)를 숭상했도다. 남조(南朝)에서 팔달(八達)을 일컬어서 길이 청사(靑史)를 더럽혔다 한다.

네게 훈계하노니, 술을 즐기지 말라. 사람을 미치게 하

는 약이지 아름다운 맛은 아니다. 능히 근신하고 순후한 성격을 변하게 하여 흉험한 무리로 만드니, 예와 지금에 술로 패망한 자를 역력히 모두 기억할 수 있다.

네게 훈계하노니, 말을 많이 하지 말라. 말 많음은 사람이 싫어하는 것. 진실로 추기(樞機)를 삼가지 않으면 재액(災厄)이 이로부터 시작된다. 옳으니 그르니 하며 헐뜯는 것은 몸에 허물이 되기에 알맞는 것이다.

온 세상 사람이 사귀어 놀기를 중히 여겨 금란(金蘭)의 계(契)를 맺는다지만 분노와 원한이 쉽게 생겨서 풍파가 당장에 일어난다. 이런 까닭에 군자의 마음은 깊고도 넓으며 담담하기가 물과 같은 것이다.

온 세상 사람은 남이 내 뜻을 받들어 섬김을 좋아하여 뽑내어서 의기(意氣)를 더하며, 뜻을 받드는 자가 자기를 놀림감으로 삼는 것을 알지 못한다. 이런 까닭에 옛사람은 거저(籧篨)와 척시(戚施)를 미워했느니라.

온 세상 사람은 유협(游俠)을 중히 여겨 시속(時俗)이 의기(義氣)를 행한다고 말하지만, 남을 위하며 위급하고 어려운 일에 달려가, 왕왕 죄수의 신세로 떨어지네. 이런 까닭에 마원이 글을 보내어 여러 아들을 훈계했도다.

온 세상 사람은 청한(淸寒)하고 검소한 것을 천히 여기고 화려하고 사치한 것을 좋아한다. 살찐 말 타고 가벼운 갖옷 입고서 의기 양양하여 마을을 지나가면 비록 시정배(市井輩)나 아이들의 환영을 받지만 식자(識者)는 도리어 비루하게 여긴다.

所以君子心이 汪汪淡如水니라 擧世好承奉하여 昂昂增意氣하나니 不知承奉者以爾爲玩戲니라 所以古人疾이 籧篨如戚施니라 擧世重游俠하여 俗呼爲氣義라 爲人赴急難하여 往往陷囚繫하나니 所以馬援書殷勤戒諸子니라 擧世賤淸素하니 奉身好華侈라 肥馬衣輕裘하여 揚揚過閭里하나니 雖得市童憐이나 還爲識者鄙니라 我本羈旅臣으로 遭逢堯舜理하여 位重才不充이라 戚戚懷憂畏하여 深淵與薄氷을 蹈之唯恐墜하나니 爾曹當憫我하여 勿使增罪戾라 閉門斂蹤跡하여 縮首避名勢하라 勢位難久居니 畢竟何足恃리오 物盛則必衰오 有隆還有替니 速成不堅牢하고 亟走多顚躓하나니 灼灼園中花는 早發還先萎오 遲遲澗畔松은 鬱鬱含晚翠라 賦命有疾徐하니 靑雲難力致라 寄語謝諸郞하노니 躁進徒爲耳니라

범노공(范魯公) : 이름은 질(質), 자는 문소(文素). 후주(後周)의 평장사(平章事)로, 송(宋)나라를 섬겨 노국공(魯國公)에 봉해졌음.
천질(遷秩) : 벼슬을 올림.
이이(怡怡) : 온화한 모습.
교이(驕易) : 교만하여 남을 업신여기는 것.
조차(造次) : 황급하고 구차(苟且)한 때.
간록(干祿) : 관록(官祿)을 구함.
도예(道藝) : 도는 사람이 행할 도리, 예는 예(禮)·악(樂)·사(射)·어(御)·서(書)·수(數)의 육예(六藝)를 말함.
부지(不至) : 학문이 높은 정도에 이르지 못함을 말하니, 즉 부족한 것.
선피(先彼) : 저 사람을 먼저하다. 즉 남부터 먼저 대우하는 것.
자(刺) : 풍자(諷刺).
방광(放曠) : 예의나 규범 같은 것에 구애받지 않고 제 마음대로 행동하는 것.
명교(名敎) : 윤리 도덕의 가르침.
제양(齊梁) : 여기에서 말하는 제나라와 양나라는 남조(南朝)의 나라들임.
청의(淸議) : 노장 사상(老莊思想)인 청정 무위(淸淨無爲)를 숭상하는 의론.
남조(南朝) : 오(吳)·동진(東晋)·송(宋)·제(齊)·양(梁)·진(陳) 등의 나라들이 강남(江南)을 차지하고 그

내 본시 나그네 신하로 요·순(堯舜)의 세상을 만나 지위는 무겁고 재주가 부족하여 늘 근심하고 두려운 마음을 품어, 깊은 못에 임한 듯 살얼음을 밟은 듯 오직 떨어질까 겁난다. 너희들은 나를 불쌍히 여겨 허물을 더하게 하지 말지어다. 문을 닫아 종적을 감추고 머리를 움추려 명성과 권세를 피하라. 권세와 지위는 오래가기 어려운 것, 필경 어찌 족히 믿으랴.

물건이 성하면 반드시 쇠하고 흥함이 있으면 망함이 있으며, 속하게 이루어지는 것은 굳지 못하고, 급히 달리면 엎어짐이 많다. 곱디 고운 정원의 꽃은 일찍 피어서 먼저 시들고, 더디고 더딘 시냇가의 소나무는 무성하여 늦게까지 푸르르다. 운명을 타고남에는 빠르고 더딤이 있고, 청운(靑雲)은 사람의 힘으로 이루기 어렵다. 제군(諸君)에게 한 말을 일러 보내노니, 승진을 조급히 서두름은 부질없는 것일 뿐이리라." 하였다.

| 풀이 | 범노공 질이 송나라의 재상이 되자, 그 형의 아들 고(杲)가 임금께 아뢰어 높은 벼슬 자리로 올려주기를 청하니 질이 시를 지어서 훈계했다. 그 대략은 다음과 같다.

첫째, 입신(立身)하는 방법으로는 먼저 부모에게 효도하고 어른을 공경하는 도리를 힘쓰며, 항상 두려워하고 조심하는 마음으로 행동해야 한다. 둘째, 벼슬을 구하는 방법으로는 사람이 행할 도리와 육예(六藝)를 힘쓰며, 풍부한 학식을 쌓아야 한다. 셋째, 몸가짐을 공손히 하여 예의

를 지켜서 내 몸에 수치와 모욕이 돌아오지 않게 해야 한다. 넷째, 예의 도덕에서 벗어난 자유 분방한 행동을 말아야 한다. 저 남조(南朝)의 이른바 팔달(八達)이라는 인사들의 제멋대로의 행동은 세상 사람의 정신을 흐리게 만들었던 것이다. 다섯째, 술을 마시지 말아야 한다. 술은 사람의 본성을 해치니, 술로 인하여 패망한 자가 수를 셀 수 없다. 여섯째, 말이 많으면 안 된다. 입은 재앙의 문이 되니, 말로 하여 허물이 몸에 돌아오고 무서운 재앙을 입게 된다. 일곱째, 남과 사귐은 담담하기가 물 같아야 한다. 뜨거운 쇠가 쉬 식는다는 말이 있듯이 열정적인 사귐은 금이 가기 쉽다. 여덟째, 남이 내 뜻을 받드는 것을 좋아해서는 안 된다. 그 속에는 반드시 복선(伏線)이 있게 마련이니, 이것으로 인하여 재앙을 부르는 일 또한 적지 않다. 아홉째, 협의(俠義)를 행한다는 사람을 가까이하지 말아야 한다. 의기(義氣)를 행하는 것 같지만 바른길이 아니기 때문에 국법에 저촉되어 형벌을 받기 일쑤다. 열째, 맑고 검소한 생활을 해야 한다. 화려하고 사치스런 생활은 덕을 손상하고, 남의 비판을 받는다. 열한째, 명예와 권세의 마당에서 물러서는 것이 몸을 보전하는 현명한 방법이 된다. 열두째, 일찍 출세하고 더디 출세하는 것이 모두 정해진 운명이 있고, 또 높은 벼슬 자리도 사람의 힘으로 억지로 구할 수 없는 것이니, 부질없이 서두르지 말고 힘을 길러서 때를 기다려야 한다.

서울이 지금의 남경에 있었으므로, 남조 또는 육조(六朝)로 불리워짐.
팔달(八達) : 여덟 사람의 달사(達士). 달사는 세상을 달관한 선비. 진나라의 호모보지·사곤·완방·필탁·양만·환이·완부·광일을 일컬음.
청사(靑史) : 역사의 기록.
추기(樞機) : 여기서는 말을 꺼냄을 뜻함.
적족(適足) : 알맞음.
신누(身累) : 몸의 허물.
금란계(金蘭契) : 친구 사이에 마음을 같이하는 사귐을 일컫는 말.
담여수(淡如水) : 담은 맛이 담박한 것이니, 물과 같이 담박할 뿐 특별한 맛이 없음을 뜻함.
승봉(承奉) : 뜻을 받아서 섬김.
완희(玩戱) : 놀림감.
척시(戚施) : 아래만 보고 위를 보지 못하는 곱사등이.
유협(游俠) : 돌아다니면서 남을 도와주는 것.
수계(囚繫) : 죄수의 몸이 되어 옥(獄)에 갇힘.
척척(戚戚) : 근심하고 두려워하는 모양.
울울(鬱鬱) : 무성한 모양.
함만취(含晩翠) : 늦게까지 푸른빛을 머금음. 나무는 가을이 되면 낙엽이 지지만 소나무는 겨울에도 푸르름.
조진(躁進) : 승진을 조급하게 서두르는 것.
도위(徒爲) : 헛된 일.

제11장

강절(康節) 소 선생이 자손을 경계하여 말하기를, "상품(上品)의 사람은 가르치지 않아도 선하고, 중품(中品)의 사람은 가르친 뒤에야 선해지며, 하품(下品)의 사람은 가르쳐도 또한 선하지 못하다. 가르치지 않아도 선한 것이 성인이 아니고 무엇이며, 가르친 뒤에 선해지는 것이 현인이 아니고 무엇이며, 가르쳐도 또한 선하지 못한 것이 어리석은 자가 아니고 무엇이랴. 이것으로 선하다는 것은 길함을 말함이고, 선하지 못하다는 것은 흉함을 말하는 것임을 알 수 있다.

길한 사람은 눈으로 예에 어긋나는 빛을 보지 않고, 귀로 예에 어긋나는 소리를 듣지 않고, 입으로 예에 어긋나는 말을 하지 않고, 발로 예에 어긋나는 땅을 밟지 않고, 사람이 선함이 아니면 사귀지 않고, 물건이 의(義)가 아니면 취하지 않으며, 어진 사람 친함을 지초(芝草)와 난초(蘭草)에 나아가듯이 하고, 악한 사람 피하기를 뱀과 전갈을 두려워하듯이 한다. 누가 그를 길한 사람이라고 말하지 않더라도 나는 믿지 않을 것이다.

흉한 사람은 말이 교묘하고 간사스럽게 속이며, 행동이 음험하고 재리(財利)를 좋아하고, 그른 것을 바른 것처럼 꾸미며, 음탕한 일을 탐내고 재앙을 부를 일을 즐겨하며, 어질고 착한 사람 미워하기를 원수처럼 하고, 나라의 법을 범하기를 밥먹듯이 하여 작으면 몸을 몰락시키고 생명을 잃으며, 크면 종족(宗族)을 뒤엎고 후사를 끊어지게 한

11// 康節邵先生이 誡子孫曰 上品之人은 不敎而善하고 中品之人은 敎而後善하고 下品之人은 敎亦不善하나니 不敎而善이 非聖而何며 敎而後善이 非賢而何며 敎亦不善이 非愚而何오 是知善也者는 吉之謂也이요 不善也者는 凶之謂也니라 吉也者는 目不觀非禮之色하며 耳不聽非禮之聲하며 口不道非禮之言하며 足不踐非禮之地하여 人非善不交하며 物非義不取하며 親賢如就芝蘭하며 避惡如畏蛇蝎이면 或曰不謂之吉人이라도 則吾不信也하리라 凶也者는 語言이 詭譎하며 動止陰險하며 好利飾非하며 貪淫樂禍하여 疾良善如讎隙하며 犯刑憲如飮食하여 小則隕身滅性하고 大則覆宗絶嗣하나니 或曰不謂之凶人이라도 則吾不信也하리라 傳에 有之하니 曰 吉人은 爲善하되 惟日不足이어늘 凶人은 爲不善하되 亦惟日不足이라 하니 汝等은 欲爲吉人乎아 欲爲凶

다. 누가 그를 흉한 사람이라고 말하지 않더라도 나는 믿지 않을 것이다.

전(傳)에 있기를, 길한 사람은 선을 행하되 종일토록 해도 부족함을 느끼고, 흉한 사람은 선하지 않은 일을 행하되 종일토록 해도 또한 부족하게 여긴다.' 하였다. 너희들은 길한 사람이 되려 하느냐, 흉한 사람이 되려 하느냐." 하였다.

| 풀이 | 강절 소 선생이 자손을 경계한 글이다. 사람을 상·중·하의 세 등급으로 나누어서 성인·현인·우자(愚者)로 구별했다.

그리고 선한 사람이 행하는 일과 악한 사람이 행하는 일을 각각 열거하고, 악한 행동이 부르는 무서운 재앙을 논하여 자손들에게 선의 길을 택할 것을 강조했다.

제12장

절효(節孝) 서 선생이 배우는 자들을 훈계하여 말하기를, "그대들이 군자가 되고자 하는 데 있어, 내 몸을 수고롭게 하고 재물을 소비해야만 된다면, 그러한 이유로 군자가 되지 않는 것은 오히려 있을 수 있는 일이지만, 내 힘을 수고롭게 하지도 않고 재물을 소비하지 않는데도 그대들은 어찌하여 군자가 되지 않는가. 마을 사람들이 천히 여기고 부모가 미워한다면 그러한 이유로 군자가 되지 않는 것은 있을 수 있는 일이지만, 부모가 원하고 마을 사

人乎아

강절 소 선생(康節邵先生) : 이름은 옹(雍), 자는 요부(堯夫), 송(宋)나라 때의 유학자(儒學者), 강절은 시호.
여취지란(如就芝蘭) : 매우 좋아함을 뜻함.
동지(動止) : 움직이고 그침. 쉽게 말해서 행동.
식비(飾非) : 그른 것을 옳은 것처럼 꾸밈.
낙화(樂禍) : 재앙을 부를 만한 일을 즐겨하는 것.
운신(隕身) : 몸을 함정에 떨어지게 함. 몰락시킴.
멸성(滅性) : 생명을 잃음.
전(傳) : 〈서경(書經)〉의 태서(泰誓)를 가리킴.
유일부족(惟日不足) : 종일토록 해도 부족함.

12// 節孝徐先生이 訓學者曰 諸君이 欲爲君子而使勞己之力하며 費己之財인댄 如此而不爲君子는 猶可也어니와 不勞己之力하며 不費己之財어늘 諸君은 何不爲君子오 鄕人이 賤之하고 父母惡之인댄 如此而不爲君子는 猶可也어니와 父母欲之하고 鄕人이 榮之어

늘 諸君은 何不爲君子오 又曰 言其所善하며 行其所善하며 思其所善이면 如此而不爲君子未之有也오 言其不善하며 行其不善하며 思其不善이면 如此而不爲小人이 未之有也니라

절효 서 선생(節孝徐先生): 이름은 적(積), 자는 중거(仲車), 절효는 시호임.
노기지력(勞己之力): 내 힘을 수고롭게 하는 것.
영지(榮之): 영광으로 여김.

13// 胡文定公이 與子書曰 立志를 以明道希文으로 自期待하며 立心을 以忠信不欺로 爲主本하며 行己를 以端莊淸愼으로 見操執하며 臨事에 以明敏果斷으로 辨是非하며 又謹三尺하여 考求立法之意而操縱之하면 斯可爲政이 不在人後矣리라 汝勉之哉어다 治心修身은 以飮食男女로 爲切要니 從古聖賢이

람들이 영광으로 여기는데도 그대들은 어찌하여 군자가 되지 않는가?" 하였다.

또 말하기를, "선을 말하고 선을 행하며 선을 생각한다면, 이와 같이 하고도 군자가 되지 않은 자는 아직 없었다. 그 선하지 않은 것을 말하고 선하지 않은 일을 행하며 선하지 않은 것을 생각한다면 이와 같이 하고도 소인(小人)이 되지 않은 자는 없었다." 하였다.

| 풀이 | 절효 서 선생이 사람들에게 군자가 되기를 권면하고 있다. 군자가 되고 소인이 되는 길을 극히 간단 명료하게 설명하고 있다. 선을 말하고 선을 행하며 선을 생각하면 군자가 되고, 불선(不善)을 말하고 불선을 행하며 불선을 생각하면 소인이 된다.

제13장

호문정공(胡文定公)이 아들에게 준 글에 말하기를, "뜻을 세움은 명도(明道)·희문(希文)처럼 되기를 스스로 기대하라. 마음가짐은 성실하고 믿음이 있어서 속이지 않는 것을 근본으로 삼으라. 몸가짐은 단정하고 장중하고 청백하고 근신함으로써 뜻을 지킴을 보라. 일에 임해서는 명민(明敏)·과단으로 옳고 그름을 분별하라. 또 법률의 집행을 삼가서 입법의 본뜻을 살려 조종(操縱)한다면 정치를 행함이 남에게 뒤지지 않을 것이다.

너는 힘쓸지어다. 마음을 바로잡고 몸을 닦음은 음식과

남녀의 관계를 절실하고도 요긴한 것으로 한다. 예로부터 성현도 이 일에서 수양을 쌓았으니, 어찌 소홀히 할 수 있으랴." 하였다.

| 풀이 | 호문정공이 그 아들에게 준 글로서, 뜻을 세우는 일과 마음가짐·몸가짐, 일의 처결(處決), 정치하는 사람으로서의 법률 운용, 심신의 수양 방법 등을 논하고 있다. 뜻을 세운다는 것은 이상을 가짐을 뜻하니, 사람이 높은 이상을 가지고 그 길을 향하여 굳세게 나가노라면 반드시 그 목표에 도달하지 못한다 하더라도 무언가 성취가 있게 마련이다. 예로부터 큰 인물은 그 이상 또한 컸던 것이다.

제14장

고령(古靈) 진 선생이 선거(仙居) 고을의 영(令)이 되었을 때 그 고을의 백성을 가르쳐서 말하기를, "우리 고을의 백성된 자는 아버지는 의롭고 어머니는 자애하며, 형은 우애하고 아우는 공손하며, 아들은 효도하고, 부부 사이에는 은정(恩情)이 있으며 남녀의 분별이 있어야 한다. 자제(子弟)는 배움이 있고 마을에 예의 있으며, 빈궁·환난에 친척이 서로 구제하고, 혼인과 초상에 이웃이 서로 도와야 한다. 농업을 게을리하지 말며, 도적이 되지 말며, 도박을 배우지 말며, 쟁송(爭訟)을 좋아하지 말며, 악으로써 선을 업신여기지 말며, 부력(富力)을 가지고 가난한 자를 병탄(倂吞)하는 일이 없어야 한다. 길가는 사람은 길을 양

自這裏做工夫하시니 其 可忽乎아

명도(明道) : 정명도(程明道)를 말함.
희문(希文) : 송나라의 어진 재상 범중엄(范仲俺)의 자.
행기(行己) : 몸가짐.
견조집(見操執) : 뜻을 지킴을 보는 것.
삼척(三尺) : 옛날에는 3척(尺)의 죽간(竹簡)에다 법률을 썼기 때문에 법률을 삼척이라는 말로 표현했음.
조종(操縱) : 여기서는 법의 운용(運用)을 적절하게 함.
부재인후(不在人後) : 남의 뒤에 서지 않음.

14// 古靈陳先生이 爲仙居令하여 敎其民曰 爲吾民者는 父義母慈하며 兄友弟恭하며 子孝하며 夫婦有恩하며 男女有別하며 子弟有學하며 鄕閭有禮하며 貧窮患難에 親戚이 相救하며 婚姻死喪에 隣保相助하며 無墮農業하며 無作盜賊하며 無學賭博하며 無好爭訟하며 無以惡陵善하며 無以富呑貧하며 行者讓路하며 耕者讓畔하며 斑白者不負戴於道路하며 則爲禮義之俗矣리라

고령 진 선생(古靈陳先生) : 고령은 땅 이름. 진 선생의 이름은 양(襄), 자는 술고(述古).
선거령(仙居令) : 영은 고을을 다스리는 관원의 벼슬 이름.
사상(死喪) : 사람이 죽어서 초상난 것임.
인보(隣保) : 이웃.
능(陵) : 업신여김.
이부탄빈(以富吞貧) : 부력을 가지고 가난한 자로 하여금 생업(生業)을 잃게 하는 것.
불부대어도로(不負戴於道路) : 젊은이들이 짐을 대신 운반하여, 노인들이 짐을 지거나 이고 길을 다니지 않음을 말함.

보하고, 밭 가는 사람은 밭 경계를 양보하며, 머리털이 반백(斑白)인 자가 길에서 물건을 머리에 이고 등에 지지 않는다면 예의의 풍속이 될 것이다." 하였다.

┃풀이┃ 고령 진 선생이 선거 고을의 원이 되어서 백성들에게 윤리 도덕의 길을 가르친 것이니, 그와 같이 할 수 있다면 참으로 이상적인 사회가 건설될 것이다.

이상은 입교(立敎)의 가르침을 확충(擴充)한 것이다[右는 廣立敎라].

2. 광명륜(廣明倫)

제15장

15// 司馬溫公이 曰 凡諸卑幼事無大小히 毋得專行하고 必咨稟於家長이니라

사마온공(司馬溫公) : 성은 사마, 이름은 광(光), 자는 군실(君實), 송나라 사람. 온국공(溫國公)에 추증(追贈)되었으므로 온공으로 불리워짐.

사마온공(司馬溫公)이 말하기를, "모든 가정 안의 아랫사람과 나이 어린 사람은 일의 크고 작음을 가리지 않고 제 마음대로 행하지 못한다. 반드시 집안 어른에게 묻고 여쭈어서 행해야 한다." 하였다.

┃풀이┃ 가정도 하나의 작은 공동체이니, 반드시 질서가 있고 명령 계통이 서야 한다. 가장은 집의 주인이니 크고 작은 일을 가릴 것 없이 반드시 가장에게 여쭈어 그 의견을 들어서 실천에 옮겨야만 한다. 이같은 질서가 지켜진

다면 그 가정은 원만하고 번영을 이룰 것이되, 그렇지 못하면 파탄을 가져올 것이다.

제16장

　무릇 자식이 부모의 명령을 받으면 반드시 책자에 기록하여 몸에 지니고 때때로 살펴보아서 속히 실행하며, 일을 마치면 복명(復命)해야 한다.

　혹시 명령하신 일에 실행할 수 없는 것이 있으면 얼굴빛을 온화하게 하고 말소리를 부드럽게 하여 일의 옳고 그름과 이롭고 해로움을 갖추어 여쭈어서 부모의 허락을 얻은 뒤에 고쳐야 한다. 만약 허락하지 않으시더라도 진실로 사리(事理)에 크게 해로울 것이 없는 것이면 또한 마땅히 내 뜻을 굽혀서 부모의 명령에 좇아야 한다.

　만약 부모의 명령이 그르다고 하여 곧장 내 뜻대로 행한다면 비록 내 생각이 모두 옳다 하더라도 오히려 순종치 않는 자식이 됨을 면치 못하거늘 하물며 반드시 옳다고 볼 수 없는 것이다.

| 풀이 | 부모가 명령하신 것은 소중하기 때문에 잊지 않도록 책자에 적어 몸에 간직하고서 어김없이 실천하고 일을 마친 뒤에는 반드시 복명한다. 명령하신 것이 도리에 어긋나 실천할 수 없는 것이 있으면 반드시 화평한 기색과 부드러운 말소리로 부모님을 설득하여 허락을 받은 뒤에 고치며, 비록 제 뜻에 맞지 않더라도 크게 일에 해로울

비유(卑幼) : 비는 항렬이 낮은 것이니 손아랫사람, 유는 나이 어린 사람.
자품(咨稟) : 자는 묻는 것, 품은 여쭙는 것.

16// 凡子受父母之命에 必籍記而佩之하여 時省而速行之하고 事畢則返命焉이니라 或所命이 有不可行者則和色柔聲하여 具是非利害而白之하여 待父母之許然後에 改之하고 若不許라도 苟於事에 無大害者어든 亦當曲從이니 若以父母之命으로 爲非而直行己志하면 雖所執이 皆是라도 猶爲不順之子니 況未必是乎아

적기(籍記) : 책자(册子)에 적음.
패(佩) : 몸에 지님.
반명(返命) : 복명(復命).
백(白) : 여쭙는 것.
곡종(曲從) : 내 의사를 부모의 명령에 좇는 것.
소집(所執) : 여기서는 생각하는 것.

것이 없다면 부모님의 명령대로 한다. 결코 부모님의 허락 없이 제 마음대로 하지 않는다.

제17장

횡거 선생(橫渠先生)이 말하기를, "순(舜)이 어버이를 섬겨도 어버이가 기뻐하지 않음이 있었던 것은 아버지는 완악하고 어머니는 모질어서 인정(人情)에 가깝지 않았기 때문이다.

만약 부모가 중등 사람의 성품이 되어서 그 사랑하고 미워함에 도리를 해침이 없다면 반드시 그대로 순종해야 한다.

만약 어버이의 옛 친구 중에서 특히 좋아하시는 분이 있으면 극력 초청하고, 대접하는 음식도 힘껏 마련하여 어버이를 즐겁게 하기에 힘쓸 것이며, 가계(家計)의 유무(有無)를 계산하지 말아야 한다. 그러나 또 반드시 그 일에 무리하게 애쓰는 것을 어버이가 모르게 해야 한다. 진실로 어버이로 하여금 그 아들이 하는 일이 쉽지 않다는 것을 알게 한다면 또한 마음이 편치 않을 것이다." 하였다.

| 풀이 | 부모의 뜻에 순종하고 기쁘게 해 드리는 것은 양지(養志), 즉 뜻을 기른다고 하여 큰 효도이다. 순(舜)이 효성을 다하여 어버이를 섬겼건만 그 아버지 고수(瞽瞍)는 완악하고 계모는 모질어서 기뻐하는 빛이 없었다. 그러나 순은 부모의 뜻에 순종치 못한다 하여 마치 궁(窮)한 사람

17// 橫渠先生이 曰 舜之事親에 有不悅者는 爲父頑母嚚하여 不近人情이니 若中人之性이 其愛惡若無害理어든 必姑順之니라 若親之故舊所喜를 當極力招致하며 賓客之奉을 當極力營辨하여 務以悅親爲事오 不可計家之有無니라 然이나 又須使之不知其勉强勞苦니 苟使見其爲而不易則亦不安矣리라

중인지성(中人之性) : 상등도 아니고 하등도 아닌 중간 정도의 인품(人品).
고구(故舊) : 옛 친구.
영변(營辨) : 마련함.
열친(悅親) : 어버이를 기쁘게 함.
면강(勉强) : 억지로 함.
고수(瞽瞍) : 순임금의 아버지의 별명. 어리석고 사리에 어두웠던 데서 붙여진 이름이라 함.

이 돌아갈 곳이 없는 것처럼 했다. 이 글에는 나와 있지 않지만 순의 지극한 효성은 마침내 그 아버지 고수를 기쁘게 함으로써 세상 사람을 감화시켰다.

어버이가 가장 좋아하는 친구를 초청하여 극진히 대접하는 것도 어버이의 뜻을 기쁘게 해 드리는 한 가지 방법이다. 그렇지만 그 어버이에게 자식이 무리하게 애쓰는 것을 보여서는 안 되니 그것은 도리어 마음을 불안하게 만드는 결과를 가져오기 때문이다.

제18장

나중소(羅仲素)는 "고수가 기뻐하기에 이르러 천하의 아버지되고 아들된 자가 각각 그 마땅한 도리에 안정하게 되었다."는 맹자의 말을 논평하여 말하기를, "다만 천하에 옳지 않은 부모가 없음을 말한 것이다." 하였다.

요옹(了翁)이 이 말을 듣고 옳게 여겨 말하기를, "오직 이와 같이 생각한 뒤에야 천하의 아버지되고 아들된 자의 마땅한 도리가 정해진다. 저 신하가 임금을 시해하고 아들이 아버지를 시해하는 것은 항상 그 임금과 아버지에게 옳지 않은 점이 있다고 보는 데서 비롯된다." 하였다.

| 풀이 | 순(舜)을 그토록 미워하고 해치려던 고수가 순의 지극한 효성에 감동되어 기뻐하기에 이르러서, 부모는 자애하고 아들은 효도한다는 아버지와 아들의 도리가 정해짐을 얻게 되었다. 고수가 기뻐하기에 이른 것은 순이 그

18// 羅仲素論瞽瞍底豫而天下之爲父子者定하여 云只爲天下에 無不是底父母라 하여늘 了翁이 聞而善之日 唯如此而後에야 天下之爲父子者定이니 彼臣弑其君하며 子弑其父는 常始於見其有不是處耳니라

나중소(羅仲素) : 이름은 종언(從彦), 중소는 자임.
저예(底豫) : 저는 이룸 또는 가져옴, 예는 기뻐하는 것이니, 기쁨을 이룸. 기쁨을 가져옴.
천하지위부자자정(天下之爲父子者定) : 천하의 아버지되고 아들된 자가 각각 그 마땅한 도리에 안정됨.
무불시저부모(無不是底父

母) : 옳지 않은 부모가 없는 것. 그 까닭은 효자는 그 부모의 허물을 자신의 허물로 보아서 부모에게서 옳지 않은 점을 발견하지 못하기 때문에 옳지 않은 부모가 없다는 결론이 내려짐.
요옹(了翁) : 진관(陳瓘). 자는 영중(瑩中), 요옹은 호, 시호는 충숙공(忠肅公).

19// 伊川先生이 曰 病臥於床하여 委之庸醫를 比之不慈不孝니 事親者亦不可不知醫니라

고명(高明) : 높이 알려진 이름. 이름이 높이 남.

아버지의 잘못을 자신의 허물로 돌려서, 천하에 옳지 않은 부모가 없다는 결론이 내려진 데 있다. 사람의 자식이 되어 부모의 잘못을 자기의 허물로 돌리는 마음이 있은 뒤에야 아버지와 아들의 도리를 온전히 할 수 있다. 부모의 결점을 찾으려 든다면 이미 자식의 도리에서 벗어나게 있는 것이다.

제19장

이천 선생이 말하기를, "병들어서 자리에 누워 있는 사람을 용렬한 의원에게 맡기는 것을 부자(不慈)·불효에 비교하니, 어버이를 섬기는 자는 또한 의술을 알아야 한다." 하였다.

| 풀이 | 사람이 병이 들면 반드시 고명(高明)한 의사를 찾아서 진찰과 치료를 받게 해야 한다. 만일 실력이 없는 의사에게 맡긴다면 도리어 병을 악화시키는 결과를 가셔오니, 부모가 자식을 그와 같이 하면 부자(不慈)가 되고, 자식이 부모를 그와 같이 하면 불효가 된다. 그렇기 때문에 사람의 자식된 자는 의술(醫術)도 알아야 한다.
　여기에서 말하는 의술이란 한의학(漢醫學)을 뜻하니, 범위가 좁고 비용이 간단하여 누구도 배워 익힐 수 있지만, 현대 의학에 있어서는 생각조차도 할 수 없는 일이다. 다만 의사를 선택하는 일은 신중을 기할 것이다.

제20장

횡거 선생이 일찍이 말하기를, "어버이를 섬기고, 제사 받드는 일을 어찌 남을 시켜서 할 수 있으랴." 하였다.

| 풀이 | 부모를 봉양하고 제사 받드는 일은 내 자신이 직접 해야 한다. 문왕(文王)이 세자(世子)로 있을 때 그 아버지 왕계(王季)에게 올리는 음식을 일일이 살핀 일이 계고편(稽古篇)에 이미 나와 있다. 그리고 과거에는 선비가 시장에 가는 것을 수치로 여겼지만, 제사에 쓰이는 물건만은 흔히 시장에 가서 직접 구입했다.

제21장

이천 선생이 말하기를, "관례(冠禮)·혼례(婚禮)·상례(喪禮)·제례(祭禮)는 예절의 큰 것인데도 지금 사람들은 도무지 알지 못한다. 승냥이와 수달도 모두 근본에 보답할 줄 알거늘, 오늘의 사대부 집에서 흔히 이를 소홀히 하여 부모 봉양은 후하게 하면서도 선조(先祖)에게는 박하게 하니 매우 옳지 않다.

내 일찍이 육례(六禮)를 대략 정리 편수했다. 집에는 반드시 사당(祠堂)이 있고 사당에는 반드시 신주(神主)가 있다. 달마다 초하루에 반드시 새로 나온 제물을 드린다. 시제(時祭)는 계절마다 중간 달에 지내고, 동지(冬至)에는 시조(始祖)에 제사지내고, 입춘에는 선조에 제사지내고, 계추(季秋)에는 아버지 사당에 제사지내며, 기일(忌日)에는

20// 橫渠先生이 嘗曰 事親奉祭를 豈可使人爲 之리오

21// 伊川先生이 曰 冠 昏喪祭는 禮之大者어 늘 今人이 都不理會하 나니 豺獺이 皆知報本 이어늘 今士大夫家多 忽此하여 厚於奉養而 薄於先祖하니 甚不可 也니라 某嘗修六禮大 略하되 家必有廟하고 廟必有主하여 月朔에 必薦新하며 時祭를 用 仲月하며 冬至에 祭始 祖하며 立春에 祭先祖 하며 季秋에 祭禰하며 忌日에 遷主하며 祭於 正寢이니 凡事死之禮 를 當厚於奉生者니라 人家能存得此等事數件

하면 雖幼者라도 可使
漸知禮義니라

도불리회(都不理會) : 도무
지 알지 못하는 것.
**시달개지보본(豺獺皆知報
本)** : 승냥이와 수달이 모두
근본에 보답할 줄 안다는
뜻.
홀차(忽此) : 이것을 소홀히
함. 즉 제사지내는 일을 소
홀히 한다는 말임.
월삭(月朔) : 매달 초하루.
천신(薦新) : 새로 나온 식
물(食物)을 신에게 바치는
것.
중월(仲月) : 그 계절의 가
운데 달. 곧 음력 이월 · 오
월 · 팔월 · 십일월 등을 이
르는 말
계추(季秋) : 늦가을이니,
음력 9월.
정침(正寢) : 제사를 지내는
몸채의 방.
존득(存得) : 오래도록 보존
하며 행함을 얻음.

22// 司馬溫公이 曰 冠
者는 成人之道也니 成
人者는 將責爲人子며
爲人弟며 爲人臣이며
爲人少者之行也니 將
責四者之行於人이어니
其禮를 可不重與아 冠
禮之廢久矣니 近世以
來로 人情이 尤爲輕薄

신주를 옮겨다가 정침(正寢)에서 제사지낸다. 무릇 죽은
이 섬기는 예법은 산 사람 받드는 것보다도 후하게 해야
한다.
　사람의 집에서 이런 일 몇 가지만이라도 존속(存續)하여
행한다면 비록 어린이라도 점차로 예의를 알게 할 수 있
다." 하였다.

| 풀이 | 여기서는 승냥이나 수달 같은 미물(微物)의 짐승
도 조상의 제사를 모실 줄 안다는 이야기를 들어서 조상
의 제사를 잘 받들 것을 강조하고 또 제사의 종류 · 시기
등을 설명하고 있다. 살아 계신 어버이를 봉양하는 것보
다도 죽은 조상을 더 잘 섬겨야 한다는 말은 이해하기 어
렵다. 살아 계실 때 박하게 하다가 돌아가신 뒤에 제사를
잘 지내는 것이 무슨 소용이 있으랴. 다만 당시 사람들의
조상에 대한 관념이 희박했기 때문에 일깨운 말이라고 보
겠다.

제22장

　사마온공(司馬溫公)이 말하기를, "관례(冠禮)라는 것은
성인이 되는 길이다. 성인이란 것은 사람의 아들되고, 사
람의 아우되고, 사람의 신하되고, 어른에 대한 젊은이 된
자의 행실을 책임지는 것이다. 네 가지 행실을 책임지는
일인 그 예법을 어찌 소중히 하지 않으랴.
　관례가 폐지된 지 오래다. 근세(近世) 이래로 인정(人情)

이 더욱 경박(輕薄)하여, 아들을 낳아서 아직 젖 먹는데 벌써 건(巾)과 모(帽)를 머리에 씌우고, 벼슬이 있는 자는 혹 공복(公服)을 만들어 입혀서 희롱하며, 열 살이 넘어서도 머리를 땋는 자가 드물다. 그런 어린이에게 네 가지 행실을 요구한들 어찌 능히 알랴. 그렇기 때문에 왕왕(往往) 어릴 때부터 장성하기에 이르기까지 어리석고 미련함이 한결같으니, 이는 성인의 도리를 알지 못하는 데서 말미암은 것이다.

고례(古禮)에는 비록 나이 스무 살이 되어야만 관례를 한다고 했지만, 세속의 폐습(弊習)은 졸지에 변할 수 없는 것이니, 만약 돈독 인후(敦篤仁厚)하고 옛날의 도리를 좋아하는 군자가 있어서, 그 아들이 나이 열다섯 살 이상이 되기를 기다려 능히 〈효경(孝經)〉·〈논어(論語)〉에 통달하여 대강이나마 예의(禮義)의 방향을 알게 된 뒤에 관례를 행한다면 좋을 것이다." 하였다.

| 풀이 | 옛날 예법에는 남자의 나이 스무 살이 되면 관례를 행하여 성인이 되었다. 성인이란 어른이 됨을 뜻하기도 하지만, 사람의 자식으로서, 아우로서, 신하로서, 어른에 대한 젊은이로서의 행동을 촉구한다는 점에서 더 큰 의의를 발견할 수 있다. 송(宋)나라 시대에는 관례가 행해지지 않았던 모양으로, 사마온공은 이같은 질서 없는 사회상(社會相)을 비판하고 관례의 부활을 희망했으며, 나이도 스무 살에서 열다섯 살 이상으로 낮추어도 좋다는 의

하여 生子猶飮乳에 已加巾帽하고 有官者는 或爲之製公服而弄之라 過十歲猶總角者蓋鮮矣니 彼이 責以四者之行인들 豈能知之리오 故로 往往에 自幼至長히 愚騃如一하니 由不知成人之道故也니라 古禮에 雖稱二十而冠하나 然이나 世俗之弊를 不可猝變이니 若敦厚好古之君子侯其子年十五以上이 能通孝經論語하여 粗知禮義之方然後에 冠之면 斯其美矣리라

소자(少者) : 어른에 대한 젊은이.
건모(巾帽) : 두건(頭巾)과 모자. 사서인(士庶人)의 복장.
공복(公服) : 벼슬아치의 복장.
총각(總角) : 사내아이가 머리털을 좌우 두 쪽으로 나누어 묶는 것. 관례하기 전의 머리 모양.
우애(愚騃) : 어리석고 미련함.
조지(粗知) : 대강 아는 것.

견을 말했다.

우리 나라에서는 조선시대에 관례가 행해졌으며, 필자가 어렸을 적에도 시골에서 관례하는 것을 구경할 수 있었다.

제23장 ①

옛날에 부모의 상(喪)에는 빈소(殯所)를 모신 뒤에 죽을 먹었다. 재최(齊衰)의 상에는 빈소를 모신 뒤에 거친 밥을 먹고 물을 마시며, 채소와 실과는 먹지 않았다.

부모의 상에는 우제(虞祭)와 졸곡(卒哭)을 마치면 거친 밥을 먹고 물을 마시며, 채소와 실과는 먹지 않았다. 기년(期年)이 되어 소상(小祥)을 지내면 채소와 과실을 먹고, 또 기년이 되어 대상(大祥)을 지내면 초[醯]와 장(醬)을 먹었다.

대상 뒤 한 달을 사이에 두고 담제(禫祭)를 지냈으니, 담제를 지내면 단술을 마셨다. 처음 술을 마시는 사람은 먼저 단술을 마시고, 처음 고기를 먹는 사람은 먼저 마른 고기를 먹었다. 옛사람은 상중(喪中)에 있으면서 감히 드러내놓고 고기를 먹고, 술을 마시는 자가 없었다.

| 풀이 | 이 글에서는 옛날 중국의 부모의 상을 당하면서부터 탈상(脫喪)하기까지의 절차가 나와 있다. 빈소를 모신 뒤에야 죽을 먹고, 우제와 졸곡을 지내고 나서야 거친 밥을 먹고 물 마시며, 소상을 지내고 나서야 채소와 과실을 먹고, 대상을 지낸 뒤에야 초와 장을 먹었다. 대상을

23// 古者에 父母之喪엔 旣殯하고 食粥하며 齊衰엔 疏食水飮하고 不食菜果하며 父母之喪에 旣虞卒哭하여는 疏食水飮하며 不食菜果하며 期而小祥하고 食菜果하며 又期而大祥하고 食醯醬하며 中月而禫하고 禫而飮醴酒하나니 始飮酒者先飮醴酒하고 始食肉者先食乾肉이니 古人이 居喪에 無敢公然食肉飮酒者하니라

빈(殯): 시체에 소렴(小斂)과 대렴(大斂)을 마친 뒤 관에 넣어 발인할 때까지 집안에 모셔 두는 것.
재최(齊衰): 거친 베로 짓고 아랫단을 꿰맨 상복으로, 어머니의 상에 재최복을 입었음.
소사(疏食): 거친 쌀로 지은 밥.
졸곡(卒哭): 죽은 지 석 달

지낸 뒤 석 달 만에 담제를 지내서 27개월 만에 완전히 상복을 벗고 비로소 술과 고기를 먹었다. 그나마도 자식된 도리에 차마 갑작스레 좋은 것을 먹을 수 없다 하여 단술을 마시고 마른 고기를 먼저 먹었다. 부모의 은혜가 끝없으니 자식된 슬픔이 끝없는 것도 인정(人情)의 당연한 것이라고 하겠다. 우리 나라에서도 조선시대에는 이 법도대로 했으며, 몇 해 전까지만 해도 제사만은 이대로 했다. 그러나 오늘날과 같은 경쟁시대에 이와 같은 방식으로는 생존할 수 없다 하여 가정의례준칙을 제정해서 이를 크게 간소화시켰다.

제23장 ②

한(漢)나라의 창읍왕(昌邑王)이 소제(昭帝)의 상에 가면서 길 위에서 고기 반찬을 먹으니, 곽광(霍光)이 그 죄를 낱낱이 들어서 폐위시켰다.

진(晉)나라의 완적(阮籍)이 재주를 믿고 방종하여 거상(居喪)이 무례하니, 하증(何曾)이 문제(文帝)가 보는 자리에서 완적을 면대하여 도리를 밝혀서 말하기를, "그대는 풍속을 파괴한 사람이니 윗자리에 있을 수 없다." 하고, 이어서 문제에게 말하기를, "공(公)께서는 바야흐로 효도로 천하를 다스리고 계십니다. 완적이 상중(喪中)에 있는 몸으로 공식(公式) 자리에서 술을 마시고 고기를 먹었다고 하니, 마땅히 오랑캐 땅으로 내치시어 중국을 더럽히지 못하게 하셔야 합니다." 하였다.

째 되는 달에 강일(剛日)을 가려 졸곡을 지냄.
기이소상(期而小祥) : 죽은 지 1년 만에 지내는 제사를 소상이라고 함.
중월이담(中月而禫) : 중월은 한 달을 사이에 두는 것이니, 대상을 지낸 지 석 달 만에 담제(禫祭)를 지냄.
예주(醴酒) : 단술.
건육(乾肉) : 마른 고기.
공연(公然) : 드러내놓고.

23// 漢昌邑王이 奔昭帝之喪할새 居道上하여 不素食이어늘 霍光이 數其罪而廢之하니라 晉阮籍이 負才放誕하여 居喪無禮어늘 何曾이 面質籍於文帝坐日 卿은 敗俗之人이라 不可長也라 하고 因言於帝日 公이 方以孝治天下而聽阮籍이 以重哀飲酒食肉於公座하니 宜擯四裔하여 無令汚染華夏라 하니라 宋盧陵王義眞이 居武帝憂하여 使左右로 買魚肉珍羞하여 於齋內에 別立廚帳이러니 會長史劉湛이 入이어늘 因命

醝酒炙車螯한대 湛이
正色曰 公이 當今에 不
宜有此設이니라 義眞
이 曰 旦甚寒하니 長史
는 事同一家니 望不爲
異하노라 酒至어늘 湛
이 起曰 旣不能以禮自
處하고 又不能以禮處
人이라 하니라 隋煬帝
爲太子에 居文獻皇后
喪할새 每朝에 令進二
溢米而私令外로 取肥
肉脯鮓하여 置竹筒中하
여 以蠟閉口하고 衣袱
으로 裹而納之하더라
湖南楚王馬希聲이 葬
其父武穆王之日에 猶
食鷄臛이어늘 其官屬
潘起譏之曰 昔에 阮籍
이 居喪에 食蒸豚하더
니 何代無賢이리오 하
더라

소식(素食) ˙ 고기 반찬이 없는 밥.
부재(負才) : 재주를 자부(自負)하는 것.
방탄(放誕) : 예의 도덕 같은 것에 구애받지 않고 제멋대로 행동하는 것.
중애(重哀) : 부모상.
빈(擯) : 물리침. 내침.
우(憂) : 상(喪)과 같음.
재내(齋內) : 재실(齋室) 안.
주장(廚帳) : 휘장을 둘러서 만든 임시 주방(廚房).
처인(處人) : 대접하는 것.
일(溢) : 한 되의 24분의 1.

송나라 노릉왕(盧陵王) 의진(義眞)이 무제(武帝)의 상중에 있으면서 좌우의 사람을 시켜 물고기나 육류와 진귀한 식품을 사들이게 하며 재(齋) 안에 따로 주방을 설치했다. 때마침 장사(長史) 유침(劉湛)이 들어오니, 술을 데우고 바닷조개를 구워오라고 명했다. 침이 정색(正色)하고 말하기를, "공께서 오늘에 당하여 이런 설비(設備)는 있을 수 없습니다." 하니, 의진이 말하기를, "아침 날씨가 매우 차다. 장사는 모든 일이 한집안 같으니 이상하게 여기지 말기 바란다." 하였다. 술이 나오니, 침이 일어나면서 말하기를, "능히 예(禮)로써 스스로 처신하지 못하고 또 능히 예로써 사람을 대접하지 못하십니다." 하였다.

수 양제(隋煬帝)가 태자로 있을 때 문헌황후(文獻皇后)의 상중에 있으면서 아침마다 2일(溢)의 쌀을 올리게 하고, 남모르게 외부 사람으로 하여금 기름진 고기와 포(脯)와 젓갈을 구하여 대나무 통 속에 넣어서 밀로 입구를 봉하고 옷보자기로 싸서 들여오게 했다.

호남(湖南)의 초왕(楚王) 마희성(馬希聲)이 그의 아버지 무목왕(武穆王)을 장사지내는 날에 오히려 닭국을 먹으니, 그 관속(官屬) 반기(潘起)가 빈정거려 말하기를, "지난날에 완적이 부모의 상을 당하여 찐 돼지고기를 먹었다더니, 어느 시대인들 어진 이가 없으랴." 하였다.

| 풀이 | 이 글에서는 부모의 상중에 있으면서 술 마시고 고기를 먹었다가 사람들의 신랄한 비판을 받은 일을 열거

제5편 ＿ 가언 • 233

했다.

증돌(蒸腯): 통째로 찐 돼지. 쪄서 익힌 돼지고기.

제23장 ③

　오대(五代)의 시대에는 상중에 있으면서 고기 먹는 것을 사람들이 아직은 괴이한 일로 여겼으니, 그렇다면 이같은 풍습은 그 유래가 매우 가까운 것이다. 오늘날의 사대부는 상중에 있으면서 고기 먹고 술 마시는 것이 평일과 다름 없으며, 또 연회에 상종하여 남을 대함에 부끄러워하는 기색이 없고, 남들도 또한 예사로 알아서 괴이히 여기지 않는다. 예속(禮俗)의 무너짐이 습관을 이루어서 아주 당연한 일로 되었으니 슬프도다.

　비열한 사람에 이르러서는 혹 처음 상을 당하여 아직 염(斂)도 하기 전에 친척과 손이 술과 안주를 가지고 가서 위로하고, 주인도 또한 스스로 술과 안주를 갖추어 서로 함께 마시고 먹어서 연일(連日) 취하고 배부르게 지낸다. 장사지낼 때도 또한 이와 같이 한다. 심한 것은 처음 상을 당했을 때 음악을 연주하여 시체를 즐겁게 하고, 빈소를 모시고 장사지낼 때는 음악으로 이거(輀車)를 인도하게 하고 소리내어 울면서 따라한다. 또 상중에 있음을 틈타 시집가고 장가드는 자도 있다. 아아! 습속(習俗)을 변경하기 어려움과 어리석은 자를 깨우치기 어려움이 이 지경에 이르렀단 말인가.

　무릇 부모의 상중에 있는 자는 대상(大祥) 전에는 누구나 다 술 마시고 고기를 먹을 수 없다. 만약 병이 있으면

23// 然則五代之時에 居喪食肉者를 人이 猶以爲異事하니 是流俗之弊其來甚近也니라 今之士大夫居喪에 食肉飮酒를 無異平日하고 又相從宴集하여 靦然無愧어든 人亦恬不爲怪하나니 禮俗之壞習以爲常하니 悲夫라 乃至鄙野之人은 或初喪未斂에 親賓이 則齎酒饌往勞之어든 主人이 亦自備酒饌하여 相與飮啜하여 醉飽連日하고 及葬하여 亦如之하며 甚者는 初喪에 作樂以娛尸하고 及殯葬하여 則以樂導輀車而號泣隨之하며 亦有乘喪卽嫁娶者하니 噫라 習俗之難變과 愚夫之難曉乃至此乎여 凡居父母之喪者는 大祥之前에 皆未可飮酒食肉이니 若有疾이어든 暫須食飮하되 疾止어든 亦當復初니라 必若素食이 不能下咽하며 久而羸憊하여 恐成疾者는 可以肉汁及脯醢或肉少許로 助其滋味언정 不可恣食珍羞盛饌及與人燕樂이니 是則雖被

衰麻나 其實은 不行喪
也니라 唯五十以上血
氣旣衰하여 必資酒肉
扶養者則不必然耳니라
其居喪에 聽樂及嫁娶
者는 國有正法이라 此
不復論하노라

오대(五代) : 당(唐)나라 말
년(末年)에 일어난 다섯 나
라. 후량(後梁)·후당(後
唐)·후진(後晋)·후한(後
漢)·후주(後周).
전연(靦然) : 낯을 들어 남을
보는 모습.
염(恬) 편안함. 마음에 편안
한 것.
비야(鄙野) : 교양(教養)이
없는 것.
음철(飮啜) : 마시고 먹음.
이거(輀車) : 관(棺)을 실은
수레.
이비(羸憊) : 이는 몸이 파
리한 것, 비는 피곤한 것.
소허(少許) : 적은 분량.
연락(燕樂) : 잔치하여 즐
김.
최마(衰麻) : 상복(喪服).
불행상(不行喪) : 복상(服
喪)을 행하지 않음. 상주(喪
主) 노릇을 하지 않음.

잠시 고기를 먹고 술을 마실 수 있지만 병이 나으면 또한 처음으로 돌아가야 한다. 만약 소식(素食)이 능히 목구멍을 넘어가지 않으며 오래되어서 몸이 파리하고 피곤하여 병들까 두려운 자는 고기 국물과 육포(肉脯)와 젓갈 또는 소량의 고기로 그 자양(滋養)과 입맛을 도울 수 있으나 제 마음대로 진수성찬을 먹고 남과 잔치하여 즐겨서는 안 된다. 이와 같이 한다면 비록 최마(衰麻)의 복(服)을 입었더라도 실지에 있어 복상(服喪)을 행하지 않는 것이다. 다만 50세 이상 된 사람으로서 혈기가 이미 쇠하여 반드시 술과 고기에 힘입어 부양되는 자라면 반드시 그렇게 할 필요는 없다.

그리고 상중에 있으면서 음악을 듣고 시집가고 장가드는 자는 나라에서 바로잡는 법이 있으니, 그것은 여기에서 다시 논하지 않는다.

┃풀이┃ 주자(朱子)가 살아 있던 송나라 시대에는 옛날의 예법이 무너져서 부모의 상중에 있는 자가 마음대로 술 마시고 고기를 먹으며 여러 사람이 모이는 연회에도 참석하여 함께 즐겼다. 그리고 하층 사회에서는 초상이 나면 술을 가지고 가서 상주를 위로하고, 상주 측에서도 술과 안주를 갖추어 대접하고 연일 술 취하고 배불리 먹으며, 장사지낼 때도 마찬가지였다. 심한 것은 음악을 사용하고 초상을 틈타서 시집가고 장가들기까지 했다. 주자는 이같은 폐습을 개탄하고, 질병과 영양 부족으로 병에 걸릴 염

려가 있거나 노쇠(老衰)하여 몸을 지탱할 수 없는 경우를 빼놓고는 대상(大祥) 전에 술 마시고 고기 먹는 것을 배격하고, 남과 모여서 잔치하여 즐기는 일의 옳지 않음을 논했으며, 초상 때 음악을 사용하거나 시집가고 장가드는 행동은 국법으로 다스릴 것을 강조했다.

과거 우리 나라에서는 부모의 상사(喪事)를 당하면서부터 3년상을 마치기까지 옛날 예법을 그대로 행했으니, 벼슬살이하는 자는 벼슬을 쉬고 집에 들어앉아 복상(服喪)하는 것이 법도로 되었으며 무덤 곁에 여막(廬幕)을 짓고 시묘(侍墓)하는 이까지 있었다.

제24장

부모의 상(喪)에는 중문(中門) 밖에 꾸미지 않은 누추한 방을 가려서 바깥 상주의 상차(喪次)로 한다. 참최(斬衰)의 상에는 거적자리에서 자고, 흙덩이를 베개로 하여 수질(首絰)과 띠를 벗지 않으며, 남과 함께 앉지 않는다. 부인은 중문 안의 별실에 거처하며 방장·이불·요 등 화려한 물건을 치워버린다. 남자는 이유 없이 중문 안에 들어가지 않으며 부인은 홀연히 남자의 상차에 오지 못한다.

진(晋)나라 사람 진수(陳壽)가 아버지의 상을 당했을 때 병이 있어서 계집종을 시켜 환약(丸藥)을 만들게 했는데, 손이 가서 보았다. 향당(鄕黨)이 나쁘게 평판하니, 이 일로 죄를 입고 침체되어서 불우하게 일생을 마쳤다. 혐의를 받기 쉬운 때는 일을 삼가지 않으면 안 된다.

24// 父母之喪에 中門外에 擇樸陋之室하여 爲丈夫喪次하고 斬衰엔 寢苫하며 枕塊하며 不脫絰帶하며 不與人坐焉하고 婦人은 次於中門之內別室하여 撤去帷帳衾褥華麗之物이니라 男子無故어든 不入中門하며 婦人이 不得輒至男子喪次니라 晋陳壽遭父喪하여 有疾이어늘 使婢丸藥하더니 客이 往見하고 鄕黨이 以爲貶議하니 坐是沈滯하여 坎坷終身하니 嫌疑之際는 不可不愼이니라

박루(樸陋) : 박은 꾸밈 없는 것, 루는 좁고도 누추한 것.
상차(喪次) : 상주(喪主)가 집상(執喪)하는 곳.
대(帶) : 짚에다 삼껍질을 감아서 만든 허리띠.
첩지(輒至) : 홀연히 나타남.
향당(鄕黨) : 고을과 마을.
좌시침체(坐是沈滯) : 승진하지 못하는 것.

25// 父母之喪에 不當出이니 若爲喪事及有故하여 不得已而出則乘樸馬하고 布裹鞍轡니라

| 풀이 | 부모의 상에 상차를 마련하는 일을 논했다. 그리고 진수가 아버지의 상을 당했을 때 조그만 부주의로 남의 비방을 듣고, 그것이 허물이 되어 몸이 침체되고 불우한 생애를 마쳤음을 예로 들어서 남의 혐의를 받기 쉬운 때는 일을 신중히 할 것을 강조했다.

제25장

부모의 상중에는 밖에 나가지 말아야 하니, 만약 상사를 위하여 또는 일이 있어서 부득이 나가게 되면 장식하지 않은 말을 타고 베로 안장과 고삐를 싸야 한다.

| 풀이 | 부모의 상중에 외출하는 일에 대하여 논하고 있다. 나갈 때는 상중이라는 것을 생각하여 몸가짐을 삼가야 한다.

제26장

26// 世俗이 信浮屠誑誘하여 凡有喪事에 無不供佛飯僧하여 云爲死者하여 滅罪資福하여 使生天堂하여 受諸快樂이니 不爲者는 必入地獄하여 剉燒舂磨하여 受諸苦楚라 하나니 殊不知死者形旣朽滅하고 神亦飄散하니 雖有剉燒舂磨라도 且無所施니라 又況佛法

세속에서는 중이 속이고 유혹하는 말을 믿어서 무릇 상사가 있으면 부처에게 공양을 하고 중들에게 밥을 먹이지 않는 자가 없다. 그리고 말하기를, "죽은 자를 위하여 죄를 소멸시키고 복을 받아 천당에 살게 되어서 모든 쾌락을 누리게 하는 것이다. 이것을 하지 않는 자는 반드시 지옥으로 들어가서 몸이 칼로 저며지고 불로 태워지고 공이로 찧어지고 맷돌로 갈아져서 온갖 고통을 받게 된다." 하였다.

제5편 _ 가언 • 237

실로 죽은 자의 형체가 썩어 없어지고 신령(神靈) 또한 흩어져서 비록 칼로 저미고 불태우고 찧고 갈려고 해도 베풀 곳이 없음을 알지 못하는 것이다. 하물며 불법(佛法)이 아직 중국에 들어오기 전에 사람이 죽었다가 다시 살아난 자 있건만, 무슨 까닭으로 한 사람도 잘못 지옥에 들어가서 이른바 십왕(十王)이라는 것을 본 자가 없단 말인가. 이것은 그 실지가 없어서 족히 믿을 것이 없음이 분명한 것이다.

| 풀이 | 이 글에서는 불교의 천당과 지옥설의 부당성을 논하고 있다.

제27장

　안씨 가훈(顔氏家訓)에 말하기를, "우리 집에서 무당·박수·부적 따위를 말에 올리지 않는 것은 너희들이 보는 바다. 요괴스럽고 망령된 일을 하지 말라." 하였다.

| 풀이 | 안씨 가훈에서는 자손들에게 무당·박수·부적 따위의 미신(迷信) 행위를 엄히 경계했다.

제28장

　이천 선생이 말하기를, "사람이 부모가 안 계시면, 생일에 슬픈 마음이 배나 더할 것이다. 어찌 차마 술자리를 마련하고 음악을 연주하며 즐기랴. 만약 부모가 살아 계시

이 未入中國之前에 人固有死而復生者하니 何故로 都無一人이 誤入地獄하여 見所謂十王者耶오 此其無有而不足信也明矣니라

부도(浮屠) : 부처. 또는 중을 달리 일컫는 말.
광유(誑誘) : 속여서 유혹하는 것.
공불(供佛) : 부처에게 공양(供養)함.
반승(飯僧) : 중에게 밥을 먹이는 것.
십왕(十王) : 불교에서 말하는 지옥에서 죄를 다스리는 10명의 왕.

27// 顔氏家訓에 曰 吾家巫覡符章을 絶於言議는 汝曹所見이니 勿爲妖妄하라

안씨(顔氏) : 이름은 지추(之推), 북조(北朝) 사람.
무격(巫覡) : 무당과 박수.
부장(符章) : 부적(符籍).

28// 伊川先生이 曰 人無父母면 生日에 當倍悲痛이니 更安忍置酒張樂하여 以爲樂이리오

若具慶者는 可矣니라

치주장악(置酒張樂) : 술자리를 마련하고 음악을 연주하는 것.
구경(具慶) : 부모가 살아계신 것.

다면 그렇게 해도 좋다." 하였다.

| 풀이 | 사람이 생일이 되면 부모가 나를 낳아주시고 길러주신 수고로움을 생각하여 슬픈 마음이 간절하게 되니, 차마 술 마시고 음악을 들으면서 즐길 수 없다. 만일 두 분 부모님이 살아 계시다면 그것은 도리어 부모님을 즐겁게 하는 일이 될 수도 있다.

제29장

29// 呂氏童蒙訓에 曰 事君如事親하며 事官長如事兄하며 與同僚如家人하며 待群吏如奴僕하며 愛百姓如妻子하며 處官事如家事然後에야 能盡吾之心이니 如有毫末不至면 皆吾心이 有所未盡也니라

〈여씨 동몽훈(呂氏童蒙訓)〉에 말하기를, "임금 섬김을 어버이 섬김같이 하며, 관장(官長) 섬김을 형 섬기듯 하며, 동료들과 함께 지내기를 한집안 사람같이 하며, 아전들을 대우하기를 자기 집 노복같이 하며, 백성 사랑하기를 처자같이 하며, 관청 일 처리하기를 집안일같이 한 연후에야 내 마음을 다했다고 할 수 있을 것이다. 털끝만치라도 부족한 데가 있다면 그것은 내 마음이 모두 미진(未盡)함이 있는 것이다.

여씨 동몽훈(呂氏童蒙訓) : 여본중(呂本中)이 지었으며 어린이들을 훈계한 것임. 여본중의 자는 거인(居人), 송나라 사람.
가인(家人) : 자기 집안 사람.
군리(群吏) : 여러 아전. 아전들.

| 풀이 | 여기서는 어린이들에게 벼슬아치로서의 마음가짐을 가르치고 있다. 이 가르침 속에서 아전들을 대우하기를 내 집 노복같이 하라는 것은 오늘의 시대에는 맞지 않는다고 보겠다. 옛날에는 노비 제도가 있었지만 지금은 그와 같은 제도가 없고 또 부하 직원을 종처럼 대우한다는 표현도 민주 사회에서는 당치 않다.

제30장

어떤 사람이 묻기를, "부(簿)는 영(令)을 보좌하는 자입니다. 부가 하고자 하는 것을 영이 혹 좋지 않으면 어떻게 해야 합니까?" 하니, 이천 선생이 말하기를, "마땅히 성의로써 감동시켜야 한다. 오늘날 영과 부가 화합하지 못한 것은 단지 사견(私見)을 가지고 다투기 때문이다. 영은 고을의 어른이다. 만약 부형(父兄)을 섬기는 도리를 가지고 섬기며, 허물은 내게로 돌리고 잘한 일은 오직 영에게로 돌아가지 않을까 두려워하여, 이같은 성의를 쌓는다면 어찌 사람의 마음을 움직이지 못함이 있으랴." 하였다.

| 풀이 | 이 글에서는 고을의 부가 영을 보좌하여 이견을 해소하고 정사를 원만히 수행하는 방법론이 나와 있지만, 이것은 모든 하관(下官)이 상관(上官)을 보좌하는 일에 적용된다고 보겠다. 부형을 섬기는 도리로써 상관을 섬기며, 잘못은 자기에게 돌리고 잘한 것은 상관에게로 돌려서, 상관을 존경하고 사랑한다면 어느 상관이 감동되지 않으랴. 이것이야말로 인화 단결로 밝은 내일을 기대하는 현명한 길이다.

제31장

명도 선생(明道先生)이 말하기를, "일명(一命)의 인사(人士)라도 진실로 사람을 사랑하는 마음을 둔다면 사람에게 반드시 도움을 줌이 있을 것이다." 하였다.

30// 或이 問簿는 佐令者也니 簿所欲爲를 令이 或不從이어든 奈何오 伊川先生이 曰 當以誠意로 動之니 今에 令與簿不和는 只是爭私意니라 令은 是邑之長이니 若能以事兄之道로 事之하여 過則歸己하고 善則惟恐不歸於令하여 積此誠意하면 豈有不動得人이리오

부(簿): 현령(縣令)을 보좌하는 벼슬아치.
영(令): 고을을 다스리는 책임자. 현령(縣令).
사의(私意): 사견(私見). 개인의 의사.

31// 明道先生이 曰 一命之士苟存心於愛物이면 於人에 必有所濟니라

일명(一命) : 8품(品)을 뜻하니 가장 낮은 벼슬.
애물(愛物) : 사람을 사랑하는 것.
소제(所濟) : 구하는 것. 도움을 주는 것.

| 풀이 | 아무리 처음 임명을 받은 낮은 벼슬아치라도 백성을 사랑하는 뜻을 가지면 백성에게 혜택이 미치게 할 수 있다는 것이다. 자기의 임무에 충실한 것도 백성을 이롭게 하는 것이다. 이 글은 무릇 국사(國事)에 종사하는 자에게 백성을 사랑하는 마음가짐을 강조한 것으로 본다.

제32장

32// 劉安禮問臨民한대 明道先生이 曰 使民으로 各得輸其情이니라 問御吏한대 曰 正己以格物이니라

유안례(劉安禮)가 백성을 다스리는 도리를 물으니, 명도선생이 말하기를, "백성으로 하여금 각기 그 뜻을 펼 수 있도록 해야 한다." 하였다. 아전을 통솔하는 방법을 물으니, 말하기를, "내 몸을 바르게 하고 남을 바로잡아야 한다." 하였다.

유안례(劉安禮) : 자는 입지(立志), 명도의 제자.
임민(臨民) : 수령(守令)이 백성에게 임하는 것. 백성을 다스리는 것.
수기정(輸其情) : 그 생각하는 바를 윗사람에게 숨김없이 모두 알리는 것.
어리(御吏) : 아전들을 통솔하는 것.
격물(格物) : 격은 정(正)과 같으니 남을 바로잡는 것.

| 풀이 | 정치는 곧 백성을 잘 살게 하기 위하여 존재하는 것이며, 백성의 마음이 곧 하늘의 마음이라는 말이 있다. 무릇 백성을 다스리는 자는 나만이 옳다는 독선을 버리고 널리 백성의 말을 들어서 그 의사를 정치에 반영시켜야 한다. 그리고 내 몸가짐을 바르게 하여 부하 직원들을 바로잡아야 한다. 윗사람이 바르지 못하면 아랫사람이 윗사람을 경멸하여 질서가 어지럽고 정치가 흐려진다. 윗사람이 바르면 아랫사람이 존경하여 복종하고 두려워하게 되니 부정이 없어서 정치가 맑아진다. "한 사람의 바른 임금으로서 나라가 다스려진다〔一正君而國治〕."는 말이 있으니, 길이 마음에 새겨야 할 것이다.

제33장

이천 선생이 말하기를, "그 나라에 살면 그 나라의 대부(大夫)를 비난하지 않는 것이 도리에 가장 좋다." 하였다.

| 풀이 | 정부 요로(要路)에 있는 책임자들을 비난 공격하는 것은 민심을 동요시켜 정치에 영향을 미치고 내 몸에도 재앙을 부르기 쉽다. 정당한 비판은 없을 수 없지만, 비난을 위한 비난이나 인신 공격 같은 것은 삼가야 한다.

33// 伊川先生이 曰 居是邦하여 不非其大夫此理最好하니라

요로(要路) : ① 중요한 지위. ② 중요한 길.

제34장

〈동몽훈(童蒙訓)〉에 말하기를, "벼슬살이 하는 방법이 세 가지 있으니, 청렴·근신·근면이다. 이 세 가지를 알면 몸 가질 바를 알 것이다." 하였다.

| 풀이 | 청렴하여 부정을 범하지 않고 근신하여 법도를 지키고 직책에 부지런히 힘쓰는 이 세 가지 일이야말로 벼슬살이를 온전히 할 수 있는 길이다. "벼슬길의 풍파〔官海風波〕"라는 말이 있듯이, 벼슬살이는 극히 힘든 일이고 또 사명이 막중하니만큼 반드시 확고한 생활관이 서야 할 것이다.

34// 童蒙訓에 曰 當官之法이 唯有三事니 曰淸曰愼曰勤이니 知此三者則知所以持身矣니라

제35장

관원된 자는 무릇 색다른 사람과는 모두 서로 접촉을 하지 말아야 한다. 무(巫)·축(祝)·니(尼)·오(媼) 따위는

35// 當官者凡異色人을 皆不宜與之相接이니 巫祝尼媼之類를 尤宜疏

絶이니 要以淸心省事로
爲本이니라

이색인(異色人) : 정상(正常)의 업무에 힘쓰지 않고 남다른 일에 종사하는 사람.
축(祝) : 무당과 같은 것으로, 신(神)에게 기도하는 것을 업(業)으로 하는 자.
니(尼) : 여승(女僧).
오(嫶) : 뚜쟁이.
생사(省事) : 무익(無益)한 일을 덜어버리는 것. 하지 않는 것.

더욱 멀리하여 끊어야 한다. 요컨대 마음을 맑게 하고 무익한 일을 덜어버리는 것을 근본으로 삼아야 한다.

| 풀이 | 여기에서 색다른 사람이란 정상(正常)이 아닌 일에 종사하는 사람을 뜻하는데 이들은 흔히 민심을 현혹시키고 남의 재물을 빼앗는 부류에 속한다. 과거에는 벼슬아치들이 이런 무리들과 접촉하여 정사(政事)를 어지럽힌 일이 자주 있었다.

우리 나라에서도 역대 왕조를 통하여 무당·점쟁이·여승 따위가 궁중을 어지럽히고 정치를 혼란으로 몰아넣는 것을 볼 수 있었다. 벼슬살이하는 자는 이와 같은 정상이 아닌 일에 마음이 쏠리는 일 없이 항상 깨끗한 마음으로 오직 자기의 맡은 바 일에 충실해야 한다.

제36장

36// 後生少年이 乍到官守하여 多爲猾吏所餌하여 不自省察하여 所得이 毫末이라도 一任而之間에 不復敢擧動하나니 大抵作官嗜利所得이 甚少而吏人所盜不貲矣니 以此被重譴하니 良可惜也니라

후생(後生) : 후배(後輩).

후배 젊은이는 지방관으로 도임하자마자 흔히 교활한 아전의 미끼에 걸리면서도 스스로 깨닫지 못한다. 털끝만한 이득을 얻고는 임기 동안에 자기 마음대로 행동하지 못하게 된다. 대체로 관원이 되어 이득을 좋아하면 자신이 얻는 것은 얼마 안 되고 아전이 훔치는 것은 적지 않으며, 이것으로 말미암아 중벌(重罰)을 받으니 참으로 애석하다.

| 풀이 | 경험이 없는 젊은이가 새로 벼슬길에 올라 지방

의 수령이 되어 가면 도임하자마자 교활한 아전의 미끼에 걸리게 되고, 이 한 번 잘못으로 아전에게 견제받아 행동의 자유를 잃게 된다. 또 벼슬아치가 이득을 좋아하면 자신이 얻어먹는 것은 얼마 안 되고 아전이 훔치는 것은 한량없으며 이것으로 말미암아 중벌을 받아서 심하면 패가망신하게 된다. 그렇기 때문에 상관된 자는 몸가짐을 바르게 하여 부하 직원을 바로잡아야 한다.

사(乍) : 갑자기.
관수(官守) : 지방관(地方官).
거동(擧動) : 몸을 움직임. 행동함.
견(譴) : 견책(譴責). 견벌(譴罰).

제37장

관직에 있는 자는 먼저 폭노(暴怒)하는 것을 경계해야 한다. 일이 옳지 않음이 있으면 마땅히 자세히 살펴서 처리해야 한다. 그와 같이 하면 반드시 도리에 맞지 않는 것이 없을 것이다. 만약 먼저 폭노한다면 다만 자신을 해칠 뿐이다. 어찌 능히 남을 해치랴.

37// 當官者先以暴怒爲戒하여 事有不可어든 當詳處之니 必無不中하리라 若先暴怒면 只能自害니 豈能害人이리오

| 풀이 | 벼슬아치뿐만 아니라 남의 윗사람된 자 중에는 조금만 마음에 맞지 않는 일이 있어도 격렬하게 성내는 이가 있는데, 이것은 일을 바로잡는 데 지장을 가져올 뿐만 아니라, 자신의 교양 없음을 드러내서 위신을 떨어뜨릴 뿐이다.

잘못된 일일수록 자세히 살피고 냉정히 판단하여 이성을 잃지 말아야 한다.

폭노(暴怒) : 사납게 성냄.
상처지(詳處之) : 자세히 살펴서 처리하는 것.
중(中) : 맞음. 여기서는 도리에 맞음.

38// 當官處事에 但務著實이니 如塗擦文字하며 追改日月하며 重易押字萬一敗露면 得罪反重이오 亦非所以養誠心事君不欺之道也니라

착실(著實) : 거짓이 없는 것. 성실한 것.
도체(塗擦) : 도는 뭉개버림. 체는 긁어냄.
추개(追改) : 추후로 고침.
중역압자(重易押字) : 압자는 서명(署名)이니, 서명을 고쳐 바꿈.
패로(敗露) : 탄로남.

39// 王吉上疏에 曰 夫婦는 人倫大綱이오 夭壽之萌也니 世俗이 嫁娶太蚤하여 未知爲人父母之道而有子라 是以로 敎化不明而民多夭하나니라

왕길(王吉) : 자는 자양(子陽), 한(漢)나라 사람.
상소(上疏) : 임금께 글을 올리는 것. 여기서는 왕길

제38장

관원이 되어 일을 처리함에는 다만 성실함을 힘쓸 뿐이다. 만일 허물을 숨기기 위하여 공문서의 글자를 뭉개버리거나 긁어 없애거나, 월일(月日)을 추후(追後)로 고치거나 서명을 바꾸는 것 같은 속임수를 했다가 탄로나면 죄를 얻음이 도리어 무겁게 되며, 또한 성심으로 임금을 섬겨 속이지 않는 도리를 기르는 것이 아니다.

┃풀이┃ 여기서는 벼슬아치의 성실한 사무 처리를 강조하고 있다. 자기의 허물을 숨기려는 부정한 행동은 도리어 죄를 가중시키는 결과를 가져오게 되고 인간의 도리에도 크게 벗어난다.

제39장

왕길(王吉)의 상소(上疏)에 말하기를, "부부는 인륜의 큰 노리이며, 요사(夭死)와 상수(長壽)가 여기에서 비롯됩니다. 세상 풍속이 시집가고 장가드는 것이 너무 일러서 아직 부모되는 도리도 알기 전에 자식을 두니, 이런 까닭에 교화(敎化)가 밝지 못하고, 백성이 요사하는 자가 많습니다." 하였다.

┃풀이┃ 인간 관계는 부부에서 출발하니 부부는 인간의 근본 도리가 된다. 부부 생활에서 정력을 소모한다고 하여 요사와 장수가 여기에서 싹튼다는 말이 나오고 있다.

고대 중국에서는 여자 나이 스무 살에 시집가고 남자 나이 서른 살에 장가드는 것이 법도로 되어 있었지만 후대로 내려오면서 조혼(早婚)의 풍습이 유행되었다. 아직 체력이 갖추어지기도 전에 부부 생활을 하니 사람이 일찍 죽게 되고, 부모되는 도리를 채 알기도 전에 자식을 두게 되니 교육이 제대로 이루어지지 못한다. 이 글은 조혼의 폐단을 논한 것이다.

이 한 선제(漢宣帝)에게 올린 글.
맹(萌) : 싹틈. 시초.

제40장

　문중자(文中子)가 말하기를, "혼인에 재물을 논하는 것은 오랑캐의 길이다. 군자는 그와 같은 풍습이 있는 고을에 들어가지 않는다. 옛날에는 남자와 여자의 족속이 각각 덕성을 택했을 뿐, 재물을 보내는 것으로 예를 삼지 않았다." 하였다.

| 풀이 | 혼인에 재물을 논함이 옳지 않음을 말하고 있다. 옛날에는 나라와 곳에 따라 돈을 주고 장가드는 매매혼이 성행되었던 모양이다. 과거 우리 나라에서도 곳에 따라 이같은 혼인 형태가 있었다. 지금도 중동·아프리카 등지에서는 이같은 풍습이 유행되고 있다.

40// 文中子曰 婚娶而論財는 夷虜之道也라 君子不入其鄕하나니 古者에 男女之族이 各擇德焉이오 不以財爲禮하더니라

문중자(文中子) : 성은 왕(王), 이름은 통(通), 자는 중엄(仲淹). 수(隋)나라 때의 큰 선비.
이로(夷虜) : 남쪽과 북쪽 오랑캐를 일컫는 말.
기향(其鄕) : 그와 같은 풍습이 있는 시골.
남녀지족(男女之族) : 남자 쪽과 여자 쪽.
불이재위례(不以財爲禮) : 재물을 보내는 것으로 예(禮)를 삼지 않음.

제41장

　조혼하여 어려서 장가드는 것은 사람에게 경박함을 가

41// 早婚少聘은 敎人

以偸요 妾媵無數는 敎
人以亂이니 且貴賤이
有等하니 一夫一婦는
庶人之職이니라

빙(聘) : 아내를 맞이하는 것.
투(偸) : 경박한 것.
귀천유등(貴賤有等) : 귀하고 천한 신분에 따라 첩과 잉의 수에 등차(等差)가 있는 것. 일반 백성, 즉 서인(庶人)은 한 남편에 한 아내가 원칙으로 되어 있음.

42// 司馬溫公이 曰 凡
議婚姻에 當先察其壻
與婦之性行과 及家法
何如오 勿苟慕其富貴
니라 壻苟賢矣면 今雖
貧賤이나 安知異時에
不富貴乎리오 苟爲不肖
면 今雖富盛이나 安知
異時에 不貧賤乎리오
婦者는 家之所由盛衰
也니 苟慕一時之富貴
而娶之하면 彼挾其富
貴하여 鮮不輕其夫
而傲其舅姑하여 養成
驕妬之性이니 異日爲
患이 庸有極乎리오 借
使因婦財以致富하며
依婦勢以取貴라도 苟
有丈夫之志氣者면 能
無愧乎아

르치는 것이고, 첩과 잉(媵)이 수없이 많은 것은 사람에게 문란을 가르치는 것이다. 귀한 사람과 천한 사람이 등차(等差)가 있으니, 한 남편에 한 아내가 서인(庶人)의 분수다.

| 풀이 | 이 글에서는 조혼과 한 사람이 많은 처첩(妻妾)을 거느리는 폐단을 논했다. 옛날에는 남존 여비(男尊女婢) 사상에서 일부다처제(一夫多妻制)가 예법으로 규정지어졌으니 오늘의 민주 사회에서는 상상조차 할 수 없는 일이다.

제42장

사마온공(司馬溫公)이 말하기를, "무릇 혼인을 의논하는 것은 마땅히 먼저 그 사위될 사람과 며느리될 사람의 성품·행실 그리고 그 집의 법도가 어떠한가를 살펴야 하고 구차하게 그 부유하고 권세가 높은 것을 부러워하지 말아야 한다.

사위될 사람이 신실로 현명하다면 지금은 비록 빈천하지만 훗날에 부귀하지 않는다고 어찌 알랴. 진실로 착하지 못하다면 지금은 비록 부유하고 권세가 높지만 훗날에 빈천하지 않는다고 어찌 알랴.

집안의 성(盛)하고 쇠(衰)함이 그 며느리에게 달려 있다. 구차하게 한때의 부귀를 부러워하여 며느리를 삼는다면 그녀가 그 부귀함을 믿고 뽐내서 그 남편을 가볍게 보고, 그 시부모를 업신여기지 않는 자가 드무니, 교만하고 질투하는 습성을 기른다면 훗날 걱정거리됨이 어찌 끝이 있으랴.
 가령 며느리의 재물로 인하여 부자가 되고, 며느리의 권세에 의지하여 몸이 귀히 됨을 믿는다 한들, 진실로 대장부의 뜻이 있고 기개가 있는 자라면 능히 부끄러운 마음이 없으랴." 하였다.

| 풀이 | 혼인에 있어 사위를 가리고 며느리를 가리는 원칙을 논하고 있다. 무엇보다도 먼저 그 사위될 사람과 며느리될 사람의 됨됨이와 그 집안의 가풍을 보아야 하고, 재산이나 지위 같은 것은 염두에 두지 말아야 한다. 사위될 사람이 현명한 인물이면 지금은 불우하게 지내더라도 앞으로 얼마든지 발전할 수 있고, 현명치 못하다면 지금은 비록 잘 살더라도 장차 어떤 불운(不運)에 떨어질지 모른다.
 그 집의 재산과 권세에 마음이 끌려 며느리를 맞이한다면 그 며느리가 친정의 재산과 권세를 빙자하여 남편을 경멸하고 시부모를 업신여긴다. 이렇게 해서 교만하고 질투하는 습성이 자라면 불화가 생기고 집안의 풍파가 끝이 없다. 그리고 설사 며느리의 힘으로 영화를 누리고, 아내의 힘을 빌려서 영화를 누린다 하더라도 그것은 모두 떳떳한 것이 못되는 것이다.
 사마온공이 살아 있던 송나라 시대로부터 천 년이 지나간 오늘날에는 재산이나 권력이 더욱 혼인의 요건(要件)으로 되어 있다. 그러나 인간은 물질만으로는 살 수 없다.

가법(家法) : 집안의 법도(法度). 대대로 전해 내려오는 가풍(家風).
부성(富盛) : 부유하고 권세 있는 것.
협기부귀(挾其富貴) : 협은 믿고 뽐내는 것이니, 자기 집의 부귀함을 믿고 뽐내는 것.
용(庸) : 어찌.
차사(借使) : 가령.
장부(丈夫) : 사나이.

착한 사위를 맞이해야만 아내를 사랑하며 단란한 가정을 이루고, 착한 며느리를 데려와야만 남편의 뒷받침을 잘하고 시부모를 공경하며 즐거움 속에서 집안의 번영을 가져온다. 혼인하려는 자는 반드시 이 글의 교훈을 살려서 인물 본위(人物本位)로 하고 그 집안의 가풍을 살피는 일을 잊지 말 것이다.

제43장

안정(安定) 호 선생(胡先生)이 말하기를 "딸을 시집보낼 때는 반드시 내 집보다 나은 집으로 보내야 한다. 내 집보다 나으면 딸이 그 집 사람을 섬김에 있어 반드시 공경하고 반드시 삼갈 것이다. 며느리는 반드시 내 집만 못한 데서 데려와야 한다. 내 집만 못하면 며느리가 시부모를 섬김에 있어서 반드시 며느리되는 도리를 다할 것이다." 하였다.

| 풀이 | 과거 우리 나라에서도 딸 시집보내는 것은 내 집보다 나은 집으로 보내고, 며느리 데려오는 것은 내 집만 못한 집에서 데려왔다. 딸은 내 집보다 나은 집으로 가야만 그 집 사람을 조심하여 섬겨서 시집살이를 잘하고, 며느리는 내 집만 못한 데서 데려와야만 또한 내 집 사람을 잘 섬겨서 가정이 원만하게 되기 때문이다. 사람은 나보다 나은 사람을 어렵게 여기고 나만 못한 사람을 업신여기는 마음이 있는데, 여자는 그와 같은 마음이 더하다.

43// 安定胡先生이 曰 嫁女를 必須勝吾家者니 勝吾家則女之事人이 必欽必戒니라 娶婦를 必須不若吾家者니 不若吾家則婦之事舅姑 必執婦道니라

안정 호 선생(安定胡先生) : 안정은 땅 이름. 호 선생의 이름은 원(瑗), 자는 익지(翼之), 송나라 사람. 안정에 살았기 때문에 하는 말.
흠(欽) : 공경함.
구고(舅姑) : 구는 시아버지, 고는 시어머니.

제44장

어떤 이가 묻기를, "과부를 아내로 삼는 것이 도리에 옳지 않을 것 같은데 어떻습니까?" 하니, 이천 선생이 말하기를, "그렇다. 대체로 장가든다는 것은 자신의 짝을 짓기 위한 것이다. 만약 절개를 잃은 자를 얻어서 내 몸의 짝이 되게 한다면 그것은 자신도 절개를 잃는 것이 된다." 하였다.

또 묻기를, "혹시 외로운 과부로서 빈궁하고 의탁할 곳이 없는 자가 있다면 다시 시집갈 수 있습니까?" 하니, 말하기를, "이것은 다만 후세에 춥고 굶주려 죽는 것을 두려워하는 까닭에 이같은 말이 있는 것이다. 그렇지만 굶어 죽는 것은 극히 작은 일이고, 절개를 잃는 것은 극히 큰 일이다." 하였다.

| 풀이 | "충신은 두 임금을 섬기지 않고, 열녀는 두 번 시집가지 않는다〔忠臣不事二君 烈女不更二夫〕."는 말이 있으니, 유가(儒家)에서는 여자가 두 번 시집가는 것을 절개를 잃는 것으로 보아서 가장 수치로 여겼다. 그렇기 때문에 이 글에서도 과부를 아내로 삼는 것을 옳지 않다 하고 또 굶어죽는 것은 극히 작은 일이나, 절개를 잃는 일은 극히 큰 일이라는 표현을 썼다. 이같은 생각 때문에 우리 나라에서도 조선조 초기에 양반집 여자의 개가(改嫁)를 국법으로 금했던 것이다. 여자를 남자의 종속물로 보는 인권유린이다. 이와 같은 그릇된 생각, 그릇된 제도로써 수많은 여성들이 무한한 고난을 겪어야 했다.

44// 或이 問孀婦를 於理에 似不可取니 如何오 伊川先生이 曰 然하다 凡取는 以配身也니 若取失節者하여 以配身하면 是는 己失節也니라 又問或有孤孀이 貧窮無託者어든 可再嫁否아 曰 只是後世에 怕寒餓死故로 有是說하니 然이나 餓死事는 極小하고 失節事는 極大하니라

상부(孀婦) : 과부.
취(取) : 취(娶)와 같으니, 장가드는 것. 아내를 얻음.
파(怕) : 두려워함.

45// 顏氏家訓에 曰 婦는 主中饋라 唯事酒食衣服之禮耳니 國不可使預政이며 家不可使幹蠱니 如有聰明才智識達古今이라도 正當輔佐君子하여 勸其不足이니 必無牝鷄晨鳴하여 以致禍也니라

중궤(中饋) : 집 안에 있으면서 음식을 만들어 줌.
예정(預政) : 예는 간여(干與)하는 것이니, 정치에 간여하는 것.
간고(幹蠱) : 간은 주장하는 것, 고는 일. 즉 집 일을 주장하는 것.
권기부족(勸其不足) : 그 부족함을 보충하는 것.
빈계신명(牝鷄晨鳴) : 암탉이 새벽에 우는 것이니, 여자가 집 일을 주장하는 비유임.

46// 江東婦女는 略無交遊하여 其婚姻之家 或十數年間에 未相識者오 唯以信命贈遺로 致殷勤焉하나니라 鄴下風俗은 專以婦持門戶

제45장

안씨 가훈에 말하기를, "부인은 중궤(中饋)를 맡아서 오직 술과 밥과 의복의 예절을 일삼을 뿐이니, 나라에서는 정치에 간여시키지 말아야 하고, 집에서는 집 일을 주장하게 하지 말아야 한다. 만일 총명하고 재주와 지혜가 있어서 식견(識見)이 고금(古今)에 통달한다면 마땅히 군자(君子)를 보좌하여 그 부족함을 권면할 뿐, 반드시 암탉이 울어서 재앙을 가져오는 일이 없어야 한다." 하였다.

| 풀이 | 옛날에는 집 안에 있으면서 음식과 의복을 만들어 공급하는 것을 부인의 일로 삼았으니, 나라의 정치에 간여하지 못하는 것은 물론, 집 일도 주장하지 못하게 했다. 그렇기 때문에 부인의 주장이 행해지는 것을 가지고 '내주장(內主張)'이라는 말로 비꼬았으며, "암탉이 울면 집안이 망한다."는 말로 부인의 활동을 억제했다. 부인의 뛰어난 총명과 식견(識見)이 있으면 그 남편을 돕고 알지 못하는 것을 일깨워주는 정도에 그쳤다. 역시 남존 여비 사상의 경향이다.

제46장

강동(江東)의 부녀자는 거의 사귀어 노는 일이 없으니, 그 혼인한 집들 사이에도 혹은 십수 년 동안에 아직 서로 낯을 알지 못하고 오직 서신(書信)과 전언(傳言)과 선물을 보내는 것으로 은근한 뜻을 통(通)하기도 한다.

업하(鄴下)의 풍속은 오로지 부녀자가 집을 부지(扶持)하여, 다투어 소송해서 옳고 그름을 가리며, 밖에 나가서 남을 만나고 집에서 손을 맞으며, 자식을 대신하여 벼슬을 구하며, 남편을 위하여 억울함을 호소한다. 이것이 바로 항대(恒代)의 유풍(遺風)일 것이다.

| 풀이 | 강동 지방에서는 부녀자들이 서로 사귀어 놀지 않아서 혼인 관계가 있는 집 사이에도 십수 년이 되도록 서로 얼굴을 모르고 다만 편지나 전갈, 선물을 보냄으로써 성의를 표시했다. 업(鄴) 땅의 풍속은 여자가 집 일을 주장하여 집안의 모든 일을 맡아본다. 이 글은 지방에 따라 풍속이 다름을 말하는 것이 되기도 하지만, 당시의 사상 경향(思想傾向)으로 볼 때, 두 가지를 비교해서 강동 지방의 풍속을 찬미(讚美)한 것으로 본다. 과거 우리 나라에서는 안사돈 사이에 서로 왕래하는 일은 극히 드물었다.

제47장

대저 사람이 있은 뒤에 부부가 있고, 부부가 있은 뒤에 부자가 있으며, 부자가 있은 뒤에 형제가 있으니, 한 집의 친함은 이 세 가지뿐이다. 이로부터 나아가서 구족(九族)에 이르기까지 모두 이 세 가지 친함에 바탕을 둔다. 그렇기 때문에 인륜(人倫)에 있어 소중히 여기는 것이니 도탑게 하지 않을 수 없는 것이다.

형제는 형체(形體)를 나누고 기운을 같이하는 사람이다.

하여 爭訟曲直하며 造請逢迎하며 代子求官하며 爲夫訴屈하나니 此乃恒代遺風乎인저

강동(江東) : 양자강(揚子江) 하류. 남경(南京)을 중심으로 한 지방.
신명(信命) : 신은 서신(書信), 명은 전명(傳命), 즉 전언(傳言).
증유(贈遺) : 선물을 보내는 것.
업하(鄴下) : 업은 옛날의 상주(相州), 하는 지방이란 뜻.
부지문호(婦持門戶) : 부녀자가 한 집안을 부지(扶持)하는 것.
조청(造請) : 밖에 나가서 남을 만남.
봉영(逢迎) : 집에서 손을 만나고 맞이함.
소굴(訴屈) : 억울함을 호소함.

47// 夫有人民而後에 有夫婦하고 有夫婦而後에 有父子하고 有父子而後에 有兄弟하니 一家之親은 此三者而已矣니 自玆以往으로 至于九族히 皆本於三親焉하니 故로 於人倫에 爲重也니 不可不篤이니라 兄弟者는 分形連氣之人

바야흐로 어릴 때는 부모가 왼손으로 끌고 오른손으로 붙들며, 앞으로 옷깃을 당기고 뒤로 옷자락을 이끌어서 데리고 다녔으며, 먹으면 밥상을 함께하고 옷은 돌려가며 입었으며, 배움은 업(業)을 같이하고 노는 것도 방향을 같이했다. 비록 도리에 어긋나는 난폭한 사람이 있다 하더라도 서로 사랑하지 않을 수 없는 것이다.

　장성하면 각각 자기 아내를 아내로 하고 자기 아들을 아들로 하게 되니 비록 독실하고 후한 사람이 있다 하더라도 조금은 정의(情誼)가 쇠하지 않을 수 없는 것이다.

　여자 동서 사이를 형제에 비한다면 소원(疏遠)하고도 정이 박(薄)한 것이다. 이제 소원하고도 박한 사람으로 하여금 친밀하고 두터운 은정(恩情)을 헤아려서 절도(節度) 있게 한다는 것은 마치 모난 바닥에 둥근 뚜껑을 덮는 것과 같아서 반드시 맞지 않을 것이다. 오직 우애하고 공경함이 깊고 지극하여 곁의 사람이 움직일 수 없는 자만이 정의가 소원해지는 것을 면할 것이다.

| 풀이 | 이 글에서는 부부·부자·형제의 친함을 말하고 특히 형제의 관계를 논했다. 형제는 한 사람의 형체를 나누어 받고 같은 혈기를 타고 났다. 어릴 때는 부모가 함께 데리고 다니고, 한 밥상에서 밥 먹고 옷을 돌려가며 입고, 같은 학문을 익히고, 같은 곳에서 놀았으니 아무리 나쁜 사람이라도 서로 사랑하게 마련이다. 그러나 몸이 장성하여 제각기 아내를 맞이하고 자식을 두게 되면 마음이 처

也니 方其幼也에 父母이 左提右挈하며 前襟後裾하여 食則同案하며 衣則傳服하며 學則連業하며 遊則共方하니 雖有悖亂之人이라도 不能不相愛니라 及其壯也하면 各妻其妻하며 各子其子라 雖有篤厚之人이라도 不能不少衰也니라 娣姒之比兄弟則疏薄矣니 今使疏薄之人而節量親厚之恩이면 猶方底而圓蓋라 必不合矣니 唯友悌深至하여 不爲傍人之所移者하여 免夫인저

구족(九族) : 9대 및 그 방계 친족(傍系親族).
삼친(三親) : 부부·부자·형제.
분형연기(分形連氣) : 같은 부모의 형체를 나누어 받고 같은 부모의 혈기(血氣)를 받은 것.
동안(同案) : 밥상을 함께하는 것. 형제가 한 밥상에서 먹는 것.
전복(傳服) : 옷을 차례로 돌려가며 입는 것.
연업(連業) : 여기서는 같은 학문을 서로 이어받음.
공방(共方) : 방향을 같이함.
장(壯) : 장년(壯年). 장성(長成).
각처기처(各妻其妻) : 각기 아내를 가짐을 뜻함.

자에게로 쏠려서 아무리 우애하는 형제 사이라도 멀어짐을 면치 못한다. 특히 동서 사이는 남남끼리 만난 것이니 정이 있을 리 없다. 불행이 있으면 그 남편에게 하소연하게 되니 정의(情誼)가 더욱 멀어진다. 다만 우애가 남달라서 어떤 사람의 말에도 마음이 동요되지 않는 사람만이 끝까지 소원해짐을 면할 수 있다.

절량친후지은(節量親厚之恩) : 동서 사이에 친밀하게 지냄을 뜻함.
방저이원개(方底而圓蓋) : 네모난 바닥에 둥근 뚜껑을 덮는 것. 서로 맞지 않음.
방인지소이(傍人之所移) : 아내의 말에 따라 마음이 변하는 것.

제48장

유개중도(柳開仲塗)가 말하기를, "돌아가신 아버님께서 집을 다스리심에 있어 효도를 중히 여기시고 또 엄격하셨다. 초하루와 보름날에 내 제수(弟嫂)들이 마루 아래에서 절을 마치고 나서 손을 올리고 얼굴을 나직이 하여 우리 아버님의 훈계를 들었다.

말씀하시기를, '사람의 집의 형제들이 본디 의리를 지키지 않는 자가 없건만, 각기 아내를 맞이하여 집에 들어오게 되면 다른 성(姓)이 서로 모여서 잘하고 못한 것을 다투게 된다. 참소하는 말은 물이 스며들듯 날로 귀에 들리게 되니, 처자를 편애하고 사사로이 재물을 저축하게 된다. 정리(情理)가 어그러져서 마침내 재산을 나누어 따로 살며 미워하기를 도적이나 원수처럼 한다. 이것이 모두 너희들 여인이 만드는 것이다. 남자로서 뜻이 굳은 자가 몇 사람이나 되어 능히 부인의 말에 현혹되지 않으랴. 내 이런 실례를 본 것이 많다. 너희들이야 어찌 이같은 일이 있으랴.' 하셨다.

48// 柳開仲塗曰 皇考治家하되 孝且嚴이러시니 朝望에 弟婦等이 拜堂下畢하고 卽上手低面하여 聽我皇考訓誡하더니 曰 人家兄弟無不義者언마는 盡因娶婦人門하여 異性이 相聚하여 爭長競短하여 漸漬日聞하며 偏愛私藏하여 以致背戾하여 分門割戶하여 患若賊讎하나니 皆汝人所作이니라 男子剛腸者幾人이 能不爲婦人言의 所惑고 吾見이 多矣니 若等은 寧有是耶리오 하여시든 退則惴惴하여 不敢出一語爲不孝事하니 開輩抵此賴之하여 得全其家云이로다

유개중도(柳開仲塗) : 성은 유, 이름은 개, 자는 중도.
황고(皇考) : 돌아가신 아버

지.
조망(朝望) : 조는 초하루, 망은 보름.
제부(弟婦) : 제수(弟嫂).
저면(低面) : 얼굴을 나직이 숙임.
쟁장경단(爭長競短) : 길고 짧음을 다툼. 잘하고 못한 것을 다투는 것.
점지(漸漬) : 물이 점점 스며드는 것. 부인의 이간하는 말이 마치 물이 스며들 듯 귀에 들리는 것.
배려(背戾) : 정리(情理)가 어긋남.
분문할호(分門割戶) : 재산을 나누어서 따로 사는 것.
환(患) : 여기서는 미워하는 것.
여인(汝人) : 너희들 여인.
강장(剛腸) : 마음이 굳셈.
약등(若等) : 약은 여(汝)와 통하니 너희들.
췌췌(惴惴) : 두려워하는 모양.
저차(抵此) : 저는 이른다는 뜻이니, 오늘에 이르기까지.

49// 伊川先生이 曰 今人이 多不知兄弟之愛로다 且如閭閻小人이 得一食하면 必先以食父母하나니 夫何故오 以父母之口重於己之口也오 得一衣하면 必先

물러나와서는 두려워서 벌벌 떨며 조심하여 감히 한 마디도 불효가 되는 일을 입 밖에 내지 못했으니, 우리 집안은 교훈에 힘입어서 오늘에 이르기까지 집을 보전함을 얻었다." 하였다.

| 풀이 | 형제가 의리를 지켜서 끝까지 사이좋게 살고 못 사는 것은 모두 그 아내들의 손에 달렸다. 아무리 우애가 좋은 형제라 할지라도 아내들이 서로 농간을 부려서 이간(離間)을 일삼는다면 알지 못하는 사이에 정의(情誼)가 멀어지고 심하면 원수처럼 되기에 이르는 것이다. 그렇기 때문에 이 글에 며느리들을 불러 훈계한 말이 나와 있다. 과거 중국에서는 대가족제도를 숭상하여 형제들이 한 집에 모여 사는 것을 미덕으로 삼았으니, 당나라 때 장공예(張公藝) 같은 이는 9대가 한 집에서 살았으므로 후세에 미담으로 전해지고 있다. 이 글의 주인공인 유개(柳開)도 형제가 의리를 지켜 한 집에 사는 것을 "집을 보전함을 얻었다[得全其家]."는 말로 표현하고 있다.

제49장

이천 선생이 말하기를, "지금 사람은 형제를 사랑할 줄 모르는 자가 많다. 가령 마을의 무지한 백성도 한 가지 먹을 것을 얻으면 반드시 먼저 부모에게 먹게 한다. 그것은 무슨 까닭인가. 부모의 입을 자기 입보다 중히 여기기 때문이다. 한 가지 옷을 얻으면 반드시 먼저 부모에게 입힌다. 그것은 무슨 까닭인가. 부모의 몸을 자기 몸보다도 중히 여기기 때문이다. 개나 말에 이르기까지도 그와 같이 하여 부모의 개나 말 대우하기를 반드시 자기의 개나 말과 달리한다. 그러면서도 유독 부모의 자식 사랑하기를 도리어 자기 자식보다 가벼이하며 심하면 원수같이 본다. 온 세상이 모두 이와 같으니 참으로 알 수 없는 일이다." 하였다.

以衣父母하나니 夫何故오 以父母之體重於己之體也라 至於犬馬하여도 亦然하니 待父母之犬馬를 必異乎己之犬馬也하되 獨愛父母之子를 却輕於己之子하여 甚者는 至若仇敵하여 擧世皆如此하니 惑之甚矣니라

| 풀이 | 이 글에서는 부모를 사랑할 줄 알고 부모의 개나 말까지도 사랑하면서 부모의 자식, 즉 형제는 사랑할 줄 모르는 어리석음을 개탄(慨歎)하고 있다. 형제는 부자·군신·부부·붕우와 더불어 오륜(五倫)의 하나이니, 형이 아우를 사랑하고 아우가 형을 공경함은 인간의 길이다.

과거 우리 나라에서는 유교를 숭상하며 사람들이 보고 듣는 것이 모두 윤리 도덕에 관계되는 일이기 때문에 형제가 의로써 사랑하고 도울 줄 알았다. 그러나 근래에 서구의 사조(思潮)가 들어오면서부터 사람의 생각이 물질로만 흘러서 개인의 욕구만을 추구하게 되니, 형제가 원수같이 지내는 일이 많고 서로 사랑하고 돕는 것을 보기 힘들게 되었다. 참으로 서글픈 일이다.

소인(小人) : 여기서는 무지(無知)하고 천한 백성.
거세(擧世) : 온 세상.
혹지심의(惑之甚矣) : 미혹(迷惑)이 심한 것. 미혹은 마음이 어두워서 바른 도리를 분간하지 못하는 것.

제50장

횡거 선생이 말하기를, "사간시(斯干詩)에 '형제는 서로 사랑할 뿐, 서로 같음이 없어야 한다.' 하였으니, 형제는

50// 橫渠先生이 日 斯干詩에 言兄弟矣式相好矣오 無相猶矣라 하니

言兄弟宜相好이오 不要相學이니 猶는 似也라 人情이 大抵한데 患在施之不見報則輟이라 故로 恩不能終하나니 不要相學이오 己施之而已니라

사간(斯干) : 〈시경(詩經)〉 소아(小雅)의 편명.
언형제의식상호의(言兄弟矣式相好矣) : 형제가 서로 좋아한다. 또는 사랑한다는 것.
무상유의(無相猶矣) : 형과 아우 사이에 그 나쁜 점을 서로 닮지 말아야 함을 말함.
불요상학(不要相學) : 위의 무상유의(無相猶矣)와 같은 뜻.
환(患) : 근심. 결점.
철(輟) : 중지함. 그만둠.
기시지이이(己施之而已) : 기는 나 자신이니, 남이야 어찌 되었든 내 자신의 할 도리를 다하는 것.

51// 伊川先生이 曰 近世淺薄하여 以相歡狎으로 爲相與하며 以無圭角으로 爲相歡愛하나니 如此者安能久리오 若要久인댄 須是恭

서로 사랑할 뿐이고, 상대방의 잘못을 배우지 말라는 말이다. 같다(猶)는 닮았다(似)는 말과 같은 뜻이다. 사람의 심정(心情)은 대체로 그 폐단이 남에게 은혜를 베풀다가도 그 보답을 받지 못하면 그쳐버리는 데 있는데 그렇기 때문에 은혜를 온전히 하지 못한다. 상대방의 잘못을 배우지 말고 나 자신이 베풀 따름이다." 하였다.

| 풀이 | 형제 사이에는 서로 사랑할 뿐, 나쁜 점을 배워서는 안 된다. 아우가 형을 공경하지 않는다 하여 형이 아우가 하듯이 아우를 사랑하지 않거나, 형이 아우를 사랑하지 않는다 하여 아우도 형을 본받아서 형을 공경하지 않는 것 같은 행동은 극히 옳지 않다. 아우의 공경함이 부족할 때는 형의 도리를 더욱 힘써서 아우를 감화시켜야 하고, 형의 사랑이 부족하다고 느껴질 때는 아우의 도리를 다하여 형의 생각을 돌리도록 해야 한다. 형제는 한 어버이의 몸에서 태어나서 뿌리를 같이하는 여러 가지와 같은 것이니, 우애를 도탑게 하여 은정(恩情)을 온전히 해야 한다.

제51장

이천 선생이 말하기를, "요사이 세상 사람은 천박하여 서로 즐기고 예절 없이 무관하게 지내는 것을 가지고 뜻이 맞는다 하고, 원만하여 모나지 않는 것을 가지고 서로 좋아하고 사랑한다고 한다. 이와 같은 사귐이 어찌 오래

갈 수 있으랴. 만약 사귐을 오래도록 지속하려 한다면 모름지기 서로 공경해야 한다. 임금과 신하, 벗 사이에도 모두 마땅히 공경함을 위주로 해야 한다." 하였다.

| 풀이 | 벗을 사귐은 예의를 지켜서 공경해야 하고 혹 허물이 있으면 충고하여 선의 길로 권면해야 한다. 서로 장난치고 농담을 즐기며 무관하게 지내는 것이나 벗의 뜻에 맞추어 둥글게 지내는 것을 벗으로 볼 수 없다.

공자는 말하기를, "안평중은 남과 사귐을 잘한다. 오래도록 공경한다〔安平仲 善與人交 久而敬之〕." 하였다. 공경하는 것이 벗의 길임을 밝힌 것이다. 안평중은 춘추시대 제(齊)나라의 어진 재상인 안영(晏嬰)을 말한다.

제52장

횡거 선생이 말하기를, "오늘날의 벗은 아첨 잘하는 자를 가려서 사귀며, 어깨를 치고 옷소매를 잡는 것으로 의기(意氣)가 서로 맞는다 하고, 한마디 말이라도 제 마음에 맞지 않으면 노기를 띠고 서로 대한다.

벗을 사귐에는 서로 몸을 낮추어서 겸손하기를 게을리 하지 말아야 한다. 그런 까닭에 벗 사이에는 공경함을 위주하는 사람들이라야 서로 선의 길로 권면하여 실효(實效)를 얻음이 빠르다." 하였다.

| 풀이 | 내 뜻에 맞으면 좋다 하고, 맞지 않으면 배척하

敬이니 君臣朋友皆當以敬爲主也니라

환압(歡狎) : 환은 즐거워하는 것, 압은 친압(親狎)이니, 예의를 지키지 않고 무관하게 지냄.
상여(相與) : 서로 허여(許與)함. 즉 마음을 허락하는 것.
규각(圭角) : 옥(玉)의 뾰족한 모서리. 여기서는 말과 행동이 모나서 남과 충돌하는 것.
안(安) : 어찌.

52// 橫渠先生이 曰 今之朋友擇其善柔以相與하여 拍肩執袂하며 以爲氣合하고 一言不合이어든 怒氣相加하나니 朋友之際는 欲其相下不倦이라 故로 於朋友之間에 主其敬者야 日相親與하여 得效最速하나니라

선유(善柔) : 유는 아첨의 뜻이니, 아첨을 잘하는 것.
기합(氣合) : 의기(意氣)가 서로 맞음.

상하불권(相下不倦): 서로 몸을 낮추어서 겸손하기를 게을리하지 않음.
득효(得效): 여기의 효는 효과이니, 서로 선의 길로 권면하면서 내 몸이 바르게 됨을 말함.

53// 童蒙訓에 曰 同僚之契와 交承之分이 有兄弟之義하니 至其子孫하여 亦世講之하니 前輩는 專以此爲務하더니 今人은 知之者蓋少矣니라 又如舊擧將과 及嘗爲舊任按察官者를 後에 己官이 雖在上이나 前輩皆辭避하여 坐下坐하더니 風俗이 如此면 安得不厚乎리오

동료지계(同僚之契): 한 관청에서 동료로 있으면서 사귀는 것.
세강지(世講之): 대대로 강론(講論)하여 지킴.
전배(前輩): 선배.
거장(擧將): 거주(擧主), 즉 자기를 처음 벼슬길에 추천해 준 사람.
구임안찰관(舊任按察官): 여기서는 자기의 감독관을 뜻함.
기관(己官): 내 벼슬.

여 기분대로 노는 것은 벗이라 할 수 없다. 상대방을 공경하여 예의를 지키고 서로 충고하여 함께 선의 길로 가는 것이 벗의 도리이다.

제53장

〈동몽훈(童蒙訓)〉에 말하기를, "벼슬길에서 동료(同僚)로서의 계합(契合)과 전임과 후임 사이에 직무를 교대한 교분(交分)은 형제의 의리가 있으니 그 자손에 이르기까지도 대대로 강론해야 한다. 선배들은 오로지 이것을 힘썼는데, 지금 사람은 아는 자가 드물다. 또 나를 추천해 주었던 옛 거주(擧主)와 일찍이 전임 안찰관(按察官)이 되었던 이에 대해서는, 뒤에 내 벼슬이 비록 그 윗자리에 있더라도, 선배들은 모두 사양하고 피하여 아랫자리에 앉았다. 풍속이 이와 같다면 어찌 순후(淳厚)함을 얻지 못하랴." 하였다.

┃풀이┃ 옛날에는 한 관청에서 동료로서의 사귐, 전임과 신임 사이의 직무를 교대한 교분은 형제의 의리가 있는 것으로 보아서 그 자손에 이르기까지도 대대로 정의(情誼)를 지켜 친밀하게 지냈다. 그리고 나를 처음 벼슬길에 추천해 준 사람이나 전에 상관으로 있던 이에 대해서는 내 벼슬이 비록 그들의 윗자리에 있다 하더라도 한 좌석에 앉을 때는 윗자리를 사양하여 피하고 아랫자리에 앉아서 공경하는 뜻을 표했다. 이 얼마나 아름다운 풍속인가.

제54장

　범문정공(范文正公)이 참지정사(參知政事)로 있을 때 아들들에게 말하기를, "내가 가난했을 때 너희 어머니와 함께 내 어버이를 봉양했는데, 너희 어머니가 몸소 음식 만드는 일을 맡았어도 내 어버이께 드릴 맛있는 음식이 일찍이 충분한 일이 없었다. 이제 후(厚)한 녹봉(祿俸)을 받게 되어 어버이를 봉양하고자 하나 어버이가 계시지 않다. 그리고 너희 어머니도 또한 일찍 죽었으니 내 가장 한스럽게 여기는 바이다. 차마 너희들로 하여금 부귀의 즐거움을 누리게 할 수 있겠느냐.

　오중(吳中)에는 우리 종족이 매우 많으며, 내게 친근한 이도 있고 소원한 이도 있다. 그러나 우리 조종(祖宗)께서 보신다면 모두 같은 자손일 뿐, 친근하고 소원한 차이가 없다. 실로 조종의 뜻에 친소(親疏)가 없다면, 굶주리고 추운 자를 내 어찌 구휼(救恤)하지 않으랴. 조종으로부터 내려오면서 덕(德)을 쌓은 지 100여 년에 비로소 내게 나타나서 큰 벼슬에 오름을 얻었다. 만약 나 혼자 부귀를 누리고 종족을 구휼하지 않는다면 훗날 어떻게 지하에서 조종을 뵈오며 지금은 무슨 낯으로 가묘(家廟)에 들어가랴." 하고, 은전(恩典)으로 내리는 물건과 녹봉받는 것들을 항상 일가 사람에게 고루 나누어주고 동시에 의전택(義田宅)을 설치했다고 한다.

| 풀이 | 범중엄은 젊었을 때 집이 가난했다. 아내와 함께

54// 范文正公이 爲參知政事時에 告諸子曰 吾貧時에 與汝母로 養吾親할새 汝母躬執爨而吾親甘旨未嘗充也러니 今而得厚祿하니 欲以養親이나 親不在矣오 汝母亦已早世하니 吾所最恨者나 忍令若曹로 享富貴之樂也아 吾吳中宗族이 甚衆하니 於吾에 固有親疏어니와 然吾祖宗이 視之則均是子孫이라 固無親疏也니 苟祖宗之意에 無親疏則饑寒者를 吾安得不恤也리오 自祖宗來로 積德百餘年而始發於吾하여 得至大官하니 若獨享富貴而不恤宗族이면 異日에 何以見祖宗於地下며 今何顔入家廟乎리오 於是에 恩例俸賜를 常均於族人하고 幷置義田宅云하니라

범문정공(范文正公) : 범중엄(范仲淹)을 말함. 앞의 글에 이미 나와 있음.
궁집찬(躬執爨) : 궁은 직접, 찬은 밥짓는 것이니, 손수 음식 만드는 일을 맡음.
감지(甘旨) : 맛좋은 음식.
조세(早世) : 일찍 세상을

버림.
인(忍) : 차마.
약조(若曹) : 여등(汝等)과 통하니, 너희들.
오중(吳中) : 오는 강동(江東)에 있는 땅 이름.
종족(宗族) : 친족. 친가.
휼(恤) : 구제함.
시발어오(始發於吾) : 비로소 내게 나타남. 덕을 쌓는 보응(報應)이 자기 몸에 나타나는 것.
가묘(家廟) : 사삿집의 사당(祠堂).
은례봉사(恩例俸賜) : 은례는 임금이 은전(恩典)을 내려서 금품을 상사(賞賜)하는 것, 봉사는 녹봉으로 주는 것.
의전택(義田宅) : 전장(田庄)을 마련하여 빈곤한 친족을 부양하고 혼인과 상장(喪葬)의 비용을 도움.

그 어버이를 봉양했는데, 아내가 직접 부엌일을 맡아 했건만 어버이에게 맛좋은 음식을 마음껏 드릴 수가 없었다. 그 뒤 출세하여 송나라의 재상이 되고 후(厚)한 녹봉을 받게 되었다. 그러나 어버이가 안 계시니 봉양할 길이 없고, 그 고초를 겪었던 아내 또한 죽어서 영화를 함께할 수 없게 되었다. 아들들을 불러서 서글픈 회포를 토로하고, 핏줄을 같이하는 오중(吳中)의 친족들을 도울 것을 결의했다. 그는 수입을 친족들에게 고루 나누어주고 또 의전택을 두어서 극빈한 친족의 부양, 혼인, 상장(喪葬)을 돕는 일에 힘썼다.

동성(同姓)은 백대지친(百代之親)이라 했으니 옛날 사람들은 종족을 사랑하는 마음이 극진했다. 가난한 친족을 돕는 일을 의무처럼 생각했다. 예를 들어서 마을 안에 높은 벼슬을 하여 후한 녹봉을 받거나 경제적으로 부유한 사람이 있으면 그 마을의 가난한 친족이 많은 혜택을 입었다. 근래에 와서 순후한 풍속이 없어지고 인심이 각박하여 친족은 고사하고 형제끼리도 서로 돌보지 않는 경향이 있으니 참으로 부끄러운 일이다.

제55장

55// 司馬溫公이 曰 凡爲家長은 必謹守禮法하여 以御群子弟及家衆이니 分之以職하여 授之以事而責其成功하며 制財用之節하여 量

사마온공이 말하기를, "무릇 집안의 어른되는 자는 반드시 예법을 삼가 지켜서 모든 자제(子弟)와 집안의 사람들을 통솔해야 한다. 직책을 분담하고 일을 나누어주어서 그 성과를 책임지게 하며, 재물을 쓰는 절목(節目)을 마련하여 수입을 헤아려서 지출하게 한다.
　집안의 있고 없음을 참작하여 윗사람과 아랫사람들의 의복과 음식, 길사(吉事)·흉사(凶事)의 비용을 지급하되 모두 마땅한 규정이 있어서 균평(均平)하지 않음이 없게 해야 한다. 잡비를 줄이고 사치를 금하여 항상 반드시 조금의 여유를 두어서 뜻하지 않은 일에 대비해야 한다." 하였다.

| 풀이 | 집안의 어른되는 자가 해야 할 일을 열거하고 있다. 예법을 지켜서 아랫사람들을 통솔할 것, 가옥·창고·전원·가축 등 관리를 나누어서 맡기고 날마다 할 일을 정해 주어서 책임지울 것, 수입을 계산하여 지출할 것, 집안의 재정 상태를 참작하여 의복·음식 및 길사·흉사의 비용을 지급하되 규정이 있어서 고르게 할 것, 잡비를 줄이고 사치를 금하여 항상 약간의 여유를 두어 뜻하지 않은 사고에 대비하는 것 등이니, 비록 오늘의 시대라 하더라도 어느 하나라도 절실하지 않은 것이 없다.
　특히 근래에는 사치 풍조가 난무하여 내일의 대비를 하지 못하는 경우가 있는데 위의 말들을 잘 새겨서 본받고 마음의 여유 있는 생활을 해야겠다.

　이상은 명륜(明倫)의 가르침을 확충한 것이다〔右는 廣明論이라〕.

入以爲出하며 稱家之有無하여 以給上下之衣食과 及吉凶之費하되 皆有品節而莫不均一하며 裁省冗費하며 禁止奢華하여 常須稍存贏餘하여 以備不虞니라

어(御) : 통솔함. 제어함.
가중(家衆) : 여기서는 하인들을 말함.
분지이직(分之以職) : 가옥, 창고, 전원, 가축 등의 직책을 나누어 맡기는 것.
수지이사(授之以事) : 날마다 할 일을 정해 주는 것.
책기성공(責其成功) : 나누어 맡은 직책과 일을 완수(完遂)하도록 책임지움.
절(節) : 절도(節度). 여기서는 절도에 맞는 규정.
칭(稱) : 저울질함. 여기서는 헤아림.
길흉지비(吉凶之費) : 길은 좋은 일을 뜻하니 관례(冠禮)·혼례 등임. 제사지내는 예법을 길례(吉禮)라고도 하지만 여기서는 해당치 않음. 흉은 흉한 일이니 상장(喪葬)을 말함.
품절(品節) : 절도에 맞게 하는 것. 여기서는 절도에 맞는 규정임.
용비(冗費) : 쓸데없는 비용, 잡비.
영여(贏餘) : 여유.
불우(不虞) : 뜻밖에 일어나는 재변(災變).

3. 광경신(廣敬身)

제56장

56// 董仲舒曰 仁人者는 正其誼不謀其利하며 明其道不計其功이니라

동중서(董仲舒)가 말하기를, "어진 사람은 그 의를 바르게 하고 그 이(利)를 꾀하지 않으며, 그 도를 밝히고 그 공(功)을 계산하지 않는다." 하였다.

동중서(董仲舒): 한(漢)나라 사람. 유학자(儒學者)이며 한 무제(漢武帝)에게 권하여 유교(儒敎)로 정치 교육의 근본을 삼게 했음.
의(誼): 의(義)와 같음. 일의 마땅한 것.
도(道): 사물의 당연한 이치(理致).

| 풀이 | 어진 사람은 마음에 사욕이 없기 때문에 무슨 일이든지 의리에 맞게 할 뿐 개인의 이익을 추구하지 않고, 도리를 밝힐 뿐 공적(功績) 같은 것을 계산에 넣지 않는다. 오직 바른길을 갈 뿐이다. 실지에 있어서 바른길을 가면 비록 이(利)를 추구하지 않는다 하더라도 이를 얻게 되고, 불의(不義)를 행하고 도(道)에 어긋나면 한때 이로울지 몰라도 반드시 큰 재앙이 닥친다. 선악(善惡)과 이해(利害)의 갈림길에서 깊이 생각할 문제다.

제57장

57// 孫思邈이 曰 膽欲大而心欲小하며 智欲圓而行欲方이니라

손사막(孫思邈)이 말하기를, "담(膽)은 커야 하고 마음은 작아야 하며, 지혜는 둥글어야 하고 행동은 모나야 한다." 하였다.

손사막(孫思邈): 송나라 사람. 도가(道家)에 속한다.
담욕대(膽欲大): 담은 크기를 원한다는 뜻임. 대담(大

통(變通)하여 막힘이 없다. 사람이 융통성이 없으면 세상 살이가 어렵다. 행동은 모나야만 바른길을 가서 사악(邪惡)으로 흐르지 않는다.

膽)하다는 말이 있듯이 담이 큰 사람이 일을 결단하여 실행하는 능력이 있음.

제58장
옛말에 이르기를, "선에 좇음은 높은 데 오르는 것 같고, 악에 따름은 무너지는 것 같다." 하였다.

58// 古語에 云從善은 如登이요 從惡은 如崩이라 하니라

| 풀이 | 선에 나아감은 마치 낮은 데서 높은 데로 오르듯이 어렵고, 악에 따르는 것은 무엇이 무너지기라도 하듯이 쉽다. 이것은 선은 행하기 어렵고 악은 행하기 쉬움을 말한 것이다. 유가(儒家)에서는 인간의 마음속에, 본성에 바탕을 둔 선한 마음과 이목구비 등 감각기관이 있음으로써 움직이는 육신, 즉 악한 마음이 있다고 보아서, 전자를 도심(道心), 후자를 인심(人心)이라는 말로 표현하며, 인심을 극복하여 도심을 보존할 것을 강조했다.

제59장
효우 선생(孝友先生) 주인궤(朱人軌)가 벼슬하지 않고 숨어 살면서 어버이를 봉양했다. 일찍이 자제(子弟)를 훈계하여 말하기를, "몸이 마칠 때까지 길을 양보해도 100보(步)를 굽히지 않을 것이며, 몸이 마칠 때까지 전지(田地)의 경계(境界)를 양보해도 일 단(段)을 잃지 않을 것이다." 하였다.

59// 孝友先生朱仁軌隱居養親하더니 嘗誨子弟曰 終身讓路하여도 不枉百步하며 終身讓畔하여도 不失一段이니라

주인궤(朱仁軌) : 자는 덕용(德容). 송나라 사람. 효우(孝友) 선생이란 그를 존경하는 사람들이 일컬은 사시(私諡).
종신(終身) : 몸이 마칠 때까지. 한평생.
왕(枉) : 굽힘. 잃음.

60// 濂溪周先生이 日 聖希天이오 賢希聖이오 士希賢이라 伊尹顏淵은 大賢也라 伊尹은 恥其君不爲堯舜이며 一夫不得其所하며 若撻于市하고 顏淵은 不遷怒하며 不貳過하며 三月不違仁하니라 志伊尹之所志하며 學顏淵之所學하면 過則聖이요 及則賢이요 不及則亦不失於令名하리라

염계 주 선생(濂溪周先生) : 주돈이(周敦頤). 자는 무숙(茂叔), 송나라 때 유학자(儒學者). 염계(濂溪)에 살았으므로 세상 사람들이 높여서 염계 선생으로 불렀음.
성희천(聖希天) : 희는 희망이니, 성인은 하늘의 법칙을 본받기를 희망한다는 뜻.
이윤(伊尹) : 은(殷)나라 탕

| 풀이 | 주 문왕(周文王) 때 주나라 안에서 길 가는 자는 길을 양보하고, 밭 가는 자는 밭의 경계를 양보했으며, 노인은 짐을 이고 다니지 않았다는 말이 있으니, 지금 세상에서는 생각조차 할 수 없는 순후(淳厚)한 풍속이다. 이 글에서는 그와 같은 선행을 가르치고 있다.

제60장

염계(濂溪) 주 선생(周先生)이 말하기를, "성인(聖人)은 하늘과 같기를 바라고, 현인은 성인이 되기를 바라며, 선비는 현인이 되기를 바란다.

이윤(伊尹)·안연(顏淵)은 대현(大賢)이다. 이윤은 그 임금이 요·순(堯舜)이 되지 못함을 부끄럽게 여기고, 한 백성이라도 그 살 곳을 얻지 못하면 마치 자신이 저자에서 매맞는 것같이 생각했다. 안연은 성냄을 옮기지 않으며, 허물을 되풀이하지 않으며, 석 달 동안 인(仁)을 어기지 않았다.

이윤이 뜻하던 것을 뜻으로 하고, 안연이 배우던 것을 배운다면, 그들보다 나으면 성인이 될 것이요, 그들에게 미치면 현인이 될 것이며, 미치지 못하더라도 또한 아름다운 이름을 잃지 않을 것이다." 하였다.

| 풀이 | 이윤과 안연은 모두 성인에 가까운 인물이다. 이윤은 탕왕(湯王)을 도와 폭군 걸(桀)을 벌하고 은 왕조(殷王朝)를 열었다. 그는 그 임금이 요·순 같은 이상적인 군주

가 되지 못함을 부끄럽게 여겨서 요·순 같은 임금이 되도록 도왔다. 그가 은나라의 재상이 되어 착한 정치를 베풀었는데, 백성 중에 한 사람이라도 편안히 살 곳을 얻지 못하고 방황하는 자가 있으면 마치 자신은 사람이 많이 모인 저자거리에서 매를 맞기라도 하는 것 같은 치욕을 느꼈다. 참으로 백성을 사랑할 줄 알고 책임을 느끼는 현명한 지도자다.

개인의 부귀 영화를 누리기 위하여 온갖 수단 방법을 다 써서 높은 지위에 오르고 그 자리에 있는 동안에 일생을 먹고도 남을 돈을 벌려고 애쓰는 야비한 행동이야말로 나라를 병들게 하고 백성을 도탄에 빠뜨리니, 이같은 사고 방식은 없어져야 한다.

안연은 공자가 가장 사랑하던 제자다. 그는 성냄을 옮기지 않았다. 예를 들면 갑에게서 화난 것을 을에게 화풀이하지 않았다. 그리고 허물이 있으면 과감히 고쳐서 되풀이하지 않았으며, 석 달 동안 도리에 어긋난 행동이 없었다. 사람의 행동은 하루에도 몇 번씩 뉘우치게 마련인데, 석 달에 걸쳐서 도리에 어긋남이 없다는 것은 사욕(私慾)의 움직임을 억제하여 선을 행하는 수양이 이미 높은 경지에 이른 것이다. 염계 선생은 사람들에게 이윤과 안연을 본받기를 권고했다.

제61장

성인(聖人)의 도는 귀로 듣고 마음에 두어서, 이것을 쌓

왕(湯王)의 어진 신하. 탕왕을 도와 폭군 걸(桀)을 쳐서 멸망시킴.
약달우시(若撻于市) : 달은 매맞음이니, 시장 바닥에서 남에게 매맞는 것처럼 치욕을 느낌을 뜻함.
불천노(不遷怒) : 노여움을 옮기지 않음. 즉 갑(甲)에게서 화난 것을 을(乙)에게 화풀이하지 않는 것.
영명(令名) : 아름다운 이름. 좋은 명성.

61// 聖人之道는 入乎

耳存乎心하여 蘊之爲德行이요 行之爲事業이니 彼以文辭而已者는 陋矣니라

온지위덕행(蘊之爲德行) : 성인의 도를 들어서 그것이 마음에 쌓이면 덕행이 됨.
사업(事業) : 여기의 사업은 나라를 경륜(經綸)하여 세상을 편안히 함을 말한다.

으면 덕행(德行)이 되고, 실천하면 사업(事業)이 된다. 저 문사(文辭)만을 일삼는 자는 비루하다.

| 풀이 | 사람은 모름지기 성인의 도를 들어서 마음에 쌓아 덕행(德行)을 닦고, 행동으로 옮겨서 나라를 경륜하여 세상을 편안히 하는 사업을 이루어야 한다. 글이나 말로만 성인의 도를 떠드는 것은 아무런 가치도 없는 것이다.

제62장

중유(仲由)는 자기의 허물에 대하여 듣기를 좋아했으니 아름다운 이름이 세상에 길이 전한다. 지금 사람은 허물이 있어도 남의 충고를 좋아하지 않으며, 마치 병을 숨겨서 의원을 꺼리는 것같이 하여 차라리 그 몸을 죽게 할지언정 깨달음이 없으니 슬프다.

62// 仲由는 喜聞過라 令名無窮焉하더라 今人은 有過어든 不喜人規하는데 如護疾而忌醫하여 寧滅其身而無悟也하니 噫라

중유(仲由) : 자는 자로(子路), 공자의 제자임.
무궁(無窮) : 궁진함이 없음. 즉 길이 세상에 전해지는 것을 말함.
규(規) : 규간(規諫). 바른길로 충고하는 것.
호질이기의(護疾而忌醫) : 병을 숨겨서 의원을 싫어하는 것.

| 풀이 | 중유(仲由)는 공자의 뛰어난 제자로서 남이 자기의 허물을 말해 주면 기쁘게 받아들이고 과감히 고쳤으며, 높은 명성이 세상에 길이 전해진다. 요즘 사람들은 흔히 자기의 허물을 숨길 뿐만 아니라, 도리어 합리화시킴으로써 허물이 쌓여 몸이 패망하는 재앙을 부르면서도 깨닫지 못한다. 우리는 기록을 통하여 또는 현실 속에서 이 같은 실례를 얼마든지 볼 수 있다. 우리는 모름지기 자로를 본받는 지혜를 가져야겠다

제63장

명도 선생이 말하기를, "성현의 천 마디, 만 마디 말은 다만 사람으로 하여금 이미 놓아버린 마음을 거두어서 몸으로 되돌아오게 하려는 것이다. 그렇게 하면 스스로 능히 향상하여 아래로 인사(人事)를 배워서 위로 천리(天理)에 통달하게 된다." 하였다.

| 풀이 | 〈맹자〉의 고자(告子)편에 "인(仁)은 사람의 마음이고, 의는 사람의 길이다. 바른길을 버려서 가지 않고 그 마음을 놓아버리고도 찾을 줄 모르니, 슬프도다〔仁人心也 義人路也 舍其路而不由 放其心而不知求 哀哉〕." 하였고, 또 "학문의 길은 다른 것이 없고 오직 놓아버린 마음을 구할 따름이다〔學問之道無他 求其放心而已矣〕." 하였다. 사람에게는 인, 즉 지극히 착한 마음이 있는데도 사욕에 현혹되어서 그 마음을 버리게 되니, 학문도 행동도 모두 도리에서 벗어나게 된다. 그렇기 때문에 성현은 말마다 모두 사욕을 버려서 놓친 본마음을 되찾을 것을 가르치고 있다. 쉽게 말해서 양심을 가져야만 행동이 도리에 맞고 학문도 바른 학문을 추구하게 된다는 것이다.

제64장

마음은 가슴속에 있어야 한다.

| 풀이 | 마음은 모든 사물의 도리를 갖추어서 한 몸의 주

63// 明道先生이 曰 聖賢千言萬語只是欲人이 將己放之心約之하여 使反復入身來니 自能向上去하여 下學而上達也니라

기방지심(己放之心) : 이미 놓아버린 사람의 본마음.
약지(約之) : 거두는 것.
사반복입신래(使反復入身來) : 사람의 몸으로 되돌아오게 하는 것.
하학이상달(下學而上達) : 아래로 사람의 일을 배워서 위로 하늘의 이치에 통달함.

64// 心은 要在腔子裏니라

인이 되니 항상 가슴속 제자리에 안정되어 있어야 한다. 만일 물욕(物欲)에 이끌려서 밖으로 나가버린다면 몸이 주재(主宰)를 잃어서 갈 바를 모르게 된다. 그래서 놓친 마음을 거두어서 제자리로 돌아오게 하라는 말이 나오게 된 것이다.

제65장

이천 선생이 말하기를, "다만 정제(整齊)하고 엄숙하면 마음이 곧 전일(專一)하게 되고, 마음이 전일하면 자연히 비리와 사벽(邪辟)의 간범(干犯)이 없게 된다." 하였다.

65// 伊川先生이 曰 只 整齊嚴肅則心便一이니 一則自無非辟之干이니라

심변일(心便一) : 일은 전일(專一)이니, 마음이 곧 전일해짐.
비벽(非辟) : 비는 비리(非理), 즉 도리에 어긋나는 것. 벽은 사벽(邪辟).

| 풀이 | 정제는 정리 정돈이 잘되어서 어지럽지 않은 것이고, 엄숙은 기색과 언어 동작이 엄정(嚴正)하고 정숙함을 말한다. 사람이 몸가짐을 정제하고 엄숙하게 하면 마음 또한 동요됨이 없어서 전일(專一)하게 되고, 마음이 전일하면 비리(非理)와 사벽(邪辟)이 외부로부터 침범하지 못하여 마음의 해침이 없게 된다. 즉 마음이 놓여짐이 없다. 다시 말해서 몸가짐을 정제하고 엄숙히 하는 것은 마음을 전일하게 만드는 방법이고, 마음이 전일한 것은 외물(外物)의 침범을 막아서 마음을 보존하는 길이다. 여기에서 마음이란 인간 본연의 착한 마음을 말하는 것이다.

제66장

이천 선생은 〈예기〉의 표기편(表記篇)에 나오는 말을 좋

66// 伊川先生이 甚愛

아했는데 "군자가 장엄하고 공경하면 날로 굳세어지고, 안일하고 방자하면 날로 게을러진다."는 것이다. 대체로 일반 사람의 인정(人情)은 조금만 방자해도 날로 광탕(曠蕩)으로 흐르고, 스스로 신칙(申飭)하면 행동이 날로 법도에 나아가게 되는 것이다.

| 풀이 | 몸가짐을 장엄하게 하고 일을 공경히 하면 날로 덕이 높아지고, 안일을 좋아하고 방자하면 마음이 날로 해이하게 된다. 사람은 항상 몸을 단속하여 행동이 법도에 맞게 하고 방종을 멀리해야 한다.

表記에 君子莊敬日彊하고 安肆日偷之語하시더니 蓋常人之情이 纔放肆則日就曠蕩하고 自檢束則日就規矩니라

표기(表記) : 〈예기〉의 편명.
안사(安肆) : 안일하고 방자한 것.
투(偷) : 게으름.
상인(常人) : 보통 사람.
광탕(曠蕩) : 예절과 법도를 무시하고 제멋대로 행동함.
검속(檢束) : 단속. 신칙(申飭).
일취규구(日就規矩) : 행동이 법도에 맞게 되는 것을 말함.

제67장

사람은 내 몸을 받드는 외물(外物)에 대해서는 일마다 좋기를 바라면서도 다만 자신의 한낱 몸과 마음은 좋기를 바라지 않는다. 진실로 좋은 외물을 얻은 때는 도리어 자신의 몸과 마음이 이미 먼저 나빠졌음을 알지 못한다.

| 풀이 | 사람들은 의복·음식·집 등 자신을 위하는 외면적(外面的)인 물건은 모두 좋은 것을 바라지만 단지 하나밖에 없는 몸과 마음은 좋기를 바라지 않는다. 외면적인 좋은 물건을 얻게 되었을 때 마음이 이미 병들었음을 깨닫지 못한다. 사람은 외물에 현혹되어 양심을 버려서 인간의 길에서 벗어나게 된다. 의(義) 아닌 일을 행하여 부귀 영화를 누리느니보다 가난한 생활에 편안하여 정당하

67// 人於外物奉身者에 事事要好하되 只有自家一箇身與心을 却不要好하나니 苟得外物好時면 却不知道自家身與心이 已自先不好了也니라

외물(外物) : 내 몸에 있는 것이 아니라 외부의 물건임. 여기서는 의복·음식·집 같은 것을 말함.
요호(要好) : 좋기를 바란다. 좋기를 요구한다.
자가(自家) : 자기. 자신.
부지도(不知道) : 지도는 중국말로 안다는 뜻이니, 알지 못함.
불호료야(不好了也) : 좋지

못한 것.

68// 伊川先生이 曰 顔淵이 問克己復禮之目한대 孔子曰 非禮勿視하며 非禮勿聽하며 非禮勿言하며 非禮勿動이라하시니라 四者는 身之用也라 由乎中而應乎外하시니 制乎外는 所以養其中也라 顔淵이 事斯語하니 所以進於聖人이니 後之學聖人者는 宜服膺而勿失也니라 因箴以自警하노라 其視箴에 曰 心兮本虛하니 應物無迹이라 操之有要하니 視爲之則이라 蔽交於前하면 其中則遷이니 制之於外하여 以安其內니라 克己復禮하면 久而誠矣리라 其聽箴에 曰 人有秉彝는 本乎天性하니 知誘物化하여 遂亡其正하나니라 卓彼先覺은 知止有定이라 閑邪存誠하여 非禮勿聽하나니라 其言箴에 曰 人心之動이 因言以宣하나니 發禁躁妄이라사 內斯靜專하나니라 矧是樞機라 興戎出好하나니 吉凶榮辱이 惟其所召니라 傷易則誕이오

게 사는 것이 인간의 정신이다.

제68장

이천 선생이 말하기를, "안연(顔淵)이 사욕(私欲)을 극복하여 예(禮)에 돌아가는 조목(條目)을 물으니, 공자가 말하기를, '예가 아니면 보지 말며, 예가 아니면 듣지 말며, 예가 아니면 말하지 말며, 예가 아니면 움직이지 말라.' 하였다. 보고, 듣고, 말하고, 움직이는 네 가지는 몸의 작용이니 마음으로 말미암아 나와서 외물에 응(應)하는 것이며, 외물에 제약을 더하는 것(예가 아니면 보지 않고, 듣지 않으며, 말하지 않고, 움직이지 않는 것)은 그 마음을 바르게 기르는 것이다. 안연이 이 말에 종사(從事)했으니, 이것이 성인의 경지에 나아간 까닭이다. 후세에 성인을 배우는 자가 마땅히 가슴속에 담아서 잃지 말아야 할 것이다. 이로 인하여 잠(箴)을 지어서 스스로 경계한다." 하였다.

그 시잠(視箴)에 말하기를, "마음은 본래 빈 것이이시 외물에 응함에 자취가 없다. 이것을 간직함에 방법이 있으니 보는 것을 그 법도로 한다. 물욕이 앞에 가려지면 그 마음이 옮겨지니, 외물에 제약을 더하여 마음을 안정시켜야 한다. 사욕을 극복하여 마음이 예로 돌아가게 하고 오래 지속하면 마음이 성실하게 된다." 하였다.

그 청잠(聽箴)에 말하기를, "사람은 상도(常道)가 있으니 천성에 바탕을 둔다. 예가 아닌 것을 들으면 지혜가 외물에 유혹되고 동화되어서 마침내 그 바른 도리를 잃게 된

다. 저 우뚝 솟아난 선각자들은 멈출 곳을 알아 뜻이 정해짐이 있어서 사악의 침범을 막고 성실한 도리를 보존하여 예에 맞는 것이 아니면 듣지 않았다." 하였다.

그 언잠(言箴)에 말하기를, "사람의 마음의 움직임은 말을 통하여 밖으로 나타난다. 말을 꺼냄은 조급하고 망령됨을 금해야만 속마음이 안정하고 전일(專一)하게 된다. 더구나 말이라는 것은 일의 중요한 기틀이 되는 것이다. 전쟁과 우호(友好), 길흉 화복은 모두 말이 부르는 것이다. 말을 쉽게 하는 폐단은 그 말이 망탄(妄誕)하고, 번거로우면 지루하다. 내 말이 방자하면 남의 말도 내 뜻에 거스르게 되고, 가는 말이 도리에 어긋나면 오는 말도 도리에 어긋난다. 선왕(先王)의 법언(法言)이 아니면 말하지 말라 했으니, 옛사람의 훈계를 공경하여 따르라." 하였다.

그 동잠(動箴)에 말하기를, "명철한 사람은 마음의 기미(幾微)를 알아서 생각을 정성스럽게 하고, 뜻 있는 선비는 행실을 닦아서 행동이 바른 도리를 지킨다. 도리에 따라 행동하면 편안하고 욕심에 좇으면 위태로울 뿐이니, 비록 잠깐 동안이라도 잊지 말며 두려워하고 조심하여 스스로 몸을 지켜야 한다. 이같은 습관이 성품과 함께 성장하면 성현의 경지에 도달할 것이다." 하였다.

| 풀이 | 안연이 공자에게 사욕을 극복하여 바른 도리로 돌아가는 방법을 물었을 때, 공자는 예 아닌 것은 보지 말고, 듣지 말고, 말하지 말고, 행동하지 말아야 한다는 네

傷煩則支하며 己肆物忤하고 出悖來違하나니 非法不道하여 欽哉訓辭하라 其動箴에 曰 哲人은 知幾하여 誠之於思하고 志士는 勵行이라 守之於爲하나니 順理則裕오 從欲惟危니 造次克念하여 戰兢自持하라 習與性成하면 聖賢同歸하리라

목(目) : 극기복례를 위하여 지킬 조목.
사자(四者) : 보고, 듣고, 말하고, 움직이는 몸의 작용.
유호중이응호외(由乎中而應乎外) : 마음에서 나와서 외물에 응하는 것.
제호외(制乎外) : 외물의 자극에 제약을 더하는 것.
사사어(事斯語) : 공자의 말에 종사함.
잠(箴) : 문체의 일종으로, 경계하는 말을 적은 글.
시잠(視箴) : 보는 것에 대한 경계.
응물무적(應物無迹) : 마음은 외물에 대응하는 작용을 하지만 흔적은 없음.
조(操) : 간직함. 지킴. 여기서는 바른 마음을 간직함.
지유물화(知誘物化) : 사람의 지혜가 물욕에 유혹되어 동화되는 것.
흥융(興戎) : 융은 전쟁이니, 전쟁을 일으킴.
출호(出好) : 우호(友好)를

이룸.
상이즉탄(傷易則誕) : 말을 쉽게 하는 병폐는 그 말이 성실치 못함을 뜻함.
비법부도(非法不道) : 법도에 맞는 말이 아니면 말하지 않는 것.
성지어사(誠之於思) : 생각을 정성스럽게 함.
습여성성(習與性成) : 습관이 천성과 함께 성장함.
동귀(同歸) : 여기서는 성현과 같은 경지에 도달함.

69// 伊川先生이 言人有三不幸하니 少年登高科一不幸이요 席父兄之勢하여 爲美官이 二不幸이요 有高才能文章이 三不幸也니라

등고과(登高科) : 높은 과거에 오름. 과거에는 여러 가지 종류가 있는데 그 중 높은 등급의 과거를 말함. 높은 과거에 합격하면 곧 벼슬길에 오르게 됨.
석(席) : 자(藉)와 같으니, 빌림. 힘입음.

조목을 말해 주었다. 이 네 가지는 외물의 유혹을 막아서 본마음을 보존하는 방법이니 바로 사욕을 극복하여 바른 도리로 돌아가는 길이다. 안연은 공자의 가르침을 실천에 옮겨서 힘썼기 때문에 마침내 성현의 경지에 이를 수 있었다. 사람은 누구나 다 이 교훈을 가슴에 새겨서 반드시 실행해야 한다. 이천 선생은 이 네 가지 덕목(德目)의 절실함을 느껴서 잠(箴)을 지어서 후세의 사람들을 경계했다.

제69장

이천 선생이 말하기를, "사람에게 세 가지 불행이 있으니, 소년 시절에 높은 과거에 오르는 것이 첫째 불행이고, 부형의 권세에 힘입어서 좋은 벼슬을 하는 것이 둘째 불행이며, 뛰어난 재주가 있고 문장에 능한 것이 셋째 불행이다." 하였다.

| 풀이 | 높은 과거에 합격하면 곧 벼슬길에 오르게 된다. 소년의 몸으로 과거에 합격하면 풍부한 학식(學識)을 쌓을 시간이 없었기 때문에 국사에 종사하기 어렵다. 부형의 권력을 힘입어서 높은 벼슬에 오르면 지위와 인물이 서로 맞지 않을 뿐만 아니라 사람들이 즐겨 복종하지 않는다. 재주가 뛰어나고 문장에 능한 사람은 자기의 재주와 문장을 믿고 행동이 방종으로 흘러서 대인 관계가 원만치 못하다. "재주가 뛰어나면 덕이 박하다〔才勝薄德〕."는 말이 이를 뒷받침한다. 그래서 이 세 가지를 불행으로 규정짓

고 있다. 그렇지만 수양과 노력으로 극복한다면 크게 세상에 이바지할 수 있다.

제70장

횡거 선생이 말하기를, "학문하는 사람이 예의(禮義)를 버린다면, 배불리 먹어서 날을 보내고 아무 하는 일도 없어서 하급 백성과 다를 것이 없다. 그 하는 일은 입고 먹는 것과 잔치하며 노는 즐거움을 넘지 못한다." 하였다.

70// 橫渠先生이 曰 學者捨禮義則飽食終日하여 無所猷爲하여 與下民一致라 所事不踰衣食之間과 燕遊之樂耳니라

| 풀이 | 무릇 학문하는 사람은 예법을 존중하고 의리를 지켜서 세상 일을 경륜해야 한다. 만일 예의를 버리고, 입고 먹는 것과 남과 모여 술 마시며 노는 것을 일삼아서 아무런 계획도, 하는 일도 없이 세월을 보낸다면 그것은 어리석은 백성과 다름없다.

예의(禮義) : 예는 예법, 의는 사람이 지켜야 할 마땅한 도리.
유위(猷爲) : 계획을 세워서 일하는 것.
연유(燕遊) : 연희를 열어서 술마시며 노는 것.

제71장

범충선공(范忠宣公)이 자제를 경계하여 말하기를, "사람이 비록 지극히 어리석어도 남을 꾸짖는 데는 밝고, 비록 총명이 있어도 자기를 용서하는 데는 어둡다. 너희들은 다만 항상 남을 꾸짖는 마음으로 나를 꾸짖고, 나를 용서하는 마음으로 남을 용서한다면 성현의 지위에 이르지 못함을 근심하지 않을 것이다." 하였다.

71// 范忠宣公이 戒子弟曰 人雖至愚라도 責人則明하고 雖有聰明이라도 恕己則昏하나니 爾曹는 但常以責人之心으로 責己하고 恕己之心으로 恕人이면 不患不到聖賢地位也리라

| 풀이 | 남의 잘못은 꿰뚫어 알아도 내 잘못은 알지 못하

범충선공(范忠宣公) : 이름

는 것이 사람들의 병폐(病弊)다. 뿐만 아니라, 남의 잘못은 낱낱이 들추어 내고, 자기 잘못은 도리어 합리화시켜서 그 정당성을 강조하는 것은 더욱 한심스러운 일이다. 사람은 모름지기 자기 잘못을 꾸짖는 데 밝고 남의 잘못을 관용하는 아량을 가져야 할 것이다.

제72장

여형공(呂滎公)이 일찍이 말하기를, "후배로서 처음 배우는 자는 모름지기 기상(氣象)이 어떤 것인가를 알아야 한다. 기상이 좋을 때는 백사(百事)가 모두 마땅함을 얻는다. 기상이라는 것은 말씨와 몸가짐이 가볍고 무거우며 빠르고 더딘 데서 볼 수 있다. 오직 군자와 소인이 여기에서 분별될 뿐만 아니라, 또한 귀천(貴賤)과 수요(壽夭)도 이로 말미암아 정해지는 바다." 하였다.

| 풀이 | 기상이란 기품이 겉에 나타난 상태이니, 사람의 말씨와 몸가짐에서 볼 수 있다. 기상이 좋으면 온갖 일이 순조롭고 마땅함을 얻는다.

　기상을 보면 그 사람이 군자인지, 소인인지를 분별할 수 있고 또 귀히 되고 천히 되며, 오래 살고 일찍 죽는 것을 예견할 수 있다. 대체로 언어·행동이 단정하고 무게 있으며 안정되고 여유 있는 자는 군자로서, 귀히 되고 오래 살 수 있다. 그리고 경박하고 조급한 자는 소인으로서, 천히 되며 일찍 죽는다. 사람은 모름지기 말씨와 몸가짐

은 순인(純仁), 자는 요부(堯夫), 충선은 시호(諡號), 범문정공의 아들.
지우(至愚) : 지극히 어리석음.
서기즉혼(恕己則昏) : 자기를 용서하는 데는 어두운 것. 즉 자기의 잘못을 모르는 것.

72// 呂滎公이 嘗言後生初學이 且須理會氣象이니 氣象好時엔 百事是當하나니 氣象者는 辭令容止輕重疾徐에 足以見之矣니 不惟君子小人이 於此焉分이라 亦貴賤壽夭之所由定也니라

여형공(呂滎公) : 이름은 희철(希哲), 자는 원명(原明), 송나라 사람.
차수(且須) : 차는 어조사, 수는 모름지기.
이회(理會) : 뜻을 깊이 아는 것.
기상(氣象) : 기품(氣品)이 겉으로 드러난 상태.
시당(是當) : 마땅함. 순조로움.
사령(辭令) : 말. 말씨.
용지(容止) : 몸가짐.
질서(疾徐) : 빠르고 더딘 것.

을 삼가야 한다.

제73장

  자기의 악을 다스리고 남의 악을 다스리지 말라. 대체로 스스로 자신의 악을 다스리려면 밤낮으로 자기 행동을 점검하여 털끝만치라도 미진(未盡)함이 있으면 마음에 부끄러워해야 할 것이다. 어찌 겨를이 있어 다른 사람을 점검하랴.

수요(壽夭) : 수는 장수(長壽). 요는 요절(夭折).

73// 攻其惡이오 無攻人之惡이니 蓋自攻其惡이면 日夜에 且自點檢하여 絲毫不盡이라도 則慊於心矣니 豈有工夫 點檢他人耶리오

| 풀이 | 사람은 남의 잘못을 책망하기 전에 자신의 잘못을 책망해야 한다. 내 허물을 다스리기에도 겨를이 없는데, 남의 허물을 다스릴 생각을 하는 것은 모순이다. "내 몸을 닦아서 남을 다스리라〔修己治人〕."는 말이 있으니, 실로 명심할 것이다.

공기악(攻其惡) : 여기서의 공은 다스리는 것이니, 자기의 악을 다스림.
일야(日夜) : 낮과 밤. 밤낮.
점검(點檢) : 낱낱이 검사함.
겸어심(慊於心) : 마음에 부끄러움.
공부(工夫) : 여기서는 겨를, 시간.

제74장

  대체로 선배들이 하는 일은 주밀(周密)하고 자상하며, 후배들이 하는 일은 빠뜨리고 소략(疏略)함이 많다.

74// 大要한데 前輩作事는 多周詳하고 後輩作事는 多闕略하니라

| 풀이 | 이 글에서는 선배와 후배가 하는 일의 차이점을 논했다. 후배가 한 일이 빠뜨림이 많고 소략함을 들어서 선배의 주밀하고도 자세한 처사를 높이 평가하여 뒷사람을 경계한 것으로 보인다.

대요(大要) : 대체로.
주상(周詳) : 주밀하고 자세함.
궐략(闕略) : 궐은 빠뜨림. 약은 간략 또는 소략(疏略).

75// 恩讎分明此四字는 非有道者之言也오 無好人三字는 非有德者之言也니 後生은 戒之하라

은수분명(恩讎分明) : 은혜와 원수를 분명히 하라는 뜻.
무호인(無好人) : 좋은 사람이 없다는 것.
후생(後生) : 뒤에 나오는 사람.

76// 張思叔의 座右銘에 曰 凡語를 必忠信하며 凡行을 必篤敬하며 飮食을 必愼節하며 字畫을 必楷正하며 容貌를 必端莊하며 衣冠을 必肅整하며 步履를 必安詳하며 居處를 必正靜하며 作事를 必謀始하며 出言을 必顧行하며 常德을 必固持하며 然諾을 必重應하며 見

제75장

 은수분명(恩讎分明)이라는 네 글자는 도가 있는 사람의 말이 아니고, 무호인(無好人)이라는 세 글자는 덕이 있는 사람의 말이 아니니, 후생(後生)은 경계하라.

| 풀이 | 공자는 말하기를, "덕으로써 덕에 보답하고, 바른 도리로써 원한에 보답하라〔以德報德 以直報怨〕." 하였다. 은혜와 원수를 분명히 하라는 말은, 원한은 반드시 보복해야 한다는 뜻이 내포되니, 이것은 군자의 말이 될 수 없다. 맹자는 사람의 본성이 착하다고 했으니, 사람의 마음이 물욕에 가려져서 본성을 잃었을 뿐 착한 사람이 아닌 사람이 없다. 좋은 사람이 없다는 말은 덕이 박한 자의 말이다. 사람이 이같은 말에 현혹되면 인의 길에서 벗어나게 된다.

제76장

 장사숙(張思叔)의 좌우명(座右銘)에 말하기를, "무릇 말은 반드시 성실하고 믿음이 있어야 하며, 행실은 반드시 독실하고 경건해야 하며, 음식은 반드시 삼가고 절제해야 하며, 글자 획은 반드시 반듯하고 바르게 써야 한다. 용모는 반드시 단정하고 장엄하게 하며, 의관은 반드시 엄숙하고 정제(整齊)하며, 걸음걸이는 반드시 안존하고 침착하게 하며, 한가롭게 있을 때는 반드시 자세를 바르게 하고 고요하게 해야 한다.

일하는 것은 반드시 처음에 계획을 세워야 하며, 말을 입 밖에 낼 때는 반드시 자기 행동을 돌아보아야 하며, 상덕(常德)은 반드시 굳게 지켜야 하며, 일을 승낙하는 것은 반드시 대답을 신중히 해야 하며, 선한 것을 보면 마치 내가 한 것처럼 기뻐하며, 악한 것을 보면 내 병처럼 근심해야 한다.

무릇 이 열네 가지는 내가 모두 깊이 성찰하지 못한 것이다. 이것을 써서 앉는 자리의 구석에 두고 아침저녁으로 보아서 경계(警戒)로 삼는다." 하였다.

| 풀이 | 이 글은 장사숙(張思叔)의 좌우명이다. 말, 행실, 음식, 글자, 용모, 의관, 걸음걸이, 거처, 처사(處事), 발언(發言), 상덕(常德), 승낙, 선의 관찰, 악(惡)의 관찰 등 열네 가지 일에 있어 경계해야 할 것을 명시하고 있다.

제77장

호문정공(胡文定公)이 말하기를, "사람은 모름지기 모든 세상 맛에 담박(淡泊)해야만 좋으니, 부귀의 양상(樣相)이 있기를 바라지 말아야 한다. 맹자가 말하기를, '마루의 높이가 몇 길이 되고, 음식이 일장사방(一丈四方)의 상에 가득 차려져서 앞에 놓이며, 시첩(侍妾)이 수백 명씩 되는 것은, 내 비록 뜻을 얻더라도 하지 않을 것이다.' 하였다. 배우는 자는 모름지기 먼저 이같은 욕망을 제거하고 항상 스스로 격려하고 분발해야만 더럽고 낮은 데 떨어지지 않

善如己出하며 見惡如己病이니 凡此十四者를 我皆未深省이라 書此當坐隅하여 朝夕視爲警하노라

신절(愼節) : 여기서는 음식을 삼가고 정도에 알맞게 먹는 것.
해정(楷正) : 글자를 반듯하고 바르게 씀.
보리(步履) : 걸음걸이.
모시(謀始) : 처음 시작할 때 계획을 잘 세움.
상덕(常德) : 평상적(平常的)인 덕(德).
고지(固持) : 굳게 지킴.
연낙(然諾) : 무슨 일을 승낙하는 것.
중응(重應) : 실천할 일을 생각하며 대답을 신중히 함.
견선여기출(見善如己出) : 남의 선한 것을 보면 내가 한 것처럼 기뻐함.

77// 胡文定公이 日 人이 須是一切世味에 淡薄이라야 方好이니 不要有富貴相이니라 孟子謂堂高數仞과 食前方丈과 侍妾數百人을 我得志不爲라 하시니 學者須先除去此等이오 常自激昻하여야 便不到墜墮니라 嘗愛諸葛孔明이 當漢末하여 躬耕南陽하여 不求聞達하더니 後

來에 雖應劉先主之聘하여 宰割山河하여 三分天下하여 身都將相하여 手握重兵하여 亦何求不得이면 何欲不遂리오마는 乃與後主言하되 成都에 有桑八百株와 薄田十五頃하니 子孫衣食이 自有餘饒오 臣身在外하여 別無調度不別治生하여 以長尺寸하노니 若死之日에 不使廩有餘粟하며 庫有餘財하여 以負陛下라 하더니 及卒에 果如其言하니 如此輩人은 眞可謂丈夫矣로다

호문정공(胡文正公) : 이름은 안국(安國), 자는 강후(康侯), 송나라 사람, 문정은 시호임.
세미(世味) : 세상 맛 여기서는 부귀 영화를 누리는 세상살이의 재미를 뜻함.
담박(淡薄) : 욕심이 없어서 마음이 맑고 깨끗함.
방호(方好) : 바야흐로 좋다.
부귀상(富貴相) : 부귀하는 양상(樣相). 부귀의 생활.
식전방장(食前方丈) : 식은 음식, 방장은 일장사방(一丈四方)의 상에 음식이 가득 놓인 것을 말함.
득지(得志) : 뜻을 얻음. 뜻이 이루어져서 높은 지위에 오름을 뜻함.

는다.

나는 일찍이 제갈공명(諸葛孔明)을 사랑했다. 그는 한나라 말년에 당하여, 몸소 남양(南陽)에서 밭갈면서 이름이 제후에게 알려지기를 구하지 않았다. 뒤에 유선주(劉先主)의 초빙에 응하여 산과 물을 끊고 천하를 삼분(三分)해서 몸이 장상(將相)을 겸하여 손에 막중한 병권을 잡았으니, 무엇을 구한들 얻지 못하며, 무엇을 하고자 한들 뜻을 이루지 못하랴만, 후주(後主)에게 말하기를, '성도(成都)에 뽕나무 800그루와 박전(薄田) 15경(頃)이 있어서 자손이 입고 먹을 것이 스스로 여유가 있습니다. 신은 몸이 밖에 있으면서 따로 재리(財利)를 도모함이 없고 생산을 경영하지 않아서 한 자, 한 치의 땅도 늘린 것이 없습니다. 죽는 날에 쌀광에 남은 곡식이 없고, 곳간에 남은 재물이 없게 하여 폐하(陛下)를 저버리지 않겠습니다.' 하였다. 죽기에 이르러 과연 그 말과 같았으니, 이같은 사람이야말로 참으로 대장부라고 할 것이다." 하였다.

| 풀이 | 사람이 부귀 영화를 추구하기에 몰두한다면 뜻이 비루해져서 성취가 없다. 모름지기 물욕(物欲)에 담박하고, 스스로 격려하고 분발해야만 몸의 타락을 면하게 된다. 제갈공명은 가슴속에 세상을 경륜하는 큰 포부를 품었으면서도 남양 땅에서 농사지으면서 이름이 세상에 알려지는 것을 원치 않았다.

유비(劉備)가 세 번 자기의 띠집을 찾아준, 이른바 '삼고

초려(三顧草廬)'의 지우(知遇)에 감격하여 세상에 나와서 유비를 도와 촉한(蜀漢)을 세우고 천하를 삼분하는 큰 사업을 이루었지만, 물욕에 담박하여 뽕나무 800그루와 박전 15경이라는 세전(世傳)의 가업을 유지했을 뿐, 털끝만한 축재(蓄財)도 없었다. 참으로 위대한 인물이다.

오늘의 시대에는 하찮은 자리에만 있어도 돈벌이에 혈안이 되어서 얼굴 모습까지도 이상스럽게 변해지는 사람이 많다. 공명은 비록 살아 있는 동안 청한(淸寒)한 생활을 했지만 이름은 후세에 길이 빛나고 고귀(高貴)한 그 정신은 영원한 삶을 누린다. 한때의 부귀 영화를 누릴 뿐, 허무하게 사라져버리는 자에 비해서 그 얼마나 위대한가. 사람은 물질에 유혹되어 타락의 길을 가지 말고 모름지기 높은 이상을 가져야 한다.

격앙(激昂) : 격려하고 분발함.
궁경남양(躬耕南陽) : 남양 땅에서 몸소 농사지음.
유선주(劉先主) : 촉한(蜀漢)의 소열 황제(昭烈皇帝) 유비(劉備)를 말함.
빙(聘) : 초빙함.
재할(宰割) : 처리하여 분할(分割)함.
삼분천하(三分天下) : 천하를 셋으로 나눔. 촉·위·오나라 3국시대를 출현시켰음.
조도(調度) : 경영하고 계획함.
치생(治生) : 생산(生産)을 경영함.
여속(餘粟) : 속은 곡식의 뜻이 되니, 남는 곡식.
고(庫) : 곳간. 곡식·재화(財貨) 등을 보관하는 창고.

제78장

범익겸(范益謙)의 좌우계(座右戒)에 말하기를, "1. 조정(朝廷)에서 하는 일의 이롭고 해로움과 변경(邊境)에서 들어오는 보고와 변경에의 사신의 파견, 관리의 임명 등에 대하여 말하지 말라. 2. 주(州)·현(縣)의 관원에 대한 장점과 단점, 잘하고 못한 것을 말하지 말라. 3. 여러 사람이 지은 허물과 악행을 말하지 말라. 4. 관직에 나아가는 일과 시속(時俗)에 따르고 권세에 아부하는 일을 말하지 말라. 5. 재리(財利)의 많고 적음과 가난을 싫어하고 부를 구하는 일을 말하지 말라. 6. 음란한 말과 희롱하여 업신

78// 范益謙의 座右戒에 日 一은 不言朝廷利害와 邊報差除오 二는 不言州縣官員長短得失이오 三은 不言衆人所作過惡이오 四는 不言仕進官職趨時附勢오 五는 不言財利多少厭貧求富오 六은 不言淫媟戲慢評論女色이오 七은 不言求覓人物干索酒食이라 又日 一은 人附書信이어든 不可開拆沈滯

며 二는 與人竝坐에 不可窺人私書며 三은 凡入人家에 不可看人文字며 四는 凡借人物에 不可損壞不還이며 五는 凡喫飮食에 不可揀擇去取며 六은 與人同處에 不可自擇便利며 七은 見人富貴하고 不可歎羨詆毁니 凡此數事를 有犯之者면 足以見用意之不肯니 於存心修身에 大有所害라 因書以自警하노라

범익겸(范益謙) : 이름은 충(冲), 익겸은 자.
변보차제(邊報差除) : 변보는 변경에서 들어오는 보고, 차는 사신의 변경에의 파견, 제는 변경에 보내는 관원을 임명하는 것.
추시부세(趨時附勢) : 시속(時俗)에 따르고 권세에 아부하는 것.
음설(淫媟) : 음란한 말.
구멱(求覓) : 요구함.
간색(干索) : 강요, 요구.
문자(文字) : 여기서는 편지, 기사(記事), 장부(帳簿) 같은 것임.
간택거취(揀擇去取) : 여기서는 음식을 가려서 버리고 먹는 것.
자택편리(自擇便利) : 자신의 편리만을 도모하는 것.

여기는 말을 하지 말며, 여색(女色)을 평론(評論)하지 말라. 7. 남의 물건을 요구하거나 술과 음식을 요구하는 일을 말하지 말라." 하였다.

또 말하기를, "1. 남이 서신(書信)을 부치거든 열어보기를 더디하지 말라. 2. 남과 나란히 앉았을 때 남의 서신을 엿보지 말라. 3. 남의 집에 들어가거든 남의 문자(文字)를 보지 말라. 4. 남의 물건을 빌려 왔으면, 파손하거나 돌려보내지 않아서는 안 된다. 5. 음식을 먹을 때 가리거나 버리는 일을 하지 말라. 6. 남과 함께 있을 때 자신의 편리한 것만을 택하지 말라. 7. 남의 부귀한 것을 보고 감탄하며 부러워하거나 비방하며 헐뜯지 말라. 무릇 이 몇 가지 일을 범하는 자가 있다면 그 마음가짐이 착하지 않다는 것을 알기에 넉넉하다. 이같은 일은 본마음을 보존하고 몸을 수양하는 데 크게 해로운 것이기에 글로 써서 스스로 경계한다." 하였다.

| 풀이 | 이 글에 나오는 범익겸의 좌우계 열네 가지 조목은 모두 절실한 것들이지만 맨 첫번의 "조정에서 하는 일의 이롭고 해로운 것을 말하지 말라."는 것과 "주·현의 관원에 대한 장·단점과 잘하고 못한 것을 말하지 말라."는 것은 문제점이 있다. 억설로 배척하거나 비방하는 것은 옳지 않지만 정당한 비판으로써 그릇된 것을 시정하고, 잘하는 것은 찬양하여 고무(鼓舞)하는 것이 타당하다고 본다. 여기에서 말하지 말라는 것은 공연히 남을 비난하거나 배

척하지 말라는 뜻으로 받아들여야 할 것이다.

제79장

　호자(胡子)가 말하기를, "오늘의 유자(儒者)가 문예(文藝)를 배워 벼슬을 구하는 마음을 고치고 그 놓아버린 마음을 거두어 그 몸을 아름답게 한다면 어찌 옛사람만 못하랴. 부형(父兄)은 문예를 배우는 일로 자제에게 명령하고 벗은 벼슬에 나아가는 일로 서로 권면한다. 사람들이 그 방면으로만 가고 돌아가지 않아서 마음이 거칠어져도 다스리지 않으니 만사의 성취가 모두 옛사람을 따라가지 못한다." 하였다.

79// 胡子曰 今之儒者 移學文藝干仕進之心하여 以收其放心而美其身 則何古人之不可及哉리오 父兄이 以文藝로 令 其子弟하고 朋友以仕進으로 相招하여 往而不返則心始荒而不治하여 萬事之成이 咸不逮古先矣니라

| 풀이 | 사람이 문장과 예능을 익혀서 벼슬길에 오르게 되면 외물(外物)의 유혹을 받기 쉬우므로 마음이 흐려지게 마련이다. 그렇기 때문에 이 글에서는 문예를 익혀 벼슬을 구하려는 생각을 고쳐서 양심을 되찾는 수양에 종사하여 참되고 성실한 도덕인(道德人)으로 돌아갈 것을 강조한 것이다. 옛사람 중에는 벼슬을 초개(草芥)처럼 보아서 평생을 초야에 파묻혀 오로지 마음을 보존하여 본성을 기르는[存心養性] 학문에만 종사한 이가 왕왕 있었다.

호자(胡子) : 이름은 굉(宏), 자는 인중(仁仲), 자(子)는 경칭(敬稱).
문예(文藝) : 문장과 예능(藝能). 모두 벼슬길로 나아가는 도구(道具)임.
간(干) : 구하는 것.
고선(古先) : 옛사람.

제80장

　안씨 가훈에 말하기를, "대저 글을 읽어 학문에 종사하는 것은 본래 폐색(閉塞)된 마음을 열고 사물을 관찰하는

80// 顔氏家訓에 曰 夫所以讀書學問은 本欲開心明目하여 利於行

耳니라 未知養親者는 欲其觀古人之先意承顔하며 怡聲下氣하며 不憚劬勞하여 以致甘腝하고 惕然慙懼하여 起而行之也니라 未知事君者는 欲其觀古人之守職無侵하며 見危授命하며 不忘誠諫하여 以利社稷하고 惻然自念하여 思欲效之也니라 素驕奢者는 欲其觀古人之恭儉節用하며 卑以自牧하며 禮爲敎本하며 敬者身基하고 瞿然自失하여 斂容抑志也니라 素鄙悋者는 欲其觀古人之貴義輕財하며 少私寡慾하며 忌盈惡滿하며 賙窮卹匱하고 赧然悔恥하여 積而能散也니라 素暴悍者는 欲其觀古人之小心黜己하며 齒弊舌存하며 含垢藏疾하며 尊賢容衆하고 茶然沮喪하여 若不勝衣也니라 素怯懦者는 欲其觀古人之達生委命하며 强毅正直하며 立言必信하며 求福不回하고 勃然奮厲하여 不可恐懼也니라 歷玆以往으로 百行이 皆然하니 縱不能淳이나 去泰去甚하면 學之所知施無不達하리라 世人이 讀

눈을 밝게 하여 행실에 이롭게 하려는 것이다. 아직 어버이를 봉양할 줄 모르는 자가 옛사람의, 어버이의 뜻을 먼저 알아서 그 얼굴빛을 살펴 승순(承順)하며, 기운을 낮추고 말소리를 온화하게 하며, 힘들고 수고로움을 괴로워하지 않고 맛좋고 연한 음식을 만들어 올림을 보고, 척연(惕然)히 부끄러워하고 두려워하며 분발하여 일어나서 이를 실행하게 하려고 독서하는 것이다.

아직 임금을 섬기는 도리를 알지 못하는 자가 옛사람의, 직책을 지켜서 남을 침범함이 없고, 위급함을 보면 임금을 위하여 목숨을 바치며, 임금에게 허물이 있으면 성심으로 간하여 바로잡아서 사직(社稷)을 이롭게 한 것을 보고, 측연(惻然)히 스스로 반성하여 이를 본받게 하려고 독서하는 것이다.

평소에 교만하고 사치한 자가 옛사람의, 공손하고 검소하여 재물을 절용(節用)하며, 몸을 낮추어서 처신하며 예를 가르침의 근본으로 심고 공경함을 몸가짐의 기초로 한 것을 보고, 구연(瞿然)히 스스로 잘못을 느껴서 용모를 단정히 하며 교만하고 사치하는 뜻을 억제케 하려고 독서하는 것이다.

평소에 비루하고 인색한 자가 옛사람의, 의리를 귀히 여기고 재물을 가볍게 여기며, 사심이 적고 욕심이 적으며, 부귀가 극도에 이름을 싫어하며 궁핍한 자를 구휼한 것을 보고, 난연(赧然)히 뉘우치고 부끄러워하여 축적한 재물을 능히 선용케 하려고 독서하는 것이다.

평소에 거칠고 사나운 자가 옛사람의, 조심하여 자신을 억제하며, 강강(强剛)한 기질을 고쳐 유화하게 하며, 남의 오점과 과실을 감추어 덮어주고, 어진 이를 높이고 뭇사람을 포용한 것을 보고, 날연(苶然)히 기운을 잃어서 마치 입은 옷도 이길 것 같지 않게 하려고 독서하는 것이다.

평소에 겁 많고 나약한 자가 옛사람의, 죽고 사는 도리에 통달하여 천명(天命)에 맡기며, 뜻이 굳세고 정직하며, 이론을 세워서 반드시 믿음이 있으며, 복을 구하는 것이 사도(邪道)로 흐르지 않음을 보고, 발연(勃然)히 분발하고 격려하여 두려워함이 없게 하려고 독서하는 것이다.

이런 것 이외의 모든 행실이 다 이와 같다. 비록 능히 순수하지는 못하더라도 기습(氣習)의 편벽됨이 너무 심한 것을 제거한다면, 배워서 아는 것을 실행하여 이루지 못할 것이 없을 것이다. 세상 사람들은 글을 읽되 다만 말만 할 뿐 능히 실행치 못하니, 무인(武人)과 속된 아전이 다 함께 비웃고 헐뜯는 것이 실로 여기에 말미암은 것이다.

또 수십 권의 글을 읽고서 문득 높고 큰 체하여 어른을 업신여겨 소홀히 하며, 동배(同輩)를 가볍게 보아 업신여기니, 사람들이 미워하기를 원수처럼 하고, 싫어하기를 올빼미처럼 한다. 이와 같다면 배움으로써 이익됨을 구하려는 것이 이제 도리어 스스로에게 손실을 가져오니 배움이 없는 것만 같지 못하다." 하였다.

| 풀이 | 독서를 통하여 옛사람의 행실을 배워서 부모를

書하되 但能言之하고 不能行之하나니 武人俗吏의 所共嗤詆良由是耳니라 又有讀數十卷書하고 便自高大하여 凌忽長者하며 輕慢同列하여 人이 疾之如讎敵하며 惡之如鴟梟하나니 如此면 以學求益이어늘 今反自損하니 不如無學也니라

명목(明目) : 사물을 관찰하는 안목을 높이는 것.
선의승안(先意承顔) : 먼저 어버이의 뜻을 알아차리고 그 얼굴빛을 살펴서 그 하고자 하는 바에 순종함.
기이행지(起而行之) : 분발하여 일어나서 실행함.
수직무침(守職無侵) : 자기의 직책을 지킬 뿐, 남의 권한을 침해하지 않음.
견위수명(見危授命) : 여기서는 임금의 위급함을 보고 몸을 바쳐서 보호하는 것을 말함.
효지(效之) : 본받음.
비이자목(卑以自牧) : 겸손하여 스스로 처신함.
경자신기(敬者身基) : 공경한다는 것은 몸가짐의 기초가 됨.
구연(瞿然) : 놀라는 모양.
염용억지(斂容抑志) : 얼굴빛을 바르게 하여 교만하고 사치하고자 하는 생각을 억누르는 것.
기영오만(忌盈惡滿) : 가득함을 싫어하는 것.

난연(赧然) : 부끄러워서 얼굴이 붉어지는 모양.
적이능산(積而能散) : 축적한 재물을 흩어서 남에게 은혜를 베푸는 것을 뜻함.
소심출기(小心黜己) : 소심은 조심하는 것, 출기는 자신을 억누름.
치폐설존(齒弊舌存) : 단단한 이는 빠져 없어지고 부드러운 혀만 남는 것.
함구장질(含垢藏疾) : 남의 오점과 과실을 감추어 줌.
저상(沮喪) : 기운을 잃음.
겁나(怯懦) : 겁이 많고 나약함.

81// 伊川先生이 曰 大學은 孔氏之遺書而 初學入德之門也니 於今에 可見古人의 爲學次第者 獨賴此篇之存而 其他則 未有如論孟者하니 故로 學者必由是而學焉則庶乎其不差矣리라

대학(大學) : 사서(四書)의 하나. 사서는 〈대학〉·〈중용〉·〈맹자〉·〈논어〉를 합쳐서 하는 말임.
초학입덕지문(初學入德之門) : 처음으로 성인의 학문을 배우는 자가 도덕의 경지로 들어가는 문.
위학차제(爲學次第) : 학문을 하는 차례.
유시이학(由是而學) : 이것

봉양하고 임금을 섬기며, 교만하고 사치함, 비루하고 인색함, 거칠고 사나움, 겁 많고 나약함 등 행실의 결함을 바로잡을 것을 강조했다. 독서의 목적은 그 속에 들어 있는 참뜻을 알아서 이를 실천에 옮겨 내 행실을 아름답게 하는 데 있다. 몇 권의 책을 읽었다 하여 교만한 마음이 생겨서 어른도 몰라보고 남을 업신여긴다면 이는 도리어 행실을 나쁘게 만들어서 남의 비난과 미움의 대상이 되니, 배우지 않은 것만도 못하다.

제81장

이천 선생이 말하기를, "〈대학〉은 공자가 남긴 글로서 처음 배우는 자가 덕으로 들어가는 문이다. 오늘날에 있어 옛사람의 학문하던 차례를 알 수 있는 것은 오직 이 책이 있음에 힙입으며 그밖의 것으로는 〈논어〉·〈맹자〉만한 것이 없다. 그러므로 배우는 자가 반드시 이것들에 의거하여 배운다면 거의 틀림이 없을 것이다." 하였다.

| 풀이 | 이 글에서는 〈대학〉에 대하여 논하고 있다. 〈대학〉은 처음으로 성인의 학문을 배우는 자가 도덕으로 들어가는 문이다.

〈대학〉에는 3강령(綱領), 8조목(條目)이 들어 있는데, 격물(格物)·치지(致知)·성의(誠意)·정심(正心)·수신(修身)·제가(齊家)·치국(治國)·평천하(平天下)가 8조목이고, 명명덕(明明德)·신민(新民)·지어지선(止於至善)이 3강령

이며, 이것이 바로 옛사람이 학문을 하던 차례다. 〈대학〉→〈논어〉→〈맹자〉의 순으로 배우는 것이 선인의 도를 이해하는 빠른 길이 된다.

에 의거하여 배움. 이것이란 〈대학〉·〈논어〉·〈맹자〉를 가리킴.

제82장

대체로 〈논어〉·〈맹자〉를 읽을 때는 모름지기 숙독(熟讀)하고 그 뜻을 깊이 생각하여 성인의 말씀을 가져다가 내 몸가짐에 절실(切實)하게 할 것이며, 단지 한바탕 이야깃거리로 만들어서는 안 된다. 이 두 가지 글을 읽어서 내 몸가짐에 절실하게 한다면 일생 동안 얻는 바가 많을 것이다.

82// 凡看語孟에 且須熟讀玩味하여 將聖人之言語하여 切己오 不可只作一場話說이니 看得此二書하여 切己하면 終身儘多也리라

| 풀이 | 〈논어〉·〈맹자〉는 인간의 모든 문제를 광범하게 다루고 있지만, 특히 〈논어〉는 본심을 보존하여 도덕을 함양하는 일을 논했고, 〈맹자〉는 인간이 타고난 본성이 착한 것임을 논리적으로 설명하여 성선설을 체계화했으며, 백성을 근본으로 하는 왕도정치·호연지기(浩然之氣)·천명론(天命論) 등을 논했으니 인간 생활에 절실한 문제들이다.

〈논어〉와 〈맹자〉를 숙독하고 그 뜻을 깊이 생각한다면 얻는 바가 끝없을 것이다. 우리는 반드시 이 글을 읽어서 수양을 쌓고, 세상을 살아가는 슬기를 길러야 한다.

어맹(語孟) : 〈논어〉와 〈맹자〉.
완미(玩味) : 뜻을 깊이 생각함.
절기(切己) : 자신에게 절실한 문제로 생각함.

83// 讀論語者但將弟子問處하여 便作己問하며 將聖人答處하여 便作今日耳聞하면 自然有得하리니 若能於論孟中에 深求玩味하여 將來涵養하면 成甚生氣質하리라

제자문처(弟子問處) : 제자가 물은 것.
장래함양(將來涵養) : 점차로 덕성(德性)을 함양함.
심생(甚生) : 비상(非常)함.

84// 橫渠先生이 曰 中庸文字輩는 直須句句理會過하여 使其言으로 互相發明이니라

중용(中庸) : 본래는 〈예기〉의 한 편(篇)이었으나 송대(宋代)에 와서 분리 독립되어 사서(四書)의 하나가 되었음.
문자배(文字輩) : 배는 등(等)과 같으니, 글자들.

제83장

〈논어〉를 읽는 자가 만일 제자가 물은 것을 곧 자신이 물은 것으로 생각하고, 성인이 대답한 것을 곧 오늘날 자신의 귀로 듣는 것으로 생각한다면 자연히 얻음이 있을 것이다. 만약 〈논어〉와 〈맹자〉 안의 글 뜻을 깊이 탐구하고 완미(玩味)하여 점차로 함양한다면 비상(非常)한 기질(氣質)을 이루게 될 것이다.

| 풀이 | 제자가 물은 것을 곧 자기가 물은 것처럼 생각하고 공자가 대답한 것을 오늘날 자신이 직접 듣는 것처럼 생각한다는 것은 글을 보는 방법에 요(要)를 얻는 것으로, 이해가 빠르면서 정확을 기하게 된다. 앞의 글에서도 〈논어〉와 〈맹자〉를 읽는 효과를 논했지만 이 글에서 다시금 강조했다.

제84장

횡거 선생이 말하기를, "〈중용(中庸)〉에 나오는 글들은 모름지기 구절구절의 뜻을 모두 이해하고 지나가서, 그 말들로 하여금 서로 관련지어 글 전체의 뜻을 분명히 알도록 해야 한다." 하였다.

| 풀이 | 먼저 한 구절 한 구절의 뜻을 이해하고 나서 앞뒤의 말들을 서로 관련시켜 보면 글 전체의 뜻을 안다는 것은 〈중용〉에만 국한되는 것이 아니고 어떤 글도 마찬가

지라고 본다. 무슨 책이든 다 읽어보아야만 전체의 뜻을 이해할 수 있는데, 한 번을 읽어도 정독을 해야 한다.

제85장

육경(六經)은 모름지기 돌려가며 읽어서 이해하도록 해야 한다. 그렇게 한다면 그 뜻이 참으로 무궁(無窮)할 것이다. 자신의 학문이 한층 높은 격으로 성장함을 얻는다면 또 다른 높은 견해를 얻을 것이다.

| 풀이 | 〈시경〉·〈서경〉·〈주례〉·〈예기〉·〈주역〉·〈춘추〉는 모두 유가(儒家)의 글로서 서로 관련이 있기 때문에 이 경서(經書)에서 이해할 수 없는 것은 다른 경서를 보아서 이해하고, 다른 경서에서 이해할 수 없는 것은 이 경서를 보아서 이해하게 된다. 그렇기 때문에 육경을 돌려가며 읽어서 그 무궁한 뜻을 알라는 말이 나온 것이다.

제86장

여사인(呂舍人)이 말하기를, "대체로 후생(後生)은 학문을 하되, 먼저 반드시 학문을 하는 까닭이 무엇인가를 알아야 한다. 그리하여 한 번 가고 한 번 머무르며, 한 번 말하고 한 번 침묵하는 것을 반드시 모두 도리에 맞게 해야 한다.

학업은 모름지기 엄밀하게 과정을 정하고, 하루도 그대로 넘기거나 게을리하지 말아야 한다. 매일 반드시 한 가

사기언 호상발명(使其言互相發明): 먼저 구절구절의 뜻을 이해하고 다시 앞뒤의 말들과 관련시킴으로써 글 전체의 뜻을 아는 것임.

85// 六經을 須循環理會니 儘無窮하니 待自家長得一格則又見得이 別하리라

육경(六經): 〈시경(詩經)〉·〈서경(書經)〉·〈주례(周禮)〉·〈예기(禮記)〉·〈주역(周易)〉·〈춘추(春秋)〉임.
순환(循環): 여기서는 육경을 차례로 돌려가면서 읽는 것.
자가(自家): 자기. 자신.
장득일격(長得一格): 한층 높은 격으로 성장하는 것.
견득별(見得別): 견해가 특별함을 얻음.

86// 呂舍人이 曰 大抵한데 後生이 爲學하되 先須理會所以爲學者何事오 하여 一行一住一語一嘿을 須要盡合道理니라 學業則須是嚴立課程이오 不可一日放慢이니 每日에 須讀一般經書一般子書하되 不須多오 只要令精熟이니 須

靜室危坐하여 讀取二三百遍하여 字字句句를 須要分明이니라 又每日에 須連前三五授하여 通讀五七十遍하여 須令成誦이오 不可一字放過也니라 史書는 每日에 須讀取一卷 或半卷以上이라야 始見功이니 須是從人授讀하여 疑難處를 便質問하여 求古聖賢用心하여 竭力從之니라 夫指引者는 師之功也오 行有不至어든 從容規戒者는 朋友之任也니 決意而往은 則須用己力이나 難仰他人矣니라

소이위학자(所以爲學者) : 학문을 하는 까닭, 이유.
일반경서(一般經書) : 일반은 한 가지, 경서는 성인의 글.
자서(子書) : 제자(諸子)의 글, 즉 어진 이의 글임.
위좌(危坐) : 무릎을 꿇고 단정히 앉음.
연전삼오수(連前三五授) : 앞서 배운 3일 내지 5일분까지를.
방과(放過) : 여기서는 알지 못하고 그대로 넘어가는 것.
수독(授讀) : 배워서 읽음.
갈력종지(竭力從之) : 힘을

지 경서와 한 가지 자서(子書)를 읽되, 많이 읽을 것이 아니라 다만 정독하고 숙독하도록 해야 한다. 고요한 방에 단정히 앉아 2,300번을 읽어서 한 글자, 한 구절을 모두 분명히 이해하도록 하고, 또 매일 앞서 배운 3일 내지 5일 것을 50번에서 70번까지 통독하여 암송하도록 하는데, 다만 한 자라도 모르고 넘어가지 말아야 한다. 사서(史書)는 매일 한 권 또는 반 권 이상을 읽어야 비로소 효과를 얻을 것이다. 반드시 스승을 좇아 배우고, 의심나고 어려운 곳은 곧 질문하여 옛 성현의 마음 쓰던 바를 구하고 힘을 다하여 이에 따를 것이다.

대체로 지도하여 바른길로 이끄는 것은 스승이 할 일이고, 행실이 착하지 못함이 있으면 조용히 바로잡아 경계하는 것은 벗의 임무이나, 뜻을 결정하여 용감히 앞으로 나아가는 것은 모름지기 자기 힘으로 해야 하니, 다른 사람에게 의존하기 어렵다." 하였다.

| 풀이 | 배우는 자는 무엇보다도 배우는 목적을 먼저 알아야 한다고 했다. 유가(儒家)에서 학문하는 목적은 바른 도리를 행하는 데 있기 때문에, 한 번 가고 한 번 멈추며, 한 번 말하고 한 번 침묵하는 것까지도 모두 도리에 맞아야 한다는 결론이 나왔다. 그리고 학업을 닦음에 있어 과정표(課程表), 즉 일과계획표를 만들어서 반드시 실행할 것과 교과목 및 학습하는 요령·자세 등에 대하여 논했다. 스승의 지도를 받고 벗의 충고를 받아들여서 자신이

굳은 결의로 힘써 행할 것을 아울러 강조했다.

제87장

〈여씨 동몽훈(呂氏童蒙訓)〉에 말하기를, "오늘 한 가지 일을 기억하고 내일 한 가지 일을 기억함을 오래 계속하면 저절로 도리에 통달하게 되고, 오늘 한 가지 사리의 옳고 그름을 분별하고 내일 한 가지 사리의 옳고 그름을 분별함을 오래 계속하면 저절로 도리가 마음에 젖어 들어올 것이다. 오늘 한 가지 어려운 일을 행하고 내일 한 가지 어려운 일을 행함을 오래 계속하면 마음이 저절로 견고하게 될 것이다. 모든 의심나고 어려운 문제들이 얼음 풀리듯 풀어지고 마음이 즐거운 양 저절로 도리에 맞는 것은 오랫동안 공부를 쌓아서 얻어지는 것이지, 우연히 되는 것은 아니다." 하였다.

| 풀이 | 끊임없는 노력으로 오랫동안 수련을 쌓아서 그것이 마음에 젖으면 모든 의문과 어려운 문제들이 저절로 풀리게 된다. 학문이란 꾸준한 노력 끝에 이루어지는 것이지, 결코 하루아침에 얻어지는 것은 아니다.

이 글에서 특히 유의할 것은 오늘 한 가지 어려운 일을 행하고 내일 한 가지 어려운 일을 행하는 것을 오랫동안 계속하면 마음이 자연히 굳어진다는 말이다. 사람이 세상을 살아가노라면 어려운 일이 많고, 어려움을 당하면 마음이 동요되기 쉬우니, 반드시 이같은 수양을 쌓아서 어

다하여 그것에 따르는 것.
지인(指引) : 지도하여 바른 길로 이끎.

87// 呂氏童蒙訓에 曰 今日에 記一事하고 明日에 記一事하면 久則自然貫穿하며 今日에 辨一理하고 明日에 辨一理하면 久則自然浹洽하며 今日에 行一難事하고 明日에 行一難事하면 久則自然堅固니 渙然氷釋하며 怡然理順은 久自得之라 非偶然也니라

기(記) : 기억함.
관천(貫穿) : 관통(貫通)과 같으니 도리를 뚫어지게 깨달아 환함.
변(辨) : 옳고 그름을 분별함.
협흡(浹洽) : 도리가 마음에 젖음.
견고(堅固) : 어려운 일에 마음이 동요되지 않고 굳음.
환연(渙然) : 녹아서 풀리는 모양.
이연(怡然) : 마음이 즐거운 모양.
이순(理順) : 도리에 맞음.

려움을 무난히 극복하고 굳세게 살아가야 한다.

제88장

선배(先輩)가 일찍이 말하기를, "후배 중에 재질(才質)이 남보다 뛰어난 것은 족히 두려울 것이 없다. 오직 글을 읽을 때 깊이 생각하고 근본 이치를 캐 연구하는 것이 두려울 뿐이다." 하였다. 또 말하기를, "글 읽는 것은 다만 깊이 생각하는 것을 두려워한다 함은, 대체로 성인의 글이 의리가 정밀하고도 깊어서 오직 깊이 생각하는 데 마음을 써야만 터득할 수 있고, 거칠고 소홀하며 번거롭게 마음 쓰기를 싫어하는 자는 결코 성취할 수 없기 때문이다." 하였다.

| 풀이 | 성인의 글이나 현인의 글뿐 아니라, 무릇 무슨 글이든 읽을 때는 반드시 정신을 모아 깊이 생각하고 연구하여 그 속에 담겨 있는 참뜻을 이해해야만 한다. 그렇지 않다면 그것은 읽는 데 그칠 뿐, 아무런 소득도 없다. "많이 읽는 것은 정밀하게 읽는 것만 같지 못하다〔多讀不精讀〕."는 말이 있으니 배우는 자는 마음에 깊이 새길 것이다.

제89장

안씨 가훈에 말하기를, "남의 서적을 빌려오면 모두 모름지기 아끼고 소중히 다루며 보호해야 하니, 본래부터

88// 前輩嘗說後生이 才性過人者는 不足畏오 惟讀書尋思推究者 爲可畏耳라 하고 又云 讀書는 只怕尋思라 하니 蓋義理精深이라 惟尋思用意라야 爲可以得之니 鹵莽厭煩者는 決無有成之理니라

재성(才性) : 재질(才質).
심사(尋思) : 이치를 찾아서 깊이 생각하는 것.
추구(推究) : 근본 이치를 캐 연구함.
의리(義理) : 의는 뜻, 리는 이치.
정심(精深) : 정밀하고도 깊음.
노망(鹵莽) : 소홀함. 거칠.
염번(厭煩) : 번거로움을 싫어함.

89// 顔氏家訓에 曰 借人典籍에 皆須愛護하여 先有缺壞어든 就爲

파손된 것이 있다면 이를 기워서 완전하게 만드는 것도 또한 사대부의 착한 행실의 하나라 볼 수 있다.

제양(濟陽)의 강록(江祿)은 글 읽기를 아직 마치지 않았을 때는 비록 급한 일이 있더라도 반드시 책을 덮어 가지런히 정돈한 뒤에야 일어났기 때문에 손상함이 없었다. 사람들은 그가 책을 빌려달라는 요구를 싫어하지 않았다.

어떤 사람은 책을 책상 위에 어지럽게 벌여 놓거나 질(秩)로 된 책을 여기저기 흩어놓아서 흔히 어린이와 비첩(婢妾)에 의해 더럽히는 바 되고 바람과 비, 벌레와 쥐에 의해 손상하는 바 되는데, 이는 실로 덕을 해치는 일이다. 나는 매양 성인의 글을 읽을 때 일찍이 엄숙하고 공경하는 마음으로 대하지 않은 적이 없었다. 그러므로 종이에 오경(五經)의 말이나 뜻이 쓰여 있거나 성현의 성명이 있는 것은 감히 다른 데 사용하지 못했다." 하였다.

| 풀이 | 책은 우리에게 많은 지식을 전해 주니, 우리 개인의 진취(進就)와 사회의 발전이 실로 여기에 달려 있다. 이 얼마나 소중한 것인가. 책을 소중하게 다루는 사람만이 학문을 이룰 수 있는 것이다. 이 글에서는 옛사람의 책을 소중히 여기던 고사(故事)를 들어서 윗사람을 경계했으니, 책을 다루는 방법론이기도 하다.

제90장

명도 선생이 말하기를, "군자(君子)는 사람을 가르침에

補治니 此亦士大夫百行之一也니라 濟陽江祿이 讀書未竟에 雖有急速이라도 必待卷束整齊然後에 得起故로 無損敗하니 人不厭其求假焉하더라 或有狼藉几案하며 分散部秩하여 多爲童幼婢妾의 所點汚하며 風雨虫鼠의 所毁傷하니 實爲累德이라 吾每讀聖人書에 未嘗不肅敬對之하며 其故紙有五經詞義와 及聖賢姓名이어든 不敢他用也하노라

전적(典籍) : 서적(書籍).
선유결괴(先有缺壞) : 책을 빌리기 전에 이미 파손되어 있는 것.
보치(補治) : 기워서 완전하게 만듦.
백행(百行) : 온갖 아름다운 행실.
제양(濟陽) : 땅 이름.
필대권속정제(必待卷束整齊) : 책을 말아서 묶어 가지런히 정돈됨을 기다려서.
구가(求假) : 빌려달라고 요구하는 것.
낭자(狼藉) : 어지럽게 흩어져 있는 모양.
비첩(婢妾) : 시비(侍婢), 계집종.
점오(點汚) : 더럽히는 것.

90// 明道先生이 曰 君

子教人有序라 先傳以小者近者而後敎以大者遠者니 非是先傳以近小而後不敎以遠大也니라

있어 차례가 있으니, 먼저 작고 가까운 것을 가르치고 뒤에 크고 먼 것을 가르친다. 그것은 먼저 가깝고 작은 것만을 가르치고 뒤에 멀고 큰 것을 가르치지 않는다는 말은 아니다." 하였다.

| 풀이 | 쉬운 것부터 시작하여 어려운 것에 이르고 가까운 데서 출발하여 먼 데 이름은 모든 일이 마찬가지다. 어찌 학문에만 국한되는 일이랴. 이것을 무시하고는 학문뿐만 아니라 무슨 일도 이루어질 수 없다.

제91장

91// 明道先生이 曰 道之不明은 異端이 害之也니 昔之害는 近而易知러니 今之害는 深而難辨이로다 昔之惑人也는 乘其迷暗이러니 今之入人也는 因其高明이로다 自謂之窮神知化而不足以開物成務하며 言爲無不周徧하되 實則外於倫理하며 窮深極微而不可以入堯舜之道니 天下之學이 非淺陋固滯則必入於此니라 自道之不明也로 邪誕妖妄之說이 競起하여 塗生民之耳目하며 溺天下於汚濁하니 雖高才明智라도 膠於見聞하여 醉生夢死하

명도 선생이 말하기를, "성인의 도가 밝지 못함은 이단이 방해하기 때문이다. 옛날에 방해하던 것은 천박하고 얕아 알기 쉬웠으나 지금의 방해하는 것은 심오(深奧)하여 분별하기 어렵다. 옛날의 사람을 현혹함은 그 어리석고 사리에 어두움을 틈탔지만, 지금의 사람에 파고드는 것은 그 식견이 높고 사리에 밝음을 이용한다.

스스로 신묘(神妙)한 이치에 깊이 통달하고 만물이 변화하는 법칙을 안다고 하지만, 사람이 알지 못하는 도리를 개발하고 사람이 하고자 하는 것을 이루어주기에 족하지 못하며, 말은 인간의 일에 두루 미치지 않음이 없지만 윤리를 외면하며, 깊고도 미묘한 이치를 통달하여 그 지극한 데 이르렀다고 하지만 요·순(堯舜)의 도에 들어가지 못한다. 이제 천하의 학문하는 사람들이 천박하고, 비루

하고, 고집하고, 침체함에 빠지지 않으면 반드시 여기에 들어온다.

성인의 도가 밝지 못한 때로부터 사탄(邪誕)하고 요망한 설(說)이 다투어 일어나 사람의 이목을 가려서 천하를 더럽고 흐린 데 빠지게 했다. 비록 뛰어난 재주와 총명한 지혜를 가진 자라도 보고 들음에 집착하여 술취한 듯 몽롱한 속에서 살다가 꿈속에 죽어가면서도 자각하지 못한다.

이는 모두 성인의 바른길에 잡초가 우거지고 성인의 도에 들어가는 문이 가려져서 막혔기 때문이다. 길을 열고 문을 연 뒤에야 성인의 도에 들어갈 수 있을 것이다." 하였다.

| 풀이 | 이 글에서는 공자의 도가 밝지 못함을 논했다. 유가(儒家)에서 이단으로 보는 것은 양주(楊朱)·묵적(墨翟)과 노(老)·불(佛)의 가르침이다. 양주는 극단의 이기주의인 자애설(自愛說)을, 묵적은 극단의 박애주의인 겸애설(兼愛說)을 말했으며, 노자(老子)는 무위자연(無爲自然)을, 석가는 해탈(解脫)을 말했으니, 모두 중용(中庸)의 도리에 어긋나 인간의 길에서 벗어난다 하여 혹세 무민(惑世誣民)의 사도(邪道)로 규정지었다. 춘추(春秋) 전국시대(戰國時代)에는 양주·묵적의 가르침이 유행하여 공자의 도가 빛을 보지 못했고, 남조(南朝)에서 당대(唐代)에 걸쳐서는 노·불의 가르침이 성행하여 공자의 도가 또 한때 빛을 잃었기 때문에 명도 선생은 이를 개탄(慨嘆)하고, 사람들에게 이

여 不自覺也니라 是皆 正路之榛蕪며 聖門之蔽 塞이라 闢之而後에야 可以入道니라

도(道) : 공자의 도를 말함.
석지해(昔之害) : 옛날에 유교를 방해하던 것.
금지해(今之害) : 요즘에 방해하는 것. 이것은 불교를 가리킴.
심이난변(深而難辨) : 불교의 교리는 심오(深奧)하여 그 옳고 그름을 분별하기 어려움.
금지입인(今之入人) : 불교가 사람의 마음속으로 파고 들어감을 말함.
인기고명(因其高明) : 불교는 이치가 심오하여 식견이 높고 사리에 밝은 사람이 도리어 그 유혹을 받기 쉽기 때문에 하는 말.
개물성무(開物成務) : 개물은 이제까지 사람이 알지 못하던 도리를 개발하는 것이고, 성무는 사람이 하고자 하는 것을 이루어주는 것.
주편(周徧) : 두루 미침. 여기서는 말이 인간의 모든 문제에 두루 미침을 뜻함.
입어차(入於此) : 차는 이단(異端)인 불교를 가리킴.
교어견문(膠於見聞) : 교는 집착(執着)의 뜻이니, 보고 듣는 것에 집착함.
취생몽사(醉生夢死) : 술에

취한 것처럼 정신을 차리지 못하고 살다가 꿈꾸듯이 죽어감.
진무(蓁蕪) : 잡초가 우거져서 거칢.
폐색(蔽塞) : 가리어 막힘.

단에의 미몽(迷夢)을 버리고 성인의 정도(正道)로 돌아오기를 촉구한 것이다.

　이상은 경신(敬身)의 가르침을 확충한 것이다〔右는 廣敬身이라〕.

제6편 선행(善行)

이 편은 한대(漢代) 이래로 어진 사람들의 착한 행실을 수록하여 입교·명륜·경신의 가르침을 실증(實證)한 것이며, 모두 81장으로 되어 있다.

1. 실입교(實立敎)

제1장

여형공(呂滎公)의 이름은 희철(希哲), 자는 원명(原明)으로 신국 정헌공(申國正獻公)의 맏아들이다. 정헌공이 집에 있을 때는 간략하고, 무게 있고, 일을 덜고, 말을 삼가며 세속적인 일을 마음에 경영하지 않았다. 그리고 신국 부인(申國夫人)은 성품이 엄격하고 법도가 있었으니, 비록 매우 공을 사랑했으나 공을 가르침은 일마다 법도에 좇아 실천하게 했다.

나이 겨우 열 살에 심한 추위와 덥거나 비오는 날에도 종일 뫼시어 서서 앉기를 명하지 않으면 감히 앉지 않았다. 날마다 반드시 관(冠) 쓰고 띠 띠고서 어른을 뵈었으며, 평상시에 비록 날이 매우 덥다 해도 부모와 어른 곁에

1// 呂滎公의 名은 希哲이요 字는 原明이니 申國正獻公之長子라 正獻公이 居家에 簡重寡默하여 不以事物로 經心하고 而申國夫人이 性嚴有法度하여 雖甚愛公하나 然이나 敎公하되 事事를 循蹈規矩하더라 甫十歲에 祁寒暑雨라도 侍立終日하여 不命之坐어든 不敢坐也하더라 日必冠帶하여 以見長者하며 平居에 雖甚熱하나 在父母長者之側하여 不得去巾襪縛袴하여 衣

服唯謹하더라 行步出入에 無得入茶肆酒肆하며 市井里巷之語와 鄭衛之音을 未嘗一經於耳하며 不正之書와 非禮之色을 未嘗一接於目하더라 正獻公이 通判潁州에 歐陽公이 適知州事하니 焦先生 千之伯强이 客文忠公所하여 嚴毅方正이어늘 正獻公이 招延之하여 使敎諸子하더니 諸生이 小有過差어든 先生이 端坐하여 召與相對하여 終日竟夕하되 不與之語라가 諸生이 恐懼畏伏이어야 先生이 方略降辭色하더라 時에 公이 方十餘歲러니 內則正獻公與申國夫人敎訓이 如此之嚴하고 外則焦先生化導 如此之篤하니 故로 公이 德器成就하여 大異衆人하니라 公이 嘗言 人生이 內無賢父兄하며 外無嚴師友오 而能成者少矣라 하더라

있을 때는 건(巾)과 버선, 행전을 벗지 않았으며 의복은 오직 삼가 정제했다.

걸어서 출입할 때 찻집이나 술집에 들어가지 않았으며, 시정(市井)이나 거리의 비천한 말과 음란한 음악을 일찍이 한 번도 귀에 거치지 않았으며, 부정한 글과 예에 어긋나는 빛을 일찍이 한 번도 눈에 접하지 않았다.

정헌공이 영주(穎州)의 통판(通判)으로 있을 때 구양공(歐陽公)이 마침 지주사(知州事)로 있었다. 초 선생 천지 백강(焦先生千之伯强)이 문충공(文忠公)의 처소에 손으로 있으면서 몸가짐이 엄숙하고 의연하며 방정(方正)했으니, 정헌공이 초빙하여 여러 아들들을 가르치게 했다. 제자 중에 조금이라도 허물이나 도리에 어긋나는 일이 있으면 선생이 단정히 앉아서 불러다가 마주 대하여 하루 해를 다 보내고 밤이 새어도 한마디 말도 하지 않았다. 제자가 두려워하여 잘못을 빌어야만 선생이 비로소 말씨와 얼굴빛을 조금 부드럽게 했다.

이때 공의 나이 바야흐로 십여 세였으나, 안으로는 정헌공과 신국 부인의 교훈이 이와 같이 엄격하고, 밖으로는 초 선생의 교화(敎化)하여 인도함이 이와 같이 독실했기 때문에 공은 덕행과 재능과 도량을 성취함이 크게 뭇사람과 달랐다.

공이 일찍이 말하기를, "사람이 안에 현명한 부형이 없고 밖에 엄격한 스승과 벗이 없이는 능히 성취하는 자가 드물다." 하였다.

정헌공(正獻公) : 여공저(呂公著)를 말함. 자는 회숙(晦叔), 송나라의 재상(宰相)을 지내고 신국공(申國公)에 봉해졌음. 정헌은 시호임.
기한(祁寒) : 큰 추위.

| 풀이 | 여형공은 안으로 그 아버지 신국 정헌공과 그 어머니 신국 부인의 엄격한 가르침을 받고, 밖으로 초천지 선생의 독실한 교화와 지도를 받았으며, 자신 또한 배운 바를 독실히 실천하여 마침내 덕행이 높은 큰 인물이 되었다. 이런 것으로 보아 사람은 어진 부모와 성실한 스승의 교도(敎導)를 필요로 한다. 삼각교육(三角敎育)이라는 말이 있다. 부모·스승·본인 삼자(三者)의 성의가 합치는 곳에 한 사람의 인물이 이루어지는 것이다. 우리는 이같은 엄연한 사실을 인식하고 각자 책임을 느껴야겠다.

건말(巾襪) : 머리에 쓰는 건(巾)과 버선.
박과(縛袴) : 바지를 감는다는 뜻으로 행전을 말함.
행보(行步) : 걸어다님.
정위지음(鄭衛之音) : 주 왕조(周王朝) 때 제후의 나라인 정(鄭)나라와 위(衛)나라의 음란한 음률.
통판(通判) : 송(宋)나라 때 주(州)에 권지주사(權知州事)를 두고 그 일에 통판을 두어 보좌하게 했음.
경석(竟夕) : 밤새도록.
외복(畏伏) : 두려워하여 잘못했다고 비는 것.

제2장

 여형공의 장 부인(張夫人)은 대제(待制) 벼슬을 지내고, 휘(諱)를 온지(昷之)라고 하는 분의 작은 딸이다. 딸을 매우 사랑했으나 평소에 아주 사소한 일에 이르기까지도 가르침에 반드시 법도가 있었고, 음식 같은 것은 밥이나 국은 더 먹기를 허락했으나 생선과 고기를 더 주지 않았는데, 이때 장공(張公)은 이미 대제 하북도전운사(河北都轉運使)로 있었다.
 부인이 여씨(呂氏)에게 시집을 갔는데, 부인의 친정 어머니는 신국 부인의 맏언니였다. 하루는 와서 딸을 보았는데, 집 뒤에 냄비·솥 따위가 있는 것을 보고는 매우 언짢게 생각하여 신국 부인에게 말하기를, "어찌 어린아이들로 하여금 사사로이 음식을 만들게 하여 집안의 법도를 무너뜨리는가." 하였으니, 그 엄격함이 이와 같았다.

2// 呂滎公의 張夫人은 待制諱昷之之幼女也라 最鍾愛하나 然이나 居常에 至微細事히 敎之 必有法度하더라 如飮食之類에도 飯羹이란 許更益하고 魚肉이란 不更進也하니 時에 張公이 已爲待制河北都轉運使矣러라 及夫人이 嫁呂氏하여는 夫人의 母는 申國夫人姉也라 一日에 來視女하더니 見舍後에 有鍋釜之類하고 大不樂하여 謂申國夫人曰 豈可使小兒輩로 私作飮食하여 壞家法耶리오 하니 其嚴이 如此하더라

종애(鍾愛) : 사랑을 모음, 즉 귀여워함.
갱익(更益) : 더 먹는 것.
갱진(更進) : 다시 올림.
사작음식(私作飮食) : 온 가족을 위한 일정한 식사 이외에 개인적으로 따로 음식을 만드는 것.

3// 唐陽城이 爲國子司業하여 引諸生告之曰 凡學者는 所以學爲忠與孝也니 諸生이 有久不省親者乎아 하니 明日에 謁城還養者二十輩러니 有三年不歸侍者어늘 斥之하니라

양성(陽城) : 자는 원종(元宗).
국자사업(國子司業) : 국자는 국립대학임. 사업은 국자감의 수석 교수.
제생(諸生) : 여러 학생.
성친(省親) : 객지에 있다가 집으로 돌아가 어버이를 뵙는 것.
척(斥) : 여기서는 내침. 내쫓음.

4// 安定先生胡瑗의 字는 翼之니 患隋唐以來에 仕進이 尙文辭而遺經業하여 苟趨祿利하더니 及爲蘇湖二州敎授하여는 嚴條約하여

| 풀이 | 앞의 글에서 여형공이 교육받은 일을 말했지만 여기서는 그 부인 장씨의 친정집의 엄격한 교육을 논했다. 이들로 보아서 송나라 시대 상류층의 가정 예법(禮法)을 알 수 있다.

제3장

당(唐)나라 양성(陽城)이 국자사업(國子司業)이 되었을 때 여러 학생을 불러서 말하기를, "무릇 배운다는 것은 나라에 충성하고 부모에게 효도하는 것을 배우는 것이다. 여러 학생 중에 오래도록 어버이를 보살피지 않은 자가 있는가." 하였는데, 이튿날 왕에게 고하고 돌아가 어버이를 봉양하는 자가 20명이었다. 3년이 되도록 돌아가 부모를 모시지 않는 자가 있었으니, 이를 내쫓아버렸다.

| 풀이 | 유가(儒家)의 교육은 충효(忠孝)를 근본으로 하는 윤리 도덕에 중점을 두고 있다. 이 글에서는 당나라 때 양성이 국자사업이 되어서 학생들에게 그 실천을 강조한 일이 나와 있다.

제4장

안정(安定) 선생 호원(胡瑗)의 자는 익지(翼之)다. 수(隋)나라와 당나라 이래로 벼슬에 나아가려는 사람들이 과거 보기 위하여 문장을 숭상하고, 경학(經學)의 수업을 포기하여 녹봉(祿俸)의 이로움으로 흐르는 것을 근심했다. 소주

(蘇州)와 호주(湖州) 두 주(州)의 교수가 되자, 약조를 엄히 하고 자신이 앞장서서 모범을 보였다. 비록 매우 더운 때라도 반드시 공복(公服) 차림을 하고 온종일 학생들을 대하며 스승과 제자 사이의 예의를 엄격하게 지켰다. 경서(經書)를 해석하다가 중요한 뜻이 있는 곳에 이르러서는 학생들을 위하여, 내 몸을 다스린 뒤에 남을 다스릴 수 있는 까닭을 간곡하게 설명했다. 배우는 무리가 천을 헤아리니, 그들은 날로 달로 마음의 때를 긁어내고 몸을 닦았으며, 문장을 지음은 모두 경서의 뜻에 의거하여 반드시 이치를 밝혔으며, 그 스승의 말을 믿어서 행실을 돈독하게 했다. 뒤에 태학(太學)의 교수가 되었는데, 배우려는 사람들이 사방에서 모여들어서 교사가 능히 수용할 수 없을 정도였다.

호주의 학교에 있을 때 경의재(經義齋)와 치사재(治事齋)를 설치했는데, 경의재에는 기질이 명민(明敏)하고 재주와 도량이 있는 자를 가려서 있게 하고, 치사재에는 사람마다 한 가지 일을 전공하는 것을 원칙으로 하고 한 가지 일을 더 겸할 수도 있도록 했으니, 백성을 다스리는 일, 군사를 다스리는 일, 수리(水利), 산수(算數) 따위와 같은 것이다. 태학에 있을 때도 역시 그렇게 했다.

그 제자들이 사방에 흩어져 살았는데, 현명한 사람은 현명한 대로, 어리석은 사람은 어리석은 대로 각각 법도를 지켜 몸을 신칙(申飭)하니, 그 말과 행동을 보면 만나는 자가 묻지 않고도 선생의 제자임을 알았다. 그리고 배움

以身先之하여 雖大暑라도 必公服終日하여 以見諸生하여 嚴師弟子之禮하며 解經에 至有要義하여는 懇懇爲諸生하여 言其所以治己而後治乎人者하더라 學徒千數러니 日月刮劘하여 爲文章하되 皆傅經義하여 必以理勝하며 信其師說하여 敦尙行實하더니 後爲太學하여는 四方이 歸之하니 庠舍不能容하더라 其在湖學에 置經義齋治事齋하니 經義齋者는 擇疏通有器局者하여 居之하고 治事齋者는 人各治一事하며 又兼一事하니 如治民治兵水利算數之類라 其在太學에 亦然하더라 其弟子散在四方에 隨其人賢愚하여 皆循循雅飭하니 其言談擧止遇之에 不問可知爲先生弟子오 其學者相語에 稱先生이어든 不問可知爲胡公也러라

사진(仕進) : 벼슬에 나아감.
이신선지(以身先之) : 먼저 모범이 되어 보이는 것.
괄마(刮劘) : 마음의 때를 긁어내고 몸을 닦음.
개부경의(皆傅經義) : 모두 경서의 뜻에 의거함.
이승(理勝) : 문장의 수식보

다도 도리를 밝히는 일에 중점을 두는 것임.
후위태학(後爲太學) : 호원이 뒤에 국자감직강(國子監直講)이 되었기 때문에 하는 말.
소통(疏通) : 기질(氣質)이 명민(明敏)하고 밝음.
수기인현우(隨其人賢愚) : 현명하든 어리석든 각자 예법을 지키고 마음과 몸을 신칙함을 뜻함.
순순아칙(循循雅飭) : 순순은 질서를 지켜 예법을 따르는 것, 아칙은 행동을 단아하게 하고 몸가짐을 신칙하는 것.

5// 明道先生이 言於朝日 治天下하되 以正風俗得賢才로 爲本이니 宜先禮命近侍賢儒及百執事하여 悉心推訪하여 有德業充備足爲師表者하며 其次는 有篤志好學材良行修者어든 延聘敦遣하여 萃於京師하여 俾朝夕에 相與講明正學이니라 其道는 必本於人倫하여 明乎物理하고 其教는 自小學灑掃應對以往으로 修其孝悌忠信하며 周旋禮樂이니 其所以誘

에 종사하는 자가 서로 말할 때 '선생'이라고 하면 묻지 않고도 호공(胡公)을 가리킴을 알 수 있었다.

| 풀이 | 호원이 소주(蘇州)와 호주(湖州)의 교수 및 태학(太學)의 교수를 지내면서 성인의 도리로써 학생들을 교도(敎導)하던 일에 대하여 말하고 있다. 세상의 배우는 자들이 호원을 존경하여 학교로 모여들던 일이라든지, 그 사람의 언어·동작만 보고도 벌써 호원의 제자임을 알고, 또 배우는 사람 사이에 선생으로 불리워지는 것은 곧 호원을 지칭하는 것임을 볼 때 호원이 당시에 있어 세상 사람들의 사표(師表)가 되었음을 알 수 있다.

제5장

명도 선생이 조정(朝廷)에 진언(進言)하기를, "천하를 다스림은 풍속을 바르게 하고 현명한 인재를 얻는 것을 근본으로 삼아야 합니다. 먼저 예를 갖추어 가까이 모시는 어진 선비와 백관(百官)에게 명하시어, 그들로 하여금 성의를 다하여 덕행과 학업을 충분히 갖추어서 족히 사표가 될 만한 자를 찾게 하소서. 그 다음으로 뜻이 독실하고 학문을 좋아하며 자질이 뛰어나고 행실이 아름다운 자가 있거든 각 관(官)에서 예를 갖추어 맞이하고 융숭하게 대우하여 경사(京師)로 올려보내되, 경사에 모여 아침저녁으로 함께 바른 학문을 강론하여 밝히게 하소서.

그 도는 반드시 인륜에 근본을 두고 사물의 이치를 밝

혀야 합니다. 그리고 그들을 가르침은 〈소학〉의 쇄소(灑
掃)·응대(應對)에서부터 시작하여 효(孝)·제(悌)·충
(忠)·신(信)의 도리를 닦고, 예(禮)와 악(樂)에 맞추어 동작
하게 해야 합니다. 그들을 유도하고 격려하여 물이 스며
들듯, 옥을 다듬듯 성취시키는 길은 모두 절차와 순서가
있습니다. 그 요점은 선한 일을 가려서 실천하고 몸을 수
양하여 교화(敎化)가 천하에 이루어지게 하는 데 있습니
다. 그렇게 하면 한낱 시골 사람으로서도 성인의 도에 이
를 수 있을 것입니다.

그 학문과 덕행이 모두 여기에 맞는 사람이라면 덕을
완성한 사람이니, 자질과 식견(識見)이 사리에 밝게 통달
하여 선에 나아갈 수 있는 자를 가려서 날마다 그 가르침
을 받게 하소서. 그 중에서도 학문이 고명(高明)하고 덕이
높은 자를 가려서 태학의 스승으로 삼고 그 다음가는 사
람으로 나누어 천하의 학교에서 가르치게 하소서.

선비를 입학시키되, 현학(縣學)에서 우수한 자를 추천하
여 주학(州學)에 올리고, 주학에서 다시 우수한 자를 추천
하여 태학에 올리며, 태학에서는 이들을 모아 가르쳐서
해마다 그 현명한 자와 유능한 자를 논의하여 결정하고
조정에 추천해야 합니다.

무릇 선비를 가려 뽑는 법은 모두 그 성품과 행실이 단
정하고 깨끗하며, 집에 있어서는 부모에게 효도하고 어른
을 공경하며, 염치(廉恥)와 예양(禮讓)이 있으며, 학업에 정
통하고 백성을 다스리는 도리를 밝게 하는 자를 뽑아야

按激勵漸摩 成就之道는
皆有節序하니 其要在於
擇善修身하여 至於化成
天下하며 自鄕人而可至
於聖人之道니라 其學行
이 皆中於是者爲成德이
니 取材識明達可進於善
者하여 使日受其業하여
擇其學明德尊者하여 爲
太學之師하고 次以分敎
天下之學이니라 擇士入
學하되 縣이 升之州어
든 州賓興於太學이어든
太學이 聚而敎之하여
歲論其賢者能者於朝니
라 凡選士之法은 皆以
性行端潔하여 居家孝悌
하며 有廉恥禮讓하며
通明學業하며 曉達治道
者니라

선례(先禮) : 먼저 예(禮)를
갖추는 것.
백집사(百執事) : 여기서는
모든 벼슬아치를 말함.
실심추방(悉心推訪) : 성심
(誠心)을 다하여 찾음.
연빙(延聘) : 예(禮)를 갖추
어서 맞이함.
돈견(敦遣) : 예를 두텁게
하여 보내는 것.
경사(京師) : 서울.
유액(誘掖) : 유도(誘導).
점마(漸摩) : 물이 스며들
듯, 옥을 다듬듯 점차로 이
루어지는 것.
택선수신(擇善修身) : 선을

가려서 실천하고 몸을 닦음.
화성천하(化成天下) : 교화(敎化)가 천하에 이루어짐.
중어시자(中於是者) : 여기에 맞는 것. 즉 〈소학〉과 〈대학〉의 가르침에 맞는 것임.
현(縣) : 현학(縣學), 즉 현에 있는 학교.
빈흥(賓興) : 향음주례(鄕飮酒禮)에서 귀빈으로 대우하고 태학에 추천하는 것.
예양(禮讓) : 예의바르고 겸양(謙讓)함.
효달(曉達) : 밝게 아는 것.

합니다." 하였다.

| 풀이 | 명도 선생은 풍속을 바르게 하고 현명한 인재를 얻는 것으로써 천하를 다스리는 근본으로 삼을 것을 조정에 진언(進言)했다. 예를 갖추어 현명한 인물을 구하고, 이들을 서울에 모아서 성인의 학문을 강론하여 밝힐 것과 덕행이 높고 학식이 뛰어난 인물을 가려서 스승으로 삼고 학교 교육을 강화하여 인재를 육성하는 방안(方案)을 아울러 논했다.

제6장

6// 伊川先生이 看詳學制하시니 大槪는 以爲學校는 禮義相先之地어늘 而月使之爭이 殊非敎養之道니 請改試爲課하여 有所未至則學官이 召而敎之하고 更不考定高下하며 制尊賢堂하여 以延天下道德之士하며 鐫解額하여 以去利誘하며 省繁文하여 以專委任하며 勵行檢하여 以厚風敎하고 及置待賓吏師齋하며 立觀光法하니 如是者亦數十條러라

이천 선생이 학제(學制)를 자세히 살펴서 의견서를 제출했는데, 그 대략은 "학교는 예의로써 서로 사양해야 할 곳입니다. 달마다 시험을 보아 서로 다투게 하는 것은 결코 가르쳐 기르는 도리가 아닙니다. 청컨대 시험을 고쳐 과제(課題)로 하고, 학력이 부족한 자가 있으면 학관(學官)이 불러서 가르치게 하며, 다시는 성적의 높고 낮음을 고정(考定)하지 마십시오.

존현당(尊賢堂)을 세워서 천하의 도덕이 높은 인사(人士)를 맞아들이며 향시(鄕試)에 합격한 자로서 국학(國學)에 입학하는 학생의 정원을 줄여서 이(利)로써 유인하는 폐단을 없애야 합니다. 번잡한 사무상의 문서를 생략하여 교관으로 하여금 맡은 바 교육하는 임무에 전념하게 하며, 행검(行檢)을 장려하여 풍속과 교화를 순후(淳厚)하게 해야

합니다. 그리고 대빈재(待賓齋)와 이사재(吏師齋)를 설치하고, 천하의 선비가 와서 국학을 견학할 수 있도록 관광법을 정해야 합니다." 하였다. 이와 같은 것이 수십 조(條)나 되었다.

┃풀이┃ 시험을 보면서 경쟁심을 조장하는 그릇된 지도 방법을 버리고 시험을 과제로 고쳐서 선도할 것을 강조했다. 그리고 존현당·대빈재·이사재 등을 설치하여 인재를 기르고 어진 이를 우대함으로써 학생들의 덕성 함양과 진리 탐구의 의욕을 복돋워주고 또 이와 같은 시설을 천하 사람들에게 보게 하여 교육을 보급시킬 것을 논했다.

대체적으로 이 글에서는 도덕 교육이 강조되었다고 본다. 필자로서는 지식 교육도 중요하지만 인간 교육이 반드시 선행되어야 한다고 생각한다. 아무리 머리가 좋고 많은 지식이 있다 하더라도 도덕의 기초가 없다면 그 지식은 도리어 세상에 해독을 끼치기 쉽기 때문이다.

그리고 도덕이 살아 있는 곳에는 사람들이 서로 사랑하고 질서를 지켜서 평화와 자유가 있는 살기 좋은 사회가 형성되지만 도덕이 타락된 곳에는 비리와 부패로 혼란이 끊일 날이 없다. 반드시 도덕의 기초 위에 지식을 함양하는 전인 교육이 이루어져야 한다고 본다. 천 년이 지나간 오늘날에 있어서도 이천 선생의 이 교육론은 불변의 진리인 것이다.

간상학제(看詳學制) : 학제는 국학의 제도이니, 국학의 제도를 자세히 살펴서 잘 되고 못된 것을 검토하는 것.

예의상선(禮義相先) : 예의를 서로 먼저 지키려고 하는 것이니, 서로 양보하는 것임.

월사지쟁(月使之爭) : 달마다 시험을 보게 하여 성적을 경쟁하게 만드는 것.

과(課) : 과제(課題), 즉 숙제를 부여하는 것.

고정(考定) : 시험을 통하여 성적을 사정(査定)하는 것.

해액(解額) : 본래 향시(鄕試)에서 합격시키는 정원을 말하는 것이지만 여기서는 향시에 합격된 자로서 국학에 입학하는 정원을 뜻함.

행검(行檢) : 몸가짐을 바르게 하여 행실이 착한 것.

대빈이사재(待賓吏師齋) : 대빈재와 이사재. 대빈재는 덕행이 높아서 빈객(賓客)으로 대우할 만한 이를 거처하게 하는 집. 이사재(吏師齋)는 정치하는 길에 밝아서 관리의 스승이 될 만한 사람을 거처하게 하는 집.

관광법(觀光法) : 관광은 빛을 본다는 뜻이니, 국학의 그 훌륭한 교육제도를 시찰하는 규정임.

제7장

남전 여씨(藍田呂氏)의 향약(鄕約)에 말하기를, "이 향약에 참가한 모든 사람은 덕행과 착한 일로 서로 권면하며 과실(過失)이 있으면 서로 충고하여 바로잡으며, 예의의 풍속으로 서로 사귀며, 환난에 서로 돕는다. 착한 일이 있으면 문부(文簿)에 기록하고, 허물이 있거나 약속을 어기는 일이 있어도 기록한다. 세 번 향약을 어기면 벌을 주되 고치지 않는 자는 제명한다." 하였다.

| 풀이 | 지난날에 관청의 지배를 받지 않고 같은 고을 사람들끼리 규약을 만들어서 질서를 지키며, 서로 돕고 잘 살아보자는 데서 생긴 것이 향약이다. 이 향약은 어디까지나 도덕에 바탕을 두었다. 중국에서는 송나라 시대에 성행되었다. 우리 나라에서는 율곡 이이가 이것을 적극 주장하여 널리 시행을 보았는데, 사람들의 마음을 사로잡고 미풍 양속을 유지하는 데 크게 기여했다. 사심(私心) 없이 공존한다는 도덕적인 견지(見地)에서 만들어지는 약속이라면 어느 때든지 사람들의 생활에 크게 도움을 줄 것이다.

제8장

명도 선생이 사람을 가르치시되, 사물의 이치를 미루어 지식을 밝히는 데〔치지(致知)〕에서 시작하여, 지극히 선한 데 머무를 줄 아는 것〔지지(知止)〕에 이르고, 뜻을 정성되

7// 藍田呂氏鄕約에 曰 凡同約者는 德業相勸하며 過失相規하며 禮俗相交하며 患難相恤이니라 有善則書于籍하고 有過若違約者를 亦書之하여 三犯而行罰하되 不悛者란 絶之니라

남전 여씨(藍田呂氏) : 남전은 송(宋)나라 때의 한 고을 이름. 이 고을에 사는 여씨들은 덕행으로 이름이 높았음.
향약(鄕約) : 지난날에 있었던 지방의 자치 규약(自治規約).
동약자(同約者) : 약속을 같이한 자.

8// 明道先生이 敎人하사되 自致知로 至於知止하며 誠意로 至於平天下하며 灑掃應對로

게 하는 데〔성의(誠意)〕에서 시작하여 천하를 태평하게 하는 데〔평천하(平天下)〕 이르며, 쇄소·응대(灑掃應對)의 〈소학〉의 가르침에서부터 궁리 진성(窮理盡性)의 〈대학〉의 가르침에 이르기까지, 모두 차례가 있었다.

 세속의 배우는 자가 가까운 것을 버리고 먼 것에 달려가며 낮은 데 있으면서 높은 곳을 엿보기 때문에, 경솔하게 스스로 큰 체 하지만 마침내 얻음이 없는 것을 병폐(病弊)로 여겼다.

|풀이| 이 글에서는 명도 선생이 사람을 가르칠 때 순서에 따라 했음을 논했다. 쉬운 것부터 배워서 차차 어려운 것에 이르고, 가까운 것부터 알아서 먼 것에 이르는 것이 학문하는 순서다. 초등학교 과정을 배우지 않고 대학의 과정을 배울 수는 없는 것이다. 내 실력을 헤아리지 않고 높고 먼 곳을 추구하려는 생각은 자신을 해치는 위험한 것이다. 나 자신을 과대 평가하거나 남에게 보이기 위한 행동은 절대 금물이다.

 이상은 입교(立敎)의 가르침을 실증(實證)한 것이다〔右는 實立敎이니라〕.

至於窮理盡性하사 循循有序하더시니 病世之學者捨近而趨遠하며 處下而闚高라 所以輕自大而卒無得也시니라

치지(致知) : 사물의 이치를 미루어 지식을 밝히는 것.
지지(知止) : 지극히 선한 데 머무는 것. 〈대학(大學)〉의 도(道)는 치지에서 시작하여 지선(止善)에서 끝남.
평천하(平天下) : 천하를 잘 다스려서 태평하게 만드는 것. 성의에서 시작하여 평천하에 이르는 것이 순서임.
궁리진성(窮理盡性) : 치지에서 시작하여 지선에 이르는 것은 도리를 깨달음이 궁극에 도달한 것이고, 성의에서 평천하에 이르는 것은 인성(人性)을 다한 것이니 진성(盡性)이 된다.
순순(循循) : 차례가 있는 모양.
병(病) : 병폐(病弊).
경자대(輕自大) : 경솔하게 스스로 큰 체하는 것.

2. 실명륜(實明倫)

제9장

9// 江革이 少失父하고 獨與母居러니 遭天下亂하여 盜賊이 並起어늘 革이 負母逃難하여 備經險阻하여 常採拾以爲養하더라 數遇賊하여 或劫欲將去어든 革이 輒涕泣求哀하여 言有老母라 하여 辭氣愿款하여 有足感動人者라 賊이 以是不忍犯之하며 或乃指避兵之方하니 遂得俱全於難하니라 轉客下邳하여는 貧窮裸跣하여 行傭以供母하되 便身之物이 莫不畢給이러라

깅혁(江革): 사는 자옹(次翁), 임치(臨淄) 사람.
비경험조(備經險阻): 험난하고 위태로운 길을 거침.
채습(採拾): 채는 풀뿌리를 캐는 것, 습은 나무 열매를 따는 것.
사기원관(辭氣愿款): 말씨와 기색이 정성스럽고 간곡함.
나선(裸跣): 헐벗어서 살을 드러낸 맨발.
행용(行傭): 돌아다니면서 품팔이함.
필급(畢給): 모두 족함.

강혁(江革)이 어렸을 적에 아버지를 여의고 홀로 어머니와 함께 살았다. 천하가 어지러운 때를 당하여 도적이 아울러 일어나니, 혁이 어머니를 등에 업고 난리를 피하여 험난하고 위태로운 길을 거쳐가면서 항상 풀뿌리를 캐고 나무 열매를 따서 봉양했다. 여러 번 도적을 만났는데, 혹시 겁박(劫迫)하여 데리고 가려고 하면, 혁이 문득 눈물을 흘리며 애걸하여 늙은 어머니가 계심을 말했다. 말씨와 기색(氣色)이 정성스럽고도 간곡하여 족히 사람을 감동시키는 바가 있었으니, 도적이 이것으로 하여 차마 침범하지 못했으며, 혹 병란(兵亂)을 피하는 방향을 가르쳐 주기도 하니 마침내 모자가 모두 난리 속에서 몸을 보전함을 얻었다.

유랑(流浪)하여 하비(下邳)에서 나그네 생활을 했다. 가난하고 곤궁하여 헐벗은 몸과 맨발로 돌아다니며 품팔이하여 어머니를 공양했건만 어머니 몸에 편안한 물건은 모두 넉넉하지 않은 것이 없었다.

│풀이│ 강혁이 난리를 만나 늙은 어머니를 등에 업고 피난하니, 그 효성이 도적을 감동시켜서 모자가 목숨을 보전한 일, 하비 땅에서 나그네 생활을 하면서 헐벗은 몸으로 품팔이하여 어머니를 지성껏 봉양한 일 등을 기술(記

述)하고 있다.

제10장

설포(薛包)는 학문을 좋아하고 돈독했다. 아버지가 후처(後妻)에게 장가들고 나서 포를 미워하여 분가(分家)시켜서 내보냈다. 포가 밤낮으로 울부짖으며 차마 나가지 못하다가 매맞기에 이르자 할 수 없이 집 밖에다 초막(草幕)을 짓고 살았다. 아침에 집 안으로 들어가 물뿌려 소제하니 아버지가 성내어 또 쫓아냈다. 이에 마을 입구에 초막을 짓고 살면서 이른 새벽과 밤으로 문안드리는 예절을 폐(廢)하지 않았다. 한 해가 넘으니 부모가 부끄럽게 여겨 돌아오게 했고, 그 뒤 부모의 상을 당하여 슬퍼함이 지나칠 정도였다.

얼마 안 되어 아우의 아들이 재산을 반으로 나누어 따로 살기를 요구하니, 포가 능히 말리지 못하여 그 재산을 반씩 나누게 되었는데, 노비(奴婢)로는 늙은 자를 이끌면서 말하기를, "나와 함께 일한 지 오래이니 너는 부릴 수 없을 것이다." 하였고, 전지(田地)와 농막(農幕)은 거칠고 기울어진 것을 차지하면서 말하기를, "내 어렸을 적부터 관리하던 것이니 마음에 미련이 있다." 하였으며, 기물(器物)은 낡고 깨진 것을 차지하면서 말하기를, "내가 평소에 입고 먹던 것이니 몸과 입에 편안하다." 하였다. 아우의 아들이 여러 번 그 재산을 없앴는데, 그때마다 다시 구제해 주었다.

10// 薛包好學篤行하더라 父娶後妻而憎包하여 分出之어늘 包日夜號泣不能去러니 至被毆杖하여는 不得已廬于舍外하여 且入而灑掃어늘 父怒하여 又逐之한데 乃廬於里門하여 晨昏不廢하더니 積歲餘에 父母慚而還之하다 後에 服喪過哀하니라 旣而弟子求分財異居어늘 包不能止하여 乃中分其財할새 奴婢를 引其老者曰 與我共事久라 若이 不能使也라 하며 田廬를 取其荒頓者曰 吾少時所理라 意所戀也라 하며 器物을 取其朽敗者曰 我素所服食이라 身口所安也라 하더니 弟子數破其産이어늘 輒復賑給하더라

설포(薛包) : 자는 맹상(孟嘗), 여남(汝南) 사람.
분출지(分出之) : 분가(分家)하여 내보냄.
불능거(不能去) : 차마 떠나가지 못하는 것.
피구장(被毆杖) : 피는 입는다는 뜻이니, 몽둥이로 구타(毆打)당함.

| 풀이 | 설포(薛包)의 지극한 효성을 기술하고 있다. 오늘날에는 핵가족(核家族)화되어 자식이 장성해서 경제적으로 자립하게 되면 부모 곁을 떠나 독립 생활을 하려는 경향이 농후(濃厚)하다. 따라서 이상적인 양로원을 세우는 문제가 대두되고 있는 실정이다. 그리고 부모가 죽게 되면 그 유산을 둘러싸고 형제와 남매 사이에 치열한 쟁탈전이 벌어지고 심하면 법에 호소하는 일이 비일비재다. 필자가 어렸을 적만 해도 부모를 공경하고 형제 사이에 우애하는 것을 인간의 도리로 여겼는데, 오늘날에는 개인주의가 극도로 흘러서 숭고(崇高)한 사랑의 정신이 식어가고 있음은 참으로 안타까운 일이다. 설포의 행실을 읽으면 느끼는 바가 클 것이다.

제11장

왕상(王祥)은 성품이 효성스러웠다. 일찍 어머니를 여의고 계모(繼母) 주씨(朱氏)가 자애(慈愛)하지 못하여 사주 헐뜯어 말하니, 이로 말미암아 아버지에게 사랑을 잃어 매양 쇠똥을 치우게 했는데, 상은 더욱 공순(恭順)하고 삼갔다. 부모가 병이 있으면 옷의 띠를 풀지 않았고 약을 달이면 반드시 몸소 맛을 보았다. 어머니가 일찍이 생선을 먹고자 했는데, 이때 날이 추워서 얼음이 얼었다. 상이 옷을 벗고 얼음을 깨고서 물고기를 잡으려고 하니, 얼음이 홀연히 저절로 녹으면서 두 마리의 잉어가 튀어나와 가지고 돌아왔다. 어머니가 또 참새구이를 먹고 싶어하니, 다시

여(廬) : 초막(草幕). 농막(農幕). 여기서는 초막에 해당함.
신혼불폐(晨昏不廢) : 이른 새벽과 밤으로 문안드리는 예절을 폐지 않음. 옛날에는 아침에 부모가 계신 곳에 나아가 문안드리고 밤에 또 이같이 했음.
제자(弟子) : 아우의 아들.
중분기재(中分其財) : 그 재산을 절반으로 나눔.
노비(奴婢) : 노는 남종, 비는 여종.
황돈(荒頓) : 황은 전지가 거친 것, 돈은 집이 기울어지고 허술한 것.
후패(朽敗) : 노후(老朽)하고 깨어진 것.

11// 王祥이 性孝하더니 蚤喪親하고 繼母朱氏不慈하여 數譖之하니 由是失愛於父하여 每使掃除牛下어든 祥이 愈恭謹하며 父母有疾이어든 衣不解帶하며 湯藥必親嘗하더라 母嘗欲生魚러니 時에 天寒氷凍이어늘 祥이 解衣하고 將剖氷求之러니 氷忽自解하여 雙鯉躍出이어늘 持之而歸하니라 母又思黃雀炙러니 復有雀數十이 飛

참새 수십 마리가 그의 방 안으로 날아들어서 또 어머니에게 공궤(供饋)했다. 향리(鄕里)의 사람들이 이 말을 듣고 놀라고 감탄하여, 효성이 하늘을 감동시켜서 그렇게 된 것이라고 했다. 단내(丹柰)가 열매 맺은 것이 있어 어머니가 지키기를 명했는데, 바람 불고 비올 때마다 상이 문득 나무를 안고서 울었다. 그 독실한 효성이 순수하고 지극함이 이와 같았다.

| 풀이 | "지극히 정성스러우면 하늘을 감동시킨다〔至誠感天〕."는 말이 있는데, 얼음이 별안간 녹으면서 잉어 두 마리가 튀어나온 것이라든지 참새 수십 마리가 방 안으로 날아 들어온 것 같은 기적이 나타남은 이를 두고 하는 말이다. 그 어머니가 단내(丹柰) 나무를 지키게 했을 때, 바람불고 비올 때마다 나무를 안고 운 것은 비바람에 열매가 떨어져서 부모의 마음을 상하게 할 것을 두려워한 것이니, 진심에서 우러나는 것이 아니고는 그와 같을 수 없다.

제12장

왕부(王裒)의 자는 위원(偉元)이다. 아버지 의(儀)가 위(魏)나라 안동 장군(安東將軍) 사마소(司馬昭)의 사마(司馬)가 되었다. 동관(東關)의 싸움에서 패하고 나서 사마소가 사람들에게 묻기를, "근일(近日)에 있었던 일은 누가 죄를 받아야 하나?" 하니, 의가 대답하기를, "책임이 원수(元帥)에게 있습니다." 하였다. 사마소가 성내어 말하기를, "사

入其幕이어늘 復以供母하니 鄕里驚嘆하여 以爲孝感所致라 하더라 有丹柰結實이어늘 母命守之한데 每風雨에 祥이 輒抱樹而泣하여 其篤孝純至如此하더라

왕상(王祥) : 자는 휴징(休徵), 낭야(琅琊) 사람.
참지(譖之) : 참소함.
우하(牛下) : 쇠똥.
탕약필친상(湯藥必親嘗) : 탕약은 약을 달이는 것이니, 약을 달이면 반드시 몸소 맛보는 것. 독이 있고 없음을 시험하는 것.
부빙구지(剖氷求之) : 얼음을 깨고 물고기를 구함.
황작자(黃雀炙) : 황작은 참새이니, 참새구이.
효감소치(孝感所致) : 효성이 하늘을 감동시켜서 그렇게 된 것.
단내(丹柰) : 과일 이름.

12// 王裒의 字는 偉元이니 父儀爲魏安東將軍司馬昭의 司馬러니 東關之敗에 昭問於衆曰 近日之事를 誰任其咎오 儀對曰 責在元帥하니이다 昭怒曰 司馬欲委罪於孤耶아 하고 遂引出斬之하다 裒痛父非命하

여 於是에 隱居敎授하
여 三徵七辟에 皆不就
하고 廬于墓側하여 旦
夕에 常至墓所하여 拜
跪하고 攀栢悲號하여
涕淚著樹하니 樹爲之
枯하니라 讀詩에 至哀
哀父母生我劬勞하여는
未嘗不三復流涕하니 門
人受業者竝廢蓼莪之篇
하니라 家貧躬耕하여
計口而田하며 度身而蠶
하더니 或有密助之者어
든 裒皆不聽하더라 及司
馬氏簒魏하여 裒終身未
嘗西向而坐하여 以示不
臣于晉하더라

동관지패(東關之敗) : 위(魏)
나라 가평(嘉平) 4년에 오
(吳)나라의 장군 제갈각(諸
葛恪)이 동관(東關)에서 위
나라 군대를 물리쳤음.
원수(元帥) : 사마소(司馬
昭)를 가리킴.
고(孤) : 사마소의 자칭(自
稱)임.
비명(非命) : 제 명에 죽지
못하고 원통하게 죽는 것.
삼징칠벽(三徵七辟) : 징은
조정에서 부르는 것, 벽은
살고 있는 지방의 장관이
벼슬을 주어 부르는 것.
독시(讀詩) : 〈시경〉을 읽는
것.
삼복(三復) : 세 번 되풀이

마는 죄를 고(孤)에게 씌우려는가." 하고, 드디어 끌어내서 목베어 죽였다.

부는 아버지가 비명(非命)에 죽은 것을 슬퍼하여 숨어 살면서 후진(後進)을 가르쳤다. 조정에서 세 번 부르고, 군국(郡國)에서 일곱 번 벼슬을 주어 불렀으나 모두 가지 않았다. 무덤 곁에 여막(廬幕)을 짓고 거처하면서 아침저녁으로 항상 묘소에 이르러 절하고 꿇어앉아 잣나무를 붙들고 슬피 울부짖었는데, 눈물이 나무에 묻으면 나무가 시들었다. 〈시경〉을 읽다가 "애닯다, 부모님 나를 낳으심이 수고로우셨네." 하는 글귀에 이르면 일찍이 세 번 되풀이하여 읽고서 눈물 흘리지 않는 때가 없었다. 그의 문인(門人)들이 모두 육아(蓼莪)의 편(篇)을 빼버리고 외우지 않았다.

집이 가난하여 몸소 농사지었다. 식구를 계산하여 밭갈고, 옷 입을 몸을 헤아려 누에를 쳤는데, 혹시 남모르게 도와주는 이가 있어도 부는 모두 받지 않았다. 사마씨(司馬氏)가 위(魏)나라를 산달(簒奪)하니, 부는 몸이 마칠 때까지 끝내 서쪽을 향하여 앉지 않아서 진(晉)나라에 대하여 신하 노릇을 하지 않겠다는 뜻을 보였다.

| 풀이 | 위(魏)나라 사람 왕부(王裒)는 그 아버지 의(儀)가 바른말을 하다가 사마소에게 원통한 죽임을 당한 것을 슬퍼하여, 일생 동안 영달(榮達)을 구하지 않고 초야(草野)에 파묻혀 살면서 후진을 가르치는 일에 힘을 기울였다. 아침저녁으로 그의 아버지 무덤에 가서 절하고 잣나무를 붙

들고 슬피 울어 눈물이 묻은 나무가 시들었다는 말로 미루어 그 애끓는 뜻이 초목까지도 감동시켰음을 알 수 있다.

또 〈시경〉의 어버이를 생각하는 시를 읽을 때마다 눈물을 흘린 것으로 보아도 그의 어버이를 사모하는 간절한 뜻을 살필 수 있다. 몸소 농사지어 간신히 생계를 유지하는 가난한 생활을 하면서도 남의 도움을 사양하는 그 성질이 굳고 깨끗한 행실 또한 세상 사람의 거울이 되기에 족하다.

제13장

진(晉)나라 서하(西河) 사람 왕연(王延)이 어버이를 섬김에 있어 얼굴빛을 온화하고 즐겁게 하여 봉양했다. 여름이면 베개와 자리에 부채질하고 겨울이면 몸으로 이불을 따뜻하게 했으며, 깊은 겨울 심한 추위에도 몸에 항상 온전한 옷이 없으면서도 어버이에게는 맛있는 음식을 극진히 대접했다.

| 풀이 | 이 글은 진(晉)나라 사람 왕연이 자신에게는 온전한 옷이 없었어도 불평 없이 온화하고 즐겁게 어버이를 봉양한 지극한 효도를 기술한 것이다.

제14장

유변(柳玭)이 말하기를, "최산남(崔山南)은 형제·자손의

하여 읽음.
도신이잠(度身而蠶) : 옷 입을 몸을 헤아려서 누에를 침.
밀조(密助) : 비밀히 도움.
사마씨찬위(司馬氏簒魏) : 사마소의 아들 사마염(司馬炎)이 위나라를 멸하고 진(晉)나라를 세웠기 때문에 하는 말. 찬은 신하가 무력으로 나라를 빼앗는 것.
불신(不臣) : 신하 노릇하지 않음.

13// 晉西河人王延이 事親色養하더니 夏則扇枕席하고 冬則以身溫被하며 隆冬盛寒에 體常無全衣而親極滋味하더라

서하(西河) : 고을 이름.
왕연(王延) : 자(字)는 연원(延元).
색양(色養) : 얼굴빛을 온화하고 즐겁게 하여 봉양함. 이같이 하는 것이 부모의 뜻을 기쁘게 함.
자미(滋味) : 맛좋은 음식.

14// 柳玭이 曰 崔山南

의 昆弟子孫之盛이 鄕族이 罕比러니 山南의 曾祖王母長孫夫人이 年高無齒어늘 祖母唐夫人이 事姑孝하여 每旦에 櫛縰笄하여 拜於階下하고 卽升堂하여 乳其姑하니 長孫夫人이 不粒食數年而康寧하더라 一日에 疾病이어늘 長幼咸萃러니 宣言無以報新婦恩이니 願新婦는 有子有孫이 皆得如新婦의 孝敬則崔之門이 安得不昌大乎리오 하니라

유변(柳玭) : 유씨 가훈(柳氏家訓)을 지음.
최산남(崔山南) : 당(唐)나라 사람 최관(崔琯), 산남절도사(山南節度使)를 지냈기 때문에 부르는 말.
증조왕모(曾祖王母) : 왕은 대(大)와 통하며 존칭이니, 증조모를 높여서 하는 말.
질병(疾病) : 병이 위중함. 원본(原本)의 집해(集解)에는 '병이 심한 것을 병(病)이라고 한다〔疾甚曰病〕.'했음.
함췌(咸萃) : 모두 모임.
신부(新婦) : 며느리의 애칭(愛稱)으로 보임.

번성함이 한 고을 안의 다른 집안에 비할 이가 드물었다. 산남의 증조모 장손 부인(長孫夫人)은 나이 많고 치아가 없었는데 조모 당 부인(唐夫人)이 시어머니 섬김을 효성으로 했다. 아침마다 머리 빗고, 검은 비단으로 머리를 묶고, 비녀 꽂고서 (시어머니의 처소에 나아가) 섬돌 아래에서 절하고, 곧 마루에 올라 시어머니에게 젖을 먹였다. 장손 부인은 곡식 한 알 먹지 않은 지 몇 해가 되어도 몸이 건강했다.

하루는 장손 부인이 병이 위독하여 어른과 어린이가 모두 모였는데, 장손 부인이 선언하기를, "며느리의 은혜를 갚을 길이 없다. 며느리가 자손 두기를 모두 며느리의 효도하고 공경하는 것 같기를 원한다. 그렇다면 최씨의 가문이 어찌 번창하고 성대하지 않으랴." 하였다.

| 풀이 | 며느리가 나이 늙어 이〔齒〕 없는 시어머니를 젖을 먹여 봉양한 이야기다. 그 효성에 감동한 시어머니는 죽기에 임하여, 그의 며느리도 그의 며느리 자신과 같이 효도하는 자손을 두어서 집안이 번영을 누리기를 기원한다는 말을 남겼다.

오늘의 시대에는 아무리 나이가 많아서 이가 다 빠졌더라도 의치(義齒)를 만들어 사용하면 무엇이든 자유롭게 먹을 수 있어서 불편을 느끼지 않는다. 그러나 옛날에는 제 이만 없어지면 먹지 못하는 것은 물론 말도 하기 어려워서 그 괴로움이란 이루 형언할 수 없는 정도였다. 과거에

는 시어머니가 며느리에게 심하게 굴었다지만, 지금은 반대로 며느리가 시어머니를 푸대접하는 경향이 있으니, 여기에 나오는 며느리의 시어머니 봉양 같은 것은 찾아보기 힘든 미담(美談)이다.

제15장

　남제(南齊)의 유검루(庾黔婁)가 잔릉(孱陵) 고을의 영(令)이 되었는데, 고을에 도임(到任)한 지 열흘도 채 못되어서 아버지 이(易)가 집에서 병에 걸렸다. 검루가 홀연히 마음이 놀라면서 온몸에 땀이 흘렀으므로, 그날로 벼슬을 버리고 집으로 돌아오자, 집안 사람들은 모두 별안간 돌아온 것에 놀랐다.

　이때 이가 병든 지 이틀이었는데 의원(醫院)이 말하기를, "병이 더하고 덜한 것을 알려면 오직 똥이 달고 쓴 것을 맛보는 방법 밖에 없다." 하였다. 이가 설사를 하니, 검루가 곧 찍어서 맛보았는데 맛이 달고 미끄러웠다. 검루가 마음으로 더욱 근심하고 괴로워하여 밤이 되면 매양 북극성(北極星)을 향하여 머리를 조아리면서 자기의 몸으로 아버지의 병을 대신하기를 빌었다.

| 풀이 | 유검루의 아버지가 집에서 병드니·검루는 밖에 있으면서 영감(靈感)으로 느끼고, 곧 벼슬을 버리고 집으로 돌아왔다. 영감으로 느낀다는 것은 지극한 효성이 그 아버지의 영혼과 통한 것으로 보겠다. 아버지의 병이 위

15// 南齊庾黔婁爲孱陵令하여 到縣未旬에 父易在家遘疾이러니 黔婁忽心驚하여 擧身流汗이어늘 卽日棄官歸家하니 家人이 悉驚其忽至하더라 時에 易疾이 始二日이러니 醫云欲知差劇인댄 但嘗糞恬苦라 하여늘 易泄利어든 黔婁輒取嘗之하니 味轉恬滑이어늘 心愈憂苦하여 至夕에 每稽顙北辰하여 求以身代하더라

남제(南齊) : 남조(南朝)의 제(齊)나라를 일컫는 말임.
유검루(庾黔婁) : 자는 자정(子貞).
미순(未旬) : 아직 열흘도 되지 못한 것.
구질(遘疾) : 병에 걸림.
거신(擧身) : 온몸.
홀지(忽至) : 별안간 당도함.
차극(差劇) : 차는 차도 있는 것, 극은 심한 것.
상분첨고(嘗糞恬苦) : 똥이 달고 쓴 것을 맛봄.

설리(泄利) : 설사.
계상북신(稽顙北辰) : 북극성을 향하여 머리를 조아림.
신대(身代) : 대신 죽어서 아버지를 살리는 것.

16// 海虞令何子平이 母喪에 去官하고 哀毁踰禮하여 每哭踊에 頓絕方蘇하더라 屬大明末에 東土饑荒하고 繼以師旅하니 八年을 不得營葬하여 晝夜號哭하되 常如袒括之日하여 冬不衣絮하고 夏不就淸涼하며 一日에 以米數合으로 爲粥하고 不進鹽菜하더라 所居屋敗하여 不蔽風日이어늘 兄子伯興이 欲爲葺里한데 子平이 不肯曰 我情事를 未申하니 天地一罪人耳라 屋何宜覆리오 蔡興宗이 爲會稽太守하여 甚加矜賞하여 爲營塚壙하니라

곡용(哭踊) : 곡하고 뜀.
돈절(頓絕) : 갑자기 숨이 끊어짐.
방소(方蘇) : 바야흐로 소생함.
기황(饑荒) : 흉년이 듦.

중하니 검루는 똥을 맛보아 병세를 측정했으며, 똥 맛이 단 것을 보고는 안타까워하여 밤이면 북극성을 향하여 대신 죽기를 빌었다. 검루가 기도하자 며칠 뒤 그 아버지의 병이 쾌차했다는 말도 있으나 자세하지 않다.

제16장

해우(海虞)의 영(令) 하자평(何子平)이 어머니의 상(喪)을 당하여 벼슬을 버리고 집으로 돌아왔으며, 슬퍼하여 몸을 손상(損傷)함이 예(禮)의 한도를 넘었다. 몸부림쳐 통곡할 때마다 갑자기 숨이 끊어졌다가 겨우 살아나곤 했다. 때는 대명(大明) 말년으로 동쪽 지방이 흉년이 든 데다 전쟁이 계속되어 8년 동안이나 장사를 지낼 수 없게 되자 밤낮으로 부르짖어 통곡했다. 항상 처음 상사(喪事)를 당한 때와 같이 하여 겨울에 솜옷을 입지 않았고, 여름에 서늘한 곳에 가지 않았으며, 하루에 쌀 두어 홉으로 죽을 끓여 먹고 소금과 채소를 먹지 않았다. 서서하는 집은 지붕이 무너져서 바람과 햇볕을 가리지 못하니 형의 아들 백흥(伯興)이 지붕을 덮고 수리하고자 해도 자평이 허락하지 않으며 말하기를, "내가 정례(情禮 : 장사지내는 일)를 다하지 못했으니 하늘과 땅 사이의 한 죄인이다. 지붕을 어찌 덮으랴." 하였다.

채흥종(蔡興宗)이 회계 태수(會稽太守)가 되자 그를 매우 불쌍히 여기고 가상(嘉賞)하여 무덤을 만들어 장사지내게 했다.

| 풀이 | 하자평이 어머니의 상을 당하여 슬퍼하던 일과 집이 가난한 데다 흉년이 들고 병란(兵亂)이 계속되어 여덟 해가 되도록 장례(葬禮)를 행하지 못하는 동안 죄인을 자처(自處)하는 비참한 생활을 기술하고 있다. 회계 태수 채흥종의 호의(好意)로 비로소 장례를 치를 수 있었다.

사려(師旅) : 전란(戰亂).
영장(營葬) : 장사지내는 것.
단괄(袒括) : 처음 부모 상을 당했을 때 하는 예법.
의서(衣絮) : 솜옷을 입음.
소거옥패(所居屋敗) : 소거는 거처하는 집, 옥은 지붕, 패는 무너지는 것.
즙리(葺理) : 지붕을 덮고 집을 수리하는 것.

제17장

주수창(朱壽昌)이 나이 일곱 살 때 아버지가 옹주(雍州)의 수령(守令)으로 있으면서 그 어머니 유씨(劉氏)를 내보내서 민간(民間) 사람에게 시집가게 했다. 그후 모자(母子)가 서로 소식을 알지 못한 지 50년이 되었다. 수창이 사방으로 찾아 다녔으나 찾지 못하자, 음식을 들 때 술과 고기를 먹는 일이 드물었으며 남과 말하다가 문득 눈물을 흘리곤 했다.

희녕(熙寧) 초에 벼슬을 버리고 진(秦)으로 들어가면서 집안 사람과 결별하기를, "어머니를 만나지 못하면 맹세코 다시 돌아오지 않으리라." 하였다. 길을 가다 동주(同州)에 투숙했을 때 어머니를 만났는데, 그때 유씨의 나이 70여 세였다. 옹주의 수령 전명일(錢明逸)이 이 일을 조정(朝廷)에 보고하니, 조서(詔書)를 내려 수창에게 돌아가 벼슬에 나아가라고 했다. 이 일로 하여 천하 사람이 모두 그 효성을 알게 되었다.

수창이 다시 군수가 되더니, 어머니를 위하여 동주에 가까운 하중부(河中府)의 통판(通判)이 되어서 그 동모제

17// 朱壽昌이 生七歲에 父이 守雍이더라 出其母劉氏하여 嫁民間하니 母子不相知者五十年이러니 壽昌이 行四方하여 求之不已하여 飮食에 罕御酒肉하고 與人言에 輒流涕하더라 熙寧初에 棄官入秦할제 與家人訣하되 誓不見母하면 不復還이라 하더니 行次同州하여 得焉하니 劉氏時年七十餘矣러라 雍守錢明逸이 以事聞한데 詔壽昌還就官하시니 繇是로 天下皆知其孝하니라 壽昌이 再爲郡守러니 至是하여 以母故로 通判河中府하여 迎其同母弟妹以歸러니 居數歲에 母卒커늘 涕泣幾喪明이러라 拊其弟妹益篤하여 爲買田宅居之하고 其於宗族에 尤盡恩意하여 嫁兄弟之孤女二人하며 葬其不

能葬者十餘喪하니 蓋其天性이 如此하더라

구지불이(求之不已) : 찾기를 그만두지 않음.
행차동주(行次同州) : 행은 길 가는 것, 차는 숙소를 정하여 투숙하는 것.
득언(得焉) : 만남을 얻었다는 뜻.
동모제매(同母弟妹) : 여기서는 그 어머니가 다시 시집가서 낳은 아우와 누이. 아버지는 다르지만 어머니는 같기 때문에 이르는 말.
상명(喪明) : 실명(失明).
종족(宗族) : 아버지의 친족.
고녀(孤女) : 아비 없는 딸.

18// 伊川先生家治喪에 不用浮屠하시니 在洛에 亦有一二人家化之하니라

치상(治喪) : 초상을 치름.
부도(浮屠) : 승려(僧侶). 불교. 여기서는 불교 의식.

19// 霍光이 出入禁闥 二十餘年에 小心謹愼하여 未嘗有過하더라

(同母弟)와 누이를 맞아 돌아왔다. 몇 해를 지낸 뒤 어머니가 죽으니 눈물을 흘려서 거의 실명(失明)할 뻔했다. 그 아우와 누이를 사랑하고 돌보기를 더욱 극진히 하며, 전지(田地)와 집을 사주어서 살게 했다. 그리고 자신의 종족(宗族)에 대해서도 은정(恩情)을 극진히 하고, 그 형과 아우의 아버지를 여읜 딸 두 사람을 시집보내 주었으며, 그 종족 중에 집이 가난하여 장례를 치르지 못하는 것을 장사지내 줌이 열을 넘었다. 그 천성이 어질기 이와 같았다.

| 풀이 | 이 글에는 주수창이 천신만고 끝에 어릴 때 개가한 어머니 유씨를 찾아서 효도한 일과 그 동모제와 누이 및 자기 종족에게 은혜를 베푼 선행이 기록되어 있다.

제18장

이천 선생 집의 치상(治喪)에 부도(浮屠)를 쓰지 않는데, 낙양(洛陽)에서 한두 사람의 집이 그 감화를 받았다.

| 풀이 | 이천 선생의 집 상사에 불교 의식을 쓰지 않음을 논했다. 이 글로 미루어서 송나라 시대에도 불교가 성행했음을 알 수 있다.

제19장

곽광(霍光)이 궁궐 문을 드나든 지 20여 년에 조심하고 삼가서 일찍이 허물이 없었다. 사람됨이 침착하고 고요하

여 자세히 살피므로, 궁궐을 드나들 때마다 전문(殿門)에서 수레를 내릴 때 나아가고 멈추는 곳이 일정했다. 낭(郎)과 복야(僕射)가 남모르게 그 위치를 표지해 두고 보니 한 자 한 치도 어김이 없었다.

| 풀이 | 한(漢)나라 때 중신(重臣) 곽광(霍光)이 조심하고 삼가는 일면(一面)을 기술하고 있다.

제20장

급암(汲黯)이 경제(景帝) 때 태자세마(太子洗馬)가 되었는데, 엄격함으로써 타인의 꺼림을 받았다. 무제(武帝)가 즉위하자 불러서 주작도위(主爵都尉)를 삼았으나 자주 직간(直諫)함으로써 오래도록 그 자리에 있지 못했다. 이때 태후(太后)의 아우 무안후(武安侯) 전분(田蚡)이 승상(丞相)으로 있었는데, 중이천석(中二千石)이 가서 절하여 뵈니 분이 답례를 하지 않으므로, 암이 분을 볼 때는 절하지 않고 읍(揖)만 했다.

임금이 바야흐로 문학하는 선비를 부르고 있었다. 임금이 말하기를, "내 장차 이러이러하게 말하리라." 하니, 암이 대답하기를, "폐하께서 마음속에는 욕심이 많고 겉으로만 인의(仁義)를 베푸시면서 어떻게 당우(唐虞)의 정치를 본받으려 하십니까?" 하였다. 임금이 성내어 얼굴빛을 변하고 조회(朝會)를 파(罷)하니, 공·경(公卿)이 모두 암을 위하여 두려워했다. 임금이 물러나와서 사람들에게 말하

爲人이 沈靜詳審하여 每出入下殿門에 進止有常處하더니 郎僕射竊識視之하니 不失尺寸하더라

금달(禁闥) : 궁궐의 문.
전문(殿門) : 궁전의 문.
상처(常處) : 일정한 곳.
낭복야(郎僕射) : 궁중의 문을 지키는 벼슬 이름.
절지(竊識) : 남모르게 표지(標識)하는 것.

20// 汲黯이 景帝時에 爲太子洗馬하여 以嚴見憚이러니 武帝卽位하사 召爲主爵都尉하시니 以數直諫으로 不得久居位하니라 是時에 太后弟武安侯田蚡이 爲丞相이라 中二千石이 拜謁이어든 蚡이 弗爲禮하더니 黯은 見蚡에 未嘗拜하고 揖之하더라 上이 方招文學儒者러시니 上이 曰 吾欲云云하노라 黯이 對曰 陛下內多欲而外施仁義하시니 奈何欲效唐虞之治乎잇가 上이 怒變色而罷朝하시니 公卿이 皆爲黯懼하더니 上이 退謂人曰 甚矣라 汲黯之戇也여 群臣이 或數黯한데 黯曰 天子置公卿輔弼之臣은 寧令從諛承意하여 陷主於不義乎리

기를 "심하다, 암의 어리석음이여." 하였다.

신하들 중에 어떤 이가 암을 나무라니, 암이 말하기를, "천자(天子)가 공경(公卿) 같은 보필(輔弼)하는 신하를 두는 것이 어찌 순종하고 아첨하여 뜻을 받들어서 임금을 불의(不義)에 빠뜨리게 하려는 것인가. 그리고 이미 그 벼슬 자리에 있으니, 비록 몸을 사랑하나 어찌 조정을 욕되게 버려둘 수 있겠는가." 하였다.

암은 병이 많았으며 병이 석 달이 찼다. 임금이 말미를 줌이 여러 번이었으나 끝내 낫지 못했다. 최후로 엄조(嚴助)가 암을 위하여 말미를 청하니, 임금이 말하기를, "급암은 어떠한 인물인가?" 하니, 대답하기를, "암에게 직책을 맡겨 벼슬 자리에 있게 한다면 남보다도 나을 것이 없으나, 어린 임금을 도와 왕업(王業)을 지켜 이루는 일에 이르러서는 비록 스스로 맹분(孟賁)·하육(夏育)의 용맹이 있음을 일컫는 자라도 능히 그 절조(節操)를 빼앗지 못할 것입니다." 하였다. 임금이 말하기를, "그렇다. 옛날에 사직의 신하(社稷之臣)가 있다고 했는데, 급암은 여기에 가깝다." 하였다.

대장군(大將軍) 위청(衛靑)이 궁중에서 모실 때는 임금이 평상(平床) 가에 걸터앉아서 보고, 승상 공손홍(公孫弘)이 한가로이 뵈오면 어떤 때는 관(冠)을 쓰지 않기도 했으나, 급암을 볼 때는 관을 쓰지 않고는 보지 않았다. 임금이 일찍이 무장에 앉았는데 암이 앞으로 나아가 말을 아뢰었다. 임금이 관을 쓰지 않고 있다가 암을 바라보고는 장막

오 且已在其位하니 縱愛身이나 奈辱朝廷에 何오 黯이 多病하여 病且滿三月이어늘 上이 常賜告者數하되 終不瘳러니 最後에 嚴助爲請告한데 上이 曰 汲黯은 何如人也오 曰 使黯으로 任職居官하면 亡以踰人이어니와 然이나 至其輔少主守成하여 雖自謂賁育이라도 弗能奪也리이다 上이 曰 然하다 古有社稷之臣이러니 至如汲黯하여 近之矣로라 大將軍靑이 侍中에 上이 踞廁視之하시고 丞相弘이 宴見이어든 上이 或時不冠하사되 至如見黯하사는 不冠不見也러시다 上이 嘗坐武帳이어시늘 黯이 前奏事러니 上이 不冠이라가 望見黯하시고 避帷中하여 使人可其奏하시니 其見敬禮如此하더라

태자세마(太子洗馬) : 태자궁(太子宮)의 벼슬아치.

이엄견탄(以嚴見憚) : 엄격함을 가지고 꺼림을 받음. 경제(景帝)가 급암을 공경하고 꺼렸음을 말함.

주작도위(主爵都尉) : 벼슬이름.

안으로 몸을 피하고 사람을 시켜 그 아룀을 옳다 했으니, 그 공경하는 예절을 보임이 이와 같았다.

|풀이| 이 글에서는 급암의 일을 논했다. 급암은 성품이 강직(剛直)하여 어느 누구에게도 두려워함이 없이 바른말을 하기로 유명했다. 전분이 임금의 외척으로 승상의 지위에 오르자, 뜻이 교만하여 중이천석의 높은 벼슬아치가 절하여 뵈도 답례를 하지 않았는데, 급암은 전분을 볼 때 읍(揖)을 할 뿐, 절하지 않아서 그 무례함을 은연중에 풍자했다.

무제(武帝)의 물음에 대해서도 여러 사람이 있는 자리에서, 마음속에는 욕심이 가득 차고 겉으로만 인의(仁義)를 베풀면서 요·순(堯舜)의 정치를 본받을 수 있겠느냐고 바른말을 서슴지 않았으니, 사람들이 모두 급암을 두려워했다. 무제가 궁중에서 대장군 위청(衛靑)을 대할 때는 평상에 걸터앉은 채로 보았고, 승상 공손홍을 볼 때는 혹 관(冠)을 쓰지 않기도 했지만 급암을 대할 때는 반드시 의관(衣冠)을 정제했으니 무제의 위세를 가지고도 그 얼마나 급암을 공경하고 두려워했는가를 알 수 있다.

급암의 바른말하는 곧은 기개와 절조도 훌륭한 것이지만 이것을 알아주는 무제의 예지(睿智) 또한 대단한 것이니, 그 임금에 그 신하라 아니할 수 없다. 우리 나라에도 지난날에는 급암 같은 곧은 선비가 많았건만 근래 와서는 그같은 기풍(氣風)이 사라지고 윗사람의 뜻에 영합(迎合)하

중이천석(中二千石) : 1년의 녹봉(祿俸)이 2,000석에 참을 뜻함. 구경의 벼슬아치.
불위례(弗爲禮) : 여기서는 답례를 하지 않음.
읍(揖) : 두 손을 마주잡아 경의(敬意)를 표하는 예법.
당우지치(唐虞之治) : 요·순(堯舜)의 정치를 말함.
당(戇) : 어리석음.
수암(數黯) : 여기의 수는 나무라는 것.
공경(公卿) : 삼공(三公)·구경(九卿)이니 임금을 보필하는 높고도 중요한 지위임.
종유승의(從諛承意) : 순종하고 아첨하여 임금의 뜻에 영합(迎合)하는 것.
병차만삼월(病且滿三月) : 병들어서 만 석 달이 됨을 말함.
삭(數) : 자주.
무이유인(亡以踰人) : 남보다도 나을 것이 없는 것.
분육(賁育) : 맹분(孟賁)·하육(夏育)을 말함이니 옛날의 용맹스런 사람.
불능탈(弗能奪) : 그 뜻을 빼앗지 못함. 절조(節操)를 빼앗지 못함.
사직지신(社稷之臣) : 나라를 편안히 하여 보전할 수 있는 신하.
청(靑) : 위청(衛靑), 자는 중경(仲卿), 흉노(匈奴)를 쳐서 이긴 공로로 대장군이 되었음.
홍(弘) : 공손홍(公孫弘)을 말함. 당시에 승상(承相)으로 있었음.

연현(宴見) : 한가로운 때 임금을 뵙는 것.
무장(武帳) : 군대를 벌여 세워서 호위하는 것임.

여 한 몸의 영달(榮達)만을 구하는 경향이 있음은 참으로 걱정스런 일이다.

우리는 모름지기 급암을 본받아서 곧은 기개와 절조를 숭상하고 무제를 본받아서 내 뜻에 영합하는 자를 멀리할 것이다. 좋은 약이 입에는 쓰지만 병에는 이롭고, 충성된 말이 귀에는 거슬리지만 행실에는 이롭다는 옛사람의 교훈을 깊이 명심해야 한다.

제21장

21// 初에 魏遼東公翟黑子有寵於太武하더니 奉使幷州하여 受布千疋이러니 事覺이어늘 黑子謀於著作郞高允曰 主上이 問我어시든 當以實告아 爲當諱之아 允이 曰 公은 帷幄寵臣이니 有罪首實이면 庶或免原이어니와 不可重爲欺罔也니라 中書侍郞崔鑑公孫質이 曰 若首實이면 罪不可測이니 不如姑諱之니라 黑子怨允曰 君은 奈何로 誘人就死地오 하고 入見帝하여 不以實對한데 帝怒하여 殺之하다 帝使允으로 授太子經하더니 及崔浩以史事被收하여 太子謂允曰 入見至尊하여 吾自導卿하리니 脫已尊이 有問

처음에 위(魏)나라의 요동공(遼東公) 적흑자(翟黑子)가 태무(太武)에게 총애(寵愛)를 받았다. 명을 받들어 병주(幷州)에 사신으로 가서 베 1,000필(匹)을 뇌물로 받았다가 일이 발각되었다. 흑자가 저작랑(著作郞) 고윤(高允)에게 의논하여 말하기를, "주상(主上)께서 내게 물으시거든 마땅히 사실대로 고할까, 숨기고 거짓 고할까?" 하니, 윤이 말하기를, "공(公)은 유악(帷幄)의 총애빈는 신하입니다. 죄가 있어 사실대로 자수하면 혹 용서를 받을 수 있을지 모르지만 임금을 거듭 속여서는 안 됩니다." 하였다. 중서시랑(中書侍郞) 최감(崔鑑)과 공손질(公孫質)이 말하기를, "만약 사실대로 자수하면 죄를 예측할 수 없다. 잠시 숨기는 것만 같지 못하다." 하였다. 흑자가 윤(允)을 원망하여 말하기를, "그대는 어찌하여 남을 유인(誘引)하여 죽음의 땅으로 나가게 하는가." 하고, 들어가 임금을 뵙고 사실대로 대답하지 않았다. 임금이 성내어 흑자를 죽였다.

제6편ㅤ선행 • 321

임금이 윤으로 하여금 태자(太子)에게 경서(經書)를 가르치게 했다. 최호(崔浩)가 나라의 사기(史記)의 일로 체포되자, 태자가 윤에게 말하기를, "들어가 임금께 뵙고 내 스스로 그대를 살 길로 인도하겠다. 만일 임금께서 물으심이 있거든 다만 내 말대로 하라." 하였다.

태자가 가서 임금을 뵙고 말하기를, "고윤은 일을 조심하고 삼가며 또 지위가 미천합니다. 글을 만듦이 모두 최호에게서 나왔으니 청컨대 그 죽음을 사(赦)하십시오." 하였다. 임금이 윤을 불러 묻기를, "국서(國書)는 모두 호가 만든 것인가?" 하니, 대답하기를, "신(臣)과 호가 함께 만든 것입니다. 그러나 호는 맡아보는 일이 많아서 전체를 총괄하여 결재(決裁)했을 뿐이고, 글을 만든 것은 신이 호보다도 많았습니다." 하였다. 임금이 성내어 말하기를, "윤의 죄가 호보다도 더하니 어찌 살아남을 수 있겠는가." 하니, 태자가 두려워하여 말하기를, "임금의 위엄이 엄중하신지라, 윤은 지위가 미천하여 정신이 아득하고 어지러워서 말이 차례를 잃은 것입니다. 신이 지난번에 물으니 모두 호가 만든 것이라고 했습니다." 하였다. 임금이 윤에게 묻기를, "참으로 동궁(東宮)이 말한 것과 같은가?" 하니, 대답하기를, "신의 죄는 멸족(滅族)에 해당합니다. 감히 허망한 말을 하지 못하겠습니다. 전하께서는 신이 곁에 뫼시어 강론함이 오래인지라 신을 가엾게 여기시어 살려주심을 빌고자 하는 것뿐입니다. 실지는 신에게 묻지도 않으셨고 신도 또한 이와 같은 말을 한 일이 없습니다.

이어시든 但依吾語하라 太子見帝言하되 高允은 小心愼密하고 且微賤이라 制由崔浩하니 請赦其死하소서 帝召允하여 問曰 國書皆浩所爲乎아 對曰 臣與浩共爲之하니 然浩는 所領事多라 總裁而已어니와 至於著述하여 臣多於浩하이다 帝怒曰 允罪甚於浩로소니 何以得生이리오 太子懼曰 天威嚴重하시니 允은 小臣이라 迷亂失次耳로소이다 臣이 暴問하니 皆云浩所爲라 하더이다 帝問允하되 信如東宮所言乎아 對曰 臣이 罪當滅族이라 不敢虛妄이니이다 殿下以臣이 侍講日久라 哀臣하사 欲丐其生耳언정 實不問臣하시며 臣亦無此言하니 不敢迷亂이로소이다 帝顧謂太子曰 直哉라 此人情所難이어늘 而允이 能爲之하니 臨死不易辭는 信也오 爲臣不欺君은 貞也니 宜特除其罪하여 以旌之라 하고 遂赦之하다 他日에 太子讓允曰 吾欲爲卿脫死어늘 而卿이 不從은 何也오 允이 曰臣이 與崔浩로 實同史事하니 死生榮辱에 義無獨殊니 誠荷殿下再造之

慈어니와 違心苟免은 非臣所願也니이다 太子動容稱嘆하더라 允이 退謂人曰 我不奉東宮指導者는 恐負翟黑子故也니라

위(魏) : 여기서는 원위(元魏)를 말함.
태무(太武) : 원위의 제3대 임금 세조(世祖)를 말함.
봉사(奉使) : 임금의 명을 받들어 사신가는 것.
사각(事覺) : 일이 발각됨.
휘(諱) : 숨기는 것.
유악(帷幄) : 대장이 작전 계획을 세우는 진영 안의 군막(軍幕)을 말함.
수실(首實) : 자수함.
서(庶) : 여기서는 바란다는 뜻.
견원(見原) : 용서받는 것.
태자(太子) : 임금의 아들로서 장차 왕위(王位)를 계승할 사람. 여기서는 태무제(太武帝)의 맏아들 황(晃)을 말함.
최호(崔浩) : 자는 백연(伯淵), 경사(經史)에 정통했음.
이사사피수(以史事被收) : 나라 사기(史記)의 일로 체포당함.
지존(至尊) : 임금을 뜻함.
탈(脫) : 만일.
국서(國書) : 여기서는 나라의 사기(史記).
천위(天威) : 임금의 위엄.
실차(失次) : 여기서는 말이

감히 정신이 아득하고 어지럽다고 하지 못하겠습니다." 하였다.

임금이 태자를 돌아보며 말하기를, "곧도다, 이는 인정(人情)이 하기 어려운 것인데도 윤이 능히 했구나. 죽음에 임하여 말을 바꾸지 않음은 믿음이고, 신하가 되어서 임금을 속이지 않음은 곧음이다. 특별히 그 죄를 면제하고 선행을 표창해야 마땅하다." 하고 마침내 그 죄를 용서해 주었다.

다른 날에 태자가 윤을 꾸짖어 말하기를, "나는 그대를 죽음에서 벗어나게 하고자 했는데, 그대가 좇지 않음은 무슨 까닭인가?" 하니, 윤이 대답하기를, "신이 최호와 더불어 실지로 나라 사기(史記)의 일을 함께했으니, 사생 영욕(死生榮辱)을 의리로 보아 저 혼자만 달리할 수는 없는 것입니다. 진실로 목숨을 살려주시려는 전하의 인자하신 뜻을 받았습니다만 양심을 어겨서 구차하게 죄를 면하는 것은 신이 원하는 바가 아닙니다." 하였다. 태자가 얼굴빛을 움직이며 감탄하여 칭찬했다.

윤이 물러나와 사람들에게 말하기를, "내가 동궁의 지도를 받들지 않은 것은 적흑자(翟黑子)를 저버릴 것을 두려워했기 때문이다." 하였다.

| 풀이 | 적흑자는 병주(幷州)로 사신가서 베 1,000필을 뇌물로 받고 일이 발각되어 임금의 신문(訊問)을 받게 되자, 사실대로 고하지 않고 말했다가 자기 한 몸만이 아니

라, 일족(一族)이 모두 죽임을 당했다. 고윤은 위(魏)나라 사기(史記)를 편수(編修)한 필화 사건으로 임금의 신문을 받았을 때 태자의 옹호(擁護)를 물리치고 바른대로 고하여 죄를 용서받았을 뿐만 아니라, 표창하는 은전(恩典)까지 입었다. 허물이 있을 때는 사실을 솔직히 시인하는 것이 현명하다. 억지로 모면하려 든다면 도리어 더 큰 재앙을 부르게 된다.

순서를 잃는 것.
향(嚮) : 지난번.
신(信) : 참말로. 진실로.
정지(旌之) : 정표(旌表), 즉 선행(善行)을 표창하는 것.
양(讓) : 여기서는 꾸짖음.
하(荷) : 받음. 입음.
재조(再造) : 죽은 목숨을 살려주는 것.
부(負) : 저버림.

제22장

이군행(李君行) 선생의 이름은 잠(潛)으로 건주(虔州) 사람이다. 경사(京師)에 들어가다가 사주(泗州)에 이르러 머물러 있으니, 그 자제(子弟)가 먼저 가기를 청했다. 군행이 그 까닭을 물으니 대답하기를, "과거 볼 날이 가까웠습니다. 먼저 경사로 가서 개봉(開封)의 호적(戶籍)에 이름을 넣어 응시할 자격을 받고자 합니다." 하였다. 군행이 허락하지 않고 말하기를, "너는 건주 사람이면서 개봉의 호적에 이름을 넣는다면, 임금 섬기기를 구하면서 먼저 임금을 속이는 것이다. 어찌 옳다고 하랴. 차라리 몇 해 늦어지더라도 그런 일은 해서는 안 된다." 하였다.

| 풀이 | 이 글은 이군행이 그의 자제가 호적을 만들어서 과거에 응시하는 자격을 취득하려는 것을 제지(制止)하여 경계한 말이다.

22// 李君行先生이 名은 潛이니 虔州人이라 入京師할새 至泗州하여 留止러니 其子弟請先往이어늘 君行이 問其故한데 曰科場이 近하니 欲先至京師하여 貫開封戶籍하여 取應하노이다 君行이 不許曰 汝虔州人而貫開封戶籍하면 欲求事君而先君欺이니 可乎아 寧遲緩數年이언정 不可行也니라

경사(京師) : 천자가 있는 서울.
관(貫) : 여기서는 이름을 기록하여 넣음.
취응(取應) : 응시하는 자격을 취득(取得)하는 것.
영(寧) : 여기서는 차라리.
지완(遲緩) : 늦추는 것.

23// 崔玄暐의 母盧氏 嘗誡玄暐曰 吾見姨兄 屯田郎中辛玄馭하니 曰 兒子從宦者를 有人이 來云貧乏不能存이라 하면 此는 是好消息이어니와 若聞貲貨充足하며 衣馬輕肥라 하면 此는 惡消息이라 하니 吾嘗以爲確論이라 하노라 此見親表中에 仕宦者將錢物하여 上其父母어든 父母但知喜悅하고 竟不問此物이 從何而來하나니 必是祿俸餘資댄 誠亦善事어니와 如其非理所得이면 此與盜賊何別이리오 縱無大咎나 獨不內愧於心가 한대 玄暐遵奉敎誡하여 以淸謹으로 見稱하니라

최현위(崔玄暐) : 이름은 엽(曄), 현위는 자(字)다.
이형(姨兄) : 이모의 아들, 즉 이종형(姨從兄).
아자(兒子) : 아들.
종환(從宦) : 벼슬에 종사하는 것.
자화(貲貨) : 재물.
확론(確論) : 극히 도리에 맞는 의론.
친표중(親表中) : 친은 동성

제23장

최현위(崔玄暐)의 어머니 노씨(盧氏)가 일찍이 현위를 경계하여 말하기를, "내가 이종형 둔전랑중(屯田郎中) 신현어(辛玄馭)를 만나보니 말하기를, 자식으로서 벼슬에 종사하는 자에 대하여 남이 와서 말하기를, '가난하고 궁핍하여 살기 어렵더라고 한다면 그것은 좋은 소식이지만, 만약 재물이 풍족하여 옷이 가볍고 말이 살찌더라고 한다면 그것은 나쁜 소식이다.' 하니, 나는 일찍이 이 말을 확론(確論)으로 생각했다.

요사이 보니, 동성(同姓)과 외성(外姓)의 친족 중에 벼슬살이 하는 자가 돈과 물건을 가져다가 그 부모께 드리면 부모는 오직 기뻐할 줄만 알고, 마침내 그 물건이 어디에서 나온 것임을 묻지 않는다. 반드시 녹봉(祿俸)을 받아 쓰고 남은 것이라면 참으로 좋은 일이지만 그것이 도리에 맞지 않게 얻어진 것이라면 이는 도적과 무엇이 다르랴. 설시 큰 허물을 받음이 없다 하더라도 홀로 내심(內心)에 부끄럽지 않으랴." 하였다.

현위는 훈계(訓戒)를 지켜서 청렴하고 근신하기로 세상 사람의 칭송을 받았다.

| 풀이 | 예와 지금을 논할 것 없이 벼슬아치가 봉급만으로 생활을 한다면 가난하다는 것은 상식에 속한다. 그렇기 때문에 이 글에서도 벼슬에 종사하는 자식의 생활이 가난하다는 것은 좋은 소식이고, 호화스럽다는 것은 나쁜

소식이라는 말이 나와 있다. 청(淸)나라 시대에는 관리에게 주는 봉급을 '양렴은(養廉銀)'이라는 명칭을 붙여서 벼슬아치의 청렴한 자세를 촉구했다.

조선시대 태종 때 황희(黃喜)는 한 나라의 수상(首相)으로 있으면서도 지붕을 수리하지 못하여 방 안에서 우산을 쓰고 비를 피했고, 선조 때 이원익(李元翼) 같은 이는 정승 자리에서 물러나고부터는 손수 자리를 짜서 생활했다는 말이 미담(美談)으로 오늘에 전해지고 있다. 이것은 근래에 인도에서 있었던 일이지만 샤스트리 수상은 재직 중에 죽었는데도 집 한 칸이 없었고 자녀를 교육할 수 없어서 의회(議會)에서 그 자녀의 교육비 지급을 가결했다는 말을 들었다.

관리가 올바르면 그 나라는 번영하고 부정으로 흐르면 혼란에 빠진다. 국가에서는 관리의 생활을 보장하고, 관리 또한 사명감을 가지고 임무에 충실하는 날 그 나라의 앞날은 밝을 것이다.

제24장

대제(待制) 유기지(劉器之)가 처음 과거에 합격했을 때 동년(同年)의 두 사람과 함께 참정(參政) 장관(張觀)을 가서 뵈었다. 세 사람이 일제히 몸을 일으켜서 가르침을 청하니, 장이 말하기를, "나는 벼슬길에 나온 뒤로 네 글자를 마음에 간직하고 있으니, 부지런할 근(勤), 삼갈 근(謹), 화할 화(和), 느릴 완(緩)이다." 하였다.

(同姓) 표는 외성(外姓)이니, 동성과 외성의 친족 가운데.
하별(何別) : 어떻게 구별하랴.
종무대구(縱無大咎) : 설사 큰 죄를 받음이 없다 해도. 쉽게 말해서 요행히 큰 죄를 받음을 면하는 것임.
견칭(見稱) : 칭송을 받음.

24// 劉器之待制初登科하여 與二同年으로 謁張觀參政이러니 三人이 同起身하여 請敎한데 張이 曰 某自守官以來로 常持四字하노니 勤謹和緩이니라 中間一後生이 應聲曰 勤謹和는 旣聞命矣어니

와 緩之一字는 某所未聞이로소이다 張이 正色作氣曰 何嘗教賢緩不及事리오 且道世間甚事不因忙後錯了오

유기지(劉器之) : 이름은 안세(安世), 세상에서 원성 선생(元城先生)으로 일컬음. 기지는 자임.
등과(登科) : 과거에 급제함.
동년(同年) : 같은 해에 같이 과거에 합격한 사람.
수관(守官) : 관리가 되는 것.
중간일후생(中間一後生) : 그 중의 한 젊은이. 후생은 후배(後輩)와 같음.
문명(聞命) : 가르침을 받아서 알았다는 뜻.
정색작기(正色作氣) : 정색은 얼굴빛을 바르게 하는 것. 작기는 기운을 엄숙하게 하는 것.
교현(教賢) : 어진 이를 가르침.
완불급사(緩不及事) : 일을 더디하여 제때 처리하지 못함을 뜻함.
도(道) : 여기서는 말하는 것.
심사(甚事) : 무슨 일.

25// 伊川先生이 曰 安定之門人이 往往에 知稽古愛民矣니 則於爲

그 중의 후생(後生)이 그 말에 응하여 말하기를, "부지런할 근, 삼갈 근, 화할 화 석 자는 이미 가르침을 들어서 알겠습니다만, 느릴 완 한 글자는 아직 알지 못하겠습니다." 하니, 장이 얼굴빛을 바르게 하고 기운을 엄숙히 하여 말하기를, "어찌 어진 선비에게 이완(弛緩)하여 일을 제때 처리하지 못하는 것을 가르치랴. 다시 말하거니와 이 세상의 무슨 일이든 바쁘게 처리하여 그릇쳐지지 않는 것이 있었단 말인가." 하였다.

| 풀이 | 유기지가 처음 과거에 합격했을 때 같이 합격된 다른 두 사람과 함께 당시의 참지정사(參知政事) 장관을 찾아가서 인사를 하고 벼슬아치의 마음가짐을 물으니, 장관은 자기의 맡은 정무(政務)에 부지런할 것과 행동을 삼갈 것과 온화하게 남을 대할 것과 일을 천천히 처리할 것 등 네 가지를 일러주었다. 일을 천천히 하라는 것은 일부러 느리게 하여 제때 처리하지 밀라는 것이 아니라, 너무 바쁘게 서두르면 착오가 생기기 쉬우니 시간의 여유를 가지고 처리하여 충실을 기하라는 것이다. 이와 같은 마음가짐은 옛사람만이 가질 것이 아니라, 오늘의 벼슬아치도 반드시 지켜야 할 것이다.

제25장

이천 선생이 말하기를, "안정(安定)의 문인(門人)이 때때로 옛일을 상고하여 백성을 사랑할 줄 아니, 정사(政事)를

하는 데 무엇이 어려움이 있으랴." 하였다.

| 풀이 | 유가(儒家)에서는 요(堯)·순(舜)·우(禹)·탕(湯)·문왕(文王)·무왕(武王)·주공(周公) 등 옛사람들이 도덕 정치를 펴서 이상적인 시대를 건설했다 하여 극히 숭배하고 있으며, 그들의 행적을 상고하여 백성을 사랑하는 도리를 알고 이것을 다시 정치에 반영시킬 것을 강조하고 있다. 이 글로 보아서 호원 안정 선생의 문하(門下)에는 많은 현명한 인물이 있었음을 알 수 있다.

제26장

여형공(呂滎公)이 어렸을 적부터 벼슬 자리에 대하여 일찍이 남에게 천거해 주기를 부탁하는 일이 없었다. 그의 아들 순종(舜從)이 회계(會稽)에서 벼슬살이를 하고 있을 때 어떤 사람이 남이 알아주기를 구하지 않는 것을 나무라니, 순종이 대답하기를, "맡은 바 직무에 부지런하고 그 밖의 일들을 감히 삼가지 않는 것이 없다. 이것이 바로 남이 알아주기를 구하는 것이다." 하였다.

| 풀이 | 여형공은 평생을 두고 남에게 천거해 주기를 부탁하지 않아 영달(榮達)을 구하려 하지 않았으니, 그 아들 순종도 아버지의 뜻을 받들어서 마찬가지였다. 순종이 회계에서 벼슬살이할 때 남이 알아주기를 구하지 않는 태도를 비웃어 말하는 자가 있었는데, 순종은 자기 직무를 부

政也에 何有리오

안정(安定) : 안정 선생 호원(胡瑗)을 말함.
왕왕(往往) : 이따금. 때때로.
계고애민(稽古愛民) : 옛사람의 행적(行跡)을 상고하여 백성을 사랑하는 도리를 아는 것.
하유(何有) : 무엇이 어려움이 있으랴.

26// 呂滎公이 自少로 官守處에 未嘗干人擧薦하더니 其子舜從이 守官會稽에 人或譏其不求知者어늘 舜從이 對曰 勤於職事하고 其他를 不敢不愼하노니 乃所以求知也니라

간인거천(干人擧薦) : 간은 구(求)와 같고, 거천은 천거하는 것이니, 남에게 천거해 주기를 부탁하는 것.
순종(舜從) : 여형공의 둘째 아들 의문(疑問)을 말함. 자가 순종임.
기(譏) : 꾸짖는 것.

구지(求知) : 남이 알아주기를 구하는 것.

지런히 수행하고 그밖의 모든 일을 삼가는 것이 바로 남이 알아주기를 구하는 방법이 아니겠느냐고 대답했다. 자기의 승진을 남에게 청탁하지 않는 것이야말로 벼슬아치의 바른 자세이고, 남의 청탁이나 뇌물을 받는 일 없이 공정하게 실적을 평가하여 무능한 사람을 물리치고 유능한 사람을 등용하는 것이야말로 진실한 인사다. 이같은 자세, 이같은 인사가 이루어지는 곳에 국정(國政)의 밝은 내일을 기대할 수 있다.

제27장

한(漢)나라 때 진(陳) 땅의 효부(孝婦)는 나이 16세에 시집갔으나 아들이 없었다. 그 남편이 수자리를 살러 가게 되었는데, 떠나갈 때 효부에게 부탁하기를, "나의 생사(生死)는 알 수 없다. 다행히도 늙은 어머니께서 생존하여 계시나 봉양할 다른 형제가 없다. 내 살아 돌아오지 못하더라도 그대가 내 어머니를 봉양하겠는가?" 하니, 아내가 대답하기를, "부탁하신 대로 하겠습니다." 하였다.

남편이 죽고 돌아오지 않았다. 며느리의 시어머니 봉양이 조금도 변함없으니, 시어머니의 며느리에 대한 자애(慈愛)와 며느리의 시어머니 사랑함이 더욱 굳었다. 길쌈으로 생업(生業)을 삼으면서도 종시 다른 데로 시집갈 뜻이 없었다.

3년상을 마치자, 그녀의 친정 부모가 딸이 자식도 없이 일찍 홀로 된 것을 가엾게 여겨 장차 데려다가 시집보내

27// 漢陳孝婦年이 十六而嫁하여 未有子러니 其夫當行戍하여 且行時에 屬孝婦曰 我生死를 未可知니 幸有老母無他兄弟備養하니 吾不還이라도 汝肯養吾母乎아 婦應曰 諾다 夫果死不還이어늘 婦養姑不衰하여 慈愛愈固하여 紡績織紝하여 以爲家業하고 終無嫁意하더라 居喪三年하여늘 其父母哀其少無子而早寡也하여 將取嫁之하더니 孝婦曰 夫去時에 屬妾以供養老母어늘 妾이 既許諾之하니 夫養人老母而不能卒하며 許人以諾而不能信하면 將何以立於世리오 하고 欲自殺한대 其父

제6편 ＿＿ 선행 • 329

려 했다. 효부가 말하기를, "남편이 떠날 때 첩(妾)에게 늙은 어머니 봉양하기를 부탁했고, 첩은 이미 그것을 허락했습니다. 남의 늙은 어머니를 봉양하여 능히 그 일을 마치지 못하고, 남에게 그렇게 하겠다고 허락하고서 신의(信義)를 지키지 못한다면 장차 어떻게 세상에 설 수 있겠습니까." 하고 스스로 죽으려고 했다. 그녀의 부모가 두려워하여 감히 시집보내지 못하고 결국 시어머니를 봉양하게 했다. 28년 만에 시어머니가 80여 세의 나이로 천명(天命)에 죽으니, 그 전지(田地)와 집과 재물을 모두 팔아서 장사 지내고 끝까지 제사를 받들었다.

회양 태수(淮養太守)가 이 일을 조정에 보고하니, 임금이 사신을 보내어 황금(黃金) 40근을 주고, 복호(復戶)하여 죽을 때까지 호역(戶役)에 참여함이 없게 했으며, 이름하여 효부라고 했다.

| 풀이 | 과거에는 "열녀는 두 번 시집가지 않는다〔烈女不更二夫〕." 하여, 이것이 오륜(五倫)과 삼강(三綱)의 하나로 되어 있었다. 한나라 때 진 땅의 효부는 남편이 죽었어도 다시 시집가지 않았으니 옛날의 윤리관으로 볼 때 열녀가 되고, 시어머니를 봉양하여 정성을 다했으니 효부가 되어 효와 열(烈)을 갖추었다. 정절을 지킨다는 것은 오늘의 남녀 평등의 민주주의에 어긋난다고 할지 모르지만 당초의 약속을 지켜서 뜻을 고치지 않는 숭고한 사랑의 정신은 높이 찬양되어야 할 것이다.

母懼而不敢嫁也하여 遂使養其姑하니 二十八年에 姑八十餘라 以天年으로 終커늘 盡賣其田宅財物하여 以葬之하고 終奉祭祀하니라 淮陽太守以聞한데 使使者하여 賜黃金四十斤하시고 復之하여 終身無所與하니 號曰孝婦라 하더라

행수(行戍) : 국경의 수비병으로 복무하러 가는 것.
촉(屬) : 부탁하는 것.
비양(備養) : 봉양에 대비함.
응(應) : 응답.
불쇠(不衰) : 쇠하지 않음. 전만 못하지 않음.
자애유고(慈愛愈固) : 시어머니의 며느리 간에 자애와 애경이 더욱 굳어짐.
방적직임(紡績織絍) : 모두 길쌈한다는 뜻임.
장취가지(將取嫁之) : 장차 데려다가 시집보내려 함.
천년(天年) : 타고난 수명(壽命).
사사자(使使者) : 사신(使臣)을 보냄.
복지(復之) : 복호(復戶)하는 것. 충신·효자·절부(節婦)의 집의 호역(戶役)을 면제해 주는 것. 호역이란 부역(賦役)·잡세(雜稅) 등을 말함.
무소여(無所與) : 참여함이 없게 하는 것.

제28장

한(漢)나라 포선(鮑宣)의 아내 환씨(桓氏)의 자(字)는 소군(少君)이다. 선(宣)이 일찍이 소군의 아버지에게 나아가 글을 배웠는데, 소군의 아버지가 그의 청백(淸白)하고 근고(勤苦)함을 기특히 여겼기 때문에 딸을 그에게 시집보냈다. 치장(治裝)하여 보내는 재물이 매우 풍성하니, 선이 기뻐하지 않으며 아내에게 말하기를, "소군은 부유하고 교만하게 자라나서 아름답게 꾸미는 것을 익혔는데, 나는 실로 가난하고 미천하여 그와 같은 예절을 감당할 수 없소." 하였다. 아내가 말하기를, "아버지께서 선생이 덕을 닦고 검약을 지킨다고 생각한 까닭에 천첩(賤妾)으로 하여금 뫼시어 건즐(巾櫛)을 잡게 한 것입니다. 이미 군자(君子)를 받들기로 했으니, 오직 명령에 따를 뿐입니다." 하니, 선이 웃으며 말하기를, "능히 그와 같이 할 수 있다면 그것은 나의 뜻이오." 하였다. 아내는 곧 하인과 의복과 장식품들을 모두 돌려보내고 짧은 베치마로 갈아입고서 선과 함께 작은 수레를 끌고 향리(鄕里)로 돌아갔다. 시어머니께 절하여 예(禮)를 마치고, 동이를 들고 나가서 물을 길어 부도(婦道)를 잘 행하니, 온 마을과 고을이 칭송했다.

| 풀이 | 포선은 환소군(桓小君)에게 장가들었는데, 시집 올 때 실어온 많은 재물을 사양했다. 환소군 또한 남편의 뜻을 받들어서 그 많은 재물을 모두 돌려보냈으며, 화려한 옷을 버리고 짧은 베치마로 갈아입고 남편과 함께 시

28// 漢鮑宣의 妻桓氏의 字는 少君이라 宣이 嘗就少君父學하더니 父奇其淸苦하여 故로 以女妻之하니 裝送資賄甚盛이어늘 宣이 不悅하여 謂妻曰 少君이 生富驕하여 習美飾하니 而吾實貧賤이라 不敢當禮로다 妻曰 大人이 以先生이 修德守約故로 使賤妾으로 侍執巾櫛하시니 旣奉承君子라되 惟命是從하리이다 宣이 笑曰 能如是면 是吾志也로다 妻乃悉歸侍御服飾하고 更着短布裳하여 與宣으로 共挽鹿車하여 歸鄉里하여 拜姑禮畢하고 提甕出汲하여 修行婦道하니 鄉邦이 稱之하더라

포선(鮑宣): 자는 자도(子都), 발해(渤海) 사람.
청고(淸苦): 청백(淸白), 근고(勤苦).
장송자회(裝送資賄): 시집 보낼 때 보내는 재물.
대인(大人): 여기서는 친정아버지를 뜻함.
선생(先生): 여기서는 남편을 가리킴.
시집건즐(侍執巾櫛): 뫼시

골집으로 돌아가 시어머니를 모시고 가난하지만 주부의 도리를 다하면서 단란하게 살았다.

  오늘날에는 사람들의 정신이 물질로 쏠려서 아내 또는 며느리를 부잣집에서 맞이하려는 사람이 많은데 이것은 생각할 문제다. 신랑집이 가난하고 신부집이 부유하다면, 여기에 나오는 환소군 같은 착한 아내가 아니고는 시집을 업신여기고 남편을 가볍게 보아 그 가정이 화목지 못하고 모든 일에 어두운 그림자를 드리우게 된다.

제29장

  조상(曹爽)의 종제(從弟) 문숙(文叔)의 아내는 초군(譙郡)의 하후문녕(夏侯文寧)의 딸로, 이름은 영녀(令女)다. 문숙이 일찍 죽으니 복상(服喪)을 마치고 나서 스스로 나이 젊고 자식이 없음을 이유로 친정집에서 반드시 자기를 시집보낼 것을 두려워하여 머리털을 자르고 맹세했다. 그 뒤 친정집에서 과연 시집보내고자 하니, 영녀가 이 말을 듣고 다시 칼로 두 귀를 베고 생활을 항상 상에게 의지했으나 조상이 사형을 당하기에 이르러 조씨 일문이 모두 죽으니, 영녀의 숙부가 조정에 글을 올려 조씨와의 혼인 관계를 끊고 강제로 영녀를 데리고 갔다.

  이때 문녕이 양주(梁州)의 관원으로 있었다. 그 젊은 나이로 절개를 지키는 것을 불쌍히 여기고, 또 조씨 가문이 살아 남은 자가 없음을 알고 그 뜻이 꺾이기를 바라는 마음에서 은밀히 사람을 시켜 마음을 움직여 보았다. 영녀

어서 수건과 빗을 손에 잡는 것. 남편의 시중드는 것.
군자(君子) : 여기서는 남편을 높여서 하는 말.
시어(侍御) : 하인.
복식(服飾) : 의복과 장식품.
경착(更着) : 옷을 갈아입음.
녹거(鹿車) : 작은 수레. 사슴 한 마리를 실을 만하다 하여 나온 말.
부도(婦道) : 주부가 해야 할 도리. 부녀자의 할 도리.

29// 曹爽의 從弟文叔의 妻는 譙郡夏侯文寧之女니 名은 令女라 文叔이 蚤死커늘 服闋하고 自以年少無子하니 恐家必嫁己하여 乃斷髮爲信이러니 其後에 家果欲嫁之어늘 令女聞하고 即復以刀로 截兩耳하고 居止를 常依爽하더니 及爽이 被誅하여 曹氏盡死커늘 令女叔父 上書하여 與曹氏絶婚하고 彊迎令女歸하니라 時에 文寧이 爲梁相이러니 憐其少執義하고 又曹氏無遺類라 冀其意阻하여 乃微使人風之한데 令女嘆且泣曰 吾亦惟之하니 許之是也라 하여늘 家以爲信하여

防之少懈한데 令女於是에 竊入寢室하여 以刀斷鼻하고 蒙被而臥하여 其母呼與語하되 不應이어늘 發被視之하니 血流滿床席이어늘 擧家驚惶하여 往視之하고 莫不酸鼻하더라 或이 謂之曰 人生世間이 如輕塵棲弱草耳니 何辛苦乃爾오 且夫家夷滅已盡하니 守此欲誰爲哉오 令女曰 聞仁者는 不以盛衰로 改節하고 義者는 不以存亡으로 易心하나니 曹氏全盛之時라도 尙欲保終이어든 況今衰亡하니 何忍棄之리오 禽獸之行을 吾豈爲乎리오

복결(服闋) : 복상(服喪)을 마침.
위신(爲信) : 신념의 표지(標識)로 하는 것.
집의(執義) : 절개를 지키는 것.
유류(遺類) : 남은 사람.
기기의조(冀其意阻) : 그 절개를 지키려는 뜻이 저지되기를 바람.
풍지(風之) : 마음을 움직이게 만드는 것.
유지(惟之) : 생각하는 것.
절(竊) : 가만히.
몽피이와(蒙被而臥) : 이불을 쓰고 눕는 것.

가 탄식하고 울면서 말하기를, "나도 생각해 보니 허락하는 것이 옳다." 하므로 집에서는 참말로 여겨서 방비(防備)를 조금 게을리했다. 영녀가 이 틈을 타서 가만히 침실로 들어가서 칼로 코를 베고 이불을 쓰고 누웠다. 그 어머니가 부르면서 말을 했으나 대답하지 않으므로 이불을 걷고 보니 피가 흘러 침상(寢床)과 자리에 가득했다. 온 집안 사람이 놀래어 가서 보고 슬퍼하지 않는 이가 없었다.

어떤 사람이 영녀에게 말하기를, "사람이 세상에 사는 것은 마치 가벼운 먼지가 약한 풀에 앉는 것과도 같다. 어찌 그다지도 고생을 하는가. 그리고 남편의 집안은 이미 멸족(滅族)을 당하여 모두 죽어 없어졌는데 누구를 위하여 절개를 지키랴." 하니, 영녀가 말하기를, "내 들으니 어진 자는 그 성(盛)하고 쇠(衰)함을 가지고 절개를 고치지 않고, 의로운 자는 그 존재하고 멸망함을 가지고 마음을 바꾸지 않는다고 했다. 조씨 가문이 전성(全盛)하던 때도 오히려 뜻을 보전하여 몸을 마치려 했거늘, 하물며 이제 멸망했으니 어찌 차마 버리랴. 금수(禽獸)의 행실을 내 어찌 하랴." 하였다.

| 풀이 | 하후영녀가 그녀의 남편 문숙이 죽은 뒤 절개를 지키기 위하여 두 귀를 베고 또 코를 벤 것은 너무나 참혹하여 사람으로서는 차마 할 수 없는 일 같다. 그러나 오늘날 권력과 금전에 아부하여 권력이 있고 돈이 있을 때는 온갖 아첨을 다하여 붙었다가도 권력이 떨어지고 돈이 다

없어지면 태도가 돌변하여 차갑게 대하는 염량세태(炎凉世態)에서 볼 때 영녀의 행동은 높이 평가되어야 한다. 특히 "어진 자는 그 성하고 쇠함을 가지고 절개를 고치지 않고, 의로운 자는 그 존재하고 망함을 가지고 마음을 바꾸지 않는다."는 말을 우리는 다시금 마음에 새겨보자.

거가(擧家) : 온 집안.
산비(酸鼻) : 코가 시큰함.
경진서약초(輕塵棲弱草) : 가벼운 먼지가 연약한 풀에 앉는 것. 인생의 덧없음을 형용한 말.
하신고내이(何辛苦乃爾) : 왜 그다지도 고생하는가.
이멸(夷滅) : 멸족당함.

제30장

 당(唐)나라 정의종(鄭義宗)의 아내 노씨(盧氏)는 경서(經書)와 사기(史記)를 대략 읽었으며, 시아버지와 시어머니를 섬김이 매우 며느리의 도리에 맞았다. 일찍이 밤에 강도 수십 명이 몽둥이를 손에 들고 고함을 지르면서 담을 넘어 들어오니, 집 안 사람이 모두 달아나 숨고 오직 시어머니만이 방에 있었다. 노씨가 시퍼런 칼날도 돌아보지 않고 달려가 시어머니 곁에 이르러서 도적에게 매를 맞아 거의 죽게 되었다.

 도적이 물러간 뒤에 집 안 사람이 묻기를, "어찌 혼자서 두려워하지 않았습니까?" 하니, 노씨가 말하기를, "사람이 금수(禽獸)와 다른 것은 인의(仁義)가 있기 때문이오. 이웃 마을에 위급한 일이 있어도 오히려 달려가 구하려 드는데 하물며 시어머니를 버려둘 수 있으랴. 만약 시어머니가 위급한 화를 당한다면 어찌 혼자만 살아 남으리오."라고 하였다.

30// 唐鄭義宗의 妻盧氏略涉書史하고 事舅姑하되 甚得婦道하더니 嘗夜에 有强盜數十이 持杖鼓噪하고 踰垣而入하니 家人이 悉奔竄하고 唯有姑自在室이어늘 盧冒白刃하고 往至姑側하여 爲賊搖擊하여 幾死러라 賊去後에 家人이 問何獨不懼오 盧氏曰 人所以異於禽獸者는 以其有仁義也니 鄰里有急이라도 尙相赴救오 況在於姑而可委棄乎아 若萬一危禍면 豈宜獨生이리오

섭(涉) : 여기서는 섭렵(涉獵)이니, 책을 읽는 것임.
구고(舅姑) : 구는 시아버지, 고는 시어머니.
실분찬(悉奔竄) : 모두 달아나 숨는 것.

| 풀이 | 위급한 경우를 당하면 목숨을 구하여 달아나 숨

추격(捶擊) : 매맞음.
기사(幾死) : 거의 죽음.
위기(委棄) : 버림.

는 것이 일반 사람의 인정(人情)이다. 그러나 정의종의 아내 노씨는 위급한 중에도 시어머니를 구하려고, 그 처소로 달려갔다가 도적에게 매를 맞아 거의 죽을 뻔했다. 글 끝의 문답을 통하여 노씨의 높은 수양을 알 수 있다. 사람은 모름지기 창황하고 위급함 속에서도 인간의 벗어나지 않는 수양을 쌓아야 한다.

제31장

당나라 봉천(奉天) 두씨(竇氏)의 두 딸은 시골에서 자랐으되 어려서 지조(志操)가 있었다. 영태(永泰) 연간에 떼도적 수천 명이 그 고을을 침범하여 노략질했다. 두 처녀는 모두 아름다운 용모를 지녔었는데, 맏이는 열아홉 살이고, 아우는 열여섯 살이었다. 바위 굴 속에 숨어 있었으나, 도적이 끌어내어 협박하고 앞으로 몰고 갔다. 길이 구렁에 임하여 골짝이의 깊이가 수백 척이 되었다. 그 언니가 먼저 말하기를, "나는 차라리 죽을지언정 외리에 욕됨을 당할 수 없다." 하고 곧 벼랑 밑으로 몸을 던져 죽었다. 도적이 비로소 놀랐다. 그 아우가 계속하여 스스로 몸을 던져서 다리가 부러지고 얼굴이 깨어져 피가 흐르니, 도적이 버리고 가버렸다.

경조윤(京兆尹) 제오기(弟五琦)가 그 곧은 절개를 어여삐 여겨 조정에 아뢰니, 임금이 조서(詔書)를 내려 그 마을의 문에 정문(旌門)을 세워서 표창하고 그 집의 부역(賦役)을 영구히 면제해 주었다.

31// 唐奉天竇氏二女生長草野하되 幼有志操러니 永泰中에 群盜數千人이 剽掠其村落한데 二女皆有容色하여 長者는 年十九오 幼者는 年十六이러니 匿巖穴間이어늘 曳出之하여 驅迫以前할새 臨壑谷深數百尺하여 其姉先日 吾寧就死언정 義不受辱이라 하고 卽投崖下而死커늘 盜方驚駭하더니 其妹繼之自投하여 折足破面流血이어늘 群盜乃捨之而去하니라 京兆尹第五琦嘉其貞烈하여 奏之한데 詔旌表其門閭하시고 永蠲其家丁役하시다

표략(剽掠) : 협박하여 노략질함.

| 풀이 | 이 글에서는 당나라 때 봉천 고을에 사는 두씨의 두 딸이 목숨을 버려서 정절을 지킨 일을 논했다.

제32장

목용(繆肜)이 어렸을 적에 아버지를 여의고, 형제 네 사람이 재산과 생업(生業)을 함께하더니, 각기 아내를 맞기에 이르러, 여러 제수(弟嫂)가 재산을 나누어 따로 살기를 요구하고 또 자주 싸우고 다투는 말이 있었다. 융은 매우 분하고 한탄하는 마음을 품어서 방문을 닫고 스스로 자기 몸에 매질하며 말하기를, "융아, 네가 몸을 닦고 행실을 삼가서 성인(聖人)의 법을 배우는 것은 장차 풍속을 바로잡으려는 것인데, 어찌하여 자기 집조차도 바로잡지 못한단 말인가." 하였다. 아우와 여러 제수가 듣고 모두 머리를 조아려 사죄하여 마침내 다시 정이 도탑고 화목하게 되었다.

| 풀이 | 이 글은 목융의 지극한 우애가 아우와 제수들을 감화시켜 4형제가 평생을 한 집에서 산 미담(美談)이다. 부모와도 함께 살기를 부자유스럽게 생각하여 핵가족이 성행하는 오늘의 사회에서는 생각조차 할 수 없는 일이다. 형제의 우애도 예로부터 오륜(五倫)의 하나로 중시되어 왔다. 한 부모의 몸을 받아 나온 형제 자매 사이에 서로 사랑하는 정신만은 잃지 말아야 할 것이다.

취사(就死) : 죽음에 나아가는 것.
제오기(第五琦) : 제오는 성, 기는 이름.
정표(旌表) : 정문(旌門)을 세워서 표창함.

32// 繆肜이 少孤하여 兄弟四人이 皆同財業하더니 及各取妻하여 諸婦遂求分異하고 又數有鬪爭之言이어늘 肜이 深懷忿嘆하여 乃掩戶自撾曰 繆肜야 汝修身謹行하여 學聖人之法은 將以齊整風俗이니 奈何로 不能正其家乎오 한대 弟及諸婦聞之하고 悉叩頭謝罪하여 遂更爲敦睦之行하더라

목융(繆肜) : 자는 예공(豫公), 한(漢)나라 사람.
고(孤) : 아버지를 여읜 아들을 고자(孤子)라고 함.
부(婦) : 제부(弟婦)로 보아서 아우의 아내로 풀이했음.
분이(分異) : 재산을 나누어 따로 사는 것.
삭(數) : 자주.
과(撾) : 매질하는 것.
고두사죄(叩頭謝罪) : 머리가 땅에 닿도록 절하며 사죄하는 것.

33// 蘇瓊이 除南淸河太守하니 有百姓乙普明兄弟爭田하여 積年不斷하여 各相援據하니 乃至百人이러니 瓊이 召普明兄弟하여 諭之曰 天下에 難得者는 兄弟요 易求者는 田地니 假令得田地라도 失兄弟心하면 如何오 하고 因而下淚한데 諸證人이 莫不灑泣하더니 普明兄弟叩頭하여 乞外更思하여 分異十年에 遂還同住하니라

소경(蘇瓊) : 자는 진지(珍之), 북조(北朝)의 북제(北齊) 사람.
남청하(南淸河) : 고을 이름.
원거(援據) : 증거가 될 만한 사람을 끌어대는 것.
쇄읍(灑泣) : 눈물을 뿌리면서 우는 것.
동주(同住) : 한 집에서 같이 사는 것.

제33장

소경(蘇瓊)이 남청하 태수(南淸河太守)에 임명되어 갔는데, 백성 중에 을보명(乙普明) 형제가 있어 전지를 다투어 소송하여 여러 해가 되도록 해결을 보지 못했으며, 각기 증인을 끌어대니 100명이나 되었다. 경이 보명 형제를 불러서 타이르기를, "세상에서 얻기 어려운 것은 형제이고 구하기 쉬운 것은 전지다. 가령 전지를 얻는다 해도 형제의 정의(情義)를 잃게 되니 어찌하나." 하고 이어서 눈물을 흘리니, 모든 증인이 눈물을 뿌려 울지 않는 자가 없었다. 보명 형제가 머리를 조아리며 밖에 나가서 다시 생각할 수 있게 해 주기를 빌었다. 재산을 나누어 따로 산 지 10년 만에 마침내 돌아가 함께 살았다.

|풀이| 을보명 형제는 고을의 태수(太守) 소경의 감화를 받아서 오래도록 계속해 온 전지의 쟁송(爭訟)을 그만두었을 뿐만 아니라, 10년의 별거 생활을 청산하고 다시 한 집에서 살았다는 이야기다.

법으로만 해결하려고 했다면 그들 형제는 원수가 되었을 것이지만, 도의적인 해결을 시도했기 때문에 형제의 사랑을 온전히 나눌 수 있었던 것이다. 이는 모든 인간 문제의 해결에 있어서 도덕이 법에 우선한다는 좋은 예를 보여주고 있는 것이라 하겠다.

제34장

　왕상(王祥)의 아우 람(覽)의 어머니 주씨(朱氏)가 왕상을 대우함이 무도(無道)하니, 람의 나이 두어 살 때 상이 매맞는 것을 보고 문득 울면서 상을 껴안았다. 성동(成童)하기에 이르러, 매양 그의 어머니에게 간(諫)하니 그의 어머니가 흉포(凶暴)한 짓을 조금 멈추었다. 주씨가 자주 도리에 맞지 않는 일로 상을 부렸지만, 람이 상과 함께하고 또 상의 아내를 사납게 부리면 람의 아내가 또한 달려가서 함께 하니, 주씨가 근심하여 마침내 무도한 짓을 그만두었다.

| 풀이 | 왕람의 나이 어릴 때 어머니로부터 형이 종아리 맞는 것을 보고 측은히 여겨 울면서 껴안은 것은 그 우애가 자연에서 우러나는 것이다. 또한 왕상의 아내가 혹사(酷使)를 당할 때 람의 아내가 달려가서 그 괴로움을 함께 한다는 것은 그 남편의 감화를 받음이 깊지 않고는 될 수 없는 일이다. 왕람의 지극한 우애는 그 아내를 감화시키고 마침내 포악한 어머니를 착한 어머니로 만들었던 것이다.

제35장

　진(晋)나라의 우복야(右僕射) 등유(鄧攸)가 영가(永嘉) 말년에 석륵(石勒)에게 포로가 되었다가 사수(泗水)를 지날 때 소와 말에 처자를 싣고 달아났다. 또 도적을 만나 소와 말을 빼앗기고 걸어서 달아나면서 그의 아들과 아우의 아들 수(綏)를 등에 업었다. 둘 다 보전할 수 없음을 알고 그

34// 王祥의 弟覽의 母 朱氏遇祥無道러니 覽이 年數歲에 見祥의 被楚撻하고 輒涕泣抱持하더니 至于成童하여 每諫其母하니 其母少止凶虐하니라 朱屢以非理로 使詳이어든 覽이 與祥俱하고 又虐使祥妻어든 覽妻亦趨而共之하니 朱患之하여 乃止하니라

왕람(王覽): 자는 현통(玄通).
우상(遇祥): 왕상을 대우하는 것.
성동(成童): 나이가 열다섯 살 되는 것.

35// 晋右僕射鄧攸永嘉末에 沒于石勒하여 過泗水할새 攸以牛馬로 負妻子而逃하다가 又遇賊하여 掠其牛馬하고 步走하여 擔其兒及其弟子綏러니 度不能兩全하

고 乃謂其妻曰 吾弟早
亡하고 唯有一息하니
理不可絶이라 止應自棄
我兒耳로다 幸而得存하
면 我는 後當有子어니
라 妻泣而從之어늘 乃
棄其子而去러니 卒以
無嗣하니라 時人이 義
而哀之하여 爲之語曰
天道無知하여 使鄧伯道
로 無兒로다 弟子綏服
攸喪三年하니라

등유(鄧攸) : 자는 백도(伯
道), 효우(孝友)로 이름 높
았음.
몰우석륵(沒于石勒) : 석륵
에게 포로가 됨.
양전(兩全) : 여기서는 그의
아들과 아우의 아들 두 사
람의 목숨을 보전하는 것.
식(息) : 자식.
절(絶) : 여기서는 후사(後
嗣)가 끊어지는 것.
천도(天道) : 하늘의 이치.

36// 晉咸寧中에 大疫
이러니 庾袞의 二兄이
俱亡하고 次兄毗復危
殆하여 癘氣方熾어늘
父母諸弟皆出次于外하
되 袞이 獨留不去어늘
諸父兄이 强之한데 乃
曰 袞의 性不畏病이라
하고 遂親自扶持하여

의 아내에게 말하기를, "내 아우가 일찍 죽고 오직 이 아들이 있을 뿐이니 도리상 후사(後嗣)를 끊을 수 없고 응당 내 아들을 버려야 할 것이요. 다행히도 살아 남을 수 있다면 나는 뒤에 자식을 둘 수 있을 것이요." 하니, 아내가 울면서 이 말에 좇아 그 아들을 버리고 갔는데, 마침내 후사가 없었다.

그때의 사람들이 그를 의롭게 여기고 또 슬퍼하여 말하기를, "천도(天道)가 알음이 없어서 등백도(鄧伯道)로 하여금 자식을 없게 했다." 하였다. 아우의 아들 수가 유의 상(喪)에 3년복을 입었다.

┃풀이┃ 등유는 자기 아들과 아우의 아들 두 어린이를 등에 업고 피난가다가 두 어린이를 모두 살릴 수 없다는 판단 아래 죽은 아우의 후사를 잇게 하기 위하여 자기 아들을 버려서 조카를 살렸다. 참으로 인간을 초월한 지극한 형제애(兄弟愛)라고 하겠다.

제36장

진(晉)나라 함녕(咸寧) 연간에 역질(疫疾)이 크게 유행하여 유곤(庾袞)의 두 형이 모두 죽고, 그 다음 형 비(毗)가 또 위독했다. 역질의 기세(氣勢)가 바야흐로 불같이 성하므로 부모와 여러 아우는 모두 밖에 나가 있었다. 곤이 혼자 머물고 떠나가지 않으니 부형(父兄)들이 강권하거늘, 곤이 말하기를, "곤의 성품은 병을 두려워하지 않습니다." 하고, 드디어 몸소 환자를 간호하여 밤낮으로 자지 않았으며 그 사이사이에 또 형들의 관을 어루만지며 슬퍼하기를 마지않았다. 이와 같이 하기를 십여 순(旬)에 이르자, 역질의 기세가 꺾였고 집 안 사람들이 돌아와 보니 비의 병이 차도가 있었으며, 곤 또한 아무 탈이 없었다.

 부로(父老)가 모두 말하기를, "기이하다. 이 아이는 사람이 지키지 못하는 도리를 지키고, 사람이 행하지 못하는 일을 행했구나. 날씨가 추워진 뒤에 소나무와 잣나무가 나중에 시드는 것을 안다더니, 비로소 역질이 서로 전염하지 못하는 것을 알았다." 하였다.

| 풀이 | 전염병이 기세를 부려서 형 둘이 죽고 또 한 형이 병에 걸리니, 온 집안 식구가 모두 전염되는 것을 두려워하여 집을 버리고 마을 밖에 나가 있었건만 유곤은 그대로 집에 있으면서 형의 병을 정성껏 간호하고 또 죽은 형들의 시체를 지켰다. 죽음은 사람이 저마다 싫어하는 것이건만 유곤은 죽음도 돌아보지 않고 형들을 위해 있었다.

 그 정성이 하늘을 감동시켰던 탓인지, 형의 병이 쾌차하고 곤도 무사했으니 사람들은 남이 지키지 못하는 도리를 지키고, 행하지 못하는 일을 행했다 하며 감탄해 마지않았다. 곤이 형을 사랑하는 마음 또한 인간을 초월했다고 보겠다.

晝夜不眠하며 其間에 復撫柩하여 哀臨不輟하더니 如此十有餘旬에 疫勢旣歇이어늘 家人이 乃反하니 毗病이 得差하니 袞亦無恙하니라 父老咸曰 異哉라 此子여 守人所不能守하며 行人所不能行하니 歲寒然後에야 知松柏之後凋니 始知疫癘之不能相染也와라

함녕(咸寧) : 무제(武帝) 때 연호.
대역(大疫) : 역질(疫疾)이 크게 유행함. 역질은 전염병.
여기(癘氣) : 역질의 기세.
차(次) : 집을 정하고 거처하는 것.
부지(扶持) : 환자(患者)를 붙들어 간호함.
헐(歇) : 그치는 것. 여기서는 병 기운이 가시는 것.

37// 楊播의 家世純厚하여 竝敦義讓하여 昆季相事하되 有如父子하더니 椿津이 恭謙하여 兄弟旦則聚於廳堂하여 終日相對하여 未嘗入內하며 有一美味어든 不集不食하더라 廳堂間에 往往에 幃幔隔障하여 爲寢息之所하여 時就休偃하고 還共談笑하더라 椿이 年老하여 曾他處醉歸어늘 津이 扶持還室하여 假寢閤前하여 承候安否하더라 椿津이 年過六十하여 竝登台鼎而津이 常旦莫參問이어든 子姪이 羅列階下러니 椿이 不命坐어든 津이 不敢坐하더라 椿이 每近出하여 或日斜不至어든 津이 不先飯하여 椿이 還然後에 共食하더라 食則津이 親授匙箸하며 味皆先嘗하고 椿이 命食然後에 食하더라 津이 爲肆州에 椿이 在京宅이러니 每有四時嘉味어든 輒因使次하여 附之하고 若或未寄면 不先入口하더라 一家之內에 男女百口러니 緦服이 同爨하되 庭無間言하더라

제37장

양파(楊播)의 집안은 대대로 순후(純厚)하고 또 예의(禮義)와 겸양(謙讓)을 숭상했다. 형제가 서로 섬기기를 마치 아버지와 자식같이 하더니, 춘(椿)·진(津)이 공경하고 겸손하여, 형제가 아침이면 대청 마루에 모여 온종일 서로 대하여 앉아서 일찍이 내당(內堂)에 들어가는 일이 없었으며, 한 가지라도 맛있는 음식이 있으면 서로 모이지 않고는 먹지 않았다. 대청 마루에 가끔 휘장으로 사이를 막아 잠자고 쉬는 장소를 만들어서, 때로 휴식을 취하고 돌아와서는 다시 담소(談笑)를 함께했다.

춘이 나이 늙어서 다른 곳에서 술취하여 돌아오면 진이 부축하여 방에 들어가 쉬게 하고 자신은 옷을 벗지 않은 채로 방문 앞에 누워서 안부(安否)를 살폈다.

춘과 진이 나이 60세가 넘어서 모두 삼공(三公)의 지위에 올랐건만, 진이 항상 아침저녁으로 들어가 문안하면 아들과 조카들이 섬돌 아래 나열(羅列)하여 섰으며, 춘이 앉기를 명하지 않으면 진이 감히 앉지 못했다.

춘이 매양 가까운 곳에 나가서 해가 지도록 돌아오지 않으면 진이 먼저 밥먹지 않고 춘이 돌아온 뒤에야 함께 먹었다. 먹을 때는 진이 친히 숟가락과 젓가락을 드리고 음식을 모두 먼저 맛보았으며, 춘이 먹기를 명한 뒤에야 먹었다. 진이 사주 자사(肆州刺史)로 있을 때 춘은 서울집에 있었는데, 매양 사철의 맛좋은 식품이 있을 때마다 번번이 심부름가는 인편(人便)에 부쳤으며, 만약 부치지 못

하면 먼저 입에 넣지 않았다. 집안에 남녀 식구가 백을 헤아렸건만 시복(緦服)의 친족이 같은 솥의 밥을 먹었으며 집안에는 이간하는 말이 없었다.

| 풀이 | 이 글에서는 양춘(楊椿)과 양진(楊津) 형제 사이의 우애하는 생활을 기술하고 있다. 나이 60세가 넘고 벼슬이 삼공(三公)의 지위에 이르렀어도 양진은 그의 형 섬기기를 마치 아버지를 섬기듯이 했고, 양춘 또한 그의 아우를 극진히 사랑하여 맛좋은 음식을 혼자 먹지 않았다.

제38장

　수(隋)나라 이부상서(吏部尙書) 우홍(牛弘)의 아우 필(弼)은 술을 좋아하고 주정이 심하더니, 일찍이 술에 취하여 홍의 수레를 끄는 소를 쏘아 죽였다. 홍이 집에 돌아오니 그 아내가 홍을 맞아 말하기를, "시동생이 소를 쏘아 죽였습니다." 하였으나, 홍이 듣고 괴이히 여겨 묻지 않고 대답하기를, "포(脯)를 만드시오." 하였다. 자리에 앉자, 그 아내가 또 말하기를, "시동생이 소를 쏘아 죽였으니 매우 괴이한 일입니다." 하였으나 홍이 말하기를, "이미 알았소." 하고는 얼굴빛을 태연히 하고 글 읽기를 쉬지 않았다.

| 풀이 | 우홍은 그의 아우 필이 자기의 수레를 끄는 소를 쏘아 죽였다는 말을 듣고도 태연히 글을 읽을 뿐, 아우를 나무라는 한마디의 말이 없었다. 하찮은 물질이 그의 아

곤계(昆季) : 형제.
춘(椿) : 자는 연수(延壽).
진(津) : 자는 나한(羅漢).
미미(美味) : 맛좋은 음식.
휴언(休偃) : 쉬는 것.
담소(談笑) : 이야기하고 웃는 것.
가침(假寢) : 옷을 입은 채로 자는 것.
합전(閤前) : 방문 앞.
승후(承候) : 살피는 것.
단모(旦莫) : 아침과 저녁.
참문(參問) : 문안하는 것.
위사주(爲肆州) : 사주의 자사(刺史)가 되는 것.
사시가미(四時嘉味) : 철마다 나오는 맛좋은 식물.

38// 隋吏部尙書牛弘의 弟弼이 好酒而酗하더니 嘗醉하여 射殺弘이 駕車牛한데 弘이 還宅이어늘 其妻迎謂弘曰 叔이 射殺牛라 하여늘 弘이 聞하고 無所怪問이오 直答曰 作脯하라 坐定커늘 其妻又曰 叔이 射殺牛하니 大是異事로다 弘이 曰 已知라 하고 顔色이 自若하여 讀書不輟하더라

우홍(牛弘) : 자는 이인(里仁), 안정(安定) 사람임.
후(酗) : 술주정이 심한 것.
숙(叔) : 시숙(媤叔)이니, 시동생을 말함.

우를 사랑하는 마음을 움직일 수는 없었던 것이다. 필자도 어렸을 적에 이와 같은 사람을 보았는데, 아우가 난봉을 부려서 몇 백 석 하는 가산(家産)을 모두 탕진(蕩盡)했어도 형은 한 번도 그의 아우를 나무라는 일이 없었다.

제39장

당나라의 영공(英公) 이적(李勣)이 몸의 귀히 됨이 복야(僕射)에 이르렀건만 누님이 병들면 반드시 몸소 불을 때서 죽을 끓였는데, 불이 그의 수염을 태웠으므로 누님이 말하기를, "하인이 많은데 어찌하여 수고로움이 이같은가." 하니, 적이 대답하기를, "어찌 사람이 없어서 그러는 것이겠습니까. 생각건대 이제 누님의 나이 늙고 저도 또한 늙었습니다. 비록 자주 누님을 위하여 죽을 끓이려 한들 또다시 할 수 있겠습니까." 하였다.

| 풀이 | 이 글에서는 이적이 그의 누님을 공경한 일을 기술하고 있다. 이적은 복야의 높은 지위에 있는 몸으로서 그의 누님이 병들었을 때 몸소 불을 때서 죽을 끓였으며, 그의 누님이 늙고 자신 또한 늙게 되자 다시는 누님을 위하여 죽을 끓일 기회가 없게 될 것을 못내 애석해 했다.

제40장

사마온공(司馬溫公)과 그의 형 백강(伯康)은 우애가 지극히 돈독했다. 백강의 나이 80세가 되어 가니, 공(公)이 받

괴문(怪問) : 괴이히 여겨서 묻는 것.
자약(自若) : 태연하여 평일(平日)과 다름없는 것.

39// 唐英公李勣이 貴爲僕射로되 其姉病이어든 必親爲然火煮粥이러니 火焚其鬚어늘 姉曰 僕妾이 多矣니 何爲自苦如此오 勣이 曰 豈爲無人耶리오 顧今에 姉年老하고 勣이 亦老하니 雖欲數爲姉煮粥인들 復可得乎아

이적(李勣) : 자는 무공(懋功), 공로가 있어 재상(宰相)이 되고 영공(英公)에 봉해졌음. 본성(本姓)은 서(徐)씨인데, 당 고조(唐高祖)가 이(李)씨의 성을 내렸음.
복첩(僕妾) : 하인과 첩.

40// 司馬溫公이 與其兄伯康으로 友愛尤篤이러니 伯康이 年將八

들기를 엄한 아버지와 같이 하고, 보호하기를 어린이와 같이 했다. 매양 밥먹고 조금 있다가 묻기를, "배고프지 않습니까?" 하고, 날이 조금 차면 그 등을 어루만지며 말하기를, "옷이 얇지 않습니까?" 하였다.

十이라 公이 奉之如嚴父하며 保之如嬰兒하여 每食少頃則問曰 得無饑乎아 하며 天이 少冷則 拊其背曰 衣得無薄乎아 하더라

백강(伯康) : 사마온공의 형으로, 이름은 단(旦)이고 백강은 자임.

| 풀이 | 이 글에서는 사마온공이 그의 형 백강을 공경하던 일을 기술하고 있다. 엄한 아버지와 같이 받드는 것은 지극히 공경하는 것이고, 어린아이와 같이 보호하는 것은 지극히 사랑함을 뜻한다. 사람이 노쇠(老衰)하면 쉬 배고프고 또 추위를 견디기 어렵다.

제41장

근세(近世)의 고가(故家) 중에 오직 조(晁)씨만이 이도(以道)의 자제들에 대한 훈계함에 힘입어서 모두 법도(法度)가 있다. 여러 집이 모여 살면서 서로 부를 때 외성(外姓)의 존장(尊長)이면, 반드시 무슨 성(姓) 몇째 아저씨 또는 몇째 형님이라 하고, 모든 고모·대고모(大姑母)의 남편은 반드시 무슨 성 고모부, 무슨 성 대고모부라고 하여 일찍이 감히 자를 부르지 못했다. 그리고 그 아버지의 친구를 부를 때도 반드시 무슨 성 몇째 어른이라고 하여 또한 감히 자를 부르지 못하니, 당시의 고가 구족(故家舊族)이 모두 이와 같이 하지 못했다.

41// 近世故家惟晁氏因以道의 申戒子弟하여 皆有法度하니 群居相呼에 外姓尊長이란 必曰 某姓第幾叔若兄이라 하며 諸姑尊姑之夫는 必曰某姓姑夫某姓尊姑夫라 하고 未嘗敢呼字也하며 其言父黨交游에 必曰某姓幾丈이라 하고 亦未嘗敢呼字也하니 當時故家舊族이 皆不能若是하더라

고가(故家) : 예로부터 이름 있는 집안.
이도(以道) : 조설지(晁說之)를 말함. 이도는 자.

| 풀이 | 옛날에는 내·외성 친족의 손윗사람에게는 항렬

신계(申戒) : 거듭 경계함.
외성존장(外姓尊長) : 여기의 외성은 타성(他姓)의 친척, 존장은 손윗사람.
고(姑) : 고모(姑母).
존고(尊姑) : 대고모.
호자(呼字) : 자(字)를 부름. 옛날에는 본 이름을 소중히 여겨서 자를 만들어 불렀음.
부당교유(父黨交游) : 아버지의 친구.
구족(舊族) : 예로부터 이름 있는 씨족(氏族), 고가(故家)와도 통함.

42// 包孝肅公이 尹京時에 民有自言하되 以白金百兩으로 寄我者死矣어늘 予其子하니 不肯受하나니 願召其子하여 予之하소서 尹이 召其子한데 辭曰 亡父未嘗以白金委人也라 하고 兩人이 相讓久之하더라 呂滎公이 聞之하고 曰 世人이 喜言無好人三字者는 可謂自賊者矣로다 古人이 言人皆可以爲堯舜이라 하니 蓋觀於此而知之로다

포효숙공(包孝肅公) : 이름은 증(拯), 자는 희인(希仁). 효숙은 시호.
윤경(尹京) : 서울을 다스리

에 따라 할아버지·아저씨·형님 등의 존칭을 썼고, 아버지의 친구나 아버지와 나이가 비등한 사람에게는 아무 어른, 어르신네 등의 칭호를 썼으며, 근친(近親)이 아닌 친족의 손아랫사람, 벗 사이 또는 나보다도 나이 어린 사람에게는 흔히 자(字)를 불렀다. 손윗사람이나 아버지의 친구, 아버지와 나이가 비등한 어른에 대하여 자를 부른다면 이는 무례한 행동이다. 이 글로 보아서 송(宋)나라 시대에는 풍속이 무너져서 예법이 행해지지 않았던 모양이다.

제42장

포효숙공(包孝肅公)이 경조윤(京兆尹)으로 있을 때 백성이 스스로 말하기를, "백금(白金) 100냥을 내게 맡긴 자가 죽었기에, 그 아들에게 주었더니 그 아들이 받으려고 하지 않습니다. 원컨대 그 아들을 불러서 주십시오." 했다. 윤(尹)이 그 아들을 불러서 주니, 사양하여 말하기를, "죽은 아버지가 일찍이 백금을 남에게 맡긴 일이 없습니다." 하였다. 두 사람이 서로 사양하기를 오래도록 했다.

여형공(呂滎公)이 듣고 말하기를, "세상 사람들은 좋은 사람이 없다〔無好人〕는 석 자(字)를 말하기 좋아하는데, 스스로 마음을 해치는 것이라고 말할 수 있다. 옛사람이 말하기를, '사람은 모두 요·순(堯舜)이 될 수가 있다.' 했는데, 이것으로 보아서 알 수 있다." 하였다.

| 풀이 | 일반 사람의 인정(人情)은 남이 돈을 맡기고 죽었

으면 자기가 차지하려 할 것이고, 또 죽은 아버지가 맡긴 돈이라 하여 돌려준다면 얼른 받고 사양하지 않을 것이다. 이 글에 나오는 두 사람이야말로 세속에 물들지 않은 천성 그대로의 순진한 사람들이다. 이같은 사람만이 있는 세상이라면 그 얼마나 이상적인 시대일까.

는 관원이 되는 것. 경조윤(京兆尹)이라고 했음.
기(寄) : 기탁(寄託)함. 쉽게 말해서 맡기는 것.
여(子) : 주는 것.
위(委) : 기(寄)와 같아서 맡기는 것.
적(賊) : 여기서는 해치는 것.

제43장

　만석군(萬石君) 석분(石奮)이 벼슬을 그만두고 돌아와 집에서 여생을 보냈는데, 궁궐 문 앞을 지날 때는 반드시 수레에서 내려 빠른 걸음으로 걸어서 가고, 노마(路馬)를 보면 반드시 식(軾)했다. 자손이 작은 벼슬아치가 되어 돌아와 뵈면 만석군은 반드시 조복(朝服)을 입고 만나보았으며 이름을 부르지 않았다. 자손이 허물이 있으면 말로 꾸짖지 않고, 방의 한편 가에 앉아서 밥상을 대하여도 먹지 않았다. 그러면 여러 사람이 서로 나무라며 족친(族親) 중의 나이 많은 어른을 통해서 육단(肉袒)하여 몇 번씩 사죄하고 허물을 고쳐야만 비로소 받아들였다.

　자손으로서 관(冠) 쓸 나이가 된 자가 곁에 있으면 비록 일 없이 한가하게 있는 때라도 반드시 관을 쓰고 화순(和順)한 모양으로 있었으며, 하인에게는 온화하고 즐거운 모습으로 대하면서도 오직 삼갔다.

　임금이 때때로 먹을 것을 집에 내려주시면 반드시 절하고 엎드려 먹어서 임금 앞에 있는 것같이 했다. 그가 집상(執喪)할 때는 매우 슬퍼했으니, 자손이 그 가르침에 따라

43// 萬石君石奮이 歸老于家하더니 過宮門闕할새 必下車趨하며 見路馬하고 必軾焉하더라 子孫이 爲小吏來歸謁이어든 萬石君이 必朝服見之하고 不名하더라 子孫이 有過失이어든 不誚讓하고 爲便坐하여 對案不食이어든 然後에야 諸子相責하여 因長老하여 肉袒하고 固謝罪改之하여야 乃許하더라 子孫勝冠者在側이어든 雖燕이나 必冠하여 申申如也하며 僮僕에는 訢訢如也하되 唯謹하더라 上이 時賜食於家어시든 必稽首俯伏而食하여 如在上前하며 其執喪에 哀戚이 甚하니 子孫이 遵敎하여 亦如之하더라 萬石君家以孝謹으로 聞乎郡國이라 雖齊魯諸儒라도 質行은 皆自以爲不及也라 하더

라 長子建은 爲郞中令이오 少子慶은 爲內史러니 建이 老白首하되 萬石君이 尙無恙하더라 每五日洗沐에 歸謁하고 親入子舍하여 竊問侍者하여 取親中裙廁牏하여 身自浣滌하여 每與侍者言하되 不敢令萬石君知之하여 以爲常하더라 內史慶이 醉歸하여 入外門하여 不下車한데 萬石君이 聞之하고 不食이어늘 慶이 恐하여 肉袒謝罪한데 不許어늘 擧宗及兄建이 肉袒한데 萬石君이 讓日 內史는 貴人이라 入閭里어든 里中長老가 皆走匿이어든 而內史坐車中自如하니 固當이로다 하고 乃謝罷慶하니 慶及諸子入里門하여 趨至家하더라

노마(路馬) : 임금이 타는 노거(路車)를 끄는 말.
식(軾) : 수레 앞의 가로막이 나무를 손으로 잡고 몸을 굽혀서 경의(敬意)를 표하는 것.
필조복견지불명(必朝服見之不名) : 반드시 조복을 입고서 만나보고 이름을 부르지 않는 것.
인장로(因長老) : 족친 중에 나이 많은 이를 통하여.
육단(肉袒) : 사죄의 표시로

서 또한 그와 같이 하여 만석군의 집안은 효도하고 근신하기로 이름이 군국(郡國)에 알려졌다. 비록 제노(齊魯)의 선비라 하더라도 질박(質朴)한 행실은 모두 스스로 따를 수 없다고 했다.

 맏아들 건(建)은 낭중령(郞中令)이 되고 작은 아들 경(慶)은 내사(內史)가 되었다. 건이 나이 들어 백발이 되었는데도 만석군은 아직도 몸에 탈이 없었다. 닷새마다 목욕하고 돌아와 뵈었으며, 친히 침실(寢室) 곁의 작은 방으로 들어가 뫼시는 자에게 가만히 물어서 아버지의 속옷과 땀받이를 가져다가 몸소 세탁하고는 매양 뫼시는 자에게 말하여 감히 만석군에게 알리지 못하게 하고 이것을 상례(常例)로 했다.

 내사 경이 술취하여 돌아와 바깥 문에서 들어올 때 수레에서 내리지 않으니, 만석군이 이 말을 듣고 밥을 먹지 않았다. 경이 두려워하여 육단하여 사죄했으나 받아들이지 않았다. 온 문중(門中)과 형 건이 육단하니 만석군이 꾸짖기를, "내사는 존귀한 사람이니 마을에 들어오면 마을 안의 어른과 노인이 모두 달아나 숨는다. 내사가 수레 안에 앉아서 태연한 것이 진실로 마땅하다." 하고, 경을 돌아가게 했다. 이때부터 경과 여러 아들들이 마을의 문에 들어서면 수레에서 내려 종종걸음으로 집에 돌아왔다.

| 풀이 | 만석군 석분은 나이 늙어 벼슬에서 물러나 집에서 여생을 보내면서도 대궐 문 앞을 지날 때는 반드시 수

레에서 내려 걸어서 지나가고 노마(路馬)를 보면 식(軾)하며, 자손들이 새로 벼슬의 임명을 받아서 찾아오면 반드시 조복(朝服)을 입고 만나고 이름을 부르지 않았으며, 임금이 집으로 음식을 내리면 절하고 엎드려 먹었으니, 이 것은 임금을 공경하는 예절을 지키는 것이다. 자손이 잘못이 있으면 스스로를 책망하는 뜻으로 식사를 들지 않아서 그 허물을 고치도록 했다.

그리고 자제들 중에 높은 지위에 올라서 뜻이 교만해지는 것을 엄히 경계했다. 또 친상(親喪)을 당해서는 매우 슬퍼하였으니, 자손이 모두 교훈을 받들어서 효도하고 근신하는 집안으로 세상에 이름 높았다. 맏아들 건은 백발의 나이에도 아버지의 처소에 문안하고 손수 아버지의 속옷 따위를 세탁했다.

사람이 지위가 높고 재산이 있으면 마음이 교만해져서 행동이 방종하기 쉬운데, 이것은 패망(敗亡)의 동기가 된다. 벼도 익으면 고개를 숙이는 법이니, 예의를 지키고 마음을 경계하며 몸가짐을 근신하는 것이야말로 재앙을 멀리하고 복을 오래도록 누리는 현명한 방법이다.

제44장

소광(疏廣)이 태자태부(太子太傅)가 되어서 소(疏)를 올려 벼슬을 그만두고 시골로 돌아가게 해 주기를 비니, 임금이 황금(黃金) 20근을 특별히 더 내려주고 태자도 50근을 내려주었다. 광이 시골로 돌아와 날마다 아내를 시켜 연

승관자(勝冠者) : 관(冠)을 쓸 나이가 된 사람.
연(燕) : 일 없이 한가하게 있는 것.
신신여야(申申如也) : 온화하고 순한 모습.
흔흔여야(訢訢如也) : 온화하고 즐거운 모습.
계수(稽首) : 머리가 땅에 닿도록 절함.
제노(齊魯) : 제(齊)·노(魯) 두 나라. 여기서는 산동 지방의 선비를 뜻함.
질행(質行) : 질박(質朴)한 행실.
내사(內史) : 벼슬 이름.
무양(無恙) : 몸에 이상이 없는 것.
자사(子舍) : 침실 곁에 있는 작은 방인데 시중드는 사람이 여기에 거처함.
중군(中帬) : 속옷.
완척(浣滌) : 세탁.
거종(擧宗) : 온 문중(門中).
고당(固當) : 여기서는 비꼬아서 하는 말.
사파(謝罷) : 가라고 함.

44// 疏廣이 爲太子太傅러니 上疏乞骸骨한데 加賜黃金二十斤하시고 太子贈五十斤이어시늘 歸鄕里하여 日令家로 供具設酒食하여 請族人

故舊賓客하여 相與娛樂하며 數問其家하되 金餘尙有幾斤고 趣賣以供具하라 하더라 居歲餘에 廣의 子孫이 竊謂其昆弟老人廣所信愛者하여 日 子孫이 冀及君時하여 頗立産業基址하더니 今日에 飮食費且盡하니 宜從丈人所하여 勸說君하여 置田宅하라 老人이 卽以開暇時로 爲廣言此計한데 廣이 日 吾豈老悖하여 不念子孫哉리오 顧自有舊田廬하니 令子孫勤力其中하면 足以共衣食하여 與凡人齊하리니 今復增益之하여 以爲贏餘면 但敎子孫怠惰耳니라 賢而多財則損其志하고 愚而多財則益其過하나니 且夫富者는 衆之怨也니 吾旣無以敎化子孫이라 不欲益其過而生怨하노라 又此金者는 聖主所以惠養老臣也니 故로 樂與鄕黨宗族으로 共享其賜하여 以盡吾餘日하노니 不亦可乎아

소광(疏廣) : 자는 중옹(仲翁), 난릉(蘭陵) 사람.
걸해골(乞骸骨) : 나이 늙음

회할 준비를 갖추어 술과 음식을 준비하게 하고, 친족과 친구와 손을 청하여 서로 즐겼다. 자주 아내에게 금이 아직 몇 근이 남았느냐고 물으며 찾아서 준비하기를 재촉했다.

한 해가 넘으니, 광의 자손이 은밀히 광과 형제되는 노인 중에 광이 믿고 사랑하는 이를 찾아가 말하기를, "자손들은 아버님이 계실 적에 산업(産業)의 터전을 확고히 하기를 바라는데, 오늘에 와서 음식의 비용도 다 떨어져 가고 있습니다. 어른께서 아버님께 권고하여 논밭과 집을 마련케 해 주십시오." 하였다. 노인이 한가한 시간에 광에게 이같은 계획을 말하니, 광이 말하기를, "내 어찌 늙고 망령들어서 자손을 생각지 않으랴. 생각건대 내 집에 전부터 전해 내려오는 전지(田地)와 농막(農幕)이 있어서 자손으로 하여금 여기에 부지런히 힘쓰게 한다면 의식(衣食)을 공급하여 일반 백성들과 같이 살기에 족하다. 이제 더 준비하여 여유 있게 한다면 그것은 다만 자손에게 게으름을 가르칠 뿐이다.

현명하면서 재물이 많으면 그 뜻을 손상(損傷)하고, 어리석으면서 재물이 많으면 그 허물을 더하게 된다. 거기에다 부(富)라는 것은 뭇사람이 미워하는 것이다. 내 이미 자손을 교화(敎化)함이 없는데, 그 허물을 더하여 원망을 사게 하고자 하지 않는다. 그리고 이 황금은 성주(聖主)께서 늙은 신하를 은혜롭게 기르시려는 것이다. 그런 까닭에 즐거이 향당(鄕黨)·종족(宗族)과 함께 그 내려주신 은

혜를 누리면서 나의 여생을 마치는 것이 또한 좋지 않으랴." 하였다.

|풀이| 소광은 나이 늙어 벼슬을 그만둘 때 임금이 내리고 태자가 준 많은 황금을 가지고 시골집으로 돌아와 날마다 친족·친구·손을 모아 술 마시고 잔치하는 일에 썼다. 자손들이 안타깝게 여겨서 집안 어른을 통하여 연회의 즐김을 그만두고 남은 황금으로 전택(田宅)을 마련하기를 권했으나 소광은 듣지 않았다. 조상 전래의 전택으로도 노력하면 충분히 살 수 있고, 재산이 많으면 마음을 버리고 허물을 더하게 되며 남의 원망의 대상이 되어서 재앙을 부르게 된다는 것이다. 분수를 지켜서 세상을 살아가기를 강조한 교훈이라고 하겠다.

을 이유로 벼슬을 그만두고 몸을 쉬게 해 주기를 비는 것.
가사(加賜) : 일반 하사금(下賜金) 이외에 특별히 더 주는 것.
공구(供具) : 연회(宴會)하는 기구(器具)를 갖춤.
촉(趣) : 촉(促)과 같으니 재촉하는 것.
기(冀) : 바라는 것.
군(君) : 집안의 가장 높은 어른이니, 소광을 가리킴.
족이공의식(足以共衣食) : 의식(衣食)을 공급하기에 족함. 공은 공(供)과 통함.
영여(嬴餘) : 여유 있는 것.

제45장

방공(龐公)은 일찍이 성부(城府)에 들어가는 일이 없었으며, 부부가 서로 공경하기를 손(賓)을 대하듯 했다. 유표(劉表)가 찾으니, 방공은 밭두둑 위에서 밭 갈던 일을 멈추고 아내는 그 앞에서 김매었다. 표가 방공을 가리키며 묻기를, "선생은 고생스럽게 시골에 살면서 관록(官祿)을 좋아하지 않으시니 다음날 무엇을 자손에게 물려주시렵니까?" 하니, 방공이 말하기를, "세상 사람은 모두 위태로운 것을 자손에게 물려주지만, 이제 나는 홀로 편안한 것을 물려주려고 합니다. 비록 물려주는 것 같지는 않지만 물

45// 龐公이 未嘗入城府하고 夫妻相敬如賓하더니 劉表候之하니 龐公이 釋耕於壟上하고 而妻耘於前이어늘 表指而問曰 先生이 苦居畎畝而不肯官祿하나니 後世에 何以遺子孫乎오 龐公이 曰 世人은 皆遺之以危어늘 今獨遺之以安하노니 雖所遺不同하나 未爲無所遺也라 하니 表嘆息而去하다

방공(龐公) : 이름은 알 수 없음.
성부(城府) : 여기서는 형주자사(荊州刺史) 유표가 있는 성시(城市).
유표(劉表) : 자는 경승(景升), 한(漢)나라의 종실(宗室), 형주 자사를 지냈음.
후(候) : 방문(訪問)의 뜻.
처자(妻子) : 아내와 자식. 앞뒤의 문맥으로 보아서 아내로 해석하는 것이 옳다고 봄.
견묘(畎畝) : 견은 밭 사이의 물길, 묘는 밭이랑.
유지이위(遺之以危) : 위태한 것을 물려줌. 벼슬살이는 경쟁의 대상이 되고 책임이 따르므로 위험한 것임.

46// 陶淵明이 爲彭澤令하여 不以家累로 自隨러니 送一力하여 給其子하고 書曰 汝旦夕之費에 自給이 爲難할새 今遣此力하여 助汝薪水之勞하노니 此亦人子也니 可善遇之니라

려줄 것이 없는 것은 아닙니다." 하였다. 표가 탄식하고 가버렸다.

┃풀이┃ 직업의 종류가 많은 오늘의 시대에도 관록을 구하는 이가 많다. 과거에는 사람이 저마다 관록을 탐하고 동경했으니 관록은 치열한 경쟁의 대상이 되고 또 책임이 따르기 때문에 자칫하면 생명이 위태했다. 그러나 농사짓는 것은 부지런히 일하기만 하면 가족을 부양하면서 아무런 위해(危害)도 느낄 것 없이 마음 편하게 세상을 살아갈 수 있다. 방공은 변화한 성시(城市)에 발을 들여놓지 않고 오직 농촌에 파묻혀 농사짓는 것을 생활의 방편으로 삼았으며 또 그 길을 자손에게 물려주려고 했다. 속세(俗世)에서 벗어나 자연 속에서 마음의 천진(天眞)을 간직한 채 자연과 친하는 삶이야말로 하늘이 낸 백성이다. 방공의 신념이야말로 세상 물정을 깨달아 환한 달관(達觀)이라고 하겠다.

제46장

도연명(陶淵明)은 팽택령(彭澤令)이 되었을 때 처자를 따르게 하지 않았다. 종 한 사람을 그 아들에게 보내주면서 글을 보내기를, "네가 아침저녁으로 쓰는 비용을 자급(自給)하기 어려울 것이므로, 이제 이 종을 보내어 너의 나무하고 물긷는 수고를 돕고자 한다. 이 사람도 남의 자식이니 잘 대우하라." 하였다.

| 풀이 | 도연명은 동진시대의 큰 문인인 동시에 뜻이 높은 인사(人士)다. 한 고을의 수령이 되어 가면서도 처자를 데리고 가지 않았으며, 집의 어려운 살림을 생각하여 종 한 사람을 보냈을 뿐이다. 아들에게 보내는 글에 종을 잘 대우하라는 부탁을 하는 것만 보아도 그 인간성을 알 수 있다.

도연명(陶淵明) : 이름은 잠(潛), 연명은 자, 동진(東晉)의 문인임.
팽택령(彭澤令) : 팽택 고을의 수령.
가루(家累) : 처자.
역(力) : 여기서는 종.
단석지비(旦夕之費) : 아침 저녁으로 쓰는 비용. 그날 그날의 생활비.

제47장

최효분(崔孝芬) 형제는 효성스럽고 의리 있고 인자하고 돈후(敦厚)했다. 아우 효위(孝暐) 등이 효분을 받들기를 공경하고 순종하는 도리를 다했는데, 앉고, 먹고, 나아가고, 물러남에 있어 효분이 명하지 않으면 감히 하지 못했다. 닭이 울면 일어나서 얼굴빛을 온화하게 하며 한 푼의 돈과 한 자의 비단도 개인의 방에 들이지 않고 길·흉사에 쓸 물건이 있으면 모여 앉아서 나누어주었다. 부인들은 또한 서로 친애하여 있고 없는 것을 함께했다.

효분의 숙부 진(振)이 죽은 뒤에 효분 등이 숙모 이씨(李氏)를 받들어 봉양하기를 마치 나를 낳아준 어머니 섬기듯 하여 아침저녁으로 문안드리고, 나가고 들어옴에 반드시 여쭙고 뵈며, 집안일의 크고 작은 것을 한결같이 물어서 결정했다. 형제가 나가 다닐 때마다 얻는 것이 있으면 한 자, 한 치 이상의 것은 모두 이씨의 곳간에 넣었으며, 사시(四時)로 나누어줌을 이씨가 스스로 요량하더니, 이와 같이 하기를 20여 년이었다.

47// 崔孝芬兄弟孝義慈厚하더니 弟孝暐等이 奉孝芬하되 盡恭順之禮하여 坐食進退에 孝芬이 不命則不敢也하며 鷄鳴而起하여 且溫顔色하며 一錢尺帛을 不入私房하고 吉凶有須를 聚對分給하더니 諸婦亦相親愛하여 有無를 共之하더라 孝芬의 叔振이 旣亡後에 孝芬等이 承奉叔母李氏하되 若事所生하여 旦夕溫凊하며 出入啓覲하며 家事巨細를 一以咨決하며 每兄弟出行에 有獲則尺寸以上을 皆入李之庫하고 四時分資를 李氏自裁之하더니 如此二十餘歲러라

길흉유수(吉凶有須) : '길사(吉事)나 흉사(凶事)에 필요

한 물건이 있으면.'의 뜻.
취대(聚對) : 모여서 서로 얼굴을 대함. 모여 앉음.
제부(諸婦) : 여러 부인.
출입계근(出入啓覲) : 나가고 들어올 때마다 뵙는 것.
척촌이상(尺寸以上) : 극히 작은 것을 뜻함.

48// 王凝이 常居에 慄如也하더니 子弟非公服이면 不見하여 閨門之內若朝廷焉 하더라 御家以四敎하니 勤儉恭恕오 正家以四禮하니 冠昏喪祭러라 聖人之書와 及公服禮器를 不假하며 垣屋什物을 必堅朴하여 曰 無苟費也라 하며 門巷果木을 必方列하여 曰 無苟亂也라 하더라

왕응(王凝) : 자는 숙념(叔恬), 문중자의 아우.
율여야(慄如也) : 엄숙하고 삼가는 모습.
예기(禮器) : 제사 또는 손님 접대하는 데 쓰는 그릇.
원옥집물(垣屋什物) : 원은 담, 옥은 집, 집물은 일상 생활에 쓰는 도구.
구비(苟費) : 쓸데없는 비용.
문항(門巷) : 문으로 들어오는 것.

| 풀이 | 최효분 형제들 사이의 우애하는 생활과 숙부가 죽은 뒤에 그 숙모를 친어머니처럼 봉양하여 아침저녁으로 문안드리고 크고 작은 집안일까지도 물어서 한 일을 기술했다.

제48장

왕응(王凝)은 평상시에 거처할 때도 몸가짐을 엄숙하게 하고 삼갔다. 그 자제들이 공복(公服) 차림이 아니고는 뵙지 못하여 규문(閨門) 안이 조정(朝廷)처럼 엄숙했다.

네 가지 가르침으로 집을 다스리니 부지런하고, 검소하고, 공손하고, 남을 너그럽게 용서하는 것이며, 네 가지 예법으로 집안의 법도를 바로잡으니 관(冠)·혼(昏)·상(喪)·제(祭)다.

성인(聖人)의 글과 공복(公服)과 예기(禮器)를 남에게서 빌리지 않았으며, 담과 집과 기물은 반드시 견고하고 검박하게 하며 말하기를, "쓸데없는 비용을 지출함이 없게 하라." 하고, 문으로 들어오는 길에 심는 실과나무는 반드시 방정(方正)하게 심게 하며 말하기를, "어지럽게 함이 없게 하라." 하였다.

| 풀이 | 이 글에서는 왕응이 법도(法度)로써 집을 다스리는 것을 논하고 있다.

제49장

장공예(張公藝)는 9대가 한 집에 살아서 북제(北齊)와 수(隋), 당(唐)이 모두 그 문에 정표(旌表)했다. 인덕(麟德) 연간에 고종(高宗)이 태산(泰山)에 봉선(封禪)하고 그 집에 행차하여 공예를 불러 보고 능히 일족이 화목하는 도리를 물었다. 공예가 종이와 붓으로 대답하기를 청하여 '참을 인(忍)' 자 100여 자를 써서 올렸다. 그 의미는 종족(宗族)이 화목하지 못한 까닭이란 존장(尊長)이 의복·음식을 분배함이 고르지 못함에 있고, 항렬이 낮은 자와 젊은이들이 예절에 불비(不備)함이 있어서 서로 책망하고 의견이 대립되어 다투는 데 있으므로, 능히 참는다면 가도(家道)가 화목하게 되리라는 것이다.

| 풀이 | 과거 중국의 대가족제도 아래서도 9대가 한집에 산다는 것은 보기 드문 일이기 때문에 나라에서 그 집에 정문(旌門)을 세워 표창했을 뿐만 아니라, 천자(天子)의 존귀한 몸으로 그 집을 직접 찾기까지 했다. 부모 자식 사이에도 한집에서 살기를 기피하는 오늘의 시대에서는 상상조차도 할 수 없는 일이다. 천자의 물음에 대하여 그 집의 주인 장공예는 대답 대신 '참을 인(忍)' 자를 100자(字) 이상 써서 올렸다. "100번 참는 집에 화기가 있다[百忍常中有太和]."는 말이 있다. 인내는 모든 어려움을 극복하고 일을 성공으로 이끄는 힘이 된다. 생존 경쟁이 날로 치열해 가고 있는 오늘의 사회에 살면서 인내심이 없다면 생

49// 張公藝九世同居하더니 北齊隋唐이 皆旌表其門하니라 麟德中에 高宗이 封泰山하고 幸其宅하여 召見公藝하여 問其所以能睦族之道한데 公藝請紙筆以對하되 乃書忍字百餘하여 以進하니 其意以爲宗族所以不協은 由尊長衣食이 或有不均하며 卑幼禮節이 或有不備어든 更相責望하여 遂爲乖爭하나니 苟能相與忍之則家道雍睦矣라 하니라

북제(北齊): 남북조(南北朝)시대에 강북(江北)에 있던 나라로 북조에 속함.
정표(旌表): 정문(旌門)을 세워서 표창함.
인덕(麟德): 당나라 고종 때의 연호.
봉태산(封泰山): 봉은 봉선(封禪), 곧 흙을 모아 단을 쌓고 하늘에 제사지내는 것.
행(幸): 임금이 행차하는 것.
목족(睦族): 일족(一族)이 화목함.
진(進): 드리는 것.
존장(尊長): 항렬이 높은 이와 나이 많은 어른.
비유(卑幼): 비는 항렬이 낮

은 것, 유는 나이 어린 것.
괴쟁(乖爭) : 뜻이 맞지 않아서 다투는 것.

50// 韓文公이 作董生行曰 淮水出桐栢山하여 東馳遙遙하여 千里不能休이어든 淝水出其側하여 不能千里하여 百里入淮流로다 壽州屬縣有安豊하니 唐貞元年時에 縣人董生召南이 隱居行義於其中이로다 刺史不能薦하니 天子不聞名聲이라 爵祿不及門이오 門外에 惟有吏日來徵租更索錢이로다 嗟哉董生이여 朝出耕하고 夜歸讀古人書로다 盡日不得息하여 或山而樵하며 或水而漁로다 人廚具甘旨하고 上堂問起居하니 父母不慼慼하며 妻子不咨咨로다 嗟哉董生이여 孝且慈를 人不識하고 唯有天翁知하여 生祥下瑞無時期로다 家有狗乳出求食이어늘 鷄來哺其兒하되 啄啄庭中拾蟲蟻하여 哺之不食鳴聲悲하여 彷徨躑躅久不去하고 以翼來覆待狗歸로다 嗟

존의 대열에서 낙오하게 된다. 우리는 인내의 미덕을 살려서 건전한 생활을 영위해야 한다.

제50장

한문공(韓文公)이 '동생행(董生行)'을 지어 말하기를, "회수(淮水)는 동백산(桐栢山)에서 나와 동쪽으로 멀리멀리 달려 천 리를 쉬지 않네. 비수(淝水)는 그 곁에서 나오건만 천 리도 못 흐르고 백 리에서 회수로 들어가네. 수주(壽州)의 속현(屬縣)에 안풍(安豊)이 있으니, 당나라 정원(貞元) 연간에 고을 사람 동생 소남(董生召南)이 그 안에 숨어 살면서 의(義)를 행하네. 자사(刺史)가 천거하지 못하니 천자가 명성을 듣지 못하여 작록(爵祿)은 문에 이르지 않고 문 밖에는 아전만이 날마다 찾아와 조세를 재촉하고 돈을 억지로 달라고 하누나.

아아! 동생(董生)이여, 아침에 나가 밭 갈고 밤에 돌아와 옛시람의 글을 읽어 날이 다하도록 쉬지 않네. 혹 산에 땔 나무하고, 혹 물에 가서 고기를 낚아 부엌에 들어가 맛있는 음식 장만하고, 당(堂)에 올라서 문안드리니 부모님 근심하지 않으시고 처자는 원망하지 않누나.

아아! 동생이여, 효성스럽고 인자하건만 사람은 알지 못하고 오직 하늘이 알아서, 상서(祥瑞)를 내리심이 기약 없네. 집에 개 있어, 새끼 낳고 먹을 것을 구하러 나가니, 닭이 와서 그 새끼를 먹이네. 뜰 안의 벌레와 개미를 쪼아서 먹이려 하나 먹지 않고 우는 소리가 애처로우니, 방황하고 머뭇거리며 오래도록 떠나가지 못하다가 날개로 덮어주고 개가 오기를 기다리누나.

아아! 동생이여, 뉘 있어 행실이 그와 짝할까. 시속(時俗) 사람들은 부부가 서로 학대하고 형제가 원수되며, 임금의 녹(祿)을 먹으면서도 부모를 근심시키니 이 또한 무슨 심사(心思)인가. 아아! 동생이여, 행실이 그대와 짝할 사람 없네." 하였다.

| 풀이 | 한유(韓愈)는 그의 사랑하는 후배 동소남(董召南)을 찬양하는 노래 '동생행'을 지었다.

동생이 세속을 떠나 숨어 사는 고장과 그 고장의 자연 환경, 자연과 친하는 생활, 그리고 그의 효성과 사랑하는 마음씨가 하늘을 감동시켜서 이름을 달리하는 미물(微物)의 짐승까지도 서로 사랑하는 장면을 그리고 있다. 도덕이 쇠미(衰微)한 세상에서 홀로 우뚝 솟아난다는 절찬(絶讚)의 말로 결론을 지었다.

제51장

당나라의 하동절도사(河東節度使) 유공작(柳公綽)이 공·경(公卿)들 사이에서 가장 가법(家法)이 있기로 이름이 있었다.

중문(中門) 동쪽에 작은 집이 있었다. 조알(朝謁)하는 날이 아니어서 매양 이른 아침에 이 작은 집으로 나오면, 여러 아들과 중영(仲郢)이 모두 의관을 정제하고서 중문 북

哉董生이여 誰將與儔오 時之人은 夫妻相虐하며 兄弟爲讐하여 食君之祿 而令父母愁하나니 亦獨 何心고 嗟哉董生이여 無 與儔로다

한문공(韓文公) : 이름은 유(愈), 문은 시호. 당송팔대가(唐宋八大家)의 한 사람.
동생행(董生行) : 동생(董生)을 두고 지은 노래. 동생의 이름은 소남(召南).
자사(刺史) : 주(州)의 장관(長官).
징조(徵租) : 조세를 징수하는 것.
구감지(具甘旨) : 맛있는 음식을 장만하는 것.
문기거(問起居) : 문안하는 것.
자자(咨咨) : 원망하는 것.
천옹(天翁) : 하늘.
생상하서무시기(生祥下瑞無時期) : 상서(祥瑞)를 내림이 시기가 없는 것.

51// 唐河東節度使柳公綽이 在公卿間하여 最名有家法하더라 中門東에 有小齋러니 自非朝謁之日이면 每平旦에 輒出至小齋하고 諸子仲郢이 皆束帶하여 晨省於中門之北하더라 公綽이 決私事하며 接賓客하고

쪽에서 아침 문안을 드렸다. 공작이 집안일을 처결하고 빈객(賓客)을 접대하며, 아우 공권(公權) 및 여러 종제(從弟)와 함께 두 번 모여서 식사하여, 아침에서부터 저녁에 이르기까지 작은 집을 떠나지 않았다. 촛불이 들어오면 자제 한 사람에게 명하여 경서(經書)나 사기(史記)를 손에 잡게 하며 친히 한 번 읽고 나서 벼슬살이하고 집을 다스리는 법을 강론했다. 혹 글을 논하고 혹 거문고를 듣다가 인정(人定)의 종이 울린 뒤에야 침실로 돌아가니, 여러 아들이 다시 중문 북쪽에서 밤 문안을 드렸다. 이렇게 하기를 무릇 20여 년에 일찍이 하루도 변경하지 않았다.

흉년을 만나면 여러 아들에게 모두 나물 음식을 먹게 하고 말하기를, "지난날 우리 형제가 선군(先君)을 모실 때 선군께서는 단주 자사(丹州刺史)로 계셨건만 우리의 학업이 이루어지지 않았다고 하여 고기 먹는 것을 허락하지 않으셨는데, 내 감히 이것을 잊지 못한다." 하였다.

고모·자매·조기 항렬이 되는 자 중에 아버지를 여의었거나 과부가 된 자가 있으면 비록 소원(疏遠)한 자라도 반드시 신랑을 가려서 시집보내 주었으며, 모두 나무에 조각한 화장대와 수놓아 물들인 무늬 있는 비단으로 자장(資裝)을 마련해 주었다. 항상 말하기를, "반드시 자장이 풍부하게 갖추어지기를 기다리는 것이 어찌 시집가는 때를 놓치지 않음만 같으랴." 하였다.

공작이 죽은 뒤에 중영이 한결같이 그 법도에 따랐으니, 공권 섬기기를 공작을 섬기는 것같이 했다. 심한 병이

與弟公權及群從弟로 再會食하여 自朝至莫히 不離小齋하고 燭至則命一人子弟하여 執經史하여 躬讀一過訖하고 乃講議居官治家之法하며 或論文하며 或聽琴하다가 至人定鍾然後에 歸寢이어든 諸子復昏定於中門之北하더니 凡二十餘年에 未嘗一日變易하더라 其遇飢歲則諸子皆蔬食하더니 曰 昔吾兄弟侍先君爲丹州刺史에 以學業未成으로 不聽食肉하시더니 吾不敢忘也하노라 姑姉妹姪이 有孤嫠者어든 雖疏遠이라도 必爲擇婿嫁之하되 皆用刻木粧奩하며 纈文絹으로 爲資裝하더니 常言必待資粧豊備론 何如嫁不失時오 하더라 及公綽이 卒하여는 仲郢이 一遵其法하여 事公權하되 如事公綽하여 非甚病이어든 見公權에 未嘗不束帶하더라 爲京兆尹鹽鐵使하여 出遇公權於通衢에 必下馬端笏立하여 候公權過하여 乃上馬하며 公權이 莫歸어든 必束帶迎候於馬首하더니 公權이 屢以爲言하되 仲郢이 終不以官達로 有小改하더라 公綽의 妻韓

있는 때가 아니면 공권을 뵐 때 일찍이 의관(衣冠)을 정제하지 않은 일이 없었으며, 경조윤(京兆尹)으로 있고 염철사(鹽鐵使)로 있을 때 밖에 나갔다가 길에서 공권을 만나면 반드시 말에서 내려 홀(笏)을 단정히 손에 잡고 서서 공권이 지나가기를 기다려 비로소 말에 올랐다. 공권이 날이 저물어 돌아오면 반드시 의관을 정제하고 말머리 앞에서 맞아 문후(問候)하니, 공권이 여러 번 그렇게 하지 말라고 했건만 중영은 벼슬이 높아졌다고 하여 끝내 조금도 달라짐이 없었다.

공작의 아내 한씨(韓氏)는 상국(相國)을 지낸 휴지(休之)의 증손녀다. 가법(家法)이 엄숙하고 검소하여 사대부 집의 본이 되었다. 유씨(柳氏)의 집에 시집온 지 3년에 어린이나 어른을 막론하고 일찍이 그가 이를 드러내 보이는 것을 보지 못했으며, 늘 무늬 없는 비단을 입고 화려한 비단, 수놓은 비단을 사용하지 않았다. 매양 친정에 근친갈 때는 금벽여(金碧輿)를 타지 않고 대나무로 꾸민 교자(轎子)를 탔으며, 푸른 옷 입은 계집종 두 사람이 걸어서 따랐다. 항상 고삼(苦蔘)·황련(黃連)·웅담(熊膽)을 가루로 하여 섞어서 환약(丸藥)을 만들고 여러 아들에게 주어서 긴긴 밤 학업을 익힐 때마다 머금어서 근고(勤苦)를 견디게 했다.

| 풀이 | 이 글에서는 당나라 사람 유공작 집안의 법도 있는 생활을 논했다. 유공작은 일상 생활이 정해진 규칙이

氏는 相國休之曾孫이니 家法이 嚴肅儉約하여 爲搢紳家楷範이러니 歸柳氏三年에 無小長히 未嘗見其啓齒하며 常衣絹素하고 不用綾羅錦繡하며 每歸覲에 不乘金碧輿하고 祇乘竹兜子하여 二靑衣로 步屣以隨하더니 常命粉苦蔘黃連熊膽하여 和爲丸하여 賜諸子하여 每永夜習學에 含之하여 以資勤苦하더라

소재(小齋) : 작은 서재(書齋). 작은 집.
조알(朝謁) : 조회(朝會)에 나가 임금을 뵙는 것.
평단(平旦) : 이른 아침.
중영(仲郢) : 자는 유몽(諭蒙), 유공작의 아들.
속대(束帶) : 의관(衣冠)을 정제하는 것.
신성(晨省) : 아침 문안.
거관(居官) : 벼슬살이하는 것.
인정종(人定鍾) : 통행금지 시간을 알리는 종. 해시 정각, 곧 밤 10시.
혼정(昏定) : 밤 문안.
불청식육(不聽食肉) : 고기 먹는 것을 허락하지 않음.
각목장렴(刻木粧奩) : 나무에 조각한 화장대.
힐문견(纈文絹) : 수놓고 물

들여서 만든 무늬 있는 비단.
자장(資裝) : 시집보낼 때 의복·세간 등속을 갖추어 보내는 것.
염철사(鹽鐵使) : 소금과 철의 세금을 맡아보는 벼슬아치.
누이위언(屢以爲言) : 여러 번 그렇게 하지 말라고 말하는 것.
진신가(搢紳家) : 홀을 꽂고 큰 띠를 띠는 집안이니, 사대부의 집안.
해범(楷範) : 모범. 본.
귀(歸) : 시집가는 것.
계치(啓齒) : 이를 드러내 보이는 것.
금벽여(金碧轝) : 당나라 때 명부(命婦)가 탔던 가마.
죽두자(竹兜子) : 대나무로 꾸민 가마.
보사이수(步屣而隨) : 걸어서 따르는 것.
분(粉) : 가루를 만드는 것.
화위환(和爲丸) : 섞이시 흰 약을 만듦.
영야(永夜) : 긴 밤.
근고(勤苦) : 일에 부지런하여 심신이 피로한 것.

52// 江州陳氏宗族이 七百口러니 每食에 設廣席하고 長幼以次坐

있어서 어기는 일이 없었으며, 자손을 교화(敎化)하여 자손들이 효도하고 우애하며 행실이 독실했다. 공작의 부인 한씨(韓氏) 또한 법도 있는 집안에서 자라나 몸가짐이 단정하니, 검약을 숭상하여 몸에 화려한 비단을 걸치는 일이 없었고 호화스런 수레에 타지 않았다. 공작이 죽은 뒤 아들 중영이 또 아버지의 법도에 따라 집을 다스렸다. 숙부 공권(公權) 섬기기를 아버지 섬기듯이 했으니, 벼슬이 공·경(公卿)의 높은 지위에 올랐어도 거리에서 만나면 반드시 말에서 내려 단정하게 서서 지나가기를 기다려 비로소 말에 올랐으며, 숙부가 밖에서 늦게 돌아오면 반드시 의관(衣冠)을 정제하고 나가 말 앞에 마중했다.

　사람이 지위가 높거나 재산이 많으면 마음이 교만해져서 어른 앞에서도 예절을 지키지 않는 것이 인정 세태(人情世態)다. 중영의 높은 행실이야말로 세상 사람들의 거울이 될 만하다. 우리 나라에서도 구한국(舊韓國) 고종(高宗) 때 홍태윤(洪泰潤)이리는 시람온 백정의 집안에 태어나서 몸이 현달(顯達)했으나, 서울 한복판에서 어깨에 고기를 메고 가는 숙부를 만나면 반드시 가마에서 내려 절했으니, 당시의 사람들이 훌륭하다고 칭송했으며, 그 말이 오늘까지 전한다.

제52장

　강주(江州)의 진씨(陳氏)는 종족(宗族)이 700명이 되었는데, 식사 때마다 넓은 자리를 마련하고 어른과 어린이가 차례대로 앉아서 함께 먹었다. 기르는 개가 100여 마리 있어서 한 우리에 함께 먹였는데, 한 마리라도 오지 않으면 모든 개가 먹지 않았다.

| 풀이 | 앞에서 장공예(張公藝)의 구세동거(九世同居)를 말했지만 강주의 진씨는 10대가 한 집에서 살았다. 그 감화가 미물(微物)의 짐승에까지 미쳐서 개도 서로 사랑할 줄 알았다.

而共食之하더라 有畜犬百餘하되 共一牢食하더니 一犬이 不至면 諸犬이 爲之不食하더라

강주 진씨(江州陳氏) : 강주는 지금의 구강부(九江府), 진씨는 진포(陳褒)를 말하는 것으로, 10대(代)가 한 집에서 살았음.
축견(畜犬) : 기르는 개.

제53장

온공(溫公)이 말하기를, "우리 나라 공경(公卿) 중에 능히 선대(先代)의 법도를 지켜서 오래도록 쇠퇴하지 않은 집은 오직 예전의 이상국(李相國)의 집안이 있을 뿐이다. 자손이 수 대(代)에 걸쳐 200여 명에 이르건만 오히려 한 집에 같이 살고 한솥밥을 먹는다. 전지(田地)와 집세의 수입과 벼슬살이하는 자의 녹봉을 모두 한 곳간에 모아두고, 식구를 계산하여 날마다 식량을 지급하며, 혼인·상장(婚姻喪葬)에 쓰이는 비용이 모두 일정한 액수였다. 그 일을 자제들에게 나누어 맡겨서 맡아보게 한다. 그러한 법은 대개가 한림학사(翰林學士) 종악(宗諤)이 만든 것이다." 하였다.

| 풀이 | 이 글에서는 송나라의 재상 이방(李昉) 집안의 법도 있는 생활을 논했다. 몇 대에 걸쳐 200여 명이 한집에

53// 溫公이 曰 國朝公卿이 能守先法하여 久而不衰者는 唯故李相家니 子孫이 數世至에 二百餘口로되 猶同居共爨하여 田園邸舍所收와 及有官者俸祿을 皆聚之一庫하여 計口日給餉하며 婚姻喪葬所費皆有常數하여 分命子弟하여 掌其事하니 其規模大抵出於翰林學士宗諤所制也니라

국조(國朝) : 송(宋)나라를 말함.
이상(李相) : 이상국(李相國). 벼슬이 정승에 이르렀음. 이름은 방(昉).
전원(田園) : 전지(田地)를

말함.
저사(邸舍) : 집을 말함.
계구(計口) : 식구를 계산하는 것.
급향(給餉) : 식량을 주는 것.
상수(常數) : 일정한 액수.
종악(宗諤) : 이상국의 아들, 자는 창무(昌武).

살면서 수입·지출이 모두 정해진 규칙이 있어서 반드시 규칙에 따라 집행되었다.

이상은 명륜(明倫)의 가르침을 실증(實證)한 것이다〔右는 實明倫이라〕.

3. 실경신(實敬身)

제54장

54// 或이 問第五倫曰 公이 有私乎아 對曰 昔에 人이 有與吾千里馬者어늘 吾雖不受하니 每三公이 有所選擧에 心不能忘하되 而亦終不用也하며 吾兄子嘗病이어늘 一夜十往하되 退而安寢하고 吾子有疾이어늘 雖不省視하며 而竟夕不眼하니 若是者豈可謂無私乎리오

어떤 사람이 제오륜(第五倫)에게 묻기를, "공은 사심(私心)이 있습니까?" 하니, 대답하기를, "지난날 누가 내게 천리마(千里馬)를 주는 자가 있었다. 내 비록 받지 않았으나, 삼공(三公)이 인재를 가려 뽑는 일이 있을 때마다 마음에 잊지 못했다. 그러나 끝내 등용하지는 않았다. 내 형의 아들이 일찍이 병들었을 때 하룻밤에 열 번 가서 병을 보았으나 물러나와서는 편안히 잠들었다. 그러나 내 아들이 병들었을 때는 비록 가서 병을 보지는 못했으나 밤새도록 잠들지 못했다. 이런 것을 어찌 사심이 없다고 하랴." 하였다.

제오륜(第五倫) : 제오는 성, 륜은 이름. 자는 백어(伯魚), 후한(後漢) 사람. 벼슬이 사공(司空)에 이르러서 삼공(三公)의 반열에 올

| 풀이 | 제오륜은 후한 때 공정(公正)한 재상으로 이름이 있었다. 그렇기 때문에 사람들 중에서 그에게 질문하되 당신도 사심이 있느냐는 말이 나오게 된 것이다. 제오륜

제6편 선행 • 361

이 천리마를 자기에게 준 사람을 종시 등용하지 않은 것은 공정한 처사지만 선거하는 일이 있을 때마다 마음에 잊지 못하는 것은 사의(私意)의 발동이다. 조카가 병들었을 때 하룻밤에 열 번 들어가 문병했지만 나오기만 하면 곧 잠이 드는 것과 자기 아들이 병들었을 때는 문병은 하지 않았으나 뜬눈으로 밤을 새우는 것은 인지상정이니 사심이 아닐 수 없다.

이런 것은 유교(儒敎)가 형식에 흐른다는 지탄(指彈)을 받는 것이다. 제오륜의 말은 인간의 감정을 그대로 표현한 솔직한 고백이다.

랐다. 한나라 때는 태위(太尉)·사도(司徒)·사공을 합쳐서 삼공으로 일컬었음.
유소선거(有所選擧) : 사람을 선거하는 일이 있으면. 선거는 인재를 가려서 벼슬에 추천하는 것.

제55장

유관(劉寬)은 비록 황급한 경우를 당하더라도 일찍이 말을 빠르게 하거나 급히 서두르는 얼굴빛을 짓지 않았다. 부인이 관을 시험하여 성내게 하고자, 조회(朝會)에 나갈 때가 되어 예복을 갖추기를 기다려서 시비(侍婢)로 하여금 고깃국을 올리는 체하고 엎질러 조복(朝服)을 더럽히게 했다. 시비가 황급하게 엎질러진 것을 거두니 관이 얼굴빛을 변함 없이 천천히 말하기를, "국이 네 손을 데지 않았느냐?" 하니, 그 성품과 도량이 이와 같았다.

55// 劉寬이 雖居倉卒하나 未嘗疾言遽色하더니 夫人이 欲試寬令忿하여 伺當朝會하여 裝嚴已訖이어늘 使侍婢로 奉肉羹하여 翻汚朝服하고 婢遽收之러니 寬이 神色不異하여 乃徐言曰 羹爛汝手乎하니 其性度如此하더라

유관(劉寬) : 자는 문요(文饒), 홍농(弘農) 사람.
창졸(倉卒) : 뜻밖에 급한 일이 생긴 것.
질언거색(疾言遽色) : 말을 빨리 하고 당황하여 얼굴빛이 변하는 것.

| 풀이 | 유관은 그의 이름 그대로 도량이 너그럽기로 세상에 널리 전해지고 있다. 이 글에서는 그의 부인이 그를 시험하여 성내는 것을 보고자 했지만 일이 실패로 돌아간

에(恚) : 성냄.
장엄(裝嚴) : 장속(裝束)을 엄히 함. 예복(禮服)을 갖추는 것.
번오(翻汚) : 엎질러서 더럽힘.
신색(神色) : 얼굴빛.
난(爛) : 여기서는 불이나 끓는 물에 팔이 데는 것.
성도(性度) : 성품과 도량.

56// 張湛이 矜嚴好禮하여 動止有則하여 居處幽室하되 必自修整하며 雖遇妻子라도 若嚴君焉하더니 及在鄕黨하여 詳言正色하니 三輔以爲儀表하더라 建武初에 爲左馮翊이러니 告歸平陵하여 望寺門而步한데 主簿進日 明府는 位尊德重하니 不宜自輕이니이다 湛이 曰 禮에 下公門하며 軾路馬하고 孔子於鄕黨에 恂恂如也하시니 父母之國엔 所宜盡禮니 何謂輕哉오

긍엄(矜嚴) : 장엄과 같음.
수정(修整) : 정제(整齊)함.
삼보(三輔) : 서울을 함께 다스리는 세 벼슬아치.
건무(建武) : 후한 광무제(光武帝) 때 연호.

이야기가 나와 있다.

　사람이 사회 생활을 원만히 하고 나아가서 큰 사업을 경륜(經綸)하려면 반드시 너그럽게 남을 포용하는 아량이 있어야 하므로, 항상 감정을 억제하여 도량을 넓히는 수양을 쌓아야 할 것이다. 도량이 좁은 사람은 세상에 용납되기 어렵고 성공은 더욱 기대할 수 없다.

제56장

　장담(張湛)은 장엄하고 예절 지키기를 좋아하여 동작에 법이 있었다. 남이 보지 않는 그윽한 방 안에 거처해서도 반드시 스스로 몸가짐을 바르게 하고, 비록 처자를 만날 때라도 엄격한 군주같이 하며, 향당(鄕黨)에 있어서는 말을 자상하게 하고 얼굴빛을 바르게 하니, 삼보(三輔)가 이것을 행동의 표준으로 삼았다.

　건무(建武) 초에 좌풍익(左馮翊)이 되어서 말미를 받아 평릉(平陵)으로 돌아갔다. 관부(官府)가 문을 바라보고는 말에서 내려 걸어가니, 주부(主簿)가 앞으로 나와 말하기를, "사또께서는 지위가 높고 덕망(德望)이 무거우시니 스스로 몸을 가벼이해서는 안 됩니다." 하니, 담이 말하기를, "예(禮)에 공문(公門) 앞에서는 수레에서 내리고, 노마(路馬)를 보면 식(軾)한다고 했으며, 공자께서도 향당(鄕黨)에 있어서는 근신하고 겸손한 모습이었다고 한다. 부모의 고을에서는 마땅히 예절을 다해야 하는 것이니 어찌 몸을 가벼이한다고 하랴." 하였다.

| 풀이 | 이 글에서는 후한(後漢) 사람 장담의 법도 있는 생활을 논했다. 특히 자기 고향에 내려가서 더욱 예절을 지킨 일을 높이 평가하고 있다.

고(告) : 벼슬아치가 휴가받는 것.
하공문(下公門) : 관부(官府)의 문 앞에서 수레나 말에서 몸을 내리는 것.

제57장

양진(楊震)이 천거한 형주(荊州)의 무재(茂才) 왕밀(王密)이 창읍령(昌邑令)이 되었다. 양진을 가서 뵐 때 황금(黃金) 10근을 품고 가서 진에게 주니, 진이 말하기를, "고인(故人)은 그대를 알아주었는데 그대는 고인을 알아주지 않음은 어찌된 것인가?" 하였다. 밀이 말하기를, "어두운 밤이니 아는 자가 없습니다." 하니, 진이 말하기를, "하늘이 알고 신(神)이 알고, 내가 알고 그대가 아는데 어찌 아는 자가 없다고 하랴." 하였다. 밀이 부끄러워하며 물러갔다.

57// 楊震의 所擧荊州茂才王密이 爲昌邑令이라 謁見할새 懷金十斤하여 以遺震한데 震이 曰 故人은 知君이어늘 君不知故人은 何也오 密이 曰 莫夜라 無知者니라 震이 曰 天知神知我知子知니 何謂無知오 密이 愧而去하니라

| 풀이 | 왕밀이 일찍이 양진의 추천을 받아서 창읍령에 임명되니, 인사차 양진을 찾아가면서 황금 10근을 품고 가서 주었으나 양진은 굳이 거절했다. 양진이 말한 "하늘이 알고, 신이 알고, 내가 알고, 그대가 안다〔天知神知我知子知〕."는 말은 '사지(四知)'라는 표현으로 오늘에 이르기까지 사람들에게 경종(警鐘)을 울리고 있다.

우리 나라에서도 조선조 말기에, 김홍집(金弘集)은 총리대신(總理大臣)의 자리에 있으면서도 집 한 칸도 없어서 남의 집에 세들어 살았다. 그 집 주인이 당시 어느 관청에 하급 관리로 있었는데 승진을 바라는 마음에서 연말이면

양진(楊震) : 자는 백기(伯起), 후한(後漢) 사람. 일찍이 형주 자사(荊州刺史)를 지냈음.
무재(茂才) : 수재(秀才)와 같으니 재주가 뛰어난 사람. 후한 광무제(光武帝)의 이름이 수(秀)이기 때문에 당시에는 이 글자를 피하여 무재라는 말을 만들었음. 후대(後代)에 와서 과거에 합격한 자에게 수재의 명칭을 붙이기도 했음.
알현(謁見) : 뵙는 것.
유(遺) : 여기서는 주는 것.
고인(故人) : 예전부터 아는

사람. 여기서는 양진 자신을 가리킴.
모야(莫夜) : 어두운 밤.
자지(子知) : 자는 그대의 뜻이 됨.

김홍집에게 많은 선물을 보냈으나 김홍집은 단호히 거절했다고 한다. 그 뒤 김홍집이 갑오경장(甲午更張)의 주모자라 하여 친일파로 몰리고 광화문 네거리에서 군중들에게 뭇매를 맞아 죽었는데, 그때 그 집의 주인되는 자가 앙심을 품고 앞장섰다는 말이 있다. 김홍집도 양진 못지않은 청렴한 인물이다. 우리는 거울로 삼아야 할 것이다.

제58장

모용(茅容)이 같은 연배(年輩)들과 함께 나무 아래에서 비를 피했다. 사람들은 모두 쭈그리고 앉아서 마주 바라보고 있었으나 용은 홀로 꿇어앉아서 더욱 공손하게 하고 있었다. 곽임종(郭林宗)이 지나다가 보고 그 남다른 것을 기특하게 여겨 그와 함께 이야기하고 이로 인하여 청해서 그의 집에서 유숙하게 되었다. 아침에 용이 닭을 잡아 음식을 만드니 임종은 자기를 위하여 마련하는 줄 알았다. 그러니 얼마 안 되어 닭으로 만든 음시은 그이 어머니께 드리고 자신은 나물 반찬으로 손과 함께 밥을 먹었다. 임종이 일어나 절하며 말하기를, "그대는 참으로 착하다." 하고, 배우기를 권하여 마침내 덕망(德望) 높은 인물이 되었다.

58// 茅容이 與等輩로 避雨樹下할새 衆皆夷踞相對하되 容이 獨危坐愈恭이어늘 郭林宗이 行見之而奇其異하여 遂與共言하고 因請寓宿하더니 旦日에 容이 殺鷄爲饌이어늘 林宗이 謂爲己設이러니 旣而供其母하고 自以草蔬로 與客同飯한데 林宗이 起하여 拜之나 卿은 賢乎哉인저 하고 因勸令學하여 卒以成德하니라

이거(夷踞) : 쭈그리고 앉는 것.
위좌(危坐) : 꿇어앉음.
우숙(寓宿) : 기숙(寄宿)하는 것.
초소(草蔬) : 나물.
동반(同飯) : 함께 밥을 먹는 것.

| 풀이 | 모용은 젊어서 행실을 삼가고 그 어머니를 효도로 섬겼기 때문에 곽임종의 사랑을 받고 그의 권고에 따라 학업에 힘써서 마침내 덕망이 높은 인물이 되었다.

제59장

도간(陶侃)이 광주 자사(廣州刺史)로 있을 때 고을에 일이 없을 때는 아침에 벽돌 100장을 집 밖으로 옮기고 저녁에 이것을 다시 집 안으로 옮겼다. 어떤 사람이 그 까닭을 물으니 대답하기를, "내 바야흐로 중원(中原)을 회복하는 일에 힘을 기울이고 있다. 지나치게 편안하면 마음이 해이해져서 일을 감당하기 어렵다." 했으니, 그 뜻을 가다듬고 부지런히 힘쓰는 것이 모두 이와 같았다.

뒤에 형주 자사(荊州刺史)가 되었다. 간(侃)의 성품이 총명하고 민첩하여 백성을 다스리는 직무에 부지런했으며, 태도가 공손하여 행동이 절로 예절에 맞고 인륜(人倫)의 도리를 좋아했다. 종일 무릎을 가지런히 하여 단정히 꿇어앉아 있었으나 천 가지, 만 가지로 복잡한 장수의 일을 처리하여 빈틈이 없었다. 멀고 가까운 데서 온 글들을 모두 손수 답장을 썼건만 문장이 물흐르듯 하여 일찍이 막힘이 없었으며, 소원(疏遠)한 사람도 모두 인견(引見)하여 문에 정체되어 있는 손[客]이 없었다.

항상 사람들에게 말하기를, "대우(大禹)는 성인(聖人)이었는데도 촌음(寸陰)을 아꼈으니 뭇사람은 분음(分陰)을 아껴야 한다. 어찌 편안하게 놀고 술취하여 세월을 헛되이 보내랴. 살아서 시대(時代)에 이익됨이 없고, 죽어서 후세(後世)에 이름이 알려짐이 없다면, 이는 스스로 자신을 버리는 것이다." 하였다.

막료(幕僚)들 중에 잡담과 유희(遊戲)로 일을 폐(廢)하는

59// 陶侃이 爲廣州刺史하여 在州無事어든 輒朝運百甓於齋外하고 暮運於齋內하더니 人이 問其故한데 答曰 吾方致力中原하노니 過爾優逸이면 恐不堪事라 하니 其勵志勤力이 皆此類也라 後爲荊州刺史하니 侃性이 聰敏하여 勤於吏職하며 恭而近禮하며 愛好人倫하더라 終日斂膝危坐하여 閫外多事하여 千緒萬端이로되 罔有遺漏하며 遠近書疏를 莫不手答하되 筆翰如流하여 未嘗壅滯하며 引接疏遠하되 門無停客하더라 常語人曰 大禹는 聖人이사되 乃惜寸陰하시니 至於衆人하여는 當惜分陰이니 豈可逸遊荒醉하여 生無益於時하며 死無聞於後면 是者棄也니라 諸參佐或以談戲廢事者어든 乃命取其酒器蒲博之具하여 悉投之于江하며 吏將則加鞭扑하고 樗蒲者는 牧猪奴戲耳오 老莊浮華는 非先王之法言이니 不可行也라 君子는 當正其衣冠하며 攝其威儀니 何有亂頭養望하여 自謂弘達耶리오

치력중원(致力中原) : 여기서는 중원을 회복하는 일에 힘을 기울이는 것.
천서만단(千緖萬端) : 일의 단서(端緖)가 천·만 가지가 되는 것. 일이 많음.
망유(罔有) : 없는 것.
수답(手答) : 내 손으로 답장을 쓰는 것.
필한(筆翰) : 붓끝의 문장.
옹체(壅滯) : 막힘.
대우(大禹) : 위대한 임금. 우왕(禹王)을 말함.
분음(分陰) : 촌음보다도 더 짧은 시간.
일유(逸遊) : 편안히 노는 것.
황취(荒醉) : 술에 취하여 행동이 거친 것.
참좌(參佐) : 막료(幕僚).
폐사(廢事) : 맡은 일을 하지 않는 것.
포박(蒲博) : 노름. 포는 포(蒲)와 같음.
편복(鞭扑) : 매를 치는 것.
목저노(牧猪奴) : 돼지를 치는 천인(賤人)을 말함.
노장(老莊) : 노자(老子)와 장자(莊子).
부화(浮華) : 실지가 없고 공허한 것.
난두(亂頭) : 머리를 빗지 않아서 흐트러진 것.

60// 王勃楊炯盧照鄰駱賓王은 皆有文名이라 謂之四傑이라 하더

자가 있으면, 그 술그릇과 저포(樗蒲)·장기·바둑 등의 도구를 빼앗아서 모두 강에 버리게 하고, 이를 범한 자가 벼슬아치나 장교(將校)이면 매를 치고 말하기를, "놀음은 돼지 먹이는 천인들이 하는 짓이고, 노·장(老莊)의 실지에 맞지 않는 공론(空論)은 선왕(先王)의 법도 있는 말이 아니니 행할 수 없는 것이다. 군자는 마땅히 그 의관(衣冠)을 바르게 하여 위의(威儀)를 갖추어야 하는 것이다. 어찌 봉두난발(蓬頭亂髮)을 하고 부질없는 생각을 기르면서 스스로 도에 통달했다고 하랴." 하였다.

| 풀이 | 도간이 광주 자사로 있을 때 아침에는 벽돌 100장을 집 밖으로 옮기고 저녁에 다시 이것을 집 안으로 옮겨서 뜻을 가다듬고 힘을 기른 일은 우리에게 큰 교훈을 남겼다. 우리는 이것을 거울삼아 마음이 해이해짐을 막아야 한다. 도간은 형주 같은 큰 지방을 맡아 다스리면서도 정치·군사면에 있어 처리가 모두 요(要)를 얻어서 빈틈이 없었다. 그리고 그는 사람들에게 시간을 아껴 써서 살아 있는 동안 세상일에 기여하여 삶을 보람 있게 할 것을 강조했으며, 또 노자·장자의 공허한 이론에 물들어서 일을 폐지하고 행동이 방종으로 흐르는 것을 경계했다.

제60장

왕발(王勃)·양형(楊炯)·노조린(盧照鄰)·낙빈왕(駱賓王)은 모두 글을 잘한다는 이름이 있어서 사걸(四傑)로 일컬

어졌다. 배행검(裵行儉)이 말하기를, "선비의 원대한 뜻을 이룸은 기량(器量)과 식견(識見)을 먼저하고 문예(文藝)를 나중한다. 발(勃) 등이 비록 글재주는 있지만 부박(浮薄)하고 경조(輕躁)하여 생각이 얕고 드러나니 어찌 작록(爵祿)을 누릴 그릇이 되랴. 양자(楊子)는 침착하고 고요하니 영장(令長)을 얻어 하겠지만 그 나머지 사람들은 잘 죽으면 다행한 일이다." 하였다. 그 뒤 발은 남해(南海)에 빠져 죽고, 조린은 몸을 영수(潁水)에 던졌으며, 빈왕은 사형을 당하고, 형은 영천령(盈川令)으로 생애를 마쳤다. 모두 검(儉)의 말과 같았다.

| 풀이 | 왕발·양형·노조린·낙빈왕은 모두 글을 잘해서 당(唐)나라 초기의 사걸(四傑)로 일컬어졌다. 그러나 양형만이 겨우 지방의 수령을 지냈을 뿐, 나머지 세 사람은 비명(非命)에 죽어서 배행검의 예언을 적중시켰다. 큰 인물이 되려면 재주를 믿는 것보다도 먼저 도량을 넓히고 식견(識見)을 높이는 수양을 쌓아야 한다. 재주 있는 사람은 흔히 경박하고 생각이 얕아서 남을 업신여기고 자기의 뛰어남을 자랑하는 것을 일삼다가 실패한다. 필자는 재주 있는 사람의 불행한 종말을 직접 눈으로 본 일이 있다. 아무리 재주가 뛰어나도 수양의 바탕 없이는 성공할 수 없다는 엄연한 사실을 깊이 인식해야 한다.

니 裵行儉이 日 士之致遠은 先器識而後文藝니 勃等이 雖有文才而浮躁淺露하니 豈享爵祿之器耶리오 楊子는 沈靜하니 應得令長이어니와 餘得令終이 爲幸이라 하더니 其後에 勃은 溺南海하고 照鄰은 投潁水하고 賓王은 被誅하고 炯은 終盈川令하니 皆如行儉之言하니라

왕발(王勃) : 자는 자안(子安), 당대(唐代)의 시인.
양형(楊炯) : 영천령(盈川令)을 지냈음.
노조린(盧照鄰) : 자는 승지(昇之), 신병(身病)을 비관하여 영수에 몸을 던져 죽었음.
낙빈왕(駱賓王) : 측천무후(則天武后) 때 불만을 품고 서경업(徐敬業)과 반란을 일으켰다가 사형당함.
배행검(裵行儉) : 자는 수약(守約), 돌궐(突厥)을 평정했음.
치원(致遠) : 원대한 뜻을 이룸. 큰 공업을 세움.
기식(器識) : 기량(器量)과 식견(識見).
영종(令終) : 비명(非命)에 죽지 않고 천명(天命)에 죽는 것.

61// 孔戣이 於爲義에는 若嗜慾하여 不顧前後하고 於利與祿則畏避退怯하여 如懦夫然하더라

공감(孔戣) : 자는 군승(君勝), 공자의 38대손.
기욕(嗜慾) : 즐기고 욕심내는 것.

62// 柳公綽이 居外藩할새 其子每入境에 郡邑이 未嘗知하고 旣至하여 每出入에 常於戟門外에 下馬하며 呼幕賓爲丈하여 皆許納拜하고 未嘗笑語款洽하더라

외번(外藩) : 당시에는 변경(邊境)에 절도사(節度使)를 두어서 수비케 했는데, 나라의 울타리가 된다 하여 일컫는 말.
군읍(郡邑) : 군현(郡縣)과 같음.
극문(戟門) : 절도영(節度營)의 정문(正門). 창을 잡

제61장

 공감(孔戣)이 의로운 일을 행하는 데에는 마치 즐겨하고 욕심내는 것같이 하여 앞뒤를 돌아보지 않았으며, 재리(財利)와 작록(爵祿)에 대해서는 두려워하여 피하고 겁내어 물러나서 마치 나약한 사나이 같았다.

| 풀이 | 여기서는 공감이 의로운 일을 행함에는 과감하고 물질이나 지위·권력에 대해서는 뜻이 담박(淡泊)했음을 논했다. 물질이나 지위·권력에 애착이 강한 자는 의로운 일을 행하기 어렵다.

제62장

 유공작(柳公綽)이 외번(外藩)에 나가 있을 때 그의 아들이 경계 안으로 들어올 때마다 군읍(郡邑)이 알지 못했다. 이미 절도사 관부(節度使管府)에 당도해서는 나가고 들어올 때마다 항상 영문(營門) 밖에서 말을 내리게 했으며, 막빈(幕賓)을 불러 어른이라 하고, 막빈은 모두 그의 절을 받게 했다. 그리고 막빈을 존경하여 일찍이 그들과 웃으며 이야기하여 무간하게 하는 일이 없었다.

| 풀이 | 절도사가 관할하는 지역은 극히 넓어서 많은 고을이 여기에 예속(隸屬)되어 있다. 절도사의 자제가 관외(管外)에서 관내(管內)로 들어오거나 관내에서 관외로 나갈 때는 그 위세가 대단할 뿐만 아니라 연로(沿路)의 각 고을

이 이를 맞이하고 보내기에 여념이 없게 마련이다. 그러나 유공작의 자제는 아무도 모르게 소리 없이 드나들었다. 그리고 절도영의 영문 안으로 들어올 때는 반드시 정문 밖에서 말을 내려 걸어서 들어오고, 막빈(幕賓)을 어른으로 부르게 하고 절하여 뵈어서 공경하는 뜻을 표했다. 유공작의 공사(公私)를 구별하는 벼슬살이와 근신하고 예절을 지키는 법도 생활을 여기서도 볼 수 있다.

은 군사들이 경비하기 때문에 생긴 말.
막빈(幕賓) : 절도영에서 빈객(賓客)의 예우를 받으며 비밀 모의에 참여하는 사람.
장(丈) : 어른.
소어(笑語) : 웃음을 섞어 말하는 것.
관흡(款洽) : 극히 친밀하여 무간하게 지내는 것.

제63장

유중영(柳仲郢)은 예법으로써 몸가짐을 바르게 했다. 집에 있을 때는 일이 없더라고 또한 손을 마주잡고 단정하게 앉아 있었으며, 내재(內齋)에 나갈 때는 일찍이 의관(衣冠)을 정제하지 않는 일이 없었다. 세 번 절도사를 지냈건만 마구간에 좋은 말이 없고, 옷에 향내를 풍기게 하는 일이 없었으며, 공무(公務)를 마치고 물러나오면 반드시 글을 읽어서 손에서 책을 놓지 않았다.

가법(家法)에 "관직(官職)에 있을 때는 임금께 상서(祥瑞)가 있다고 아뢰지 않는다. 승려(僧侶)·도사(道士)를 인정하는 도첩(度牒)을 발행하지 않으며, 탐장죄(貪贓罪)를 범한 관리를 처벌하는 법을 늦추지 않는다. 무릇 번진(蕃鎭)에 나가 있을 때는 가난한 사람을 구제하고 고아를 구휼(救恤)하는 일을 급히 하며, 수해(水害)·한재(旱災)가 있을 때는 정해진 기한을 앞당겨 양곡을 꾸어주며, 군인에게 주는 급료는 반드시 곡식을 정선(精選)하고 풍부하게 하며,

63// 柳仲郢이 以禮律身하여 居家에 無事라도 亦端坐拱手하며 出內齋에 未嘗不束帶하더라 三爲大鎭하되 廐無良馬하며 衣不薰香하고 公退에 必讀書하여 手不釋卷하더라 家法에 在官하여 不奏祥瑞하며 不度僧道하며 不貸贓吏法하며 凡理藩府에 急於濟貧恤孤하며 有水旱이어든 必先期假貸하며 廩軍食하되 必精豐하며 逋租를 必貫免하며 館傳을 必增飾하며 宴賓犒軍을 必華盛하고 而交代之際에 食儲帑藏이 必盈溢於始至하며 境內에 有孤貧衣纓家女及係笄者어든 皆爲選壻하여 出俸金爲資裝하여 嫁之하더라

공수(拱手) : 공경하는 뜻을 표하기 위하여 두 손을 마주잡음.
내재(內齋) : 유중영의 집에는 중문(中門) 안에 서재가 있어서 조정에 나가지 않을 때는 반드시 그곳에 거처했음.
삼위대진(三爲大鎭) : 산남·검남·천평 등 세 곳의 절도사를 지냈기 때문에 하는 말.
석권(釋卷) : 책을 놓음.
부주상서(不奏祥瑞) : 임금께 아첨하는 것을 경계하는 것임.
장리법(贓吏法) : 탐관 오리를 다스리는 법.
번부(藩府) : 번진(藩鎭). 절도사가 관할하는 지역.
선기(先期) : 기한을 앞당기는 것.
가대(假貸) : 꾸어주는 것.
포조(逋租) : 포흠(逋欠)된 조세. 포흠은 미납.
호군(犒軍) : 군사들은 위로하여 음식을 대접하는 것.
의영(衣纓) : 조정의 벼슬아치를 뜻함.

미납된 조세는 반드시 면제하며, 관사(館舍)와 역(驛)을 증축하고 잘 꾸미며, 손님을 위하여 연회하고 군대를 위로하는 잔치는 반드시 화려하고 성대하며, 벼슬이 갈려 신임 절도사와 교대할 때는 식량 창고와 비단과 돈을 보관하는 곳간이 반드시 처음 부임해 왔을 때보다도 가득하고 넘치게 하며, 지경 안에 부모 없는 가난한 양반의 딸로서 시집갈 나이가 된 자가 있으면 모두 신랑감을 가리고, 자기 봉급 속에서 비용을 내어 혼수(婚需)를 마련해서 시집 보내 준다." 하였다.

| 풀이 | 유중영은 그의 아버지 유공작의 뜻을 받들어서 가법(家法)을 지켰다. 이 글에서는 유중영의 집에 있을 때의 근엄한 몸가짐과 청렴 결백했던 관리 생활을 논했다. 그리고 가법 중에 내직(內職)으로 있을 때와 외직(外職)으로 있을 때를 구분하여 규정지은 행동 강령(行動綱領)을 싣고 있다. 비록 오늘의 시대라 하더라도 우리가 거울로 삼아야 할 것들이다.

제64장

64// 柳玭이 日 王相國 涯方居相位하여 掌利權이러니 竇氏女歸하여 請日 玉工이 貨一釵하니 奇巧라 須七十萬錢이러이다 王이 日 七十萬錢은 我一月俸金耳

유변(柳玭)이 말하기를, "상국(相國) 왕애(王涯)가 바야흐로 정승의 자리에 앉아 이권(利權)을 장악하고 있을 때 두씨(竇氏)에게로 시집간 딸이 근친(覲親) 와서 청하기를, '옥공(玉工)이 비녀 하나를 팔려고 하는데 기이하고도 정교합니다. 값은 70만 전(錢)을 내야 한다고 합니다.' 하였다.

왕애가 말하기를, '70만 전이면 내 한 달 봉급이다. 어찌 네게 이것을 아끼랴. 다만 비녀 하나에 70만 전이라면 그것은 요물(妖物)이니 반드시 재앙이 따르게 마련이다.' 하니, 딸이 감히 다시 말하지 못했다.

몇 달 뒤에 딸이 어떤 집 혼인 모임에서 돌아와 왕애에게 알리기를, '전의 비녀는 풍외랑(馮外郎)의 아내의 머리 장식품이 되었습니다.' 하였다. 풍외랑이란 바로 풍구(馮球)을 말한다. 왕애가 탄식하여 말하기를, 풍(馮)이 낭리(郎吏)로 있으면서 아내의 머리 장식품에 70만 전을 들였으니 어찌 오래갈 수 있으랴.' 하였다. 풍은 재상 가속(賈餗)의 문인(門人)으로서 속과 가장 친밀하게 지냈다. 가속의 하인 중에 매우 위세를 부리는 자가 있어서 풍이 불러다가 그와 같은 행동을 경계했다. 그 뒤 열흘도 채 안 되어 풍이 이른 아침에 가속을 뵈러 갔는데, 하인 두 사람이 지황주(地黃酒)를 받들고 나와서 마시게 했다. 마신 지 얼마 안 되어 숨을 거두었다. 가속이 눈물을 흘렸으나 마침내 그 까닭을 알지 못했다.

또 이듬해에 왕애와 가속이 모두 화(禍)를 입었다. 아아! 왕애가 진귀한 노리개와 기이한 보배를 요물로 여긴 것은 진실로 사리(事理)를 아는 말이다. 그러나 한갓 물건의 요괴(妖怪)됨을 알 뿐, 임금의 은총이 두텁고 지위·권력이 혁혁(赫赫)한 것의 요괴됨이 물건보다도 더 심한 것임을 알지 못했다. 풍은 낮은 벼슬아치로서 보화를 탐내어 그 집을 바로잡지 못하고 또 남을 섬기기에 충성을 다하다가

니 豈於女惜이리오 但 一釵七十萬이 此妖物이라 必與禍相隨라 한데 女子不復敢言하니라 數月에 女自婚姻會로 歸하여 告王曰 前時釵爲馮外郎妻首飾矣라 하니 乃馮球也라 王이 嘆曰 馮이 爲郎吏하여 妻之首飾이 有七十萬錢하니 其可久乎아 馮이 爲賈相餗의 門人이라 最密하더니 賈有蒼頭頗張威福이어늘 馮이 召而勅之러니 未浹旬에 馮이 晨謁賈어늘 有二靑衣捧地黃酒하여 出飮之한데 食頃而終하니 賈爲出涕하되 竟不知其由하니라 又明年에 王賈皆遘禍하니 噫라 王이 以珍玩奇貨로 爲物之妖하니 信知言矣어니와 徒知物之妖而不知恩權隆赫之妖甚於物耶아 馮이 以卑位貪寶貨하여 已不能正其家하고 盡忠所事而不能保其身하니 斯亦不足言矣로다 賈之臧獲이 害門客于牆廡之間而不知하니 欲終始富貴인들 其可得乎아 此雖一事나 作戒數端이로다

왕애(王涯) : 자는 광진(廣

津), 당나라 사람. 문종(文宗) 때 재상이 되었음.
이권(利權) : 재리(財利)에 관한 권한. 왕애는 재상의 지위에 있으면서 회계(會計), 염(鹽), 철(鐵) 등의 일도 맡아보았음.
옥공(玉工) : 옥을 다듬어서 물건을 만드는 장인(匠人).
요물(妖物) : 요괴(妖怪)한 물건.
수식(首飾) : 머리의 장식품.
가속(賈餗) : 자는 자미(子美), 하남(河南) 사람.
창두(蒼頭) : 종을 말함.
위복(威福) : 위세로 남을 억누르고, 조그만 은혜를 입혀서 복종케 하는 것.
욱지(勖之) : 여기서는 타이르는 것. 경계하는 것.
지황주(地黃酒) : 지황으로 빚은 술.
식경(食頃) : 한 번 식사를 할 정도의 시간.
종(終) : 죽음.
왕가(王賈) : 왕애와 가속.
구화(遘禍) : 화(禍)를 당함.
신지언의(信知言矣) : 신은 진실로, 지언은 사리(事理)를 아는 말.
은권륭혁지요(恩權隆赫之妖) : 임금의 은총과 권세가 높고 빛나는 것은 그 속에 재앙의 기틀이 잠재하기 때문에 요괴가 된다는 말.
진충소사(盡忠所事) : 여기서는 가속을 섬기는 것임.
문객(門客) : 친밀하여 항상 집에 드나드는 손.
작계수단(作戒數端) : 여러

그 몸을 보전하지 못했으니 이것 또한 족히 말할 것이 못 된다. 가속은 그 종이 문객(門客)을 담과 행랑 사이에서 해쳤는데도 알지 못했으니, 부귀를 온전히 하려 한들 얻을 수 있으랴. 이것이 비록 한 가지 일이지만 우리에게 경계를 주는 것은 여러 가지다." 하였다.

| 풀이 | 풍구는 낮은 벼슬아치의 몸으로서 값이 70만 전이나 되는 진귀한 옥비녀를 사서 아내의 머리에 꽂게 했으니 참으로 분수를 모르는 짓이다. 스승 가속의 집 하인이 주인의 세력을 믿고 지나치게 위세를 부리는 것이 가속에게 나쁜 영향을 끼칠 것을 염려한 나머지 그 하인을 타이른 것이 동기가 되어 그 하인에게 독살(毒殺)당했다.

왕애는 그 딸이 70만 전짜리 옥비녀를 사달라고 청했을 때 그것이 재앙을 부르는 요물(妖物)임을 말하여 딸을 경계했으며, 풍구가 그의 아내에게 사주었다는 말을 듣고는 풍구의 운명이 좋지 않을 것을 예언하여 적중시켰다. 그러나 자신의, 임금의 은총을 받음이 두텁고 지위와 권력이 절정에 이른 것이 요괴가 됨을 알지 못하여 그 자리에 그대로 머물러 있다가 문종(文宗) 태화(大和) 9년에 환관 제거 모의(除去謀議)에 연루되어 사형당했다.

가속은 제자 풍구가 자기 집에 왔다가 갑작스럽게 죽은 것을 보고도 그 사인(死因)을 밝히려고 하지 않았다. 그같이 옹렬한 인물이 끝까지 부귀 영화를 누리기를 기대할 수는 없는 것이다. 역시 왕애와 함께 일에 연루되어 사형당했다. 세 사람은 모두 비명에 죽었다. 사리(事理)에 밝지 못한 사람은 몸을 보전하기 어렵다는 교훈을 남기고 있다.

제65장

왕문정공(王文正公)이 향시(鄕試)·성시(省試)·정시(廷試)에서 성적이 모두 으뜸이 되었다. 어떤 사람이 농담으로 말하기를, "삼장(三場)의 시험에 모두 장원(壯元)으로 뽑혔으니 일생 동안 먹고 입는 것은 넉넉하겠습니다." 하니, 공이 얼굴빛을 바르게 하고 말하기를, "증(曾)의 평생의 뜻은 따뜻하게 옷 입고 배불리 먹는 데 있지 않습니다." 하였다.

| 풀이 | 왕증이 향시·성시·정시에서 모두 장원으로 뽑힌 것으로 보아 그의 학문의 실력을 알 수 있다. 그리고 학사 유자의(劉子儀)의 농담에 응수한 말 또한 그의 높은 이상을 말해 주고 있다. 왕증은 그와 같은 실력과 이상을 가졌기 때문에 유위(有爲)한 인물이 되어서 불후(不朽)의 명성을 남기고 있다. 선비는 모름지기 실력을 기르고 이상을 가져야 한다.

제66장

범문정공(范文正公)이 젊을 때 큰 절조(節操)가 있어서 부귀·빈천·훼예(毁譽)·환척(歡戚)에 조금도 마음을 움직이지 않고 개연(慨然)히 세상을 건지는 일에 뜻을 두었다.

가지 훈계를 줌.

65// 王文正公이 發解南省廷試에 皆爲首冠이러니 或이 戱之曰 壯元試三場하니 一生喫著이 不盡이로다 公이 正色曰 曾의 平生之志不在溫飽니라

왕문정공(王文正公) : 이름은 증(曾), 자는 봉선(奉先), 송나라 사람.
발해(發解) : 지방에서 보는 과시(科試), 곧 향시(鄕試).
남성(南省) : 향시에 합격한 자를 남성에 모아 시험을 치르게 했는데, 이를 남성시(南省試) 또는 성시(省試)라 했음.
정시(廷試) : 성시에 합격된 자를 모아 천자(天子)가 친히 보게 하는 시험임.
수관(首冠) : 성적이 수석임을 뜻함.
끽착부진(喫著不盡) : 넉넉한 것.

66// 范文正公이 少有大節하여 其於富貴貧賤毁譽歡戚에 不一動其心而慨然有志於天下하더

니 嘗自誦曰 士當先天
下之憂而憂하고 後天
下之樂而樂也라 하더
라 其事上遇人에 一以
自信하여 不擇利害爲
趨捨하고 其有所爲에
必盡其方하여 曰 爲之
自我者는 當如是니 其
成與否는 有不在我者
라 雖聖賢이사도 不能
必이시니 吾豈苟哉리
오 하더라

일찍이 스스로 외우기를, "선비는 마땅히 천하 사람의 근심에 앞서서 근심하고 천하 사람이 즐거워한 뒤에 즐거워 할 것이다." 하였다.

그의 윗사람을 섬기고 남을 대우하는 것은 한결같이 자기 신념에 따라서 하고, 이롭고 해로움을 가려서 붙들고 버리고 하지 않았다. 무슨 일을 하는 것이 있으면 반드시 그 방법을 다하고서 말하기를, "일에 있어 내가 할 것은 마땅히 이같이 해야 한다. 그 이루어지고 이루어지지 않는 것은 내게 있지 않다. 비록 성현이라도 반드시 이루어지기를 기약할 수 없거늘 내 어찌 구차하게 하랴." 하였다.

훼예(毁譽) : 훼는 비방하는 것, 예는 칭찬하는 것.
환척(歡戚) : 환은 기쁜 것, 척은 슬픈 것.
개연(慨然) : 분개(憤慨)하는 모양.
유지어천하(有志於天下) : 천하를 바로잡으려는 뜻이 있는 것.
자신(自信) : 자기의 신념. 자기가 생각하는 바른 도리.

| 풀이 | 부귀의 유혹, 빈천의 괴로움, 비방이나 칭송, 기쁜 일, 슬픈 일에 마음이 동요되지 않는다는 것은 그 뜻이 커서 작은 일에 구애받지 않는 것이다. 나보다도 세상을 먼저 근심하고 세상 사람을 즐겁게 만든 뒤에 자신도 즐기겠다는 것은 세상을 바로잡아서 자유와 번영을 누리는 살기 좋은 세상으로 만들겠다는 높은 이상(理想)이다. 사람과 사귐에 있어서 자기 소신대로 하여 이해(利害)에 좌우되지 않는 것은 처세(處世)하는 바른길이고 당당한 태도이다. 무슨 일을 경영함에 있어서는 내가 할 수 있는 최선의 방법을 다하고서 그 성패(成敗)를 기다릴 뿐이다. 잔꾀를 부리거나 부정한 방법으로 성공하려 든다면 도리어 실패를 가져오고 위해(危害)가 뒤따른다.

제67장

사마온공(司馬溫公)이 일찍이 말하기를, "나는 남보다 뛰어난 것은 없다. 다만 평생에 한 일이 아직 남을 대하여 말하지 못할 것이 없을 뿐이다." 하였다.

67// 司馬溫公이 嘗言 吾無過人者어니와 但 平生所爲未嘗有不可對 人言者耳로라

| 풀이 | 사마온공은 성실해서 평생에 한 일이 모두 바른 도리에서 벗어나지 않았기 때문에 남을 대하여 말하지 못할 것이 없는 것이다. 맹자가 사람의 세 가지 즐거움을 말했는데, 그 가운데 "우러러 하늘에 부끄러울 것이 없고, 굽어 사람에게 부끄러울 것이 없는 것이 두 가지 즐거움이다〔仰不愧於天 俯不作於人 二樂也〕." 하였다.
　자기가 평생에 한 일이 떳떳하기 때문에 남을 대하여 말하지 못할 것이 없다면 그 얼마나 마음 편하고 즐거운 일인가. 사람은 언제나 성실하고 도리에 벗어나지 않게 살아서 뉘우침이 없도록 노력해야 한다.

제68장

관녕(管寧)은 일찍이 항상 같은 평상 위에 앉아 있기를 50여 년이었는데, 다리를 뻗는 일이 없었다. 그 평상 위의 무릎 닿은 곳이 모두 뚫어졌다.

68// 管寧이 嘗坐一木 榻하더니 積五十餘年 이로되 未嘗箕股하니 其榻上當膝處皆穿하니 라

| 풀이 | 이 글에서는 관녕의 근엄한 몸가짐을 논했다.

관녕(管寧) : 자는 유안(幼安), 후한(後漢) 사람.
기고(箕股) : 다리를 키 모양으로 뻗는 것.

제69장

여정헌공(呂正獻公)은 젊었을 때부터 학문을 강구(講究)하되 마음을 다스리고 본성을 기르는 것을 근본으로 삼았다. 기호(嗜好)와 욕심을 적게 하고, 맛있는 음식을 적게 먹고, 말을 빠르게 하거나 당황하여 급히 서두르는 빛이 없고, 급한 걸음걸이를 하지 않았으며, 게으른 얼굴빛을 가지는 일이 없었다. 희롱하는 웃음이나 저속한 말을 입 밖에 내지 않았으며, 세상의 이득(利得)과 분잡하고 화려한 일, 음악, 잔치하여 노는 것에서부터 장기 · 바둑, 진기한 구경거리에 이르기까지도 담박(淡泊)하여 좋아하는 것이 없었다.

| 풀이 | 이 글에서는 여정헌공의 교양 높은 행실을 논했다. 사람은 누구나 다 양심이 있지만 욕심에 압도되어 녹여지고, 착한 본성도 사욕(私欲)의 추구에서 상실된다. "하루에 세 번 내 몸을 반성한다〔日二省吾身〕."는 말이 있다. 우리는 끊임없는 반성으로 양심을 보존하고 본성을 기르는 수양을 쌓아야 한다. 이같은 수양을 쌓는다면 모든 행실이 자연히 바른길에서 벗어나지 않게 된다.

제70장

명도 선생은 종일 단정히 앉아 있어서 그 모습이 마치 진흙으로 만든 사람 같았지만, 사람을 접할 때는 온몸에 화기(和氣)가 넘쳐 흘렀다.

69// 呂正獻公이 自少로 講學하되 卽以治心養性으로 爲本하여 寡嗜慾하며 薄滋味하며 無疾言遽色하며 無窘步하며 無惰容하며 凡嬉笑俚近之語를 未嘗出諸口하며 於世利紛華聲伎遊宴과 以至於博奕奇玩히 淡然無所好하더라

치심(治心) : 마음을 다스림. 양심을 찾는 것.
군보(窘步) : 빨리 걸음. 급히 걸음.
희소(嬉笑) : 희롱하여 웃는 웃음.
이근(俚近) : 저속(低俗).
세리(世利) : 세상의 이득(利得)
성기(聲伎) : 음악으로 풀이됨.
유연(遊宴) : 잔치하여 노는 것.
기완(奇玩) : 진기(珍奇)한 구경거리.

70// 明道先生이 終日端坐에 如泥塑人이러시니 及至接人하여는 則渾是一團和氣러시다

| 풀이 | 여기서는 명도 선생의 몸가짐을 논했다. 혼자 있을 때는 앉는 자세를 바르게 하여 마음과 몸을 가다듬고, 남을 대할 때는 온화한 기운으로 부드럽게 대했다.

이소인(泥塑人) : 진흙으로 빚어 만든 사람. 진흙으로 된 사람은 언제나 단정한 자세를 유지하여 흐트러지지 않음.

제71장

명도 선생이 글씨를 쓸 때 매우 정성스럽게 하더니, 일찍이 사람에게 말하기를, "글자를 좋게 만들고자 함이 아니라, 이것도 배우는 것이다." 하였다.

71// 明道先生이 作字時에 甚敬하더시니 嘗謂人曰 非欲字好라 卽此是學이니라

| 풀이 | 이 글에서는 명도 선생이 정성들여 글씨 쓴 일을 논했다. 정성을 들이는 것은 글자를 좋게 함이 아니고 그 뜻을 배우는 것이다.

제72장

유충정공(劉忠定公)이 온공을 보고 묻기를, "마음을 극진히 하고 몸가짐을 바르게 하는 요긴한 방법으로서 몸을 마칠 때까지 행할 것이 무엇이 있습니까?" 하니, 공이 말하기를, "그것은 성실이 아니겠는가?" 하였다. 유공(劉公)이 묻기를, "성실을 행하려면 무엇부터 먼저 해야 합니까?" 하니, 공이 말하기를, "함부로 말하지 않는 것부터 시작해야 한다." 하였다.

유공이 처음에는 매우 쉽게 여겼다. 물러나와서 날마다 행한 일과 말한 것을 비교 검토하고 반성해 보니 서로 견

72// 劉忠定公이 見溫公하여 問盡心行己之要 可以終身行之者하니 公이 曰 其誠乎인저 劉公이 問行之何先이니잇고 公이 曰 自不妄語始니라 劉公이 初甚易之러니 及退而自櫽栝日之所行과 與凡所信하니 自相掣肘矛盾者多矣러니 力行七年以後에 成하니 自此로 言行이 一致라 表裏相應하여 遇事坦然

하여 常有餘裕러라

유충정공(劉忠定公) : 충정은 원성(元城) 선생의 시호.
진심(盡心) : 마음의 능력을 극진하게 발휘하는 것.
행기(行己) : 몸가짐을 바르게 하는 것.
성(誠) : 성실.
망어(妄語) : 함부로 말함.
이지(易之) : 쉽게 여기는 것. 바꾼다는 뜻이 될 때는 역으로 발음함.
은괄(檃栝) : 은은 나무가 굽은 것을 바로잡는 것, 괄은 모난 것을 바로잡는 것이니, 잘못을 바로잡는 것을 뜻함.
철주(掣肘) : 팔꿈치를 잡아당긴다는 뜻이니, 견제(牽制)되어 행동이 자유롭지 못한 것을 뜻함.
탄연(坦然) . 마음이 편안한 것.

73// 劉公이 見賓客에 談論踰時하되 體無欹側하여 肩背竦直하며 身不少動하여 至手足에도 亦不移하더라

유공(劉公) : 앞의 글에 나

제(牽制)되고 모순되는 것이 많았다. 힘써 행한 지 7년 뒤에야 성취되었다. 이때부터 말과 행동이 일치되고 겉과 속이 서로 호응하여 일을 당할 때마다 마음이 편안하고 항상 여유가 있었다.

┃풀이┃ 본마음의 능력을 충분히 발휘하고 몸가짐을 바르게 하는 긴요(緊要)한 방법은 성실의 도리를 행하는 것이고, 말을 함부로 하지 않는 것이 성실의 도리의 출발이다. 그러나 일마다 말과 행동이 일치하기란 쉬운 일이 아니다. 여기에 나오는 유충정공 같은 이도 7년이 걸려서야 비로소 성취할 수 있었다. 우리는 항상 말을 삼가고, 말은 행실을 돌아보고, 행실은 말을 돌아보는 반성으로 수양을 쌓아서 성실의 도리에 도달해야 한다. 이것이 이루어진다면 본마음을 보존하여 몸가짐이 절로 바르게 된다. "성실은 하늘의 길이고, 성실을 생각하는 것은 인간의 길이다〔誠者天之道也 思誠者人之道也〕."는 말이 있는데, 이 말은 우리가 깊이 명심할 것이다.

제73장

유공(劉公)은 손을 만나 이야기하여 시간이 오래되어도 몸을 옆으로 기울게 하지 않아서 어깨와 등이 곧았으며, 몸을 조금도 움직이지 않아서 손발까지도 옮기지 않았다.

┃풀이┃ 지난날에는 남을 대할 때 앉는 자세를 바르게 하

는 것을 예의로 생각했다. 남을 대할 때뿐만 아니라, 혼자 있을 때도 자세를 흐트러지게 하지 않았다.

온 유충정공을 말함.
의측(欹側) : 옆으로 기울게 함.
송직(竦直) : 곧은 것.

제74장

　서적중거(徐積仲車)는 처음에 안정 호(安定胡) 선생을 좇아서 배웠으며, 학문에 마음을 기울이고 실천에 힘써서 벼슬하지 않았다. 그 학문은 지성(至誠)을 근본으로 하여 어머니를 섬겨서 효성이 지극했다. 스스로 말하기를, "처음에 안정 선생을 뵙고 물러나올 때 머리가 한 쪽으로 조금 기울어지니, 선생께서 별안간 큰 소리로 '머리는 바르게 가져야 한다.' 하셨다. 이 말을 듣고 스스로 생각하기를, '머리만 바르게 가질 것이 아니라, 마음도 또한 바르게 가져야 한다.' 하고, 이때부터 나는 감히 사특한 마음을 두지 못했다." 하였다. 죽은 뒤에 시호를 절효(節孝) 선생이라고 했다.

74// 徐積仲車初從安定胡先生學하더니 潛心力行하여 不復仕進하고 其學이 以至誠爲本하여 事母至孝하더라 自言初見安定先生하고 退에 頭容이 少偏이러니 安定이 忽厲聲云頭容直이라 하여시늘 某因自思不獨頭容이 直이라 心亦要直也라 하여 自此로 不敢有邪心이라 하더라 卒커늘 諡節孝先生이라 하니라

| 풀이 | 서적은 그 스승인 안정 선생의 머리를 바르게 가지라는 훈계를 듣고서 생각이 마음을 바르게 하는 데까지 미치고 그때부터 마음을 바르게 가지기에 힘썼다.
　마음을 바르게 가지는 것은 곧 인간의 본마음을 보존하는 것으로서 모든 행실의 근본이 된다. 그러나 머리를 바르게 가지는 수양이 마음을 바르게 가지는 실마리가 되기도 한다. 우리는 항상 몸가짐을 바르게 가짐으로써 본마음을 간직하고 덕성(德成)을 함양해야 할 것이다.

잠심(潛心) : 여기서는 학문에 마음을 기울임.
역행(力行) : 힘써 실천함.
사진(仕進) : 벼슬길에 나아가는 것임.
지성(至誠) : 지극히 정성스러운 것.
두용(頭容) : 머리 모양.
여성(厲聲) : 성난 목소리. 소리를 높이는 것.
모(某) : 자기 이름을 대신하는 말.

제75장

문중자(文中子)의 의복은 검소하고도 깨끗했으며 여유 있는 물건이 없었다. 화려한 비단을 집에 들이지 않으면서 말하기를, "군자(君子)는 누른빛과 흰빛이 아니면 입지 않고, 부인은 푸른빛과 벽록색(碧綠色)이 있을 뿐이다." 하였다.

| 풀이 | 여기서는 문중자의 검소한 생활을 논했다. 지난날 선비의 생활은 검박(儉朴)을 숭상하여 화려한 비단 같은 것을 몸에 대지 않았다.

제76장

유변(柳玭)이 말하기를, "고시랑(高侍郎) 형제 세 사람은 모두 청현(淸顯)의 벼슬 자리에 있었으나 손을 청하는 것이 아니면 고깃국과 산적의 두 가지 반찬을 겸하지 않았으며, 저녁 식사에는 무와 박나물을 반찬으로 할 뿐이었다." 하였다.

| 풀이 | 당나라 사람 고월(高鉞)은 삼형제가 모두 청현(淸顯)의 벼슬 자리에 있었지만 생활이 지극히 검소하여 평소의 식사에는 고기 반찬 두 가지를 쓰지 않고 저녁 식사에는 무와 박나물을 반찬으로 할 뿐이었다.

75// 文中子之服이 儉以絜하고 無長物焉하더니 綺羅錦繡를 不入于室하여 曰 君子는 非黃白不御오 婦人則有靑碧이라 하니라

결(絜) : 결(潔)과 같아서 깨끗함.
장물(長物) : 여유 있는 물건.
기라금수(綺羅錦繡) : 기라는 무늬 있는 화려한 비단, 금수는 수놓은 비단.
어(御) : 여기서는 입는 것.

76// 柳玭이 曰 高侍郞 兄弟三人이 俱居淸列하되 非速客이어든 不二羹胾하며 夕食엔 齕葍匏而已러라

청렬(淸列) : 깨끗하고 좋은 벼슬 자리.
속객(速客) : 손님을 청하는 것.
불이갱자(不二羹胾) : 고깃국과 산적 중에 한 가지만을 쓰는 것임.
흘(齕) : 씹음, 즉 먹는 것.
복포(葍匏) : 복은 무, 포는 박나물.

제77장

이문정공(李文靖公)이 봉구문(封丘門) 밖에 주택을 지었다. 대청 앞 뜰이 겨우 말 한 필을 돌릴 만하여 어떤 사람이 너무 좁다고 하니, 공이 웃으며 말하기를, "주택이란 자손에게 전해 주는 것이다. 이것이 재상(宰相)의 청사(廳事)라면 진실로 좁다고 하겠지만 태축(太祝)·봉례(奉禮)의 청사로서는 넓은 것이다." 하였다.

| 풀이 | 이문정공은 주택을 지으면서 재상의 집 규모로 하지 않고 낮은 벼슬아치가 살 정도로 했다. 자손에게 검소한 생활을 가르치는 동시에 교만한 마음이 생기는 것을 사전에 방지하려는 의도에서 나왔다고 보겠다.

제78장

장문절공(張文節公)이 정승이 되고도 스스로 생활하기를 하양장서기(河陽掌書記)로 있을 때와 같으니, 공과 친한 사람이 일부러 충고하기를, "이제 공께서 봉급을 받는 것이 적지 않은데도 스스로 생활하는 것이 이같이 검소하니, 비록 자신은 청렴하고 검소한 생활을 한다고 믿겠지만 외부의 사람들은 공손홍(公孫弘)의 베 이불의 고사(故事)를 가지고 헐뜯어서 말하는 이가 있습니다. 공께서는 조금은 다른 사람들이 하는 대로 따르셔야 합니다." 하였다. 공이 탄식하여 말하기를, "내 지금의 봉급이면 온 집안 식구가 모두 비단옷을 입고 쌀밥을 먹어도 근심할 것이 없다. 그

77// 李文靖公이 治居第於封丘門外하되 廳事前이 僅容旋馬러라 或言其太隘한데 公이 笑曰 居第는 當傳子孫이니 此爲宰輔廳事誠隘어니와 爲太祝奉禮廳事則已寬矣니라

거제(居第) : 주택.
봉구문(封丘門) : 송나라 도성(都城)의 문 이름.
선마(旋馬) : 말을 돌리는 것.
청사(廳事) : 대청.
태애(太隘) : 너무 좁은 것.
태축(太祝) : 나라 제사 때의 직임(職任). 재상의 자제로 음보(蔭補)하는 낮은 벼슬.

78// 張文節公이 爲相하여 自奉이 如河陽掌書記時러니 所親이 故規之曰 今公이 受俸不少而自奉이 若此하니 雖自信淸約이라도 外人이 頗有公孫布被之譏하니 公이 宜少從衆하라 公이 嘆曰 吾今日之俸이 雖擧家錦衣玉食인들 何患不能이리오 顧人之常情이 由儉入奢는 易하고 由奢入儉은 難하니 吾今日之俸이 豈能常有며 身豈能常存이

리오 一旦에 異於今日이면 家人이 習奢已久라 不能頓儉하여 必至失所하리니 豈若吾居位去位身存身亡이 如一日乎리오

장문절공(張文節公) : 이름은 지백(知白), 자는 용회(用晦), 문절은 시호임.
자봉(自奉) : 자기의 몸을 기름. 자기의 생활.
고규지(故規之) : 고는 일부러, 규는 충고하는 것.
공손포피지기(公孫布被之譏) : 공손홍의 베 이불에 대한 비방임.
의소종중(宜少從衆) : 조금은 여러 사람이 하는 대로 따라야 한다는 뜻.
거가(擧家) : 온 집안 식구.
옥식(玉食) : 흰 밥이니, 쌀밥을 뜻함.
상유(常有) : 항상 있는 것.
습사(習奢) : 사치에 젖음.
돈(頓) : 갑자기.
실소(失所) : 제자리를 잃는 것.
거위(去位) : 벼슬 자리를 떠나는 것.

러나 인정(人情)은 검소한 데서 사치로 들어가기는 쉬워도 사치에서 검소로 들어가기는 어렵다. 내 오늘의 봉급이 어찌 늘 있을 수 있는 것이며, 이 몸이 어찌 늘 생존할 수 있으랴. 하루아침에 오늘의 사정과 달라지는 날에는 집안 식구가 사치스런 생활에 젖은 지 이미 오래되어 갑자기 검소하게 할 수 없어서 반드시 몸둘 곳을 잃기에 이를 것이다. 어찌 내가 이 자리에 있는 날이나, 떠나는 날이나, 몸이 살아 있는 날이나, 죽어 없는 날이 하루처럼 함만 같으랴." 하였다.

│ 풀이 │ 장문절공이 벼슬이 정승 지위에 오르고도 낮은 벼슬아치 시절과 다름없는 생활을 하자, 이것을 두고 청렴ㆍ검소의 맑은 이름을 낚시질하는 속임수라고 비방하는 사람이 있게 되었다. 그러나 장공의 생각은 그렇지 않았다. 검소한 생활에서 사치스런 생활로 들어가기는 쉽지만 사치스런 생활을 검소한 생활로 고치기는 어렵다. 정승 자리를 언제나 차지할 수 있는 것도 아니고 어느 때 죽을지도 모르는 몸이니, 정승 자리에서 떠나거나 몸이 죽어 없어졌을 때 가족의 생활을 걱정하는 먼 생각에서 나온 것이다. "사람이 먼 생각이 없으면 반드시 가까운 근심이 있다〔人無遠慮 必有近憂〕." 하였다. 그리고 검소한 생활은 미덕일 뿐만 아니라, 지도층에 있는 인사가 사회를 선도하는 지름길이기도 하다.

제79장

온공이 말하기를, "선공(先公)께서 군목판관(群牧判官)으로 계실 때 손이 오면 일찍이 술을 대접하지 않은 적이 없었다. 어떤 때는 세 순배(巡杯), 어떤 때는 다섯 순배를 돌려 마셨으나, 일곱 순배를 넘지는 않았다. 술은 저자에서 사오고, 실과는 배·밤·대추·감에 그치고, 안주는 마른 고기·젓갈·나물국에 그쳤으며, 그릇은 사기그릇과 옻칠한 나무그릇을 사용했다. 당시의 사대부가 모두 그렇게 하여 사람들이 서로 그르게 여기지 않았으니, 모임이 자주 있어서 예절에 부지런했으며 물건은 박(薄)했지만 정(情)은 두터웠다.

근일(近日)의 사대부 집에서는 술이 대궐 안에서 빚는 방법으로 만든 것이 아니면, 실과가 먼 지방에서 온 진기(珍奇)하고도 색다른 것이 아니면, 음식이 여러 가지가 아니면, 그릇이 상에 가득 차는 것이 아니면 감히 손과 벗을 모으지 못한다. 항상 며칠을 두고 경영하고 물건을 모은 뒤에야 감히 초청하는 글을 보낸다. 그렇지 않으면 사람들이 다투어서 비방하여 더럽고 인색하다고 한다. 그런 까닭에 풍속에 따라 사치하지 않는 자가 드물다.

아아! 풍속의 퇴폐됨이 이와 같으니, 벼슬 자리에 있는 자가 비록 이것을 금하지는 못할망정 어찌 차마 이것을 조장(助長)하랴." 하였다.

| 풀이 | 사람의 생활이 검박(儉朴)하여 도덕을 숭상할 때

79// 溫公이 曰 先公이 爲群牧判官에 客至어든 未嘗不置酒하더시니 或 三行하며 或五行하며 不過七行하되 酒沽於市하고 果止梨栗棗柿오 肴止脯醢菜羹이오 器用瓷漆하더니 當時士大夫皆然이라 人不相非也하니 會數而禮勤하며 物薄而情厚하더니라 近日 士大夫家는 酒非內法이며 果非遠方珍異며 食非多品하며 器皿이 非滿案이어든 不敢會賓友하여 常數日營聚然後에야 敢發書하나니 苟或不然이면 人爭非之하여 以爲鄙吝이니 故로 不隨俗奢靡者鮮矣니라 嗟乎라 風俗頹弊如是하니 居位者雖不能禁이나 忍助之乎아

선공(先公) : 돌아가신 아버지.
행(行) : 술을 돌려 마시는 것. 순배(巡杯).
고(沽) : 사는 것.
효(肴) : 술안주.
자칠(瓷漆) : 자는 사기그릇, 칠은 옻칠한 나무그릇.
회삭(會數) : 모임을 자주 갖는 것.

내법(內法) : 여기서는 대궐 안에서 술 빚는 법.
만안(滿案) : 상에 가득한 것.
영취(營聚) : 계획을 세우고 물건을 모으는 것.
비린(鄙吝) : 비루하고 인색한 것.
인(忍) : 차마.

80// 溫公이 曰 吾家本寒族이라 世以淸白相承하고 吾性이 不喜華靡하여 自爲乳兒時로 長者加以金銀華美之服이어든 輒羞赧棄去之하더니 年二十에 忝科名하여 聞喜宴에 獨不戴花하니 同年이 曰 君賜라 不可違也라 하여늘 乃簪一花호라 平生에 衣取蔽寒하며 食取充腹하고 亦不敢服垢弊하여 以矯俗干名이오 但順吾性而已로라

한족(寒族) : 한미한 겨레.
상승(相承) : 서로 이어받음.
첨과명(忝科名) : 과거에 합격된 것.
폐한(蔽寒) : 추위를 막는 것.
교속간명(矯俗干名) : 행동을 시속(時俗)과 달리하여 좋은 평판을 들으려는 것.

는 사랑하는 정신이 있어서 인정(人情)이 훈훈한 맛이 있고 풍속도 순후(淳厚)하지만, 물질로 흘러서 사치를 숭상하게 되면 인정이 메마르고 선량한 풍속이 무너지게 된다. 이 글에 나오는 사마온공의 아버지 시대와 사마온공 시대의 사회상(社會相)의 차이가 이것을 입증하고 있다.

제80장

온공이 말하기를, "우리 집은 본래 한미(寒微)한 집안으로 대대로 청백(淸白)으로 이어져 내려왔다. 내 성품이 화려한 것을 좋아하지 않아서 유아 때부터 어른이 금빛·은빛으로 꾸민 화려하고 아름다운 옷을 입혀 주면 문득 부끄럽게 여겨 벗어버리곤 했다.

나이 스무 살 때, 과거에 올라 문희연(聞喜宴)이 있었는데, 내 홀로 꽃을 꽂지 않았더니, 동년(同年)이 말하기를, 임금이 주신 것이니 어길 수 없다.' 하여 비로소 꽃 하나를 꽂았다. 평생에 옷은 추위를 막으면 되고, 먹는 것은 배를 채우면 되었다. 또 감히 때묻고 떨어진 옷을 입어서 세상 사람과 달리함으로써 명예를 구하려고 하지도 않았다. 다만 성품대로 따랐을 뿐이다." 하였다.

| 풀이 | 이 글에서는 사마온공의 청백을 숭상하는 가풍(家風)과 공의 검소한 생활을 기술하고 있다. 그의 학문과 사업은 당시는 물론 후세에까지도 크게 영향을 미쳐서 세상에 기여하는 바 많았지만 그의 생활은 지극히 검소하여 옷은

추위를 막고, 먹는 것은 배를 채우는 정도로 만족했다.

순(順) : 따르는 것.

제81장

왕신민(汪信民)이 일찍이 말하기를, "사람이 항상 나물 뿌리를 씹는 생활을 할 수 있다면 무슨 일도 이룰 수 있을 것이다." 하거늘, 호강후(胡康侯)가 이 말을 듣고 무릎을 치면서 감탄하고 칭찬했다.

81// 汪信民이 嘗言人이 常咬得菜根則百事를 可做라 하여늘 胡康侯聞之하고 擊節嘆賞하더라

| 풀이 | 뜻이 있는 사람은 어떤 고난도 견디어낼 수 있는 강인한 인내력이 있어야 한다. 필자가 어렸을 적에 조국의 광복을 위하여 활약하는 애국지사(愛國志士)들의 생활을 많이 보았는데, 항일투쟁(抗日鬪爭)에 여념이 없어서 자신의 생활은 물론 가족들의 생활도 비참하기 짝이 없었다. 아침에 저녁의 삶을 기약할 수 없고, 잘못하면 적에게 잡혀 무한한 옥고(獄苦)를 치르게 되니, 이 글에 나오는 나물 뿌리를 씹는 고난이 문제가 되지 않았다. 그러나 그들의 이같은 피나는 투쟁은 세계 여러 나라 사람들에게 한국의 존재를 인식시켰으며 그들의 후원을 받아 마침내 8·15 해방을 맞이하게 된 것이다. 학문이나 사업을 막론하고 굳은 의지와 강인한 인내력이 없이는 이루어지지 않는 것이다.

왕신민(汪信民) : 이름은 혁(革), 송나라 사람. 신민은 자임.
채근(菜根) : 나물 뿌리.
호강후(胡康侯) : 강후는 호안국(胡安國)의 자, 송나라 사람. 시호는 문정(文定).
격절(擊節) : 느낌이 있어서 무릎이나 궁둥이를 치는 것.

이상은 경신(敬身)의 가르침을 실증한 것이다〔右는 實敬身이니라〕.

동양 고전으로 미래를 읽는다 012
소학

초판 발행_1982년 4월 5일
개정판 중판 발행_2019년 1월 10일

역해자_이기석
펴낸이_지윤환
펴낸곳_홍신문화사

출판 등록_1972년 12월 5일(제6-0620호)
주소_서울시 동대문구 안암로50-1(용두동) 730-4(4층)
대표 전화_(02) 953-0476
팩스_(02) 953-0605

ISBN 89-7055-762-5 03140

ⓒ Hong Shin Publishing Co. Printed in Korea
*값은 뒤표지에 있습니다.
*잘못 만들어진 책은 바꾸어 드립니다.